2022年度河北省哲学社会科学学术著作出版资助

路志川　路云沛　著

企业发展运营学

THE SCIENCE OF ENTERPRISE DEVELOPMENT AND OPERATION

企业管理出版社
EMPH
ENTERPRISE MANAGEMENT PUBLISHING HOUSE

图书在版编目（CIP）数据

企业发展运营学 / 路志川，路云沛著. —北京：企业管理出版社，2022.9

ISBN 978-7-5164-2624-1

Ⅰ. ①企… Ⅱ. ①路… ②路… Ⅲ. ①企业管理 Ⅳ. ①F272

中国版本图书馆CIP数据核字（2022）第083124号

书　　名：企业发展运营学
书　　号：ISBN 978-7-5164-2624-1
作　　者：路志川　路云沛
策　　划：蒋舒娟
责任编辑：蒋舒娟
出版发行：企业管理出版社
经　　销：新华书店
地　　址：北京市海淀区紫竹院南路17号　　邮　　编：100048
网　　址：http://www. emph. cn　　电子信箱：26814134 @qq.com
电　　话：编辑部（010）68701661　发行部（010）68701816
印　　刷：北京虎彩文化传播有限公司
版　　次：2022年9月第1版
印　　次：2022年9月第1次印刷
开　　本：710mm × 1000mm　1/16
印　　张：17印张
字　　数：325.5千字
定　　价：88.00元

前言

PREFACE

企业发展运营学，以发展为目的和导向，以运营为过程和方式，以发展性运营或运营性发展为基本属性，主要任务是研究企业发展运营的结构和形态、基因和机理、功能和边界、行为和机制、目标和道路、战略和策略、模式和方法，根本任务是揭示企业发展运营的基本原理和基本规律，指导和促进企业的快速和可持续发展。

企业发展运营的内在机制或底层逻辑，是动力系统的形成、作用和演变，是因果网络关系的动力学结构与行为，所以，作为本体论意义上的企业发展运营学，实际上也是方法论意义上的企业系统动力学，两者是因果相依、表里相合的一体化范式，就像一枚硬币的两面。经典的系统动力学专注“系统反馈结构与行为”的计算机仿真或数学模型（钟永光等，2009），企业发展运营的系统动力学研究，首先要从定性层面，厘清企业发展运营中的各种行为变量及其变量关系，进而为构建数学模型、开展定量分析、引入智能管理、导向智慧经营奠定概念框架和理论依据，同时，也从本体论、认识论和方法论的统一性上，为组织行为学、外部环境分析、战略管理、运营管理和人力资源管理等经营管理科学，提供一种动力学的原理体系和基础性的研究平台。

企业发展运营学，在研究对象和分析框架上，突破了当代经营管理学以经典的职能管理和部门管理为主体架构，以主流的战略或环境、制度或治理、文化或创新为综合架构的逻辑性构成性体系，形成了企业的边界、主体、本体、外体和变革五大运营与管理系统内在耦合的根系性生成性体系。在企业主体、本体和外体三大递阶存在空间，主体动力、运营体动力和超循环体动力三大动力系统的内聚性转化，及其对企业价值属性、发展形态、生命过程和边界形态的决定性作用，构成了企业的自组织过程，而以三大动力系统为基础和对象的功能变革、基因变革和组元变革，及其对企业价值属性、发展形态、生命过程和边界形态的递阶性改变，构成了企业的再组织过程；系统自组织叠加系统再组织，一种“强势永续”

或“超成长系统”（路志川，2015）的非线性、非平衡动力学机制，涌现出企业快速和可持续发展的基本原理和基本规律，也构成了企业发展运营学的思想内涵和理论架构，犹如《科学研究纲领方法论》（伊·拉卡托斯，1999）中所阐释的那种“独特的硬核”或“坚韧性”的“动态结构”。不难发现和证明，三阶动力自组织叠加递阶变革再组织的结构和机制，不仅存在于或适用于微观的企业发展和运营领域，也广泛存在于或适用于城市、国家和区域等各级经济社会组织的发展和运营领域，实际上，揭示了一般社会组织成长的基本原理。

企业发展运营学研究所呈现的概念体系、原理体系和知识体系，是一种本体性和根系性的有机整体，而每个章节又自成体系、自成视角，可以相对独立地拓展、深化和细化。这种理论体系虽然因为因果反馈网络关系复杂而厚重，并还原着非完美群体、非均衡运营、非确定环境等非理想企业的现实或起点，却如企业“黑箱”或“灰箱”转化为脉络清晰的“白箱”，真实而生动，一旦被人们全面而正确地了解和把握、并自觉而努力地去反思和运用，就意味着人们掌握了企业发展运营的主动权，意味着人们在理论上和实践中会减少片面性或盲目性，从必然王国走向自由王国。可以发现，长期以来困扰国内外学界和商界的许多概念歧义和理论纷争，如企业成长、企业类型、企业基因、企业边界、企业社会责任、企业生命周期、人性假设、激励机制、人本性和资本性、经营模式、核心竞争力、网络组织、社会镶嵌、组织创新、智慧企业等一系列热点命题，在企业发展运营学研究纲领中，都可以获得一种各得其所的逻辑性或系统性、历史性或实践性的辨析和诠释。

企业发展运营学研究，演绎着和嵌套着从抽象到具体，再到具体的抽象；从实证到规范，再到规范的实证的多重逻辑与秩序。第一章和第二章，是总系理论，从三阶动力总体架构，生成性地揭示企业发展与运营的结构和形态、功能和边界、基因和机理、原理和规律；第三章到第六章，是分系理论，从三阶动力子系架构，递进性地揭示企业发展运营的本性结构、行为机制、政策杠杆、目标体系、运营模式和行为疾患；第七章，是融贯系理论，从三阶动力反馈架构，循证性地解析企业发展运营的功能变革、基因变革和组元变革；第八章，是衍生系理论，从三阶动力和递阶变革的技术架构，演绎性地解析企业发展运营的愿景和方法。企望这一新范式的研究纲领，能为企业发展运营乃至一般社会组织发展运营理论工作者定性定量地开展相关研究与交流，提供一个由整体到个体的系统平台；能为企业经营管理以及企业咨询诊断工作者做出相关分析与决策，提供一个由理论到实践的综合框架。

企业发展运营学，作为三阶动力自组织架构叠加递阶变革再组织架构，一种内外交织、纵横交错的复杂性系统，活跃性和有序性、激发性和基体性、本能性和本质性二元张力及其相应的成长性和成熟性二元特性，矛盾统一地构成了贯彻和把握该复杂系统的一条思想主线；与此相生相应，抽象表达和具象揭示的相互结合，则成为概括和综合该复杂系统的一大结构特色。其中：概括性的抽象表达，主要表现为基本性的概念、法则、原理和要领，包括思维范式所属概念、动力形态所属概念、动力效应所属概念、动力行为所属概念，企业可持续发展的一般规律、企业边界形态的变化原理、企业行为系统的机制和原理、企业“三体”运营的基本要领、企业运营模式的效应原理、递阶变革的结构性效应及其要领；综合性的具象工具，主要是采用了形象化的关系图示和系统基模、直观性的比较分析列表和量表，包括基本理论架构系统基模、基本作用关系组态、概念关系辨析、疾患因果分析等图示部分，以及概念比较辨析、特征比较解析、特性比较辨析、耦合关系解析等列表和量表部分。

企业发展运营学，作为企业快速和可持续发展的基因、机理和机制的发现、概括和描述，基于三个方面的依托：一是各类企业运营与成长过程的长期观察和研究，二是国内外各种企业理论研究成果的广泛涉猎和梳理，三是东西方哲学和自然科学与社会科学的贯通思维和创想。在这一过程中，耗散结构理论、超循环论、协同学、突变论、混沌理论、全息论、系统动力学、复杂性科学等自组织理论和系统科学的一般原理和方法，不仅发挥了至关重要的指导和启示作用，而且呈现了一些共同演化性的新发现和新突破。其中，在自然科学原理应用于社会科学领域的研究中，或者在社会组织不同于自然组织的特殊性研究中，最重要的收获当属动力组态对系统科学、再组织理论对自组织理论的内涵性拓展，聚势体概念对序参量概念、聚势运营原理对役使原理的能动性诠释，超循环竞合理论对超循环论、慧理论对熵理论的跨界性演绎，三阶动力叠加递阶变革对社会界标准模型或大统一模式的动力学启示，以及组态图示、系统基模图式、阵列式分析列表和量表对系统动力学和复杂性科学研究方法的简易性探索。

抚今追昔，展望未来。20 世纪上半叶，随着机器大工业的发展和管理实践实验的总结，以《科学管理原理》（泰勒，1911）、《工业管理与一般管理》（法约尔，1916）、《工业文明中的人的问题》（梅奥，1933）等为代表的一批管理学巨著，先后提出了科学管理、组织管理和行为管理等基本理论体系，管理学成长开创了经验概括和科学演进期；20 世纪下半叶，随着管理理论丛林的竞现（哈罗德·孔茨，1961、1980），特别是管理科学、系统管理和战略管理学派的形成，以《现代管理原理》（艾伯斯，1961）、《管理：任务，责任，实践》（德鲁克，1973）、《管理学》（罗宾斯，1984）等为代表的一批管理学巨著，先后演绎了基础教材、系统手册、经典教科书等系统教学范本，管理学成长步入了教材整合和学科演行期。世纪交替，斗转星移，中国改革开放中的经济转型和社会演进，以及各类企业相应的嬗变和成长，为东西方经济学和管理学、发展学和运营学，乃至系统科学和科学哲学，开创了交流与反思、整合与创新的新时代，也为经济学和管理学学术思想创新的中国世纪，吹响了激情的号角，积淀了广袤的沃土；随着全球化竞合关系日趋复杂多变，以“云大物移智”为主的数字技术（涂扬举，2021）迅猛发展，特别是人的自主性意识和创造性意识日益增强，企业在思维与观念、战略与模式、组织与技术、运营与管理等各种理论和实践领域充满了各种挑战。21 世纪上半叶的当下，当代管理学欲获得新的更强大的解释力、感召力和生命力，逻辑性和历史性地要求正面时代的大变局、大趋势，唱响永续发展、智慧运营、系统创新的主旋律，致力于更深层次、更广领域、更具综合性的企业发展和运营的基础性研究，在管理学成长的第二个百年，迈进范式变革和学科创新的新时期。

拙于作者才疏学浅，力有不逮，企业发展运营学研究在一些层面，特别是细节上还不很成熟；在各类交互关系辨析平台的打造上，特性量表和路线图中的秩序研判不免存在一些局限性和主观性；自组织叠加再组织的一般演化模型尚需进一步研究和建构。特别需要说明的是，本书仅是企业发展运营学的一种学说性范式，远非一种教材性范本，在通识性和共同体的道路上还任重道远。所以，敬希学界专家和业界同人给予热诚的关爱、批评和指正，殷切期望能够以己微薄之力，抛砖引玉，在企业发展运营学，特别是管理学基础科学领域，激发出更多的研究和探讨、思想和智慧、科学和成果；殷切期望在管理学发展百年后的 21 世纪和中国经济变革后的新时代，学界能诞生一部彰显中国学科体系和话语体系的“企业发展运营学”原创教科书；殷切期望自然科学和社会科学能够跨界携手，集成创新，迎接包容而灵动的中国学说新世纪的到来！

目录
CONTENTS

第一章 企业运营原理

第一节　成长性和成熟性

企业强势永续、经久不衰的奥秘在哪里？在企业发展的动力系统。动力系统的形成和形态、结构和机制、作用和演变，从根本上决定着企业的生产、再生产及经营管理过程，决定着企业运营与发展的方向、道路、模式和特性，决定着企业的活力、定力、竞争力、合作力、创造力和成长力，决定着企业快速和可持续发展的性质和状态。简言之，动力是内在的，发展是涌现的！

一、企业发展与动力的二维图景

企业发展，就一般规律而言，是一个由小到大、由弱到强、由简单到复杂、由低级到高级的演变过程。从质与量的基本存在的意义上来说，企业快速和可持续发展的能力与特性集中体现在两个方面：一是企业的持续增长，二是企业的系统进步。具体包含以下四个方面的内容和特征。

1. 规模扩张

主要表现为投资扩张，资产积聚，生产扩大，人力、设备、土地、厂房增加；经营范围扩大，产品品种增多，市场占有率扩大，供销渠道增多；公司并购，上市融资，集团组建，跨国经营；营业额、总收入、市值和现金流量的增长。这是一种外延性的动力和发展，是企业发展的基本形式和外在表现。早期的古典经济学家，如亚当·斯密（Adam Smith，1776）、约翰·穆勒（John Stuart Mill，1848）和新古典经济学家阿尔弗雷德·马歇尔（Alfred Marshall，1890）的企业成长理论，主要就是集中于基于社会分工的规模经济或大规模生产规律的探讨；战略成长理论的鼻祖伊戈尔·安索夫（Igor Ansoff，1965）则更多地强调产品和市场范围，尽可能向良性的特长领域或有关联的经营项目发展，包括扩大现有经营项目和市场占有率、开发新产品、开发市场和多样化经营四类企业成长战略。

2. 结构进化

主要表现为组织分化，分工细化，协作深化；资源整合，产业升级，企业重组，流程改进，技术进步，管理创新；大数据、云计算、物联网、人工智能、移动互联等数字技术的应用，人才、资本、部门、机构、制度、体制的重组和优化；产品、服务、生产、经营、运营和管理质量的提高；负债结构和流动性优化；协同性、稳定性、可控性增强。这是一种内涵性的动力和发展，是企业发展的基本条件和内在保障。被誉为现代企业成长理论奠基人的伊迪丝•彭罗斯（Edith T. Penrose），在《企业成长理论》（1959）中主要强调管理资源对于企业成长的作用，认为企业成长理论是一种纯内因成长论，企业使用自己拥有的生产资源所产生的服务或者说未用完的生产性服务的继续可利用性是企业成长的原动力；后续著名经济学家钱德勒（Chandler，1962）的管理与技术成长理论、彼得•德鲁克（Peter Drucker，1977）的经营成长理论，也都相应地强调管理协调机制或中高层管理者在企业成长中的重要作用。

3. 效益提高

主要表现为劳动、土地、资本、设备和资源利用率提高，成本、能耗、应收款、生产费用、销售费用、财务费用和管理费用降低；利润和股东收益、工资和员工福利增长，投资回报率、资金利润率、劳动生产率和销售利润率提高，内部经济和外部经济的实现。内部经济，主要是企业的规模效益和边际收益的最大化，是企业经济效益的实现；外部经济，主要是环境资源的维护和社会福利的增长，是企业社会效益的实现。效益提高，是一种外延性发展和内涵性发展、外延性动力和内涵性动力在企业经营目标定位和可持续发展意义上的综合体现。没有效益的企业就谈不上发展，就失去了存在的价值和地位；长期没有效益，企业就会走向衰落和消亡。

4. 能量增强

主要表现为加工能力增强，输出能力增强，超额利润增长，发展速度加快；核心能力、应变能力、抗风险能力增强；自主性、能动性、突破性、跨越性、超越性增强；融资、兼并、购并和资本运作能力增强；市场竞争力、扩张力、辐射力、吸引力和影响力增强；外部联系、合作和交往增多，外部支持力增强；社会贡献度提高，社会影响力增大，知名度、美誉度提高。显然，这是一种外延性动力和内涵性动力有机结合的内在积累，也是外延性发展和内涵性发展一体化进程的必然结果，是企业规模扩张、结构进化和效益提高的集中体现，又是企业走向更大、更强、更快和更具可持续发展性的深厚基础。

持续增长和系统进步在推动企业发展中是一种相辅相成、互为因果的正向关系。一般来说，企业持续增长，以规模扩张和能量增强为主要特征，主要反映出企业的一种成长性（Growth）或成长性张力，是企业发展的第一位的和决定性的力量，其中，规模扩张是企业持续增长的基础形态，能量增强是企业持续增长的高级形态；企业系统进步，以结构进化和效益提高为主要特征，主要反映出企业的一种成熟性（Maturity）或成熟性张力，是企业发展的必要条件和内在保障，其中，结构进化是企业系统进步的基础形态，效益提高是企业系统进步的高级形态。成长性决定成熟性，成熟性又制约成长性，企业的可持续发展正是在持续增长的成长性张力和系统进步的成熟性张力相互冲突又相互依存、相互约束又相互促进的矛盾运动中才得以实现的，这就是企业可持续发展的一般规律，称为成长性与成熟性法则或GM法则。

按照持续增长和系统进步的两个维度，我们可以建立一组考察企业动力与发展及其增长与发展、进步与发展、成长与发展、成熟与发展的概念关系和效应关系的二维图景，即成长性和成熟性张力曲线（见图1-1）。

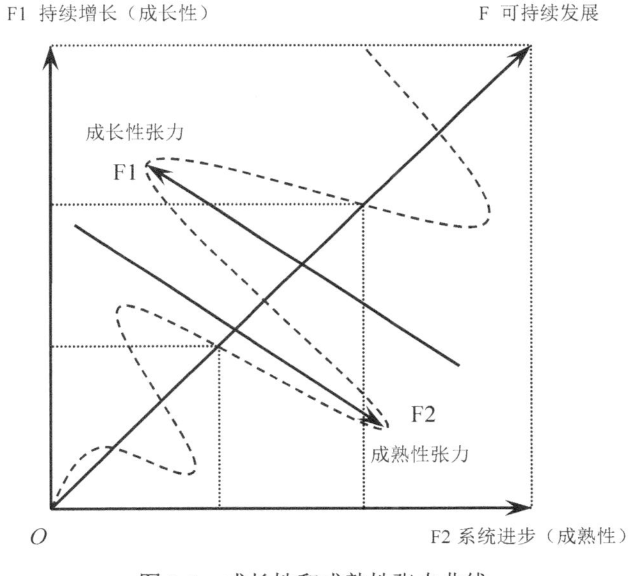

图1-1 成长性和成熟性张力曲线

从图1-1可见，企业的可持续发展是持续增长和系统进步两种动力共同作用的结果，是一种合力效应。它们不是各自独立、相互分离的两个过程，而是一个相互交织、相互约束，又相辅相成、相互促进的一体化过程。企业正是在这种“成长—成熟—再成长—再成熟”和“增长—进步—再增长—再进步”相互交替、相互作用的过程中，由初级到中级再到高级，从而实现可持续发展的。这条由成长性张力（F1）与成熟性张力（F2）涨落起伏、交替作用的过程所形成的企业发展的基本轨迹，即动力与发展的张力曲线，正是企业可持续发展一般规律的形象表达。

二、企业发展的五种基本类型

一般来说，当规模扩张、能量增强等持续增长的力量比较强大的时候，企业发展的成长性张力就比较大，企业发展就具有较多的高成长性的倾向；而当结构进化、效益提高等系统进步的力量比较强大的时候，企业发展的成熟性张力就比较大，企业发展就具有较多的高成熟性的倾向。反之，当规模扩张、能量增强等持续增长的力量比较薄弱的时候，企业发展的成长性张力就比较小，企业发展就具有更多的低成长性的特点；而当结构进化、效益提高等系统进步的力量比较薄弱的时候，企业发展的成熟性张力就比较小，企业发展就具有更多的低成熟性的特点。根据成长性张力和成熟性张力的作用关系，我们可以归纳出以下五种最基本的企业发展形态和公司类型（见图 1-2）。

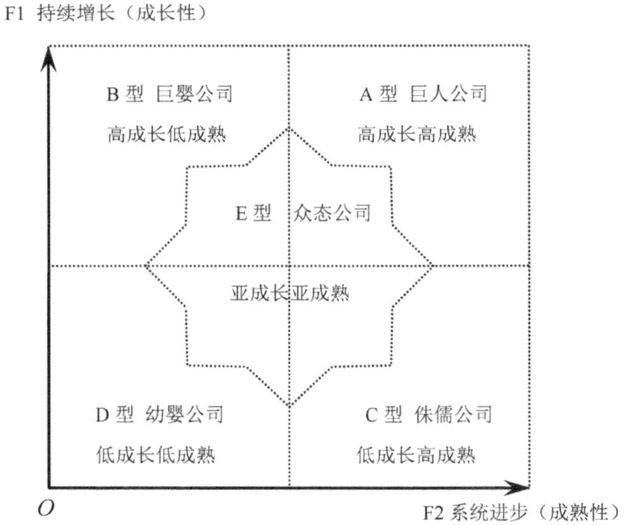

图 1-2 成长性和成熟性五度模态

1. 高成长高成熟型企业（A 型）

无论是持续增长的动力还是系统进步的动力，无论是成长性张力倾向还是成熟性张力倾向都比较强，在规模扩张、能量增强的同时，结构进化和效益提高也具有突出表现，说明企业在成长性和成熟性上具有较强的驾驭能力和协调能力，因而，这是一种快速而稳定的健康型、理想型企业，一种充满活力和秩序、竞争力和成长力的企业，具有高度可持续发展的特性，其典型形态就是“巨人公司”。世界和中国 500 强中存活 50 年至 100 年或者 100 年以上的企业多属于这种类型。

2. 高成长低成熟型企业（B 型）

具有较强的持续增长动力和较弱的系统进步动力，较强的成长性张力倾向和较弱的成熟性张力倾向。在规模扩张和能量增强方面表现突出，但在结构进化和效益提高方面表现不佳。这类企业往往具有很强的活力、生长力和短时期的竞争力，但持续增长、持续扩张的能力往往比较脆弱，协调能力、应变能力和抗风险能力较差，因而，是一种快速而不稳定的弱健康型企业，增长能量往往难以持久，具有突出的偏离稳定地可持续发展的倾向，其典型形态是“巨婴公司”。一些靠机会一夜暴富的爆发型企业、外强中干的虚胖型企业多属于这种类型。

3. 低成长高成熟型企业（C 型）

具有较强的系统进步动力和较弱的持续增长动力，较强的成熟性张力倾向和较弱的成长性张力倾向。在结构进化和效益提高方面有良好表现，但规模扩张和能量增强方面明显不足。这类企业往往具有较强的生存能力和较稳定的生存空间，但缺乏内在活力和外在竞争力，因而，是一种低速但比较稳定的弱健康型企业，具有突出的偏离快速地可持续发展的倾向，其典型形态是“侏儒公司”。许多小型终端销售公司和为大企业配套加工的小型生产企业多属于这种类型。

4. 低成长低成熟型企业（D 型）

无论是持续增长动力还是系统进步动力，无论是成长性张力倾向还是成熟性张力倾向，都比较薄弱，不仅在规模扩张和能量增强方面欠佳，而且在结构进化和效益提高方面处于较低层次，说明企业的发展能力和协调能力较差，市场竞争力和企业成长力比较薄弱，因而，这是一种低速的又不太稳定的弱小型企业，具有脆弱的可持续发展的倾向或可持续发展的前景难以确定的倾向，其典型形态是“幼婴公司”。大部分处于起步阶段或初级阶段的小型企业多属于这种类型。

5. 亚成长亚成熟型企业（E 型）

介于高成长和低成长、高成熟和低成熟之间的一种发展类型企业，无论是持续增长动力还是系统进步动力，无论是成长性张力倾向还是成熟性张力倾向，无论是规模扩张和能量增强，还是结构进化和效益提高，都处在不高不低、时高时低、平衡与不平衡、协调与不协调之间，因而，这是一种中速中度稳定的亚健康型企业，一种有一定活力、竞争力和成长力的企业，又具有一定的可持续性发展的特性。国内外企业中占 70% 以上的大部分中小型企业和大中型企业都属于这种类型，因而也是一种“众态公司”。

一般来说，可持续发展的企业，大多是在持续增长和系统进步方面保持了较好的平衡，在成长性和成熟性之间保持了合理的张力，并随着企业的发展，成长性和成熟性日益充分，两种张力的互动空间也愈益扩大，持续增长和系统进步的平衡能力、驾驭能力也在不断提高，进而推动企业沿着可持续发展的轨道充满活力地一步步走向强盛，成为强势永续的大中型企业，甚至发展成为独霸一方的巨人公司；而不可持续发展的企业，大多也是因为企业的成长性或成熟性相对不足，两种张力的互动空间比较狭窄，或持续增长和系统进步的平衡驾驭能力比较薄弱，很容易走向张力极点，一旦超越这个极点，就偏离了可持续发展的轨道，走向困境和崩溃，成为昙花一现的公司。

在现实企业发展过程中，由于内部或外部的种种情况，持续增长和系统进步两种张力之间的平衡是相对的，不平衡则是绝对的。但是，当企业的成长性力量（持续增长）长期占主导地位，逐渐失去成熟性力量（系统进步）支持的时候，或者当企业的成熟性力量（系统进步）长期占主导地位，逐渐失去成长性力量（持续增长）支持的时候，企业发展就会偏离甚或脱离有序涨落和持续扩张的轨道，即偏离甚或脱离持续增长和系统进步相互依存的可持续发展的轨道，最终走向崩溃或消亡。一些巨婴公司之所以一夜之间迅速垮塌，往往是因为在企业快速增长、迅速膨胀的过程中，不注重内部结构与质量的调整和改善，缺乏成熟性张力有效作用，失去了增长或扩张的内在结构性支持；一些侏儒公司之所以经不起市场和竞争的冲击，最终败落，往往也是因为长期满足于简单和谐的人际关系和经营结构，在规模扩张上缺乏作为，缺乏成长性的有效张力，失去了和谐进步的增长条件或者抗衡外部竞争的规模实力。

第二节　三阶动力系统与企业功能特性

上述动力与发展的二维二元图景，是把企业作为质与量的统一体，在不深入考察两大动力的具体结构和内在机制，也不考虑其外部联系和形成条件的前提下展开的，意在初步揭示动力与发展最基本的关系特性和表现形态，揭示企业运营与发展最简单、最基本的动力机制。

但是，现实企业，特别是现代企业，实际上是一个具有复杂内部构成和广泛外部联系的动态耦合系统，企业的运营与发展是企业内部和外部多因素作用、多环节联系、多能量交换、多层次循环的一种复杂的动力学过程，因而，持续增长和系统进步两大基本力量也会充分体现在复杂的动力形成、动力演变与动力作用的具体过程中。在这一过程中，我们可以基于企业的主体存在、本体存在和外体存在三大递阶空间的基本层面，把复杂多变的企业动力系统相应划分为主体动力、运营体动力和超循环体动力三大动力系统或三阶动力系统。三大动力系统的表述，将更多地反映和强调动力系统的种类和构成；而三阶动力系统的表述，将更多地反映和强调动力系统的关系和层次。通过这种分析和建构，我们将会对企业发展动力系统的结构、形态、作用和特性，特别是对企业动力系统与企业发展运营之间的因果网络关系，获得更为全面、更为深刻、更为具体的认识和把握。

一、主体动力的结构与特性

在企业人员、资金、原料、产品、技术、工艺、厂房、设备、组织、信息等生产经营的基本要素中，人是最积极、最活跃、最能动的因素，是激活、聚合或连接企业各种生产经营要素，实现企业运营和发展的第一推动力或初始动力，即一种“原动力”。其基本功能在于推动企业内的各种生产经营要素有机联系起来，形成一种有效运行的生产经营体，实现从潜在的生产要素或要素能量向现实的生产经营或耦合能量的转化，因而是企业发展运营中最具能动性和主导性的一种动力体，是企业人本性和智慧性的基本体现。我们将这种以人为主体的各种初始动力或原动力的总和，称为企业发展运营的主体动力或主体动力系统。

主体动力，是企业生产经营系统因果反应关系网络的第一动力等级，即一阶动力。按照其存在和功能特性，又可以分为两种形态：个体动力和团体动力。

1. 个体动力

主要包括投资者（股东）、经营者（董事长、总裁、总经理等经理人）管理者（各级各类管理人员）、生产劳动者（含技术工作者）等个体性动力形态。个体动力作用于企业发展运营的过程、方式、能量和效果等动力特性，主要取决于个体的知识、经验、技能、性格和追求等个性特征，以及个体在企业中的层次地位、职责分工和目标任务等身份特性，具有较强的自我性和分散性等共性特征。

2. 团体动力

主要包括股东会（股东大会、股东代表大会、持股会）、董事会、管委会（管理委员会、例行经理办公会）、职代会（内部工会），以及各子公司、分公司、各职能科室、各事业部等不同性质和不同职能的团体性动力形态。需要指出的是，团体动力在这里并不是不同组织中全部个体所形成的那种不具操作性的整体力量，而是定位为反映和代表、推动和决定全部个体的一种机构性力量、一种现实的可操作性的集体力量。团体动力作用于企业发展运营的过程、方式、能量和效果等动力特性，主要取决于团体及相应的代表机构的规模、结构、职能等组织与体制特性，目标、规范、理念等管理与文化特性，以及产品、流程、信息等知识与技术特性，具有较强的集中性和统一性等共性特征。

二、运营体动力的结构与特性

企业存在的本体形式和本质特征是一种生产经营体，推动这种生产经营体运营与发展的直接动力实际上并不是主体动力，而是在主体动力作用下形成的以各种生产经营功能耦合体的形式表现出的一种现实推动力或本体动力，即一种“元动力”，其基本功能在于推动企业产品或服务的形成，成为一种能够有效作用于外部市场、外部社会和外部环境的企业能量，实现从分散的资源形态或内部能量向集成的产品形态或外部能量的转化，因而，是企业发展运营中最具耦合性和决定性的一种动力体，是企业经济性和经营性的基本体现。我们把这种以生产经营为主体的各种耦合动力或元动力的总和，称为企业发展运营的运营体动力或运营体动力系统。

运营体动力，是企业生产经营系统因果反应关系网络的第二动力等级，即二阶动力。按照其存在和功能特性，可以分为两种形态：独立动力和统合动力。

1. 独立动力

主要包括项目投资、资本运作、产品更新、工艺改进、市场开发、销售推广等以投资、技术和营销为内容和载体的实体动力形态，也可以称为企业发展运营的有形动力或硬动力。其作用的过程、方式、能量和效果等动力特性，主要取决于企业人力、财力、物力、知识、技术、信息等资源积累，以及供求、合作、竞争、资源、政策、法规等外部支持，具有较强的部门性和领域性等共性特征。

2. 统合动力

主要包括治理结构、产权制度、组织架构、决策流程、激励机制、精神理念、战略目标等以体制、管理和文化为内容和载体的非实体动力形态，也可以称为企业发展运营的无形动力或软动力。其作用的过程、方式、能量和效果等动力特性，主要取决于企业投资者、经营者、管理者、劳动者等人与人之间的契约关系，以及人事、财务、物资、生产、销售、研发等职能层面的基本规范，具有较强的整体性和协同性等共性特征。

三、超循环体动力的结构与特性

企业是一个相对独立的开放系统，一方面，每家企业都有自己最基本的供产销独立循环或反应循环，即满足某种产品生产所必需的物质、能量、信息输入与输出的小循环；另一方面，企业在运营发展过程中，还不可避免地与外部生产、金融、研发等其他相关企业以及政府、社团、媒体等各种社会实体，建立了经济、科技、政治、文化等多种多样的联系和相互作用关系，进而形成一种物质、能量和信息相互交换的大循环或超复合循环，即超循环，这种超循环是企业生产经营赖以持续运转的一种外在推动力或外源动力，即一种“源动力”，其基本功能在于推动企业外部资源的开发、吸收和利用，形成一种能够影响和改变企业生产经营要素、结构与质量的外部能量，实现非企业化的外部资源或外部能量向企业化的内部资源或内部能量的转化，因而，是企业发展运营中最具源泉性和保障性的一种动力体，是企业社会性和开放性的基本体现。我们将这种以企业超复合循环为主体的各种外在动力或源动力形态的总和，称为企业发展运营的超循环体动力或超循环体动力系统。

超循环体动力，是企业生产经营系统因果反应关系网络的第三动力等级，即三阶动力。按照其存在和功能特性，可以分为两种形态：互动动力和联动动力。

1. 互动动力

主要包括企业与企业、企业与客户（家庭）、企业与银行、企业与科研、企业与中介等企业与生产组织和商业组织相互作用的动力形态，企业与政府、企业与社区、企业与社团、企业与媒体、企业与慈善组织、企业与自然保护组织、企业与人口和健康组织等企业与公共组织和生态组织相互作用的动力形态。这是两个或两个以上不同单循环体之间相互联系、相互作用过程中形成的一种新的耦合循环体动力形态，即一种复合循环体动力。互动动力作用于企业发展的过程、方式、能量和效果等动力特性，主要取决于独立循环体之间竞争与合作的关系特性，以及各自的职能、地位、产品、服务、规模、技术、文化、规范等品质特性，具有较强的竞合性和自足性等共性特征。

2. 联动动力

主要包括企业与行业、企业与产业、企业与城市、企业与区域、企业与全球等企业与产业竞合体和区域循环体相互关联的动力形态，企业与政治、企业与经济、企业与科技、企业与文化、企业与资源、企业与环境、企业与人类等企业与社会竞合体和自然循环体相互关联的动力形态。这是企业独立循环或复合循环被纳入更大的、更高一级的社会独立循环或复合循环中形成的一种高阶耦合循环体动力形态，即一种超复合循环体动力。联动动力作用于企业发展的过程、方式、能量和效果等动力特性，主要取决于外在高阶循环体的范围、结构、功能、能量、运行方向、运行效率和周期性波动等存在特性，以及内在低阶循环体的开放度和循环效率等品质特性，具有较强的循环性和共生性等共性特征。

四、三阶动力系统的Y型关系结构

主体动力、运营体动力、超循环体动力，即原动力、元动力、源动力，相应的个体动力和团体动力、独立动力和统合动力、互动动力和联动动力，以及相应的各种动力组元，全方位、全过程、全要素地构成了现代企业运营与发展的一种动力系统，即三阶动力系统，揭示了这一动力系统存在与作用的基本形态和基本结构，也即最基本的动力组态。组态（Configuration）一词，是借用了原子物理学和量子力学的一个概念，意指构造、结构、构型、形状，最早出现在生物化学（张执侯，1954）和原子物理（于敏，1957）领域，表达构型和排布方式等含义，实际上，在动力学的意义上，“动态性的组成秩序与作用形态”是组态一词蕴含的需要特别强调的一个最为重要的本性特征。因此，我们特别将组态性、功能性地表述为“原动力、元动力、源动力”的三大动力称谓，抽象而又形象地概称为Y动力或Y动力系统，借用“原、元、源”汉语拼音 Yuan 的第一个字母。

为了对三阶动力系统或Y型关系结构有一个整体而又具象的认识和把握，并有助于进一步的分析和研究，我们综合上述三阶动力系统最基本的组成形态、依存关系和因果联系，特别给出三大动力系统递阶原生组态图示，简称Y动力递阶原生组态（见图1-3），以及三大动力特性比较分析列表（见表1-1）。

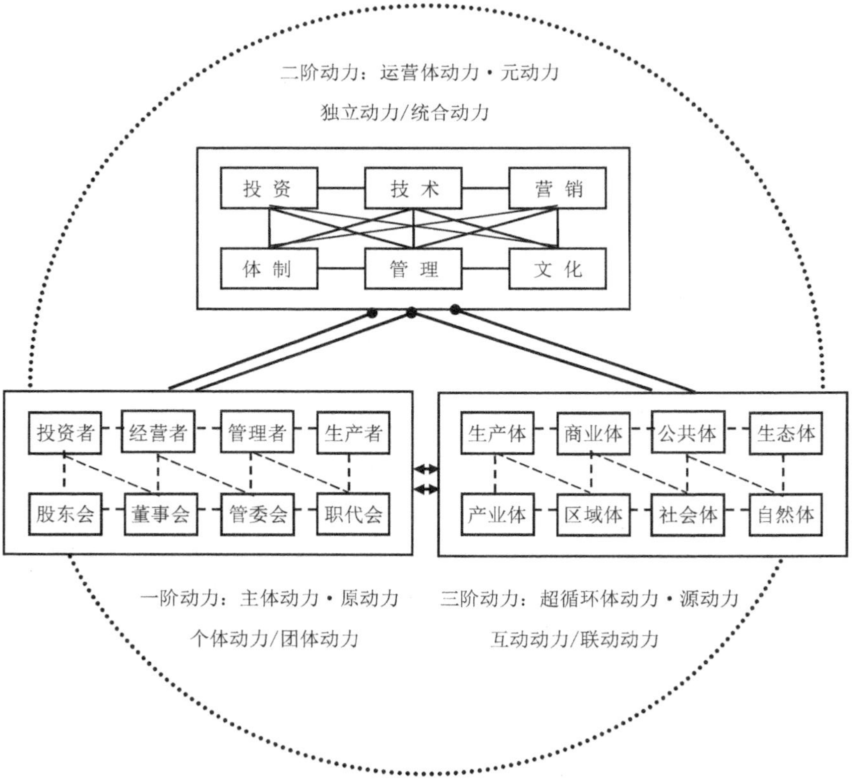

图1-3 三大动力系统递阶原生组态（Y动力递阶原生组态）

表 1-1 三大动力特性比较分析

总系	性质	功能	特性	分系	子系（组元）	共性特征
主体动力	原动力 初始动力	生产要素·经营体系	能动性 主导性	个体	投资者·经营者·管理者·生产者	自我性·分散性
				团体	股东会·董事会·管委会·职代会	集中性·统一性
运营体动力	元动力 本体动力	资源形态·产品形态	耦合性 决定性	独立	投资·技术·营销	部门性·领域性
				统合	管理·体制·文化	整体性·协同性
超循环体动力	源动力 外部动力	外部资源·内部能量	源泉性 保障性	互动	生产体·商业体·公共体·生态体	竞合性·自足性
				联动	产业体·区域体·社会体·自然体	循环性·共生性

由图 1-3 可以更清楚地看到，三阶动力系统，从最基本的结构关系上来说，是一个由个体动力和团体动力、互动动力和联动动力偶联性地内聚在偶联性的独立动力和统合动力之中，相辅相成地形成本体性耦合的一种偶联内聚系统；从最基本的作用关系上来看，是一个在主体动力与主体动力作用下形成的超循环体动力，合成性地转化为运营体动力，进而一体化地推动企业生产经营过程的一种合成转化系统。三阶动力系统作为递阶偶联内聚系统和递阶合成转化系统的有机结合，充分体现着内在动力与外在动力、主动动力与受动动力的内在统一。

当然，三阶动力系统的结构关系与作用关系，还有更生动的演变学和解构学体现。由表 1-1 可以更清楚地看到，三阶动力系统，纵向按照演变关系，是一种“由主体动力—运营体动力—超循环体动力”构成的从简单到复合依次镶嵌的循环镶嵌系统；横向按照解构关系，是一种由“三阶动力总系统—六组动力分系统—多元动力子系统”构成的从整体到部分依次分解的组合分解系统。三阶动力系统作为递阶循环镶嵌系统和递阶组合分解系统的有机结合，充分体现着动力形成和动力演变、动力整体与动力组元的内在统一。

Y 动力总系、分系、子系（组元）之间的分合关系和因果联系，还可以用函数关系式予以变量化和定量化的描述，即：

$$
\begin{aligned}
Y &= \varphi_Y(P，O，H) \\
&= \varphi_Y(\varphi_P(P_g;\ P_m),\ \varphi_O(O_g;\ O_m),\ \varphi_H(H_g;\ H_m)) \\
&= \varphi_Y(\varphi_P(p_{g1},\ p_{g2},\ p_{g3},\ p_{g4};\ p_{m1}, p_{m2},\ p_{m3},\ p_{m4}), \\
&\quad \varphi_O(O_{g1},\ O_{g2},\ O_{g3};\ O_{m1},\ O_{m2},\ O_{m3}), \\
&\quad \varphi_H(h_{g1},\ h_{g2},\ h_{g3},\ h_{g4};\ h_{m1},\ h_{m2},\ h_{m3},\ h_{m4})) \qquad (1\text{-}1)
\end{aligned}
$$

式中，Y 及其 P、O、H 分别为总系动力状态空间及其主体动力（原动力）、运营体动力（元动力）、超循环体动力（源动力）三大动力行为状态变量组；P_g 和 P_m、O_g 和 O_m、H_g 和 H_m，分别为互动动力和联动动力、独立动力和统合动力、互动动力和联动动力的三组分系变量组，下标 g 和 m 分别标识其变量所具有的激发性（成长性张力）或基体性（成熟性张力）属性；进一阶分解的则是相应的各个子系变量或组元分量。

Y 动力结构的函数关系式，为定量考察企业发展与运营的动力系统，提供了一种自变量与因变量的关系架构和分析架构。我们可以据此对各个分系变量和子系（组元）变量的显性和活性、位能和动能及其对总系能量和演变趋势的影响，做出相应的赋值、评估、诊断和改善。

五、三阶动力系统对企业特性系统的决定性作用

偶联内聚、合成转化、循环镶嵌、组合分解，全方位概括了三阶动力系统形成、关联、作用和演变的内在结构特性，可被简称为 Y 动力四大结构特性。不难想象，三阶动力系统的特定内涵和结构，特别是非线性演变的四大结构特性，蕴含着与企业运营与发展特性，特别是与其功能特性息息相关的丰富信息和深刻机理。在此，我们重点从以下三个基本方面做进一步的揭示。

1. 三阶动力系统决定着企业价值属性

主体动力作为一种能动性、主导性的原动力，实际上，不仅是形成各种运营体动力的一种初始动力，也是作用于外部环境、形成各种超循环体动力的一种初始动力。由于主体动力的作用，企业运营体动力和超循环体动力同时具有了人性化的内涵和属性，从而构成了整个三阶动力系统，进而企业运营和发展在人性化意义上具有依存性和统一性，使企业人本性的价值属性最终得以实现和体现。运营体动力作为一种耦合性、决定性的元动力，不仅是容纳主体动力作用的一种本体动力，也是吸纳超循环体动力的一种本体动力。由于运营体动力的作用，企业的主体动力和超循环体动力同时具有了经营化的内涵和属性，从而构成了整个三阶动力系统，进而整个企业运营与发展在经营化意义上具有依存性和统一性，使企业经济性的价值属性最终得以实现和体现。同样，超循环体动力作为一种源泉性、保障性的源动力，不仅是影响和改变主体动力的一种外部动力，也是影响和改变运营体动力的一种外部动力。由于超循环体动力的作用，企业主体动力和运营体动力具有了外部化的内涵和属性，从而构成了整个三阶动力系统，进而整个企业运营与发展在外部化意义上具有依存性和统一性，使企业社会性的价值属性最终得以实现和体现。

一般来说，在企业三大动力系统中，当主体动力的作用比较活跃、比较充分的时候，企业人性化的内涵或企业运营与发展的人本性就比较强；当运营体动力的作用比较活跃、比较充分的时候，企业经营化的内涵或企业运营与发展的经济性就比较强；当超循环体动力的作用比较活跃、比较充分的时候，企业外部化的内涵或企业运营与发展的社会性就比较强。概言之，企业三大动力系统在人性化、经营化、外部化上的活跃性和充分性，内在决定着企业的人本性、经济性和社会性三种价值作用属性。这就是企业动力系统与企业价值属性之间的相互依存关系，我们简称为Y动力属性依存律。与此相应，我们将这种与企业价值作用属性相依存的三大动力之间的组合结构，即与企业的人本性、经济性和社会性相依存的原动力、元动力和源动力之间的组合形态，称为Y动力属性依存组或Y动力属性依存动力组态。

需要指出的是，三阶动力系统虽然具有人性化、经营化和外部化三种不同性状的变化性，但说到底，三阶动力系统共同存在的母体是企业生产运营体，因而，人性化、经营化和外部化三种不同性状的依存性，最终还是集中体现在经营化或经济性的本质上，否则，企业的性质就会发生改变。因为企业之所以成为企业，是由于它在性质、功能、价值属性上是一个能够创造产品和服务的生产经营组织，具有自己特有的人力、物力、财力和外部联系的生产经营过程。如果把人性化推向极端，企业就会演变成最大限度满足人的各种需要的福利组织或家庭组织；如果把外部化推向极端，企业就会最大限度地演变成承担着各种社会经济职能的社会组织或市场组织。由于企业最基本、最本质的存在是经营化、经济性的存在，因此，三阶动力系统统一于或偏离于经营化和经济性的过程，实际上就是统一于或偏离于企业性质或企业职能的一种过程，即企业的一种同化过程或异化过程。比如，在我国实行计划经济体制的年代，国有企业承担着较多的教育、住房、医疗、消费等集体福利事业，企业办家庭、企业办社会，企业的人性化程度和社会化程度比较高，企业动力的人本性依存和社会性依存很强。但是，企业与家庭不分、企业与社会不分，企业包袱沉重，生产经营的效率和发展速度受到严重制约，企业的异化现象十分严重。这也充分说明三阶动力系统与企业价值系统之间的内在联系。

2. 三阶动力系统决定着企业发展形态

通过Y动力特性分析列表，我们不难发现，主体动力中的个体动力、运营体动力中的独立动力和超循环体动力中的互动动力，相对来说，都具有一种离散性、自为性、活跃性、灵活性、易变性的激发性（excitation）共性特征，即具有显著的部分性存在及不同目标倾向的结构与功能特性，个体动力的自我性和分散性、独立动力的部门性和领域性、互动动力的竞合性和自足性，就是这种共性特征及结构和功能特性的具体体现。为了便于研究和阐述，我们把具有离散性、自为性、活跃性、灵活性和易变性共性特征的个体动力、独立动力和互动动力统称为激发动力或激发性动力组态。主体动力中的团体动力、运营体动力中的统合动力和超循环体动力中的联动动力，相对来说，都具有一种收敛性、共同性、协调性、有序性、稳定性的基体性（matrix）共性特征，即具有显著的整体性存在及相同目标倾向的结构与功能特性，团体动力的集中性和统一性、统合动力的整体性和协同性、联动动力的循环性和共生性，就是这种共性特征及结构和功能特性的具体体现。同样为了便于研究和阐述，我们把这类具有收敛性、共同性、协调性、有序性和稳定性共性特征的团体动力、统合动力和联动动力统称为基体动力或基体性动力组态。激发动力和基体动力相对分离又内在统一，相互矛盾又相辅相成，偶联性地存在于三阶动力组态依存的每一个层次，贯穿于三阶动力循环转化的每一个过程。

当然，个体动力和团体动力、独立动力和统合动力、互动动力和联动动力六种动力体之间，并不是一种简单的、线性的对应关系和作用关系，而是在递阶偶联、递阶转化、递阶镶嵌、递阶分解过程中表现出来的一种或显性或隐性、或全面或缺失、或冲突或和谐、或强化或弱化的多样态组合关系与交互性作用关系。一般来说，当个体动力、独立动力和互动动力三种激发动力的作用比较充分的时候，企业动力系统的活跃性和成长性张力就比较强，企业持续增长的内涵或企业运营与发展的灵活性、强劲性和突破性，即成长性就比较强；当团体动力、统合动力和联动动力三种基体动力的作用比较充分的时候，企业动力系统的有序性和成熟性张力就比较强，企业系统进步的内涵或企业运营与发展的协调性、稳定性和连续性，即成熟性就比较强。所以，激发动力和基体动力，一分一合，一涨一落，一硬一软，一张一弛，具有很强的互补性和律动性，是推动企业快速和可持续发展的内在机制和不可或缺的两种基本力量。概言之，企业三阶动力系统在激发性和基体性上的活跃性和充分性，内在决定着企业的成长性和成熟性两种发展演变形态，这就是三阶动力系统与企业发展形态之间的相互依存关系，我们简称为Y动力形态依存律。与此相应，我们将这种与企业发展演变形态相依存的三大动力之间的组合结构，即与企业的成长性和成熟性相依存的激发动力和基体动力之间的组合形态，称为Y动力形态依存组或Y动力形态依存动力组态。

事实上，没有三种激发动力的有效作用，动力系统就缺乏一种有效的成长性张力，企业发展就会因缺乏活跃性而趋于缓慢或停滞；而没有三种基体动力的有效作用，动力系统就缺乏一种有效的成熟性张力，企业发展就会因缺乏协同性而趋于紊乱或崩溃。一些巨婴企业之所以毁于一旦，常常就是因为人的个体力量，特别是决策者个人意志过强，或资本、技术、营销类的独立力量，特别是某一方面的独立力量过强，或者企业与企业、企业与政府、企业与金融等互动力量，特别是某一方面的互动力量过强，同时却不注重企业的团体力量，特别是企业决策层的团队意愿，或不注重企业的管理、体制和文化等统合力量的作用，或忽视了经济政策法规、社会文化契约、自然生态环境等联动力量的约束性和制约性。同样，一些短命企业之所以不能长久，一些侏儒企业之所以难以长大，其内在原因也在于个体动力、独立动力或互动动力三种激发性力量与团体动力、统合动力或联动动力三种基体性力量之间的严重失衡和长期偏倾。

3. 三阶动力系统决定着企业生命过程

三阶动力系统递阶转化的实质，是企业能量由离散到聚合、由静态到动态、由外部到内部、再由内部到外部的有机循环过程。其中，主体动力由潜在能量到现实能量的一阶转化，推动着企业结构由要素形态向生产形态转变，实现了企业生产要素和生产组织的有机结合，发挥着促进企业生产运营有效形成的合成性作用，实际上构成了企业生命运动中最基本的自组织过程，是企业运营与发展的初始条件和内在原因。运营体动力由内部能量向外部能量的二阶转化，推动着企业结构由生产形态向产品形态转变，使企业生产经营的效率和功能得以实现，具有促进企业生产经营有效运行的转化性作用，实际上构成了企业生命运动中最基本的积累转换过程，是企业运营与发展的实体存在和现实运动。超循环体动力由外部能量向企业能量的三阶转化，推动着企业结构由外部环境资源形态向内部环境资源形态转变，改变企业生产经营要素的质与量，具有促进企业生产运营体输入输出、不断更新的复制性作用，实际上构成了企业生命运动中最基本的新陈代谢过程，是企业运营与发展的资源条件和环境约束。

可见，三大动力系统是推动企业三大生命运动过程不可或缺的有机整体。没有要素形态、生产形态、产品形态的循环转化过程，就没有企业运营与发展从无序到有序、从简单到复杂、从旧质到新质的不断迁跃和变化，企业的生命力就会陷于衰竭；没有主体动力、运营体动力、超循环体动力的递阶作用过程，就没有企业运营与发展的自组织过程、积累转换过程以及新陈代谢过程，企业生命运动也就不复存在。概言之，企业三阶动力系统在合成性、转化性、复制性上的活跃性和充分性，内在决定着企业的自组织、积累转换和新陈代谢三种生命运动过程。这就是三阶动力系统与企业生命过程之间的相互依存关系，我们简称为Y动力过程依存律。相应地，这种与企业生命运动过程相依存的三大动力之间的组合结构，即与自组织过程、积累转换过程和新陈代谢过程相依存的原动力、元动力和源动力之间的组合形态，被称为Y动力过程依存组或过程依存动力组态。

综观国内有关企业发展运营动力系统的研究，有两大最突出的缺陷：一是单纯地局限在人的主体动力的一元论倾向，视人的动力为企业动力的全部内涵或系统属性，抹杀了人的动力作用的物质存在、技术存在、组织存在、文化存在，以及社会存在和环境存在等现实运动形态；二是机械地划分为内部动力和外部动力的二元论倾向，实际上视企业为一个没有自组织过程、积累转换过程和新陈代谢过程的刚体或黑箱，看不到内部动力和外部动力相互联系、相互作用的具体形态、内在结构和转化过程。无论是一元论还是二元论，由于未能全面系统地把握企业发展动力形成、耦合、作用和演变的非线性运动，未能全面深刻地洞悉企业价值属性、发展形态和生命过程的动力学本质，因而，不可避免地存在一种表象化和缺乏可操作性的致命弱点，难以有效指导企业开展动力学组织与决策的具体实践。

六、三阶动力系统的全息性

三阶动力作用系统与企业功能特性系统之间的三大相互依存关系和因果决定关系，不仅蕴含着功能依存结构的系统原理，也蕴含着部分包含整体的全息原理，即不仅主体动力、运营体动力和超循环体动力之间相互映射和包含、相互转换和决定，而且三大动力无论是个体存在（组元）还是整体存在（组态），都通过不同的过程和方式，直接或间接地映射、孕育、影响、决定企业的三大价值属性、两种发展形态和三种生命过程。因此，我们将分别全息和决定企业价值属性、发展形态和生命过程的Y动力属性依存律、Y动力过程依存律、Y动力形态依存律概括为Y动力三大依存律，将属性依存动力组态、形态依存动力组态和过程依存动力组态概括为Y动力三大依存组态，并直观地、形象地给出关于企业动力系统与企业特性系统依存关系的图示，简称Y动力全息依存组态（见图1-4）。

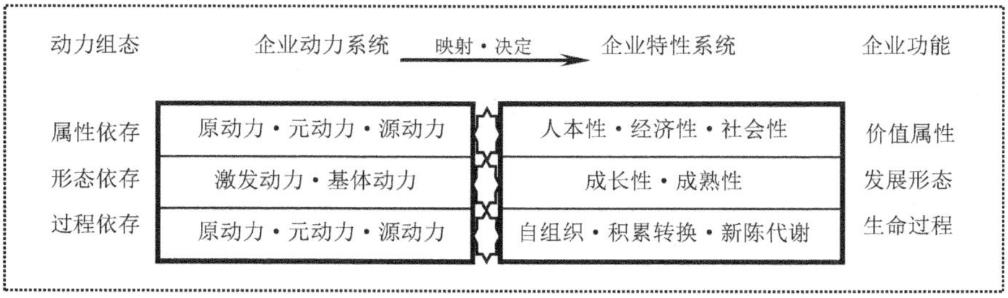

图1-4 企业动力系统与企业特性系统依存关系（Y动力全息依存组态）

可见，Y 动力三大依存律及其 Y 动力全息依存组态，基于结构与功能、隐秩序与显秩序的内在统一，生动体现了三阶动力作用系统全面决定和全面依存企业功能特性系统的一种因果网络关系，充分反映了企业动力组态全面产生和全面关联企业功能特性系统的一种全息运动过程，进而，深刻而系统地揭示了现代企业运营与发展的底层逻辑和动力学原理。

第三节 基因型和表现型

现实中，三阶动力系统的六组分动力体，并不是总在激发性或基体性的同性序列上相互结合地发挥作用，除此之外，还可以在激发性与基体性之间的异性序列上形成多种偶联组合性的复合作用关系，表现出激发性强化或基体性强化的多种性状，进而企业发展的成长性与成熟性相应地表现出更加丰富多彩的形态和特征。

一、三阶动力系统偶联强化组态

为了便于理解和分析，我们线性地、形象地描述出三阶动力系统的六组分动力体在运营体动力中内聚性地形成偶联强化组合关系的一种三阶动力系统偶联强化组态图示，简称 Y 动力偶联强化组态（见图 1-5）。

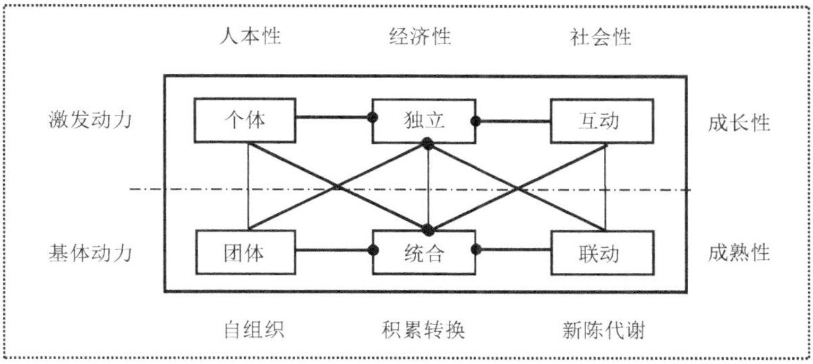

图 1-5 三阶动力系统偶联强化组态（Y 动力偶联强化组态）

在图 1-5 中，纵向看，这是由三种激发动力和三种基体动力组成的上下两组异性序列，分别构成了决定、影响企业运营与发展的成长性和成熟性的两类异性动力；横向看，这是由主体动力、运营体动力和超循环体动力各自的两个对偶性的分动力所组成的左右三组异阶序列，分别构成了决定、影响企业运营与发展的人本性、经济性和社会性，以及自组织过程、积累转换过程和新陈代谢过程的三组异阶动力。

显然，这是一种质点化的六个分动力系统的偶联组态：我们暂时不考虑六个分动力系统内部组元（子动力）的差异性，将六个分动力系统分别视为六个共性整体或刚体，便于着力说明分动力体之间的相互作用关系；同时，这又是一种简约化了的六个分动力的关系模式：我们隐去了主体动力与超循环体动力之间的偶联耦合关系，视这两个动力体均以运营体动力为内聚本体和作用对象，以便着力说明主体动力或超循环体动力在运营体动力中的内聚性作用关系。这样，我们就将复杂的三阶六元耦合作用关系转化为一种简单的二阶二元偶联作用关系，使得我们可以对三阶动力系统六种分动力体的相互作用关系及其特性直观地、线性化地进行分析和阐述。

由图 1-5 可见，在 Y 动力系统六组分动力体偶联内聚组态基模中，主要存在 8 对线性偶联关系：个体—独立、互动—独立、团体—统合、联动—统合，以及个体—统合、团体—独立、互动—统合、联动—独立。其中，前四对偶联关系都是激发动力与激发动力之间，或基体动力与基体动力之间的同性偶联关系；后四对偶联关系都是激发动力与基体动力之间的异性偶联关系。

或由于六种分动力体各自的有无之状和能量差别，或由于偶联关系的亲和性、活跃性和聚集性不同，每对偶联关系在企业运营与发展中的作用发挥程度会有所不同。在此，我们将相互之间具有存在性、亲和性、活跃性和聚集性的偶联动力组，称为显性偶联或活性偶联（用实箭头线表示）；将缺乏存在性、亲和性、活跃性和聚集性的偶联动力，称为隐性偶联或惰性偶联（用虚线表示）。这样，8 对动力偶联关系在同性偶联或异性偶联上不同数目、不同活性的不同组合，就构成了具有不同特性、不同能量和不同效应的偶联强化组态。

二、偶联强化组态的类型和企业形态

三阶动力系统偶联强化组态的不同结构与特性，集中体现在个体动力和团体动力、互动动力和联动动力内聚在独立动力或统合动力中的不同的亲和性、活跃性和聚合性上，体现在独立动力和统合动力被激发性强化或被基体性强化的不同内聚关系和作用关系上。具体有以下几种情形。

1. 全面共强化动力组态

个体动力和团体动力、互动动力和联动动力，在独立动力和统合动力中都是活性偶联、显性偶联，彼此之间都具有很亲和、很聚合的特性，从而形成了企业运营体中独立动力和统合动力均得到进一步的强化，整体性的激发动力和基体动力高度均衡互动的一种动力结构（见图 1-5a）。

在这种动力结构中，Y 动力系统的六种分动力体的作用都得到了最系统、最有效的发挥，作为企业价值属性的人本性、经济性和社会性，作为企业生命运动的自组织过程、积累转换过程以及新陈代谢过程，无论在企业的成长性张力还是成熟性张力上都得到了最全面、最充分的体现。显然，这就是前述巨人公司的动力基础，即高成长高成熟型企业的动力基础，一种 Y 动力最优结构。意味着企业运营与发展是建立在灵活性和协调性、强劲性和稳定性、突破性和连续性完美统一的动力组织基础上的，应当说是企业理想追求的一种最高境界。

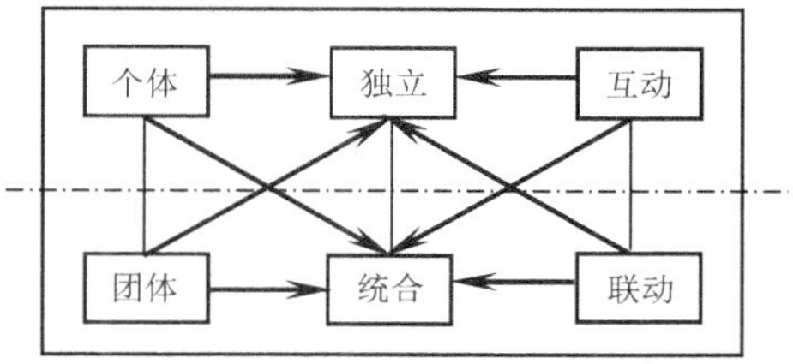

图 1-5a 全面共强化动力组态

2. 激发共强化动力组态

个体动力和团体动力、互动动力和联动动力，在独立动力中都是显性偶联、活性偶联，都具有很亲和、很协调、很聚合的特性；而在统合动力中都是隐性偶联、惰性偶联，都不具有亲和性、活跃性和聚合性，从而形成了企业运营体中独立动力极度强大而统合动力极度弱小，整体性的激发动力极度强势而整体性的基体动力极度弱势的高度失衡的动力结构（见图 1-5b）。

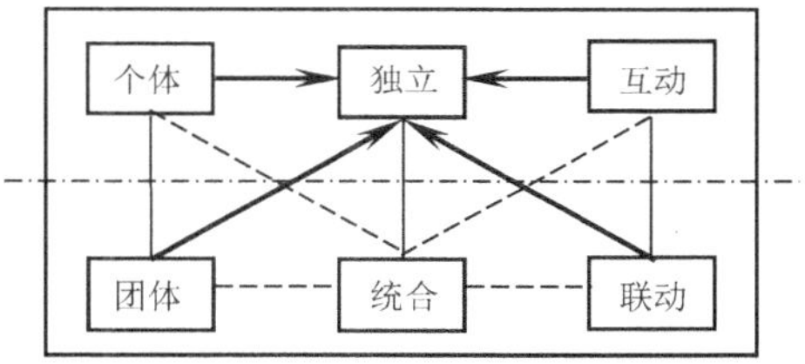

图 1-5b 激发共强化动力组态

在这种动力结构中，Y 动力系统的三种激发动力的作用都得到了最系统、最充分的发挥，而三种基体动力的作用未能显现或极度薄弱，作为企业价值属性的人本性、经济性和社会性，作为企业生命运动的自组织过程、积累转换过程以及新陈代谢过程，在成长性上得到了充分的张扬和体现，而在成熟性上严重缺失。不难想象，这就是大多数巨婴公司的动力基础，即高成长低成熟型企业的动力基础，一种 Y 动力畸活结构，意味着企业运营与发展是建立在一种极为灵活、强劲，却非常缺乏协调性和稳定性的动力组织基础上的，因而，企业运营与发展必然具有一种难以稳定或难以持续的倾向。

3. 基体共强化动力组态

与上述激发共强化动力结构正相反，个体动力和团体动力、互动动力和联动动力，在统合动力中都是显性偶联、活性偶联，都具有很亲和、很协调、很聚合的特性；而在统合动力中又都是隐性偶联、惰性偶联，都不具有亲和性、活跃性

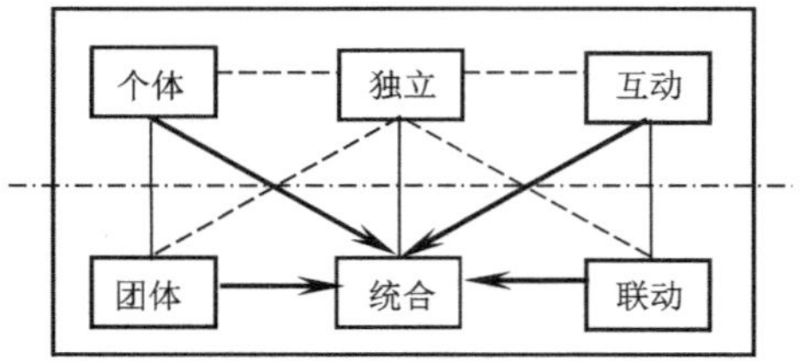

图 1-5c 基体共强化动力组态

和聚合性，从而形成了企业运营体中统合动力极度强大而独立动力极度弱小，整体性的基体动力极度强势而整体性的激发动力极度弱势的一种高度失衡的动力结构（见图 1-5c）。

在这种动力结构中，Y 动力系统的三种基体动力的作用都得到了最系统、最充分的发挥，而三种激发动力的作用未能显现或极度薄弱，作为企业价值属性的人本性、经济性和社会性，作为企业生命运动的自组织过程、积累转换过程以及新陈代谢过程，在成熟性张力上得到了充分的张扬和体现，而在成长性张力上极度薄弱或严重缺失。显而易见，这正是大多数侏儒公司的动力基础，即低成长高成熟型企业的动力学基础，一种 Y 动力畸稳结构，意味着企业运营与发展是建立在一种非常协同、稳定，却很不灵活、很不强劲的动力组织基础上的，因而，与 Y 动力畸活结构一样，企业运营与发展也具有一种难于壮大或不可持续的倾向。

4. 偶发互强化动力组态

个体动力和团体动力、互动动力和联动动力，在独立动力和统合动力中的活性或显性均不确定，彼此之间的亲和性、协调性和聚合性均不稳定，从而形成了企业运营体中独立动力或统合动力强弱不定、变化无常，进而整体性的激发动力和基体动力处于显隐无序、强弱难分的迷茫状态，一种低度活跃或不活跃、低度协调或不协调、低度均衡或不均衡的动力结构（见图 1-5d）。

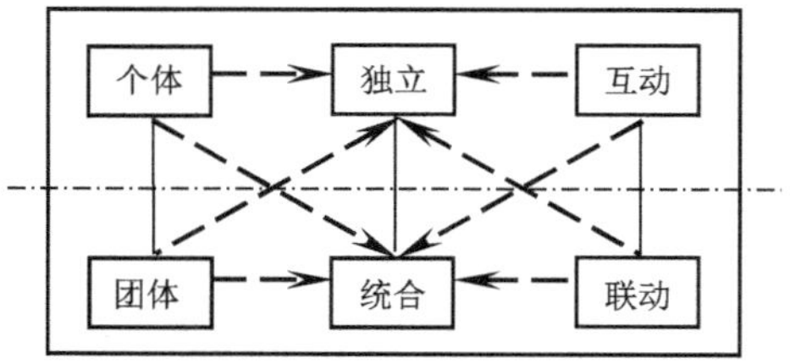

图 1-5d 偶发互强化动力组态

在这种动力结构中，Y 动力系统的六种分动力体，包括三种激发动力和三种基体动力的作用都未能得到系统的、有效的发挥，作为企业价值属性的人本性、经济性和社会性，作为企业生命运动的自组织过程、积累转换过程以及新陈代谢过程，无论在成长性张力还是在成熟性张力上都未能全面、充分地得以体现。显然，这就是前述幼婴公司的动力基础，即低成长低成熟型企业的动力基础，一种 Y 动力弱势结构。意味着企业运营与发展尚处于初始或起步阶段，还不具备灵活性和协调性、活跃性和有序性有机统一的动力基础，可以说，这就是大多数企业发展在幼年期的表现形态。

上述所列举的四种 Y 动力偶联强化组态及其在此基础上形成的四种企业发展形态，实际上，只是四种典型的极端形态。在现实企业运营与发展中，在全面共强化动力组态和偶发互强化动力组态之间，或在激发共强化动力组态和基体共强化动力组态之间，实际上存着更具普遍意义的众多中间形态或过渡形态的动力结构，主要可划分为激发偏强化动力组态、基体偏强化动力组态和简单互强化动力组态三种类型。

5. 激发偏强化动力组态

个体动力和团体动力、互动动力和联动动力，在独立动力中表现出更多的显性或活性特征，表现出总体上偏向于强化独立动力的亲和性、聚合性和协调性，从而形成企业运营体中独立动力，进而激发动力占据相对主导地位，激发动力的作用相对突出，而基体动力的作用相对不足的有限均衡的动力结构（见图 1-5e）。

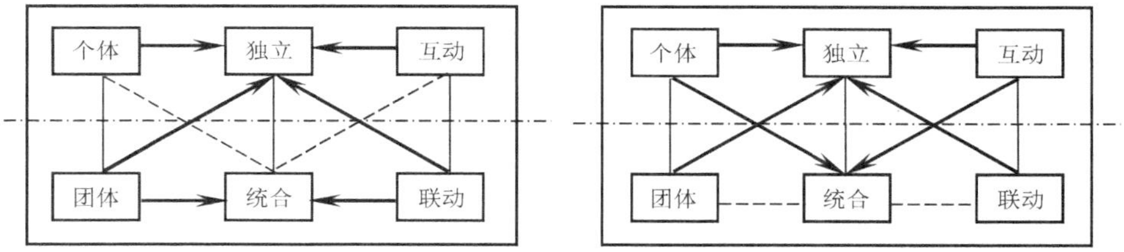

图 1-5e　激发偏强化动力组态

6. 基体偏强化动力组态

与激发偏强化动力组态相反，在基体偏强化动力组态中，个体动力和团体动力、互动动力和联动动力，在统合动力中表现出更多的显性或活性特征，表现出总体上偏向于强化统合动力的亲和性、聚合性和协调性，从而形成企业运营体中统合动力，进而基体动力占据相对主导地位，基体动力的作用相对突出，而激发动力的作用相对不足的有限均衡的动力结构（见图 1-5f）。

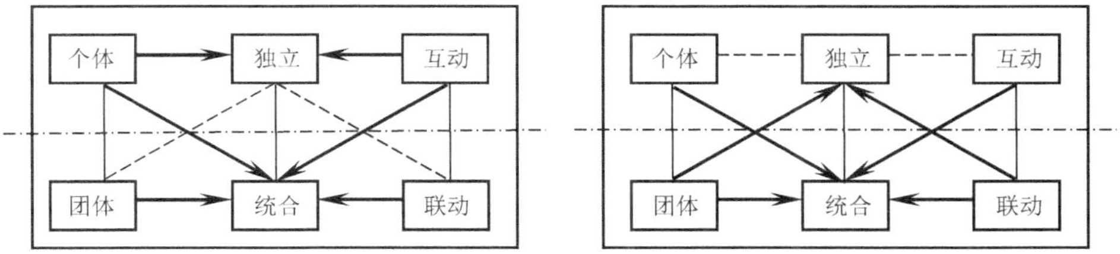

图 1-5f　基体偏强化动力组态

7. 简单互强化动力组态

这是两种比较特殊的动力结构，其中，个体动力和团体动力、互动动力和联动动力，都分别同性地或异性地在独立动力和统合动力中表现出一定的活性或显性特征，都自觉不自觉地表现出单向位强化独立动力或统合动力的亲和性和协调性，从而形成企业运营体中独立动力和统合动力，进而激发动力和基体动力或分裂或偶合地简单活跃、简单协调、简单均衡的一种动力结构（见图 1-5g）。

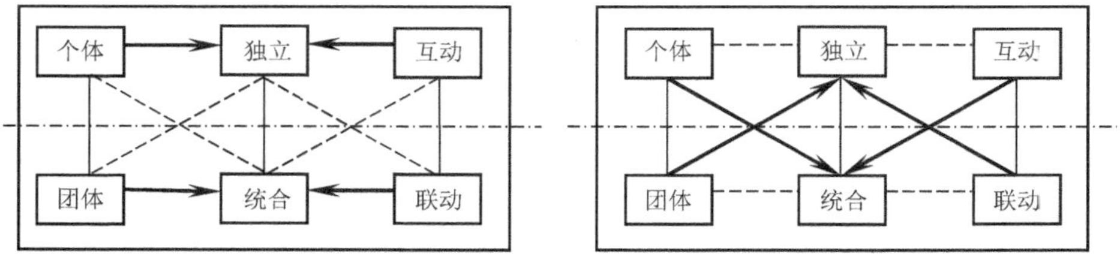

图 1-5g　简单互强化动力组态

在上述 5、6、7 三种偶联强化组态中，Y 动力系统的个体动力和团体动力、互动动力和联动动力，在独立动力或统合动力中都或强或弱地表现出不同程度的活性或显性，表现出强化独立动力或统合动力的亲和性和协调性，作为企业价值属性的人本性、经济性和社会性，作为企业生命运动的自组织过程、积累转换过程和新陈代谢过程，在成长性张力和成熟性张力上的形成与作用上都不同程度地、自觉不自觉地有所体现。这正是前述众态公司，即各种亚成长亚成熟型企业的动力基础，一种 Y 动力次优结构，意味着企业运营与发展在活跃性和有序性、强劲性和稳定性、突破性和连续性上会有或强或弱、或均衡或不均衡的多样态表现，是大多数企业发展所表现出的一种亚理想状态。

三、企业DNA和企业基因图谱

酷似决定生物进化特性的染色体基因组合的基因型，决定着生物遗传与变异形态表现型，我们看到，三阶动力系统六种分动力体相互之间的多种偶联形态，正是企业运营与发展所呈现出的不同表现型（成长性和成熟性）的基因型（激发性和基体性），即外在表现形态的内在基因形态，因此，我们愿意将三阶动力系统偶联强化组态，视为企业运营与发展的 Y 动力基因结构，并在本质的或一般的意义上称之为企业基因或企业 DNA。

我们看到，Y 动力基因结构在形态上具有三大突出特点：一是双链性，即无论主体动力、运营体动力，还是超循环体动力，都有激发动力和基体动力两种相互依存、相辅相成的双链结构；二是内聚性，即主体动力系统和超循环体动力系统都内聚性地耦合在和作用于具有染色体性能的运营体动力系统之中；三是开放性，即在三阶动力系统中，超循环体动力系统担当着企业与外部环境进行物质、能量与信息交换的基本角色。当然，Y 动力基因结构在本质上，是社会组织系统的一种基因结构，是以人为核心的、智慧化的、人机互动和内外联动系统的一种基因结构，因而，在物质载体和系统功能上，企业基因与生物基因有着质的不同。

为了便于进一步定量化地说明 Y 动力偶联强化特性与企业发展性状之间的复杂关系，我们试图像解密和绘制人类基因组序列一样，系统性地研究和绘制企业基因序列图谱。在这里，我们拟将运营体动力的激发性或基体性用圆箭头表示，并将激发性或基体性的活跃程度分为 5 级：极强、很强、较强、较弱、很弱。当个体动力和团体动力、互动动力和统合动力，在独立动力或统合动力中都是活性偶联或显性偶联的时候，即面向激发性或基体性方向的强化组合的数目为 4 的时候，独立动力的激发性或统合动力的基体性就达到了极强的程度；相反，当个体动力和团体动力、互动动力和统合动力，在独立动力或统合动力中都是惰性动力或隐性动力的时候，即面向激发性或基体性方向的强化组合的数目为 0 的时候，独立动力的激发性或统合动力的基体性就达到了极弱的程度，中间则分布有强化组合数目为 3、2、1 的三个中间序列。这样，我们就可以大致定量地勾画出三阶动力系统六个分动力体偶联强化特性与企业发展形态之间相互关系的基本序列图谱，即动力强化组态与企业发展形态关系图谱，简称 Y 动力基因图谱或企业基因图谱（见图 1-6）。

动力强化组态（基因型）				企业发展形态（表现型）		
强化类型	强化组态	激发性 / 活跃性	基体性 / 有序性	成长性	成熟性	典型公司
全面共强化		＋＋＋＋	＋＋＋＋	＋＋＋＋	＋＋＋＋	巨人公司
激发共强化		＋＋＋＋	0	＋＋＋＋	0	巨婴公司
基体共强化		0	＋＋＋＋	0	＋＋＋＋	侏儒公司
偶发互强化	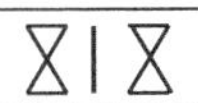	＋－	+-	＋－	＋－	幼婴公司
激发偏强化		＋＋＋＋	＋＋	＋＋＋＋	＋＋	
基体偏强化	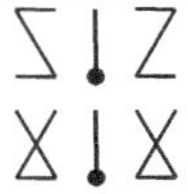	＋＋	＋＋＋＋	＋＋	＋＋＋＋	众态公司
简单互强化	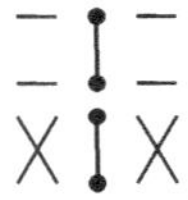	＋＋	＋＋	＋＋	＋＋	

注：＋＋＋＋表示极强，＋＋表示较强，0 表示极弱，＋－表示不确定；以后相应用＋＋＋表示很强，＋表示较弱

图 1-6 动力强化组态与企业发展形态关系（Y 动力基因图谱）

由 Y 动力基因图谱或企业基因图谱，我们可以更清楚地看到，三阶动力系统六个分动力体强化组态的激发性和基体性、活跃性和有序性，与企业发展的灵活性和协调性、成长性和成熟性之间有着内在的一致性和统一性。Y 动力基因型和表现型、Y 动力偶联强化组态和基因图谱，形象地展示了企业成长性张力和成熟性张力形成与变化的内在机制，深刻揭示了不同企业发展性状的动力基础和内在原因。

当然，企业动力与发展的基因结构或基因图谱远不止这七种类型，实际上，这七种强化组态只是主体动力和超循环体动力都能够相对应、相匹配地作用于（转化为）运营体动力时的一种对称性强化组态，即个体动力和团体动力、互动动力和联动动力，在独立动力或统合动力中都有一一对应且对等、或强或弱的活性表现或显性表现。在现实企业发展运营中，大量普遍存在的动力结构是一种内外失衡的非对称性强化组态，即个体动力和团体动力、互动动力和联动动力，在独立动力或统合动力中的显性或活性并不是一一对应的或对等的，有时候个体动力或团体动力很活跃，而互动动力或联动动力并不一定活跃，企业内生性成长的能力较强，有时候互动动力或联动动力很活跃，而个体动力或团体动力并不一定活跃，企业外源性扩张的能力较强，在这种情况下，独立动力和统合动力的活跃性会有相应的多样性的变化，动力强化组态的激发性和基体性又会有多种程度的差别，进而企业基因图谱的绘制将十分丰富和多彩。但一般而言，当独立动力中的显性偶联或活性偶联大于统合动力中的显性偶联或活性偶联时，我们可以说，Y 动力偶联强化组态就具有更多的激发性特征，企业运营和发展就具有更多的成长性张力；反之，若统合动力中的显性偶联或活性偶联小于独立动力中的显性偶联或活性偶联时，我们可以说，Y 动力偶联强化组态就具有更多的基体性特征，企业运营和发展也就具有更多的成熟性张力。可见，正是企业 Y 动力基因结构的多样性和复杂性，决定着企业运营与发展的多样性和复杂性，正是企业 Y 动力基因结构的千变万化，决定着企业运营与发展千姿百态的性状、形态和类型！

需要特别强调的是，上述有关企业 Y 动力偶联强化组态的线性化、数值化表达，并不意味着六组分动力体的相互关系就是简单的加和性关系，构建 Y 动力偶联强化组态基模和绘制 Y 动力强化图谱的意义，在于为我们提供系统而又简捷的认知模型和思维路径，帮助我们在内外交织、纷繁复杂的企业动力系统中发现一些最基本的作用关系及特性，并归纳出由此所决定的企业发展的一些最基本的性状和类型，进而更深入具体地把握企业动力结构与企业发展形态之间的内在联系。

Y 动力基因型和表现型或企业基因特性，实际上，也可以基于函数关系式的分析框架进行定量化研究。试将式（1-1）组元变量按照激发性和基体性两类特性做分类重组，则可获得一种Y动力基因函数，即：

$$\begin{aligned}\mathbf{Y} &= \varphi_Y(G, M)\\ &= \varphi_Y(\varphi_G(P_g, O_g, H_g), \varphi_M(P_m, O_m, H_m))\\ &= \varphi_Y(\varphi_G(p_{g1}, p_{g2}, p_{g3}, p_{g4}; O_{g1}, O_{g2}, O_{g3}; h_{g1}, h_{g2}, h_{g3}, h_{g4}),\\ &\quad \varphi_M(P_{m1}, p_{m2}, p_{m3}, p_{m4}; O_{m1}, O_{m2}, O_{m3}; h_{m2}, h_{m3}, h_{m4}))\end{aligned} \tag{1-2}$$

式中，G和M分别为状态空间总量Y中激发动力和基体动力两大状态向量空间，P_g、O_g、H_g和P_m、O_m、H_m分别为相应的个体动力、独立动力、互动动力和团体动力、统合动力、联动动力六种分系动力变量组，进一阶的分解则是相应的各个子系变量或组元分量。

基于Y动力基因函数，我们可以对激发动力和基体动力两类组元变量的载体、显性、活性及其能量大小进行选择、赋值和评估，对企业成长性和成熟性开展闭合性特性考察或企业间对比分析，进而从发展战略规划的层面，对企业进行自主性的基因管理，即GM管理，如将企业的基础结构、经营指标、部门权责、考核体系和分享模式等元素相对划分为成长性与成熟性两大特性序列或面上模块，以开展数字化、智能化和动态化的监测与管理。

非常奇妙的是，在研究企业运营与发展的基因型和表现型的过程中，我们还进一步发现企业基因和生物基因之间的一种同构现象：企业Y动力分解与合成的组态图与生物DNA分子合成与复制过程的假设图（谈家桢，1965；陆瑶华等，2001）极为相似，原动力和源动力如同是合成复制（耦合内聚）前的两个子螺旋结构，而元动力如同是合成复制（耦合内聚）后的一种新质的（具有染色体功能）的母螺旋结构，而作为子螺旋的原动力、源动力和作为母螺旋的元动力，同时又都是涵括相辅相成的激发动力和基体动力两种组态的一种双链结构，生物DNA决定着生物进化与变异的特性，而企业Y动力基因决定着企业运营与发展的特性。Y动力，Y动力递阶原生组态，Y动力三大依存组态，Y动力偶联强化组态，以及Y动力三大依存律和Y动力全息依存组态——一组多么神奇的企业DNA生命现象！我们相信，企业孕育、成长、成熟、壮大、强盛和永续，以及企业萎缩、衰落、夭折和消亡的全部信息就蕴藏在这里，企业千姿百态、千变万化的基因就蕴藏在这里，现代企业快速、稳定和可持续发展的奥秘就蕴藏在这里！

第二章 企业功能边界

第一节 企业边界的功能形态和变化原理

三阶动力系统的建构和解析，为我们彻底打开了企业运营系统存在、作用与演变的“灰箱”，破解了决定企业发展特性的“魔方”，但是，一个并未真正解决而又不容回避的问题是：企业存在、运营与发展的边界在哪里？企业主体存在、本体存在和外体存在的边界形态和边际关系是什么？换言之，企业三阶动力系统形成与作用的范围和领域、目的和结果又是如何决定、如何体现的？为了回答这些问题，我们必须认真面对和系统研究企业边界这一涉及企业性质和功能、内涵和外延、战略和发展的最具基本意义的理论命题。

一、企业边界理论述评

1937 年，美国经济学家科斯（Coase）发表了《企业的性质》一文，开创了企业边界理论研究的先河。科斯首先提出用交易成本概念诠释企业的性质、存在及其边界问题，认为企业和市场都是一种协调和配置资源的机制，企业是市场“价格机制的替代物”，是“长期契约替代短期契约”“一系列的契约替代一个契约”的结果，“企业将倾向于扩张直到在企业内部组织一笔额外交易的成本，等于通过在公开市场上完成同一笔交易的成本或在另一个企业中组织同样交易的成本为止”。就是说，企业边界取决于企业的边际组织成本与市场的边际交易成本的对比：当企业组织成本高于市场交易成本时，企业边界将趋于缩小乃至消失，即市场替代企业；反之，企业得以存在或扩充边界，即企业替代市场。科斯的边际替代原理或交易费用理论，对深入认识企业、市场、契约组织和国家制度安排等基本经济和社会关系具有重大价值，开创了制度经济学研究的全新视角，对当代中国制度变革、体制转型、法制建设，以及企业产权变革、经营重组、合作竞争、规模决策等都产生了重要影响。

但是，仅以交易费用为依据的企业边界理论在经济学，特别是管理学领域，有着很大的局限性和先天性、内在性缺陷。

1. 单纯经济契约的研究，难以说明企业边界形成的社会属性

交易费用理论，既不能全面解释在协调和配置整个社会资源方面，企业、市

场和政府的职能如何界定和为何变化，如中国计划经济体制下有政府办企业的历史，西方国家也不同程度存在的政府国有化或私有化企业以及政府干预市场的社会现象；也不能深入说明现实经济社会中，一些政府职能或社会职能出现企业化的现象和原因，如中国计划经济体制中广泛存在的企业办学校、医院、幼儿园等现象，以及中国改革开放以后企业剥离社会职能，企业所办的学校、医院、幼儿园等服务机构交由社会管理的变革过程；更不能有效诠释高增长和工业化的今天，要求企业防止污染、节能减排、保障职工健康、保证产品安全等，要求企业承担更多社会责任的新理念。就是说，在部门化分工与合作的社会组织体系中，企业不仅是一个经济组织，而且是一个社会组织，企业职能、企业边界的定位除了要遵循经济法则外，还需要遵循其社会性和人本性，甚至国家性和文化性的多重规范或契约，显然，这已经远远超出了经济契约和经济资源配置的法则，因而，交易费用理论的单纯经济契约，在解释企业与社会组织部门分工与合作关系的问题上已经先天地和部分地失灵。

2. 单纯双边关系的研究，难以说明企业边界存在的多边形态

交易费用理论，既不能充分解释生产企业横向一体化，即以增加不同产品或服务为特征的生产经营多元化，而交易行为或交易成本并不一定都内部化的现象，如经营医药同时又经营房地产、生产电冰箱同时又生产彩色电视机等生产行为；也不能有效说明现代企业广泛存在的各种多边性的网络组织现象，如战略联盟、虚拟经营、委托加工、研发外包等合作行为；更不能深入解析企业与金融机构、与科技机构、与中介机构等其他经济组织之间多方位的一体化关系或协作化关系，以及企业与政府、与工会、与社团、与公益组织、与绿色组织等其他相关社会机构的多方位的竞合关系和公共关系。就是说，现代企业不仅与其他企业、进而与市场建立交易关系和边际关系，还广泛地与其他企业、与各种社会组织建立不同性质或不同形式的各种竞争关系和合作关系，企业不仅面临着生产内部化或外部化带来的交易成本或管理成本问题，还面临着广泛的经济社会竞合关系中各种机会收益、风险对冲、优势互补、资源共享等除交易费用和管理费用以外的各种考量。因而，交易费用理论的双边关系论在解释企业多边化、多元化竞合关系的问题上已经先天地和部分地失灵。

3. 单纯交易职能的研究，难以说明企业边界变化的有限弹性

交易费用理论的最大症结、最大偏颇，在于未能说明企业和市场之间的本质区别，它们所承担的不同职能，以及所发挥的不同的作用。从共性上来看，企业和市场似乎都是一种协调和配置资源的机制，都是一种制度安排，或者都是一种交易组织或契约形态。但从个性上来看，企业首先是承担产品加工制造，以满足人们基本生活和劳动需求的生产组织，这是企业的本质属性或内在规定性，是第一性的东西，而市场的本质和职能是专业化的交易场所，是价格发现和信息涌现场所，是第二性的东西，且不论历史形成的孰先孰后，关键是“生产是一切经济制度的核心问题，是企业作为一种微观经济组织制度的基本功能所在”（余菁，2019），企业和市场有各自不同的功能价值和各自不同的运行机制，彼此之间的替代是有限的，不是无限的，更不可能完全替代。因而，交易费用理论的边界说在解释企业生产行为和交易行为如何产生和如何区分的问题上也先天地和部分地失灵。

长期以来，科斯的企业边界理论，得到了后续支持者（威廉姆森，1975、1985；张五常，1983；等）及科斯本人的进一步补充和维护，同时也不断地受到国内外众多学者的质疑和挑战。相关理论主要有：基于资源控制、资产剩余权利或资产专用性的产权理论（阿尔钦，1969、1972；格罗斯曼、哈特，1986；哈特、莫尔，1990；津盖尔斯、拉詹，1998、2000；哈特，1988、1995），基于能力分工、劳动分工、市场分工或专业化效益的分工理论（理查森，1972；Smith，1994；曹正汉，1997；杨小凯，1998），基于企业效率、资源和能力、知识基础或核心能力以及竞争战略的能力理论（钱德勒，1977；沃纳菲尔特，1984；普拉哈拉德、哈默尔，1990；巴尼，1991、1999；朗罗斯、罗伯逊，1996；李海舰等，2005），基于监督成本、激励成本或信息成本的成本理论（阿尔钦、德姆塞茨，1972；霍姆斯特朗、米尔格罗姆，1991），以及基于追求现有或预期增长机会、预期利润最大化或风险价值的均衡演化说（阿罗、奈特，1974；梅叶斯，1984），基于动态环境、技术创新、信息技术的动态边界说，基于熵理论的开放度及内部能力的共同决定说，基于内外价值链整合的价值影响说，等等（徐忠爱，2009；张立志、丁冬冬，2014；孟华、朱其中，2019），真可谓百家争鸣，万象纷呈。其中，对交易费用主流理论最具挑战性的，当属基于资源或知识的能力理论，认为企业边界取决于企业利用和配置资源的效率、拥有的知识和管理能力，或具有的核心能力。虽然许多人试图将各种理论，特别是能力理论与交易费用理论结合起来进行综合分析（梁世国、梁经锐，2007；曾楚宏、朱仁宏，2013），但由于一直没有找到不同观点和立场可以有效沟通与对接的统一架构或平台，企业边界理论，无论是关于企业存在的原因、企业的性质、企业边界的决定等本源性学说，还是有关企业边界的特性、企业边界的形态、企业边界的演变等本体性讨论，大多未能逃脱以交易费用为出发点或聚焦点的束缚与陷阱，其发挥、争议和演变始终处于莫衷一是的混沌境地或丛林状态，以致学术界和实业界中的很多人都自觉不自觉地陷入一种模糊性、漂移性、渗透性、交错性，甚至无边界等种种不确定性论的泥沼。

二、企业边界三态说

如何才能走出企业边界理论的迷宫，彻底厘清企业边界？Y动力系统的递阶性视野，特别是Y动力三大依存律的机制性揭示，从微观与宏观、内部与外部、组织学和管理学、经济学和社会学、复杂性系统和系统动力学的内在统一，为我们提供了正本清源、兼收并蓄、平等交流的新思路和新方法。

从严格意义上来说，企业边界是从内部和外部联系的宏微观视野，对企业发展运营活动的内涵与外延进行全方位界定的系统概念。从经济学和社会学的宏观视野来看，企业边界是社会部门分工与协作的体现，是社会经济组织分化与演变的结果，具有外在地区分企业与市场、企业与政府和社会组织、企业与外部自然和社会环境的多领域的边际形态；而从组织学和管理学的微观视角来说，企业边界又是企业价值属性、发展形态、生命过程三大功能特性的体现，是企业主体动力、运营体动力、超循环体动力综合作用的结果，具有内在地界定企业的性质和功能、地位和责任、业态和范围、竞争和共享的一种多层面的边际形态，是多领域、多层面的因果关系耦合运动所决定的一种复合边际形态。

具体而言，考察现代企业输出、转换和输出的整个功能结构，基于因果反馈网络过程的系统动力学研究，企业边界实际上共时性地存在着内在耦合的三种界面或三重界面，即职能边界、规模边界和运营边界，分别是价值需求和制度供给、效率需求和市场供给、分享需求和资源供给三组宏微观要素（或边际变量）的函数，是相应的契约调节、价格调节和禀赋调节三大机制作用的结果，简称企业边界三态说，或企业边界功能系统观。

三、企业职能边界及其调节机制

1. 职能边界的内涵和特性

职能边界，是以生产经营体或社会经济组织为内涵和外延，与行政事业单位或非生产经营性的社会组织相互区分的界面，如与政府、社团、公益组织、环保组织等社会部门和社会团体，与非企业性的学校、医院、科研、中介等各种社会服务机构相区别、相对应。社会经济组织的规定性意味着企业职能边界不仅是单纯的经济意义上的边界概念，也是更深刻的社会意义上的边界概念。在职能边界内，企业不仅以对社会提供有效的产品和服务为基本职责，还肩负一定的就业、劳保、医保、养老、纳税、环保等社会责任，企业追求的目标、企业运行所遵循的基本法则，是实现经济价值和社会价值的统一，即实现企业价值的最大化。因而，职能边界在本质上，是企业作为经济性、社会性或人本性的价值需求系统或价值输出系统而形成的边界形态，突出反映企业在全社会部门性关系制度结构中的功能、地位和作用。

企业职能边界，从根本上说，是由企业性质（包括经济属性和社会属性）决定的。企业性质，进而企业职能边界，从来就具有双重性：一方面，企业作为生产产品与服务的经济组织，具有区别于非经济组织的个性或特殊性，即具有必须履行其经济责任的经济属性或经济部门的属性；另一方面，企业作为以人为主体、并与外部社会有着广泛联系与交流的经济组织，又具有同属于社会组织的共性或一般性，即具有必须融入社会并肩负一定社会责任的社会属性。企业性质，进而企业职能边界，又具有较强的稳定性。其中：企业作为经济组织的特殊本质决定了其经济职能具有不可动摇的稳定性；而企业作为社会组织的一般属性，其社会职能的强弱、社会责任的大小，在不同的社会制度条件下，在与其他社会组织的相互作用中，会表现出在一定范围和领域内可以变化的相对稳定性。就是说，由企业性质决定的企业职能边界的存在和变化，突出反映企业履行其经济责任和社会责任的结构性关系和变化，反映企业经济性价值需求和社会性价值需求、经济性价值输出和社会性价值输出的关系结构。至于企业经济职能和社会职能的实现形式，即其生产业态，则可以是多样化的：既可以是纯生产型的部门结构，如采掘业、加工业、建筑业等；也可以是纯流通型的部门结构，如商贸业、金融业、交通运输业等；当然，也可以是生产与服务兼备型的部门结构，如产销一体化、产学研一体化、工业财团等，但无论哪一种业态或部门结构，都具有其经济价值和社会价值的双重性和稳定性等形态特点。

企业性质的双重性和稳定性，决定了企业职能边界具有较小的扩张与收缩的弹性：主要是在不改变其经济性或生产经营属性的前提下，客观存在着一个可以通过强化或弱化企业的社本性或人本性，即强化或弱化企业的社会责任，使企业职能边界得以有限扩张或有限收缩的弹性区间。例如，为企业员工提供更多的就业保障、教育投资、福利待遇和医疗保险等，使企业更加人性化，企业就具有了更多的社会福利部门的职能和属性；在就业、环保、扶贫救灾、公益慈善等方面承担更多的社会责任或义务，做出更多的投入，使企业更加社会化，企业就具有了更多的社会公益部门的职能和属性等。上述两个方面的变化都会使企业职能边界得以扩张，相反的变化则会使企业职能边界得以收缩。

2. 职能边界的决定因素、变动区间和调节机制

企业职能边界的弹性区间和实际边界如何确定？职能边界扩张与收缩的一般规律又是什么呢？就是说，决定和影响职能边界扩张与收缩的主要因素或条件是什么？企业在什么情况下会表现为扩大职能边界，增加社会性或人本性？什么情况下会表现为收缩职能边界，减少社会性或人本性？

一般来说，职能边界的最小界面，不能小于社会制度对企业社会责任的法定要求，例如，必须履行最低的工资、劳保、养老、环保和赋税等法律责任等，否则就会失去企业作为经济组织存在的社会前提和法制基础；职能边界的最大界面，则不能超越经济组织对承担社会责任的相容性法则，例如，不能无限制地承担本应由政府、社团、福利、慈善机构等社会组织承担的各种社会责任，否则，企业就会改变其经济组织的本质属性而成为实际上的社会组织；而现实界面，是在企业的社会性价值需求与国家的社会化的制度供给相等的均衡点处契约性地左右移动，也就是说，企业职能边界的最优界面是社会性的价值需求等于社会化的制度供给，否则，就会偏离或难以实现最优的社会价值或企业价值，出现企业社会性不足或企业社会性过度的种种问题。这就是企业职能边界最大最小最优判定法则，也是企业职能边界的契约调节机制。

为便于进一步说明企业职能边界的变动规律，我们在此给出企业职能边界边际关系式，即：

$$\text{企业职能边界}=\frac{\text{社会性价值需求}}{\text{社会化制度供给}}=\frac{\text{提供剩余产品}+\text{促进员工发展}+\text{履行社会责任}}{\text{法定社会责任}\times\text{社会尽责程度}} \quad \text{（A）}$$

在边际关系式（A）中，社会性价值需求是一种内生变量，其变化主要取决于企业剩余产品的提供、员工发展的促进和社会责任的履行等微观因素，是以一定的企业价值观和企业经济实力为基础的；而社会化制度供给是一种外生变量，主要取决于国家在福利、就业、劳保、社保、医保、扶贫、环保等社会责任方面的制度安排，政府及社会各职能部门尽职尽责的实际状态，以及相应的社会舆论环境等宏观因素，是以一定的法律制度和社会体制为基础的。其中，企业的社会性价值需求是导致企业职能边界变化的充分条件和必要条件；而国家的社会化制度供给是企业职能边界变化的前提和依据。

3. 职能边界的价值取向及其选择

一般来说，企业职能边界的变化，与企业社会性价值需求的强度成正比，而与社会化制度供给的充分性成反比。当社会化制度供给比较短缺，即国家法定社会责任不全面、社会部门尽职尽责也不到位的情况下，企业职能边界往往会趋于扩张，因为这时企业承担社会责任的社会期待或社会契约相对较强，进而企业追求其社会性的边际效用较高，动力或压力递增，真正具有必要或具有更大的社会效用；反之，当社会化制度供给比较充分，即国家法定社会责任比较全面、社会部门尽职尽责也比较到位的情况下，企业职能边界往往会趋于收缩，因为这时企业承担社会责任的社会期待或社会契约相对较弱，进而企业追求其社会价值的边际效用较低，动力或压力递减，并不具有必要或并不具有理想的社会效用。当然，由于现实社会中国家法定社会责任或社会尽职尽责的不充分性是一种常态，因而，企业理性与非理性的社会性价值需求的强弱，在企业职能边界扩张和收缩的过程中往往发挥着主导的和决定性的作用。

例如，在中国计划经济体制和国有经济体制下，企业办医院、学校、幼儿园和食堂，企业为职工提供住房、医疗、子女就学就业的机会，甚至发放食品等生活资料，承担了大量本应由国家和市场承担的各种社会职能，一种社会制度结构对社会服务供给的短缺及其相应的社会契约，无限扩张了企业对其社会价值的需求，企业职能边界的扩张甚至已达到或超越了企业生产经营性质的极限，企业的社会职能部分地替代了国家的社会职能，实际上弥补了制度性、体制性的社会缺陷。又如，改革开放后，随着市场经济体制的确立，企业逐渐剥离了许多社会职能，各种幼托、教育、医疗、住房等服务职能转型社会化运作或市场化运作，政府职能转变，公共品服务的社会制度性供给趋于增多，企业追求社会价值的效用递减，企业社会性的职能边界则趋于缩小，并逐步回归企业正常的职能边界。

当然，随着我国体制变革和工业化的高速发展，就业、劳动保护和养老保障的人性化问题日益突出，资源、环境和可持续发展的社会问题也凸显出来，一些社会人士和学者认为企业变得自私、贪婪，要求企业承担更多社会责任的呼声与日俱增。这里实际上存在着一个需要澄清的误解：企业主动承担更多的社会责任，固然是值得肯定、鼓励和倡导的社会行为，尤其是在社会转型期存在诸多社会服务的制度性、文化性缺陷，需要有一个不断改进完善过程的时候。但是，企业偏重对经济效益的追求本无过错，是自身基本职能的本能体现，符合企业和社会制度分工的内在法则。

总之，企业职能边界的确定是一个动态均衡的过程。企业职能边界管理的实质，就是处理好企业的经济职能和社会职能之间的相互作用关系。在不同的社会经济制度结构中和企业发展的不同阶段，企业社会性价值的主观追求和国家社会化制度的有效供给这两种基本力量的对比变化及其所起的作用会有所不同，由此构成了企业职能边界多样化变化的时代特点、国家特色和企业文化特征。

四、企业规模边界及其调节机制

1. 规模边界的内涵和特性

规模边界，是以经营一体化或生产经营内部化为内涵和外延，与外部市场及其非一体化生产经营单位相互区别和区分的界面，如与要素市场、产品市场、产权市场、区域市场，与上下游企业、同业公司、产业联盟、产业集群等相互区分、相互对应。生产经营内部化的规定性意味着企业规模边界不仅是单纯的数量增减意义上的边界概念，更是丰富的业务结构意义上的边界概念。在规模边界内，企业以产品结构及其相应的要素结构、技术结构、组织结构的一体化最优配置为基本任务，所追求的目标、所遵循的基本法则是以最低的投入取得最大的产出，实现规模效率的最大化。因而，规模边界在本质上，是企业作为专业化、内部化或一体化的效率需求系统或效率转换系统而形成的边界形态，突出反映企业在全社会生产性市场关系结构中的功能、地位和作用。

企业规模边界，从根本上说，是由企业产权（包括企业物权和企业股权）决定的。企业产权，即对生产要素和剩余产品的占有权和支配权，不仅是导致企业生产经营内部化扩张与收缩的原因，而且是划分企业内部化边界的依据和尺度，因而，企业产权，进而企业规模边界，不仅具有一定的兼容性，包括业务性兼容和资产性兼容，而且具有很强的扩张性，包括业务性扩张和资产性扩张，突出反映企业内部化资源配置的结构性关系和变化，突出反映企业专业化与多元化、内部化与外部化的一种产权结构和产品结构的关系和变化，突出反映企业内部化效率需求或专业化效率需求、内部化转换效率或专业化转换效率的一种关系结构。至于企业规模和效率的实现形态，既可以是生产性结构，也可以是流通性、服务性结构；既可以是资金密集型结构，也可以是劳动密集、技术密集型的结构；既可以是专业化结构，也可以是多元化或多角化结构；既可以是单一股权结构，也可以是多元化或集团化股权结构；另外，在地域上，还可以表现为本地结构、跨区域结构或跨国结构等。但不论是企业的产业结构、产品结构、技术结构的变化，还是组织结构、区域结构、产权结构的变化，都具有不同业务和不同资产的兼容性和扩张性等形态特点。

企业规模边界的兼容性和扩张性，决定了它具有较大的扩张与收缩的弹性：主要是在保有其基本生产效率的基础上，现实地存在一个可以通过增加或减少其行业跨度或产品种类，来扩大或缩小其规模边界的较大弹性空间。具体可以表现为两个轴向的变化。一是纵向一体化（内部化）的变化（相反的则是专业化、外部化或市场化的变化），包括高级一体化和低级一体化两种形态：前者如冶炼业和采矿业之间、种植业和加工业之间，以及供产销之间、产学研之间等上下游产业或行业之间的一体化或专业化变化；后者如轧钢、炼钢、炼铁之间，批发、仓储和零售之间，产品研发、设计和制造之间等上下游产品或服务之间的一体化或专业化变化。二是横向一体化（内部化）的变化（相反的则是专业化、外部化或市场化的变化），包括相关多元化和非相关多元化两种形态：前者如彩电业兼电脑业、手机业生产，宾馆业兼餐饮业、娱乐业等同一行业不同产品之间的一体化或专业化变化；后者如石化业涉足房地产业、制造业并举投资证券业、金融业兼作商业物产等不同行业不同产品之间的一体化或专业化变化。上述两类情况的一体化变化都会使企业规模边界得以扩张，相反的变化，即专业化、外部化、市场化的变化则会使企业规模边界得以收缩。

2. 规模边界的决定因素、变动区间和调节机制

企业规模边界的弹性区间和现实边界如何确定？规模边界扩张与收缩的一般规律又是什么呢？就是说，决定和影响规模边界扩张与收缩的主要因素或条件是什么？企业在什么情况下会表现为扩大规模边界，增加内部性或兼容性？什么情况下会表现为收缩规模边界，减少内部性或兼容性？

一般来说，规模边界的最小界面，不能小于企业对内部化规模效率的最低需求，即规模缩减到某一种产品或某一个生产环节也必须有最低的效率、剩余或利润，否则就会丧失内部化存在（再生产）的前提和基础；最大界面，则不能超越市场对专业化规模经济的充分供给，即规模扩张的任何一种产品或任何一个生产环节必须是外部化市场供给不经济或不充分的有效弥补，否则，就会失去内部化经营的条件和依据；而现实界面，是在企业内部化的效率需求与外部化市场供给相等的均衡点处价格性地左右移动，也就是说，企业规模边界的最优界面是内部化效率需求等于外部化市场供给，否则，就会偏离或难以实现最优的内部化效率或规模效益，出现一体化不足或一体化过度的种种问题。这就是企业规模边界最大最小最优判定法则，也即企业规模边界的价格调节机制。

为便于进一步说明企业规模边界的变动规律，我们给出企业规模边界边际关系式，即：

$$\text{企业规模边界}=\frac{\text{内部化效率需求}}{\text{外部化市场供给}}=\frac{\text{管理收益}+\text{安全收益}+\text{机会收益}+\text{对冲收益}}{\text{专业化程度}\times\text{竞争化程度}} \quad \text{(B)}$$

在边际关系式（B）中，内部化效率需求是一种内生变量，其变化主要取决于企业内部化的管理收益、安全收益、机会收益和风险对冲的预期收益等低成本（高效率）扩张或稳定增长的微观因素，都是以成本收益分析为基础的；而外部化市场供给是一种外生变量，主要取决于外部生产的专业化水平、竞争化程度，以及相应的产业政策等利于或不利于企业一体化的宏观因素，是以一定的经济制度和市场体制为基础的。其中，企业内部化效率需求是导致企业规模边界变化的充分条件和必要条件，而外部化市场供给是企业规模边界变化的前提和依据。

3. 规模边界的价值取向及其选择

一般来说，企业规模边界的变化，与企业内部化效率需求的强度成正比，而与外部化市场供给的充分性成反比。当外部化市场供给比较短缺时，即外部生产的专业化程度和竞争化程度都比较低时，企业规模边界就会趋于扩张，因为这时外部化生产的费用或价格相对较高，进而企业内部化的规模收益和边际效用递增，动力或压力递增，真正具有必要或能够获取良好的内部化效益；反之，当外部化市场供给比较充足，即外部生产的专业化程度和竞争化程度比较高时，企业规模边界就会趋于收缩，因为这时外部化生产的费用或价格相对较低，进而企业内部化的规模收益和边际效用递减，动力或压力递减，并不具有必要或并不会带来良好的规模效益。同样，由于现实经济中产品生产的专业化程度和竞争化程度的不充分性也是一种常态，因而，企业理性与非理性的内部化效率需求的强弱，在规模边界扩张和收缩的过程中也常常发挥主导的和决定性的作用。

在这里，需要特别指出的是，虽然内部化、一体化变化遵循着共同的边际变动规律，但纵向一体化和横向一体化产生的原因及其效用实际上有着很大的不同：前者会出自更多的管理费用和安全保障的考量，后者则会出于更多的机会收入和风险对冲的考量。例如，乳品加工兼做上游的奶牛饲养、轮辋生产兼做上游的型钢轧制、服装设计兼做下游的成衣制作、矿产销售兼做下游的海洋运输等上下游一体化的行为，在降低原料或技术采购成本、保障原料或技术供给，以及占据低成本的产品和服务市场方面，无疑具有显著的一体化优势；而制造业兼做房地产、医药、环保工程等非相关一体化行为，或生产电视机兼生产电脑、手机甚至电冰箱、空调机等相关一体化行为，在获取较多的机会收入、熨平市场波动或产业周期，降低单一产品市场风险，实现技术和管理资源共享方面无疑有着更具战略性的意义。

为了进一步把握上述两种一体化变动导致企业规模边界变化的具体规律，我们在边际关系式（B）的基础上，再给出一组低一阶的企业一体化边际关系等式，即：

管理成本＝管理收益 ………………………………………… 纵向一体化（Bz1）

安全成本＝安全收益 ………………………………………… 纵向一体化（Bz2）

机会成本＝机会收益 ………………………………………… 横向一体化（Bh1）

对冲成本＝对冲收益 ………………………………………… 横向一体化（Bh2）

上述四个边际等式，实际上是在宏观的外部化市场供给一定的条件下，导致企业规模边界扩张或收缩的四个主要方面的微观考量或微观决策函数。在这里，四个低阶边际等式 Bz1、Bz2、Bh1、Bh2 是高阶边际关系式（B）中最主要的原因变数（自变数），反映不同企业在不同发展阶段为应对不同外部环境变化所做出的结构性、战略性选择；而高阶边际关系式（B）是四个低阶边际等式Bz1、Bz2、Bh1、Bh2在外部化市场供给给定（或为常数）条件下的结果变数（因变数），反映每家企业在发展的任何阶段所采取的结构性、战略性选择都不可能背离的一般规律。其中，第一个纵向一体化边际等式（Bz1）即管理成本＝管理收益，正是科斯交易费用理论在成本收益分析范式上的一般表达式。由此我们可进一步清楚地看出，科斯交易费用理论在决定和影响企业规模边界变动中所扮演的具体角色和所处的实际地位，具有科学性的同时又表现出局限性。

总之，企业规模边界的确定是一个动态均衡的过程。企业规模边界管理的实质，就是正确处理好企业的一体化结构和专业化结构之间的相互作用关系。在不同的市场经济条件下和企业不同的发展阶段，企业对一体化规模的主观追求和市场对专业化生产的有效供给这两种基本力量的对比变化及其所起的作用会有所不同，由此构成了企业规模边界多样化变化的经济特征、市场特征及其技术和管理特征。

五、企业运营边界及其调节机制

1. 运营边界的内涵和特性

运营边界，是以利益相关体或相关经济社会组织与环境为内涵和外延，与其他利益不相关的经济社会组织、无直接关联的经济社会资源环境相互区分的界面，例如，在人、财、物等生产经营要素方面有竞合关系的企业与无竞合关系的企业之间，在技术、管理、政策、资源、地域等环境要素方面有关联的地区和部门与无关联的地区和部门之间相互对应、相互区别。相关经济社会组织与环境的规定性意味着企业运营边界决不仅是狭隘的市场供产销领域中竞争与合作的边界概念，还是广泛的经济、政治、社会和自然领域中共享与共生的边界概念。在运营边界内，企业以相关经济社会组织的竞争与合作、相关经济社会资源的吸纳和整合为基本任务，企业的目标、企业运行所遵循的基本法则是企业社会分享的最大化，包括自然资源和社会资源的分享，以及现实资源和未来资源的分享。因而，在本质上，运营边界是企业作为市场性、资源性或环境性分享需求系统或分享输入系统而形成的边界形态，突出反映企业在全社会竞合性资源关系结构中的功能、地位和作用。

企业运营边界，从根本上说，是由企业能力（包括核心能力和一般能力）决定的。企业能力不仅决定企业外部竞争与合作在部门领域的广度和深度，而且决定企业外部竞争与合作在地域范围的广度和深度，因而，企业能力，进而企业运营边界，具有很强的多边性和延展性的特点，突出反映企业在外部竞争与合作、外部共生与分享中的结构性关系与变化，反映企业吸纳和利用各种外部资源的结构性关系和变化，反映企业竞争性的分享需求或合作性的分享需求、竞争性的输入需求或合作性的输入需求的关系结构。至于企业运营和分享的实现形态，既可以是经济领域的运营结构，如供应链合作、生产与技术合作、融资合作、业务外包、战略联盟等，也可以是社会领域的运营结构，如与政府、社区、社团、媒体等非经济机构之间的联系与合作；既包括地域性的运营结构，如聚集于各种开发区、各种经济合作区、各种产业集群、各种国际合作区内的竞合结构，也包括更大范围的与自然资源和生态环境之间的竞合性关系结构，以及更长时期的与期货市场、债券市场之间的关系结构等。但不论哪一种运营结构，都是企业与外在的利益攸关的各类主体或客体之间的相互联系，具有显著的多边性和延展性的形态特点。

企业运营边界的多边性和延展性，决定它具有很大的扩张与收缩的弹性。在维护企业内部基本资源结构的前提下，现实存在一个可以通过增大或减小外部资源竞争与合作的范围和领域，使得企业运营边界得以扩大或缩小的很大弹性区间。例如，在媒体投入、金融运作、区域合作等方面进行运作投入，企业就会赢得更多的企业声誉、资金流量和发展机会，赢得更大的社会分享空间；通过企业间的供应链合作、资金或技术合作、跨区域或跨国合作等的运营扩张，企业就会赢得更多的市场保障、规模效益、生产效率和市场资源，赢得更大的经济共享空间。上述两种运作都会使企业的运营边界得以扩张，反之，企业运营边界可能会收缩。

2. 运营边界的决定因素、变动区间和调节机制

企业运营边界的弹性区间和现实边界如何确定？企业运营边界扩张与收缩的一般规律又是什么呢？也就是说，决定和影响企业运营边界扩张与收缩的主要因素或条件是什么？企业在什么情况下会表现为扩大运营边界，增加竞合性或延展性？什么情况下会表现为收缩运营边界，减少竞合性或延展性？

一般来说，运营边界的最小界面，不能小于企业对外部资源分享的最低需求，即外部竞争与合作的运作，必须保证有最低的实现生产和再生产的资源输入，否则就会丧失企业生存与经营的前提和基础；最大界面，则不可能超越社会资源对竞争与合作的充分供给，即外部竞争与合作的运作，必须是外部资源供给未充分利用或不充分竞争与合作的有效弥补，否则，就失去了竞合性的条件和依据；而现实界面，是在企业竞合性的分享需求与外部竞合化的资源供给相等的均衡点处禀赋性地上下波动，即企业运营边界的最优界面是在竞合性分享需求等于竞合化资源供给，否则，就会偏离或难以实现最优的竞合性分享或运营效果，出现竞合性不足或竞合性过度的种种问题。这就是企业运营边界最大最小最优判定法则，也是企业运营边界的禀赋调节机制。

为便于进一步说明企业运营边界的变动规律，我们在此给出企业运营边界边际关系式，即：

$$企业运营边界=\frac{竞合性分享需求}{竞合化资源供给}=\frac{资源吸纳能力+市场开发能力+公关运作能力}{资源充裕程度\times资源均享条件} \quad (C)$$

在边际关系式（C）中，竞合性分享需求是一种内生变量，其变化主要取决于企业的资源吸纳能力、市场开发能力、公关运作能力等决定企业外部竞争与合作的微观因素，是以企业运营效率和综合能力为基础的；而竞合化资源供给是一种外生变量，其变化主要取决于自然资源、生产要素和各种社会资源的充裕程度和均享条件，以及相应的社会竞争与合作状态等利于或不利于企业运营的宏观因素，是以一定的资源稀缺性、体制开放性和竞争性为基础的。其中，企业竞合性分享需求是导致企业运营边界变化的充分条件和必要条件，而竞合化资源供给是企业运营边界变化的前提和依据。

3. 运营边界的价值取向及其选择

一般来说，企业运营边界的变化，与企业竞合性分享需求的强度成正比，而与竞合化资源供给的充分性成反比。当竞合化资源供给比较短缺时，即在外部资源充裕程度有限、资源均享程度较低的情况下，企业运营边界往往会趋于扩张，因为这时企业获取一定的资源条件或资源禀赋的动力或压力递增，有必要付出更多的投入参与社会竞争与合作，以获取较高的机会收益和边际效用；反之，当竞合化资源供给比较充分时，即在外部资源充裕程度较高、资源均享程度也较高的情况下，企业运营边界往往会趋于收缩，因为这时企业获取相应的资源条件或资源禀赋的动力或压力递减，企业参与外部竞争与合作并不具有必要或并不具有较高的机会收益和边际效用。当然，由于现实社会中各类资源的短缺性和资源占有的不均衡性同样是一种常态，因而，企业理性与非理性的竞合性分享需求的强弱，在企业运营边界扩张和收缩的过程中同样发挥主导的和决定性的作用。

需要指出的是，在中国计划经济时期，国营企业生存在统产、统购、统销的大一统经营管理体制之中，企业竞争与合作的运营边界几乎不存在，国家扮演着企业外部交易、外部协调和外部运营的全能角色，企业实际上只是一种单纯的生产车间或生产单位；改革开放后，随着市场经济体制的逐步确立和完善，特别是随着全球经济一体化浪潮的冲击，在企业职能边界和规模边界逐步回归科学与理性的同时，企业运营边界日益扩大，不论是国有企业、民营企业，还是外资企业、合资企业，国内外竞争与合作的范围和领域愈益宽广和深入，企业逐步成为具有自组织机能的开放型企业，焕发出勃勃生机，具有无限扩张的能力。社会经济制度和企业经营体制变迁的历史，向我们充分印证了企业运营边界的独特价值及其广阔领域，展现了运营边界在企业经营与发展中，特别是在企业快速成长和可持续发展中所发挥的越来越重要的作用。

总之，企业运营边界的确定，是一个动态均衡的过程。企业运营边界管理的实质，就是处理好企业外部资源分享和供给结构之间的相互作用关系。在不同的社会资源条件下和企业不同的发展阶段，企业竞合性分享的主观需求和外部竞合化资源的有效供给这两种力量的对比变化及其所起的作用会有所不同，由此构成了企业运营边界多样化变化的自然约束、社会约束、市场约束、技术约束和管理约束等方面的特征。

六、企业三种边界的整体观

为了便于对上述三种企业边界概念有一个简明而又整体的认识和把握，我们在此给出企业三种边界形态比较分析列表（见表 2-1）。

表 2-1　企业三种边界形态比较分析

形态	内涵外延	功能特性	形态特点	决定因素	调节机制
职能边界	生产经营体	部门性•输出性•价值需求	双重性•低度弹性	企业性质•制度供给	契约调节
规模边界	经营一体化	生产性•转换性•效率需求	兼容性•中度弹性	企业产权•市场供给	价格调节
运营边界	利益相关体	竞合性•输入性•分享需求	多边性•高度弹性	企业能力•资源供给	禀赋调节

从上述分析及表 2-1 可以看出，企业边界既不像主流理论所言是单一形态的，是纯经济的或纯契约的、纯规模的或纯能力的，也不像一些学者所说是不确定形态的，是模糊的或漂移的、抽象的或交错的。相反，企业边界是递阶的、动态的和系统的，又是清晰的、确定的和具体的，综合地看，具有三个方面的特点或特性。

第一，相对性。企业边界的内涵与外延是相对于不同的对象系统而言的，反映企业与外部联系的不同领域和内容，反映企业在不同外部联系中具有的不同地位和作用，反映企业生命存在的开放性与闭合性。

第二，等级性。企业边界的层次与结构又是因果循环、依次递进的，反映企业输出、转换与输入的不同性质和功能，反映企业目的与手段循环转化的不同过程和作用，反映企业功能结构的递阶性与转换性。

第三，区间性。企业边界的三种形态都有最大、最小、最优和最终的变动区间与稳定界面，反映企业内在需求与外部条件、内生变量与外生变量相互作用的动态均衡性，反映企业发展演变的统一性和多样性。

可以想象，科斯交易费用理论，以及由此相继引发的资源和能力说、不确定性和契约组织说、资产专用性和产权管理说、均衡演化和动态环境说、风险价值和预期利润说等，都来自不同的视角，位居不同的层次，有其不同的适用范围和应用领域，长期以来难以平等对话，现在却都可以在企业边界三态说或功能系统说的平台上，相互沟通、相互理解、相互补充和相互整合，充分地或部分地发挥自己特有的价值。

第二节　边界形态与动力组态

系统厘清企业边界的目的，在于对企业边界进行有效的识别、管理与决策，而边界管理不能总是局限在单纯的规模边界或单纯的职能边界和单纯的运营边界的层面，必须是整体性的、战略性的把握，每一边界形态的选择与优化必须以整体边界的取向和塑造为前提和基础，不能偏离，更不能脱离整体边界的定位与调整。因此，我们有必要对三种边界的整体形态如何存在、如何变化、如何选择、如何管理做进一步的考察和研究。

一、企业边界的五种基本类型

根据三种边界形态相互依存、相互对应的均衡性，我们可以把企业边界的整体形态大致划分为以下五种基本类型。

1. 开放型企业边界（呈哑铃形）

职能边界和运营边界较大，规模边界相对较小。说明企业社会性或人本性价值需求和竞合性分享需求比较强盛，社会责任意识、人本性组织水平、剩余产品输出能量，以及资源吸纳能力、市场开发能力、公关运作能力的综合特性比较强；同时，企业对外部化或专业化的效率需求比较旺盛，内部化、一体化的效率需求相对薄弱。不难理解，这是一种典型的社会型企业的边界形态，在技术发达国家和新经济时期具有很强的生命力，如跨国连锁、品牌大鳄、网络实体、虚拟企业等。一方面，企业与社会、环境的融入度很高，新陈代谢能力比较强；另一方面，企业的系统性风险和外部压力相对较高，稳定性和持续性有赖于很高的专业化的运营技术水平和经营管理能力。

2. 保守型企业边界（呈鼓形）

规模边界较大，职能边界和运营边界相对较小。说明企业内部化、一体化的效率需求很强盛，比较注重纵向或横向的规模结构扩张；同时，企业社会性或人本性的价值需求和竞合性分享需求相对不足，社会责任意识、人性化组织水平、剩余产品输出能量，以及资源吸纳能力、市场开发能力或公关运作能力总体比较薄弱。可以说，这是一种典型的内向型企业的边界形态，在不同的经济社会体制中是一种很有吸引力、很普遍，但也有很大局限性的边界取向。一方面，企业多元化运营与管理的规模较大，积累转化和扩张能力的要求很高；另一方面，企业开放性或新陈代谢能力的不足、履行社会责任的不足，也会外在地制约企业的社会影响、资源供给和持续扩张。

3. 均衡型企业边界（呈桶形）

职能边界、规模边界和运营边界相对对等和适应。说明企业经济性和社会性的价值需求、内部化性和外部化的效率需求、竞争性和合作性的分享需求都相对均衡，企业在提供剩余产品、促进员工发展、履行社会责任方面，在资源吸纳能力、市场开发能力、公关运作能力方面，都能够统筹兼顾。显然，这是一种典型的生态型企业的边界形态，是现代经济社会中比较理想化的一种边界形态。一方面，企业内部协调和外部适应能力内在统一，自组织能力、积累转换能力和新陈代谢能力比较协调，可持续发展的程度比较高；另一方面，各种内部和外部关系平衡的难度较大，企业的战略重点、核心竞争力和特色形象难以形成，成长与发展的速度会受到一定的限制。

4. 激进型企业边界（呈倒梯形）

职能边界较大，规模边界居中，运营边界较小。说明企业社会性或人性化的价值需求很强盛，社会责任意识、剩余产品输出或人性化管理很强，而企业竞合性分享需求相对缺乏，资源吸纳能力、市场开发能力和公关运作能力比较薄弱。显然，这是一种典型的公益型企业的边界形态，在计划经济时期有很强的代表性。一方面，企业具有较强的政治情结、社会责任和社会贡献意识；另一方面，由于一定程度上偏离或远离了生产经营部门的属性，特别是新陈代谢能力比较薄弱，因而其存在和发展并不具有内生性、高效性和长久性。

5. 机会型企业边界（呈正梯形）

运营边界较大，规模边界居中，职能边界较小。说明企业竞合性分享需求很强盛，资源吸纳能力、市场开发能力和公关运作能力很强盛，也比较注重自身财富的积累，而社会性或人本性的价值需求比较薄弱，社会责任意识、员工发展意识和剩余产品输出能力很欠缺。显然，这是一种典型的寄生型企业的边界形态，在原始资本积累时期或在转型经济过程中尤其活跃。一方面，企业善于利用外部市场和资源迅速扩张，聚敛财富和资本，新陈代谢能力很强；另一方面，社会贡献不足，商誉度很低，公共形象较差，不可避免地面临难以持续和难以被社会接受的风险。

由上可见，不同的企业边界类型，体现着不同的企业性质、企业产权和企业能力，体现着企业不同的价值属性、发展形态和生命过程，它既可能是企业自主选择、自主调整、自主管理的目标，也可能是企业被动接受、被动调整、被动演变的结果，虽然各有利弊、各有长短，但都不可避免地带有一定社会、一定体制的烙印，即带有制度供给、市场供给、资源供给的外部影响和作用。总体而言，在早期市场经济条件下，机会型企业边界和寄生型企业居多；在高度计划经济条件下，激进型企业边界和公益型企业、保守型企业边界和内向型企业居多；在成熟市场经济条件下，开放型企业边界和社会型企业、均衡型企业边界和生态型企业都具有更亲和性的生存环境和生长条件。

二、决定企业边界的动力基础

为了揭示形成上述五种企业边界形态及其相应五种企业类型的动力基础，以便自主性、针对性地强化三阶动力系统的决策、管理与运作，我们在这里列出三大动力与三种边界之间关联程度的交互关系量表，即企业边界形态与动力依存组态关系量表（见表 2-2）。

表 2-2 企业边界形态与动力依存组态关系

机制关联	a. 属性依存动力组			b. 形态依存动力组		c. 过程依存动力组		
	属性依存律 / 契约机制			形态依存律 / 价格机制		过程依存律 / 禀赋机制		
系统关联	社会性	经济性	人本性	成长性	成熟性	自组织	积累转换	新陈代谢
	源动力 H	元动力 O	原动力 P	激发动力	基体动力	原动力 P	元动力 O	源动力 H
A. 职能边界	●●●	●	●●	○	○○○	●●	●●	●●
B. 规模边界	○	○○○	○○	●●	●●	○○	○○○	○
C. 运营边界	●●	●●	●●	○○○	○	●●	●	●●●

注：三个圆示高度相关，两个圆示中度相关，一个圆示低度相关

在表 2-2 中，纵列为三种边界形态，横列为三大依存动力组，黑圆或白圆的多少表示两者之间的相关度。从量表中，我们可以比较直观地看到，三种边界形态与三大动力连锁组态之间存在不同程度的系统性关联和机制性关联。实际上，从内在的和决定性的因素来看，上述五种不同类型的企业边界形态及其五种企业类型，正是三大动力在企业属性依存、形态依存和过程依存三个特性领域，以不同组态的系统性关联和机制性关联共同作用的结果和效应。

1. 开放型动力链

我们看表 2-2 中由黑圆组成的一条下行长动力链 Aa-Bb-Cc。在这条动力链中，属性依存动力组与职能边界之间、过程依存动力组与运营边界之间的关联形态和关联程度比较类同。其中：作为社会性的源动力与职能边界之间、作为新陈代谢过程的源动力与运营边界之间都具有高度相关的依存特性，而作为经济性的元动力与职能边界之间、作为积累转换过程的元动力与运营边界之间具有低度相关的依存特性；同时，形态依存动力组与规模边界之间的关联形态和关联程度相同，即成长性的激发动力和成熟性的基体动力具有中度相关的均衡特性。这说明 Y 动力系统的作用方向比较全面，但作用程度并不一致，即超循环体动力较主体动力和运营体动力，在职能边界和运营边界形成与变化过程中的地位和作用更为重要、更为突出。大致地说，这条动力链正是开放型企业边界或社会型企业的动力基础，是形成开放型企业边界和社会型企业的基本条件和内在原因，因此，我们将企业边界形态与动力依存组态关系量表中，由 Aa-Bb-Cc 构成的一条决定开放型企业边界的长动力链，称为开放型动力链。

2. 保守型动力链

我们看表 2-2 中由白圆组成的一条直行环动力链 $\mathrm{Ba} < \begin{matrix}\mathrm{Ab}\\ \mathrm{Cb}\end{matrix} > \mathrm{Bc}$。在这条动力链中，属性依存动力组和过程依存动力组与规模边界之间的关联形态和关联程度比较类同。其中：作为经济性和积累转换过程的元动力与规模边界之间都具有高度相关的特性，而作为社会性和新陈代谢过程的源动力与规模边界之间仅具有低度相关的特性；同时，形态依存动力组与职能边界和运营边界之间的关联形态和关联程度恰好相反，作为成熟性的基体动力与职能边界之间表现出高度相关的特性，而作为成长性的激发动力与运营边界之间表现出高度相关的特性。这说明 Y 动力系统的作用方向也很全面，但作用程度很不均衡，即运营体动力较主体动力和超循环体动力，在规模边界形成和变化过程中的地位和作用更显重要、更为突出，激发动力和基体动力分别在运营边界和职能边界形成和变化过程中表现出更为重要、更为突出的地位和作用。大致地说，这条动力链正是保守型企业边界或内向型企业的动力基础，是形成保守型企业边界和内向型企业的基本条件和内在原因。因此，我们将企业边界形态与动力依存组态关系量表中，由 $\mathrm{Ba} < \begin{matrix}\mathrm{Ab}\\ \mathrm{Cb}\end{matrix} > \mathrm{Bc}$ 构成的一条决定保守型企业边界的环动力链，称为保守型动力链。

3. 均衡型动力链

我们看表 2-2 中由黑圆组成的一条上行长动力链 Ca-Bb-Ac。在这条动力链中，属性依存动力组、形态依存动力组和过程依存动力组与三种边界之间的关联形态都一致，关联程度均相同，即三大动力组中的每一种动力体（社会性的源动力、经济性的元动力和人本性的原动力，成长性的激发动力和成熟性的基体动力，自组织过程的原动力、积累转换过程中的元动力和新陈代谢过程的源动力）与三种边界之间都具有中度相关的共性特征。这说明 Y 动力系统的作用方向比较全面，作用程度比较一致，无论是主体动力、运营体动力还是超循环体动力，无论是激发动力还是基体动力，在三种企业边界形成和变化过程中均衡互动，都具有同等重要地位和作用。大致地说，这条动力链正是均衡型企业边界或生态型企业的动力基础，是形成均衡型企业边界和生态型企业的内在原因和基本条件，因此，我们将企业边界形态与动力依存组态关系量表中，由 Ca-Bb-Ac 构成的一条决定均衡型企业边界的长动力链，称为均衡型动力链。

4. 激进型动力链

我们再看表 2-2 中由黑圆组成的一条右下行短动力链 Aa-Bb-CcPO。在这条动力链中，属性依存动力组与职能边界、形态依存动力组与规模边界的关联形态和关联程度与上述开放型动力链相同（均为 Aa-Bb），不同之处在于过程依存动力组中缺少一种超循环体动力（即 CcH）的作用关联。这说明，Y 动力系统的作用程度不仅不均衡，更特别的是作用关系或作用方向也不全面，即作为新陈代谢过程的源动力在运营边界形成与变化过程中的地位未能显现，作用未能有效发挥。大致地说，这条动力链正是激进型企业边界或公益型企业的动力基础，是形成激进型企业边界和公益型企业的内在原因和基本条件。因此，我们将 Y 动力边界量表中，由 Aa-Bb-CcPO 构成的一条决定激进型企业边界的短动力链，称为激进型动力链。

5. 机会型动力链

我们再看表 2-2 中由黑圆组成的一条左上行短动力链 Cc-Bb-AaPO。在这条动力链中，形态依存动力组与规模边界、过程依存动力组与运营边界关联形态和关联程度与上述开放型动力链相同（均为 Cc-Bb），不同之处在于属性依存动力组中也缺少一种超循环体动力（即 AaH）的作用关联。这说明，与上述激进型动力链一样，Y 动力系统的作用程度不仅不均衡，而且作用关系或作用方向不全面，即作为社会性的源动力在职能边界形成与演变过程中的地位未能显现，作用未能有效发挥。大致地说，这条动力链正是机会型企业边界或寄生型企业的动力基础，是形成机会型企业边界或寄生型企业的内在原因和基本条件。因此，我们将企业边界形态与动力依存组态关系量表中由 Cc-Bb-AaPO 构成的一条决定机会型企业边界的短动力链称为机会型动力链。

这样来看，决定五种企业边界类型的动力基础实际上是五条不同组态的动力链，包括两条长动力链、一条环动力链和两条短动力链。两条长动力链即开放型动力链和均衡型动力链，均有一组相同的均衡关联的形态依存动力组，但在属性依存动力组和过程依存动力组中均衡性与非均衡性的关联位阶颠倒，意味着在开放型、生态型两种企业边界形态中，虽然均具有激发动力和基体动力均衡互动的整体特性，但主体动力、运营体动力和超循环体动力的关联作用分别在企业价值属性和企业生命过程中表现出均衡与不均衡截然相反的结构特点。一条环动力链即保守型动力链，形态依存动力组非均衡性关联的强弱截然相反，而属性依存动力组和过程依存动力组的非均衡性关联明显对称，说明在保守型企业边界形态中，既具有激发动力和基体动力高度互补的整体特性，又具有主体动力、运营体动力和超循环体动力非均衡作用的结构特点。两条短动力链即激进型动力链和机会型动力链，都与开放型动力链有两段相同的动力组，但都短缺超循环体动力的关联作用，说明在激进型和机会型企业边界形态中，虽然都具有激发动力和基体动力均衡互动的整体特性，但主体动力、运营体动力和超循环体动力的关联作用并不完整，即分别缺少作为新陈代谢过程的源动力和作为社会性的源动力的有效作用。

为便于总体上说明三阶动力与企业边界的基本关系结构，我们再直观地、形象地给出三阶动力系统边界连锁组态图示，简称 Y 动力边界连锁组态（见图 2-1）。

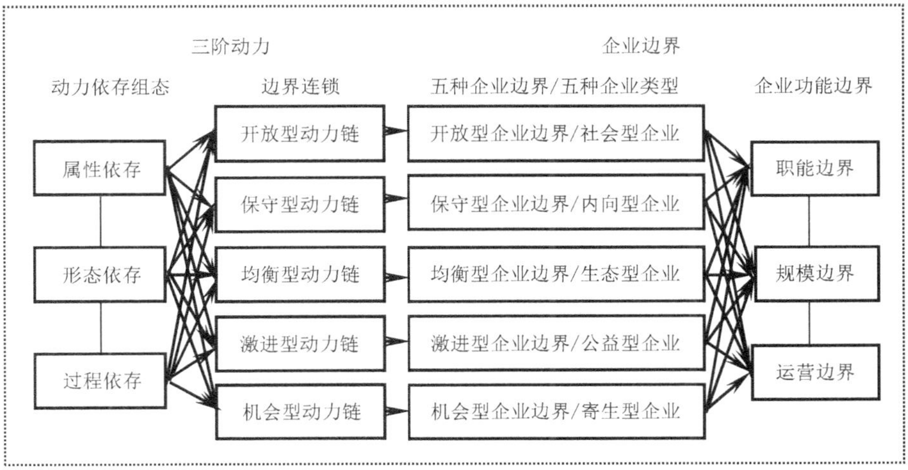

图 2-1　三阶动力系统边界连锁组态（Y 动力边界连锁组态）

由图 2-1 可见，三阶动力与企业边界是能量与范围、结构与功能、原因与结果的连锁和统一。一方面，三阶动力作为企业内在的能量、结构和原因，通过 Y 动力三大依存组律的作用和五种动力连锁过程，内在地决定着五种企业边界类型或五种企业类型的形成和变化；另一方面，三种企业边界作为企业外在的范围、功能和结果，通过企业边界三大调节机制的作用，又规定着三阶动力依存组态及其五种动力连锁过程的方向和目标。

第三章 企业行为系统

第一节 主体的本性结构和行为机制

如何认识和把握主体动力的本质和行为，如何认识和把握个体动力和团体动力形成与作用的过程、方式和效果，如何认识和把握主体动力激发引导与企业管理特性之间的相互关系，是整个Y动力系统理论中最具核心意义的逻辑基础。

一、人性假设理论述评

主体动力的实体是人，对主体动力的认识和把握，首先是对人的本能、本质和本性的认识和把握。长期以来，国内外经济理论，特别是管理理论对人的本性的研究，基本上是以不同的人性假设为思维平台和逻辑起点，由此形成了相应的经济学说、管理理论、价值判断和政策体系，可以说主流经济学和管理学理论的发展根植于、依存于深厚的人性假设之中。

管理学中的人性假设，伴随着工业化和信息化的浪潮，经历了一个从经济人、到社会人、到自我实现人、再到复杂人的演变过程。经济人假设构成了早期科学管理理论的基础，最初思想源于20世纪初古典经济学家亚当·斯密在《国富论》中的描写，后由科学管理之父泰勒提炼并形成系统的理论表述。其基本观点是，人性是懒惰的，干工作都只是为了获取经济报酬，满足自己的私利，因而可以通过经济刺激和强制性促使人们努力工作。社会人假设是现代管理以人为本理念的发端，是20世纪30年代初人际关系学家埃尔顿·梅奥根据霍桑实验的结果在其《工业文明的人类问题》一书中提出的。该假设认为，人是有感情的社会性动物，不仅有物质方面的需求，还有社交、归属、感情等社会心理方面的需求，只有社会需要和自我尊重需要才是激励人工作的动力，良好的人际关系对于调动工作积极性起决定作用。自我实现人假设是20世纪50年代伴随着人本主义哲学家马斯洛需要层次理论的提出而问世的，后经哈基维斯的“成熟—不成熟”理论与麦格雷戈的X理论和Y理论得以深化。该假设认为，自我实现是人类需要的最高层次，是工作的最大动力，人力求在工作上有所成就，并能够自我激励和自我控制，主张建立使人的潜能得到充分发挥的生产条件和工作环境，使自我实现与组织目标的实现达到一致。复杂人假设则是20世纪60年代末美国行为科学家埃德加·沙因在综合经济人、社会人和自我实现人三种人性假设的基础上提出的，后经莫尔斯和洛希提出的超Y理论（1970）和威廉·大内概括的Z理论（1981）得以发展。该假设认为，人是复杂的、多变的、不可捉摸的，必须承认每个人的特殊性，他们有不同的需要、不同的志向、不同的态度、不同的价值观、不同的责任感和愿望、不同的知识和技能水平，以及不同的潜力，人能根据自己的动机、能力和所从事的工作性质来对多种互不相同的管理策略做出反应，因而，主张用权变思想来认识不同情况下的人性，采用灵活多样的管理和激励方式。

20世纪80年代以来，人类社会逐渐由工业经济时代向知识经济时代过渡，人在管理中越来越受到重视，人性假设也进入更加丰富活跃的新阶段。诸如文化人假设、创新人假设、知识人假设、目标人假设、价值人假设、幸福人假设、发展人假设、完整人假设，以及能动生存人假设、理性生态人假设、多维博弈人假设、绿色和谐人假设、社会生态人假设、主体可塑人假设等等（孙新波，2018），如雨后春笋般涌现，出现了百家争鸣的局面，彰显出人性假设的巨大魅力和深厚内涵。

的确，人性假设的演变和发展，反映了科技进步、社会进步及其人自身发展的内在要求，由简单到复杂，不断深化了对人的本质或本性的认识，丰富了管理学的理论和方法。但是，人性假设的深刻性和积极性，始终如影随形并愈益暴露出自身在预设对象上难以突破的局限性和在预设目的上不可避免的片面性。如经济人假设作为人性假设的主流命题，虽然一直展示出它在经济学领域的深刻性和无与伦比的基石性，但在社会学、管理学、经营学、组织发展学和组织动力学领域，一再表现出它的软肋和偏颇。

1. 就预设对象而言

人性假设偏重于对人性的思辨，而不屑于对人生的思考，先天地筑就了人的属性态与生活态之间的鸿沟。人性，即人的属性或本性，包括人的本能和本质，包括人的自然属性、社会属性和精神属性，是以人为客体的结构性和认知性概念，具有静态性和相对封闭性的特点。人生，即人的生命和生活，包括人的生命价值、生活本质、生命依托、生活方式、生命过程、生活环境等内容，是以人为主体的功能性和实践性概念，具有动态性和相对开放性的特点。就两者的关系而言，人性是人生的深厚根基和决定因素，而人生是人性的基本体现和表现形式，人生包含人性又反映人性，只有在人性和人生的内在联系中才能全面真实地了解和把握人的本质、人的价值、人的需求、人的利益、人的生活、人的追求、人的成长，以及人与他人、人与器物、人与组织和人与环境的相互关系，才能了解和把握人的全部的属性，才能了解和把握历史的、现实的、活生生的人！综观传统的经济人、社会人、自我实现人和复杂人假设，说到底它们都是在“自然、社会和精神”等人的基本属性里兜圈子。虽说也在不断深化对人的认识，但由于脱离人的生活方式、生产方式和思维方式，缺乏对人的生命价值、生活本质和人生过程的现实性思考，缺乏现实的生命过程和生活形态的平台和支点，对人的本性的认识反而一步步走向了各持己见、各取所需、抽象思辨、标新立异，以及不确定、不可知论的泥沼！新锐的文化人、创新人、目标人、幸福人和全面发展人的假设，虽然更多地接近了现实生活中的人性，让人感受到了人性联姻人生的新鲜气息，但未能摆脱人性假设的思想桎梏，实际上是下意识地游荡在人性与人生之间，难以自觉地从人生的平台去展现人性，在人性与人生的大框架、人的客体属性与主体生命的整体联系中去具体地抽象人性或现实地发现人生中的人性。因而，传统管理学基石的人性假设，随着人性的全面畅想，实际上已经日益逼近了其假设的逻辑终点，内在地完成了自己在认知客体人性以及改进管理上的伟大历史使命。

2. 就预设目的来说

人性假设着眼于人的管理，而不是着眼于人企融合，内生地存在组织中人本性与企本性之间的隔膜。人性假设的本质是一种管理理念，东西方对人性的研究，无不是以人性假设为出发点，以相应的管理模式为落脚点：经济人假设主张金钱刺激和强制管理；社会人假设强调人际关系和情感管理；自我实现人假设崇尚潜力挖掘和自我管理；复杂人假设追求要素配合和权变管理；其他有较强知识经济时代特征的文化人、创新人、目标人、幸福人和全面发展人等新锐人性假设，同样都落脚在各种不同的管理主张和管理理念上。可以说，人性假设思维的一个共同特点，就是始终站在管理者的角色和地位，居高临下地去审视人的本性或员工的人性，进而探究人应当如何被管理的所谓永恒主题。在人性假设的世界里，人不是大写的人，不是管理者与被管理者、主体人与客体人的统一体，而仅是作为一种被管理的客体而存在；人的本性和需求也似乎与企业的本性和需求毫不相干，人不是具有组织依存、技术依存和市场依存，又致力实现组织需求、技术需求和市场需求的企本性主体，而是可以由管理者或理论家尽情创意和设定的孤立的、玩偶般的人性客体。也就是说，人的地位和本性不是在企业经营与发展的层面得以确立和作用的动力主体，而是仅在管理与被管理的层面得以定位和推动的动力客体。新锐派的人性假设，虽说不同程度地弘扬或强调了人的价值性、自主性和创造性，更多地亲近了人生，但未能逃脱人性假设思想的魔咒，最终不是把人重新拉回应当如何被管理的工具人的俗套，就是把人肆意推向无组织、无约束的自我发展人的极端。这样，人性假设的思维范式在忠实履行自身使命的同时，不仅日益积累着自身的内在矛盾和困惑，更重要的是无形中造成了管理者与被管理者、组织管理与经营管理，以及人的价值与企业价值、人的成长与企业发展之间的种种割裂、对立与冲突，无形中影响和制约了人的理论以及企业经营管理理论的深化和发展。

人性假设理论的局限性和片面性的初步揭示已经说明：企业经营管理理论，绝不能固守在人性假设的起点上。更不能绑定在被管理者的人性假设的基石上。欲使企业经营管理和企业发展理论获得新的突破，构筑响应时代需求的新平台，同时也使人性假设和人本管理理论焕发生机，找到新的生长点和立足点，就必须超越人性、超越管理，从静态的人性假设升华为动态的人生假设，从人是被管理者的思维定式转变到人是生产主体、管理主体、经营主体和投资主体的整体观念上来，从如何管理人的落脚点转变到如何实现人与企业共成长、共发展、共命运的着眼点上来，就必须建立人性与人生的内在联系，实现一般的抽象的人和生活的现实的人的内在统一；就必须从自闭的管理世界跨越到开放的经营世界，实现人的主体性与企业运营性的内在统一；就必须关注人生，在更生动、更现实的人生假设中重新发现人性和更全面地把握人性。

二、人生假设和进取人

人生，包括一般社会人生和政府、企业、族群、家庭等特定人生，在不同的学科领域和不同的语言环境中无疑是一个歧义丛生的概念，但是从哲学、人类学、社会学最高层面，以及从政治学、经济学和管理学最基本的层面来考察，即从人生的目的性、过程性和手段性相统一，从人生的自然需求、社会需求和精神需求相一致的意义上来说，人生最一般、最本能而又最本质的本性，完全可以抽象概括成两个字，那就是进取，概括成三个字，那就是进取性。人生中的人性就是进取人的人性，人生假设最基本的预设理念和最高阶的预设形态，就是也应当是，进取人假设。

进取，或人的进取性，是人积极向上、力图有所作为的一种本能、本质和本性，是人的主体性功能或主体性属性即人的自主性、能动性和创造性（袁贵仁，1988）的基本体现，是人满足自身需求包括物质需求、精神需求和社会需求的基本方式和基本过程。进取，源自人所固有不满足现状、力争改善和变革现状，进而全面实现近期目标、近期理想和近期愿望并形成新目标、新理想、新愿望的内在动机，是生活在不同地域环境、不同组织领域、不同成长阶段的人，不论是上级还是下属，不论是个体人还是集体人，不论是企业主还是雇员，不论是一致行动人还是利益攸关者，总要表现出的有所努力、有所创造、有所贡献、有所进步、有所成就、有所超越的行为特征，集中反映人总要有所付出和有所获得的生存特性。进取，是人的发展和社会发展、企业发展和经济发展的基本条件、基本方向，凝结着人的社会角色和组织归属对其行为模式的一般要求，集中体现一般社会人生和企业特定人生的共同本质。概言之，人的进取性具有普遍性、内在性、目的性、持续性四个基本特性。

进取性的上述内涵和特性，决定了进取人假设较各种脱离人生假设前提的人性假设，不仅在理论上更具全面性、丰富性和深刻性，而且在实践上更具现实性、生动性和确定性。具体来说，进取人假设主要包含本性结构、行为机制和政策杠杆三个层面的内容。

三、进取人的本性结构

进取人假设认为，人的本性是一种多层次、多向性的复合结构，其中最基本、最具决定意义的本性特征有三维或三组：第一，人是经济人和社会人的统一体；第二，人又是自由人和契约人的统一体；第三，人还是感性人和理性人的统一体。就是说，在人生假设或进取人假设中，人的主体性存在，是生理的、心理的、精神的和社会的多层面的矛盾统一体，人是具有三维二元本性的丰富的完整的人，并不是非此即彼的单一本性的片面人，当然，也不是一种样态模糊、难于把握的复杂人。

需要强调的是，进取人假设中对人的本性结构的研究，首先是建立在共同人生前提下的一种研究，认为在共同人生中，人的本性无一不是三维二元本性的统一体；而在企业、家庭、政府、社团等特定的人生环境中，进取人假设认为并力图一步步深入具体地分析和研究人的三维二元本性所表现出来的那种重要和次要、主导和从属、活性和惰性、显性和隐性等不同的现实特征，但这并不意味着人的本性就仅是在特定人生中起主导作用、呈显性表现的那种单一的、杂乱的或分裂的人性！

1. 经济人和社会人

人是经济人和社会人的统一体，是人在人生取向或向性维上的内在统一，是经济人生和社会人生的内在统一。主要反映了进取人既有物质性、生存性、自我性、个体性，又有精神性、发展性、他我性和关系性的双重生活取向，这组本性构成了人不断进取的基本动机和基本目标，是决定人为进取人的根本原因。作为经济人，人总是要追求自身物质上的满足和享受，人有七情六欲，都有衣食住行、稳定安全的需求，都有竞争观念、效率观念、成本观念和财富观念，都有自私、利己和追求自身经济利益最大化的本能或本性；同时，人又是社会人，有社会交往、群体归属、劳动合作、娱乐互动、相互帮助、获得尊重，以及在工作、创业和社会生活中表现和实现自我价值需求，都有公平观念、整体观念、秩序观念和道德观念，都有奉献、利他、从众和追求和谐人际关系的本质或本性，这是人与人的经济存在既相互矛盾又相辅相成的精神属性和社会属性。经济人和社会人两种本性之间此消彼长、或平衡或不平衡的实现过程，始终内在地决定着、影响着进取人进取行为的方向性和层次性，因而，可谓进取人的第一本性。

2. 自由人和契约人

人是自由人和契约人的统一体，是人在人生方式或活性维上的内在统一，是自由人生和契约人生的内在统一。主要反映进取人既有独立性、自主性、索居性，又有群体性、团体性、从众性的双重生活方式，这组本性构成了人不断进取的自主水平及其人际约束条件。作为自由人，人都有丰富的个性需求和个人意志，都拥有自身劳动、财产、消费和享受的所有权和支配权，都应享有丰富多样的社会关系、自由自主的工作生活和自身全面发展的机会和权利，在工作和人际交往中都有主动性、自主性、选择性、独立性、创造性的一面，都有追求自我实现、幸福快乐的本能或本性；同时，人又都是契约人，在任何一种社会人生中，人总要依附于某一特定群体、组织、部门和岗位，总要服从于某种特定的群体目标、利益、秩序和规范，总要与他人、与设备、与资本、与技术、与产品、与物料、与信息、与组织形成交易关系、互补关系和依存关系，在工作和社会交往中都有个体和个性上的短项、缺陷和弱点，都有其依赖性、服从性、合作性的一面，都有追求群体利益、组织目标和共同价值的本质或本性，这是与人的自由存在既相互冲突又相互依存的社会属性和精神属性。自由人和契约人两种本性之间此消彼长、或平衡或不平衡的实现过程，总是内在地决定着、影响着进取人进取行为的活跃性和持续性，因而，可谓进取人的第二本性。

3. 感性人和理性人

人是感性人和理性人的统一体，是人在人生态度或品性维上的内在统一，是感性人生和理性人生的内在统一。主要反映进取人既有感觉性、经验性、情感性，又有意志性、理智性、智慧性的双重生活品格，这组本性构成了人不断进取的心理过程和品质特征。作为感性人，人都有激情、热情、兴趣、爱好、直觉、悟性、灵感以及忧愁和烦恼，在工作和人际交往中不免有短视性、盲目性、随意性、冲动性、固执性、武断性、习惯性、消沉性等非理性的一面，都有常常受情感、情绪、心境、经验等影响或支配的本能或本性；同时，人又都是理性人，都有目标、理想和信念，都有价值观、人生观和道德观，都有认知能力、分析能力和判断能力，都有知识、理智和自我控制的能力，在工作创业和人际交往中都有自觉性、目的性、原则性、善恶观、利益观、诚信观，都有追求目标的正当性和手段的有效性的理性本质或本性，这是与人的感性存在既相互冲突又相互影响的心理特性和精神特性。感性人和理性人两种本性之间此消彼长、或平衡或不平衡的实现过程，常常内在地决定着、影响着进取人进取行为的协调性和波动性，因而，可谓进取人的第三本性。

在上述进取人假设的三维二元本性结构中，经济人、自由人和感性人都具有更多本能性的共性机理，因而也更具有原发性和基础性；社会人、契约人和理性人则都更多地具有本质性的共性机理，因而也更具有进化性和主导性。进取人的三维二元本性结构正是其本能性和本质性的内在统一、原发性和进化性的内在统一，并在本能性、原发性机制和本质性、进化性机制的相互作用中得以存在、演变和体现。

四、进取人的行为机制

人的各种本性只有通过人的生活方式、工作实践、劳动过程等人的行为系统才能得到印证、实现和体现，因而，人生假设不可能脱离，也必然要内在地包含人的行为特性的分析和假设。

进取人假设认为，人生中的进取行为是一种多环节的因果反馈过程，其中，最基本、最具决定性的行为机制有四：第一，人有不同的利益和追求；第二，人都有优势和潜能；第三，人的能力发挥有赖于一定的机会和条件；第四，人的活动总会受到情绪和情感的激发或抑制。就是说，人的行为是生动的和具体的，是主观和客观、个性和共性、显在和潜在内在统一的进取性活动，并非如各种人性假设所述，是符合某种管理模式的单一因果行为，一种既没有个性特征也没有共性本质，更没有外部约束的简单化的经济人或理性人行为，当然，也不像复杂人行为特征那样变化无常、不可捉摸。

1. 利益追求

人有不同的利益和追求，包括不同的眼前利益和长远利益，不同的物质追求和精神追求。有的人看重眼前利益、经济利益，重视生理的、稳定的、安全的需要；有的人看重长远发展、精神生活，重视社交的、尊重的和自我实现的需要；有的人追求实惠，有的人追求名誉，有的人追求权力，有的人则兼而有之。这种利益追求的差异性源于人都有不同的经济物质基础、生活价值观念、家庭社会背景、学习教育经历，以及生理基础、心理特点、能力特长等个性特征。人有不同的利益和追求，说到底，是进取人的经济人本性和社会人本性的集中体现，构成了进取行为的基本动因，规定着人生的基本目标和基本态度，决定着进取性活动的基本性质和基本倾向。因此，我们将人的动机导致行为这一最基本的因果反馈过程和机制，概称为利益追求因果律。

2. 优势潜能

人都有优势和潜能，包括体力、智力、专业、特长、禀赋、技能、知识、经验以及意志、性格等不同方面的品质和个性，不同程度的优势和潜能，是主观能动性和客观发挥性的内在统一。人各有所长、各有所短，不可能完美划一，这才是真实的具体的人。一个社会的丰富性、生动性、和谐性和进步性，深深地根植于人的千姿百态和千差万别，一个团队、一个组织赖以成功的基础恰恰是优势互补、分工合作；人的潜能是无人不有、无处不在，甚至无可限量，难以想象，其发挥程度因时因地而异，因组织、因环境、因条件、因管理、因经营、因发展而有所不同或大不相同，这正是人力资本的神奇所在，正是人力资本管理的奥妙所在。人都有优势和潜能，说到底，是进取人作为经济人和社会人，特别是理性人和感性人的多样化体现，反映着各种进取行为的基本品质或潜质，直接决定着进取性活动的质量、速度，以及发挥的层次和效果。因此，我们将人的能力决定行为这一最关键的因果反馈过程和机制，概称为优势潜能因果律。

3. 机会条件

人的能力发挥有赖于一定的机会和条件，是因为人的工作和活动在本质上是组织的、社会的和物质的，必须依赖于一定的职责权限、业务分工、协作形式、知识信息、生产设备、操作工具、物料供给、市场需求等组织和物质的机会与条件，否则，人的能力只能是潜在的和难以实现的。不论人的禀赋、专长、能力有何不同，在企业人生中能够同样地获得和享有能力发挥的不同机会和条件，意味着人就享有了平等参与、公平竞争、能力增长、价值体现、理想追求的有效资源和有利环境，这不仅是组织中每个成员应当享有的起点平等的权利，也是每个人能够享受结果平等的前提。进一步地说，人的能力发挥的这种机会和条件，不可避免地会影响和制约人的积极性、主动性、能动性和创造性，影响和制约工作热情和工作绩效，影响和制约人的物质需求或精神需求的实现，进而影响和制约人的成长和人的发展。人的能力发挥有赖于一定的机会和条件，说到底，是进取人作为经济人和社会人、自由人和契约人、感性人和理性人的共性要求，尤其是作为社会人、契约人和理性人的共性要求，突出体现着进取人的进取行为赖以形成和实现的外部环境、外部诱发因素与条件。因此，我们将人的环境制约行为这一不可或缺的因果反馈过程和机制，概称为机会条件因果律。

4. 情绪情感

人的活动总会受到情绪、情感的激发和抑制，是因为情绪和情感乃是人对某项工作或结果是否符合自身目的和需要的一种心理体验和心理反应，进而作为一种潜在的动机始终调节着、影响着人们的活动和效果。激情、热情、兴趣、爱好、自信心、责任感、道德感和荣誉感等积极的情绪、情感和心境，会使人表现出极大的主动性、积极性和创造性，这是一种巨大的精神力量，不仅会提升工作的效率和质量，甚至在关键时刻还决定着活动的成败；而麻木、冷漠、悲观、沮丧、紧张、忧虑、固执、偏激、妒忌、反感等各种消极的情绪、情感和心境，不仅会大大限制人的活动的主动性、积极性和创造性，影响工作的和谐性和有效性，而且往往会减弱人的理智分析能力、自我控制能力，甚至把人引向歧途、带向末路。人的活动总会受到情绪和情感的激发与抑制，说到底，是进取人作为感性人和理性人的最直接、最基本的体现，最生动地反映了进取人的进取行为所具有的波动性和稳定性。因此，我们将人的心境影响行为这一不可忽视的因果反馈过程和机制，概称为情绪情感因果律。

上述进取人的四种行为机制，是内外关联、交互作用、缺一不可的因果连锁反馈体系，其中，任何一种行为机制都会受到其他三种行为机制不同程度的激发、诱导和约束。所以，在企业经营管理实践中应当全面而系统地加以运用和体现。

五、目标、理念和策略

进取人假设的本性结构和行为机制决定了进取人假设的经营管理理念和政策主张。进取人假设认为，企业主体化运营的精髓在于动之于情、施之于道、用之于法，其基本方针和基本策略是：以进取人的三维本性结构和四种行为机制为依据，以自主性、能动性、创造性三大目标体系的实现为落脚点，坚持合作共赢、扬长补短、责权利统一三大核心理念，全面构筑以情治、道治、法治三大政策杠杆为基本内容和基本架构的主体化运营与管理体系，实现企业主体动力的有效激发和引导。

1. 情治

所谓情治，动之于情，讲究情感、情境和情理，主张以合作共赢为核心理念，在企业组织管理中着力体现尊重、关怀、沟通、信赖四大情治原则。尊重，就是要尊重和保护每一个组织成员的积极性、主动性和创造性，尊重和维护每一个组织成员的话语权、知情权和选择权，尊重和关心每一个组织成员的情感、需求和理想。尊重在情治中是第一位的，是前提，而尊重的保障是基于合作关系和契约关系的平等权利。人各有所长、各有所需，在组织中有角色和分工的不同，没有高低贵贱之别，每一个组织成员都应被视为合作伙伴，被视为平等的利益主体、行为主体和情感主体。关怀，有关心、爱护、珍惜、帮助、鼓励、支持和培养等丰富而生动的内涵，是情治中的灵魂。一方面，企业团队中的每个人都有一技之长，都是人才、都是资本，是组织成功的基础和企业利润的来源，因而关心、帮助和培养每一个组织成员是一种经营法则；另一方面，每个人又都是弱者，都是血肉之躯和感情动物，对工作、环境、组织、领导、同事都有一定的依赖性，在工作和生活中都有不悦、不顺、不幸的时候，因而都需要经常而具体的同情、了解、温暖和帮助。沟通，包括情况、信息、情绪和观点的沟通，包括上下级之间的垂直沟通，也包括组织成员之间的平行沟通，既包括个体之间的沟通，也包括团队之间、部门之间的沟通。沟通的目的在于知情达意、解惑释疑、求同存异，在于凝聚共识、轻装上阵、携手并进，因而，沟通具有很强的疏导性，是企业的润滑剂和生命线，也是情治的主线。信赖，是真实的相信、信任和依靠，包括为员工提供学习深造、锻炼成长、研究开发、攻坚克难、担当重任、发挥才干、参与决策等实实在在的机会和条件。信赖是情治的一种高级形态，意义在于激发人的智慧和潜能，增强人的能动性和创造性。情治的最高境界、出发点和落脚点是合作共赢，因而，合作共赢应成为四大情治原则内在统一的核心理念。情治更多地反映了社会人和感性人的本性要求，具有很强的生动性、亲和性和感动效应，是进取人假设政策体系中的软体结构。四大情治原则是有机联系、不可偏废的，不能由个人意志和性情偏好所左右，在普遍的，特别是严格的等级组织结构中，是增强企业感染力、向心力和凝聚力的必要环节。

2. 道治

所谓道治，施之于道，讲究方向、方法和道理，主张以扬长补短为核心理念，在企业组织管理中着力运用规划、变革、督导、奖惩、培训、资助六大道治方法。规划，强调明确的目标、步骤、重点和措施，包括个体的、团队的和企业的，职业的、职级的和职位的，短期的、中期的和长期的。变革，强调改变现状，追求超越，包括组织的和环境的、产品的和技术的、思想的和观念的、方式的和方法的。督导，强调过程中的督促落实与具体指导，包括数量的和质量的、进度的和操作的、成本的和效益的。奖惩，强调奖优罚劣和责任考核，包括精神的和物质的、个人的和集体的、实时性的和期间性的。培训，强调素质教育和人才培养，包括价值观念和理想信念、团队精神和劳动态度、思想道德和法制观念、业务知识和专业技能。资助，强调重点支持与扶持，包括升级设备、改造设施、增加费用、加大投入、改善福利等。道治是科学性和艺术性的统一，既强调系统性和主导性，又强调针对性和灵活性。道治的最高境界、出发点和落脚点是扬长补短，因而，扬长补短应成为六大道治方法内在统一的核心理念。道治更多地反映了经济人和自由人的本性要求，具有很强灵活性、强化性和使动效应，是进取人假设政策体系中的活体结构。六大道治方法同样是相辅相成、相互促进的有机整体，特别是在激烈的市场竞争中，是增强企业活力、效率和竞争力的重要法宝。

3. 法治

所谓法治，用之于法，讲究规则、章法和契约，是以责权利统一为核心理念，在企业组织管理中着力完善章程、制度、协议三大法治设施。法治重在规范，包括机构、部门、岗位、流程等组织规范，权利、义务、职责、利益以及行为准则、技术标准、操作方法等制度规范，资本合作、技术合作、劳动合作、生产合作、销售合作等协议规范，其功能在于保障企业运营与发展的有序性、连续性、稳定性、可靠性，降低随意性、无序性、风险性和波动性。法治的本性，在于它的公众性、公开性、统一性、对等性、常规性、标准性、通行性和普适性，具有减少摩擦和内耗、疑惑和争端、冲突和对立、垄断和霸权，进而降低交易成本、保障工作协同和提高经营效率之功效。法治的最高境界、出发点和落脚点是责权利统一，因而，责权利统一应成为三大法治设施内在统一的核心理念。法治更多地反映了契约人和理性人的本性要求，具有很强的稳定性、持续性和自动效应，是进取人假设政策体系中的硬体结构。三大法治设施功能各异、形式不同，但同样是相互依存，不可或缺，特别是在千变万化的内外环境中，是现代企业协调、有序和稳定发展的基本保障。

上述进取人假设的三大政策杠杆，各有长短，又相辅相成，突破了传统的人治与法治二元化的简单思维模式。从结构与功能上说，都是理念、原则、策略和方法的统一体，共同致力培养和发挥人的自主性、能动性和创造性三大主体性功能，都具有很强的综合性；从侧重点和地位上来看，都承担着主体动力激发与引导的不同职能，具有不同的路径和方法，又都具有相对的独立性。其中，情治致力改善和疏导人的内心世界，是法治和道治效果的保障；法治致力统一和规范人的外在行为，是情治和道治的基础；而道治致力于过程与结果的优化、起点与条件的改善，是情治与法治之间的纽带，因而，具有更多的协调和主导作用。

六、原动力系统基模

为了对进取人假设有一种更直观、更整体的把握，并便于进一步分析和应用，我们在此特别给出进取人假设基本内涵图示，简称原动力系统基模（见图 3-1）。

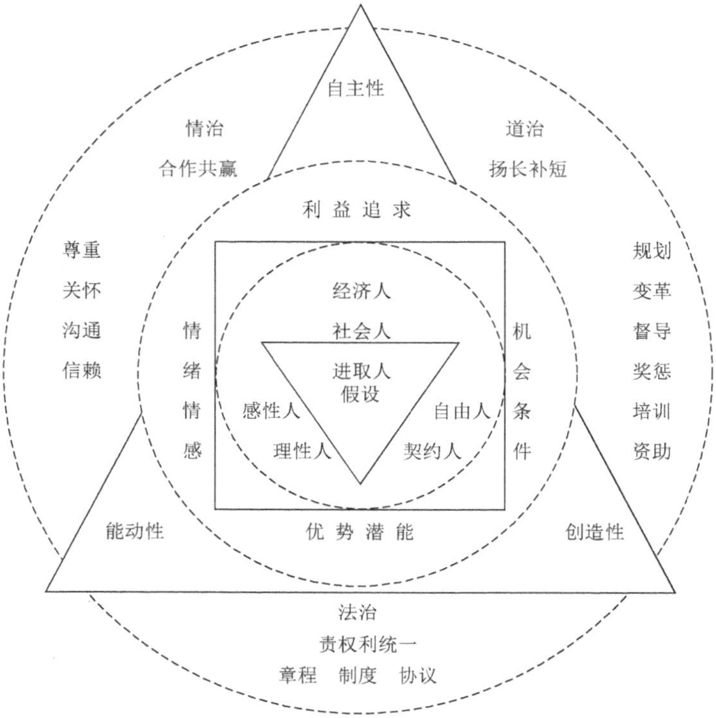

图 3-1 进取人假设基本内涵（原动力系统基模）

在图 3-1 中，内圆小三角边意在表达进取人的三维本性结构，这是进取人假设的思想基石；中环正方形边意在表达进取人的四种行为机制，这是进取人假设的支柱结构；外圈大三角边意在表达进取人假设的三大政策杠杆及其落脚点，这是进取人假设的应用体系。这三个由同心圆区分的层面，由内在到外在、由抽象到具体、由客观到主观，顺向依次决定，又逆向依次体现，构成了进取人假设十分紧密的逻辑层次和不可或缺的整体结构。

从系统动力学的意义上来说，进取人假设三个层面的内容，实际上已经构成了企业主体动力系统形成与作用的原因、过程、方式和效果。其中，三维本性结构是深层的动因性结构，四种行为机制是内在的过程性结构，三大政策杠杆及其落脚点是外在的作用性结构，三大目标体系是效果性结构。进取人假设的动因性、过程性、作用性和效果性四大相互依存的因果反馈关系结构，具体、全面而系统地揭示了企业主体化组织管理的本质和内涵。

从理论上说，人的自主性、能动性、创造性的发挥和利用，有赖于企业对进取人的三维本性结构、四种行为机制和三大政策杠杆有全面而系统的认知、把握和利用，但现实地看，由于企业规模结构、行业类型、发展阶段、投资者和经营管理者的素质及其价值观等个性特征的不同，进取人三维本性结构的体现程度、四种行为机制的利用水平、三大政策杠杆的操作能力、三大目标体系的实现水平在不同企业或企业发展的不同阶段，往往是不均衡的和千差万别的。一般来说，当一家企业的情治系统比较活跃、比较充分的时候，往往表明：企业组织管理更多地体现了情绪情感因果律的发挥和运用，更多地体现了社会人、自由人和感性人的本性特征，会表现出更多的柔性化色彩。当一家企业的法治系统比较活跃、比较充分的时候，往往表明：企业组织管理更多地体现了机会条件因果律的发挥和运用，更多地体现了经济人、契约人和理性人的本性特征，会表现出更多的刚性化特色。当一家企业的道治系统比较活跃、比较充分的时候，往往表明：企业组织管理对四种行为机制的运用和三维本性结构的体现比较全面，会表现出更多的刚柔相济的文化色彩。可见，对进取人三维本性结构、四种行为机制和三大政策杠杆的认知、把握和运用，不仅内在地决定着人的自主性、能动性和创造性，而且深刻地决定着企业组织管理的模式、道路与特色。

在企业管理过程中，企业对进取人三维本性结构和四种行为机制的把握，进而对情治、道治和法治三大政策杠杆的运用，可能是自觉的，也可能是不自觉的，可能是全面的，也可能是片面的，盖因经营管理者也都不可能置身于人的本性结构和行为机制之外，其本身也是经济人和社会人、自由人和契约人、感性人和理性人不同程度的实现者和体现者，也都有自己不同的利益追求、不同的优势潜能、不同的机会条件和不同的情绪情感，这也是进取人假设在理论与实践上既区别于人性假设又超越人性假设的一个生动体现。

当然，人性假设和人生假设都是对人的问题的研究，因而，彼此之间自然有内在的交集，主要体现为两者都含有对人性、对人的本能和本质进行判定和认知的内容。但人生假设与人性假设的不同也是全面的和深刻的，无论是假设对象还是假设目的，无论是思想内涵还是结构体系，无论是在人的本性结构揭示的完整性上，还是在人的行为机制提炼的有机性上，以及在政策主张、目标体系及其落脚点的系统性和可操作性上，人生假设与人性假设的不同、人生假设对人性假设的超越都是显著的和实质性的（见表 3-1）。

表 3-1 人性假设与人生假设的区别

	内涵	对象		结构		目的	
人性假设	经济人、社会人、复杂人等	被管理者	客体	单纯人性	静态	推演管理主张	特定
人生假设	进取人·三维二元本性结构	组织成员	主体	涵括人性	动态	实现主体功能	全面

第二节 运营体的本性结构和行为机制

运营体动力以投资、技术、营销、体制、管理、文化六种元动力，作为企业本体化运营中具有役使作用的序参量，其前提和依据究竟是什么？回答这个问题，不仅有助于我们深入揭示运营体动力及其六种元动力的构成特性、关系特性和作用特性，更深刻的意义在于，这种揭示将会带来企业理论在本体结构和基本范畴上的一场变革，即实现企业经营管理理论，特别是企业成长与发展理论由要素本体向能量本体、由要素结构向能量结构的历史性转变。

一、生产要素理论述评

综观国内外的企业管理理论，无论是职能理论、部门理论，还是运营理论、战略理论，基本上是以生产要素为研究基础和研究对象而逐步建立和发展起来的，与此相应，国内外的企业发展理论，包括企业成长理论、企业可持续发展理论，乃至企业发展动力学理论，也都深受这种要素分析思维定式的影响。毋庸置疑，生产要素的组合与配置，是企业理论和经济学理论中基本的、自然的和永恒性的主题，但要素结构的魔力与迷恋，长期以来也带来了企业管理理论以及企业发展理论研究中的许多问题和困惑，突出表现在三个方面。

1. 要素构成的不确定带来的概念性紊乱

上溯至十七世纪中叶开始在距今300年到100多年的时间里，经济学家先后有了二元论、三元论和四元论等不同的传统生产要素说。例如，配第、理查德·坎蒂隆和庞巴维克相继提出的土地和劳动二元论（1662、1755、1884），萨伊著名的土地、劳动和资本三位一体说（1803）以及西尼尔人力、自然要素和节制的三元论（1836），马歇尔的土地、劳动、资本、组织四元论（1890），以及后来的经济学家将技术列为第五生产要素后的五元论等。二十世纪六七十年代以来，国内外学界特别是国内学者对生产要素的研究日渐热络，又相继提出了六元论、七元论和八元论等新的生产要素说。例如，人力、财力、物力、运力、自然力和时力六种资源说（徐寿波，1984），自然资源、劳动力、资本、管理、技术和信息六元说（于刃刚、戴宏伟，1999），人力资源、资本品、自然物、技术、信息、网络、财务资本七要素说（罗福凯，2001），生产环境、劳动手段、劳动对象、生产经营技术、信息、生产时间、结构关系八元论（孙玉甫、程琳，2009），以及涉及知识、教育资源、知识型劳动力、金融、创新能力、核心技术、制度、政府行为、经济政策甚至宏观经济管理等更广泛要素的多种多样的观点。这种众说纷纭，莫衷一是，仁者见仁、智者见智丛林局面的不断发展，一方面，固然在客观上导源于生产要素本身的历史性演变发展和结构性分化生长，主观上也带来了经济学和管理学理论及其在生产、流通、分配和消费领域的政策杠杆日益丰富和多彩；另一方面，的确使经济学和经营管理理论的基本范畴、科学范式和研究纲领变得日益模糊和缺失，不仅在学说体系上难以形成各自的硬核结构及其自然合理的保护带，而且在实践应用上不免使人迷茫和无所适从，搞不清内涵，分不清主次，摸不着边际，以致引发对生产要素理论以及以此为基础的企业经营管理理论的某种科学信任危机。

2. 要素考察的多功用带来的平台性紊乱

实际上，最早的古典经济学和新古典经济学所论及的生产要素二元论、三元论和四元论等，基本上是经济学平台或政治经济学、福利经济学平台上的话语，主要是财富论和分配论等价值分析的范畴，其目的是从宏观和微观上说明财富如何形成，又应当如何分配，其典型特征是每一种生产要素都对应着一定的财富标的和产权人，如土地、劳动、资本和组织分别创造了地租、工资、利息和利润，并分别对应土地主、劳动者、资本家和企业家。这时，生产要素在种类上是离散的、并列的和相对确定的。后来的经济学者，特别是二十世纪中叶以来的国内学者所主张的六元论、七元论甚至八元论，实际上与传统经济学的生产要素说并不都在一个功用层面，较多地是从宏观或微观上说明生产要素如何获取、改善、配置和分配才更具效率，更利于发展，其典型特征是强调每一种生产要素在经营、管理和发展中都有重要的或决定性的地位、作用和价值，是与产权人或特定利用要素的人相对分离而泛物质化或泛主体化的，更多是属于实证分析的范畴，整体上看是打开了经营学、管理学、经济学、发展学，甚至部门经济学、技术经济学等不同层次的研究平台，无形中却是将宏观和微观，将经济学和管理学，将财富论、分配论与配置论、交易论等不同功用领域的生产要素分析混淆在了一起，特别是由于企业经营发展和外部环境广泛关联、不断演变，生产要素也就无限可分、不断衍生，其作用又各有千秋、不可或缺。如果在研究领域和研究目的上不加分辨，要素解构就不可避免地会出现主观色彩很强、无限可分的问题，出现各取所需、各说各话，甚至标新立异、各持己见的纷乱局面。

3. 要素衍生的发散化带来的本体性紊乱

从学说史上来看，国内外有关企业成长与发展的理论是伴随着经济学和管理学理论的产生和演变而逐步形成和发展起来的，有着根深蒂固的生产要素情结，在观点主张的不断挑战与争辩中，自觉不自觉地演绎了以愈加宽泛的因素或要素为分析架构的研究范式。早期古典经济学和新古典经济学以亚当·斯密的分工理论（1776）为先导，总体上把企业成长的动因解释为专业化分工对规模经济利益的追求，随后的经济学家以此为平台，先后引入企业资本概念（穆勒，1865）、外部经济概念和企业家生命（马歇尔，1890）因素，强调规模调整和市场均衡（纳尔逊、温特，1890、1951）作用。新制度经济学以科斯交易费用理论（1937）为代表，致力从组织结构变革导致交易费用节约的新视野分析企业边界扩张的原因，后经资产专用性、不确定性和交易效率三个维度概念（威廉姆森，1975、1985），以及资产所有权（格罗斯曼、哈特，1986）和企业制度变迁（钱德勒，1977、1992）等学说的提出得以补充和深化。资源能力理论则以彭罗斯资源、管理、能力和创新的分析框架（1959）为发端，开辟了从内生成长论的微观视角直面企业成长的新阶段，后经核心能力理论（普拉哈拉德、哈默尔，1990）、动态能力理论（提斯、皮萨罗、肖恩，1997）、知识理论和学习理论（纳尔逊和温，1982、1997），以及学习型组织理论（圣吉，1990）的提出不断得以深化和发展。与传统经济学的边界因素和管理学的微观因素分析不同，后期的产业竞争说则侧重分析企业成长的外部环境因素，如波特的五力模型分析了谈判力量、新加入者的威胁、替代产品的威胁、与现有竞争对手的竞争能力等五种竞争力量（也称钻石模型，1980），希尔等人的 PEST 分析模型强调了政治、经济、社会、技术的影响（1987），还有诸如涉及顾客压力、股东压力、社区压力以及政府的环境规制等更具体因素分析的理论（海瑞奎斯、桑多斯基，1996）等。

国内的企业成长理论或企业发展理论以要素分析与因素归纳为基本范式的系统性研究同样特色鲜明，如，强调技术产品革新、事业结构革新和经营制度革新等三种革新作用的观点（杨杜，1995），有关外部规制、内部治理、市场技术的三组结构分析框架（赵晓，1999），人力、知识、信息、技术、领导、资金和营销的七要素论（王守安，2001），提升力、引导力、支撑力、扩张力和阻力的五力理论（刘力钢，2001），产业力、技术力、制度力、市场权力的四力维度结构（范明、汤学俊，2004），资源轴、制度轴、文化轴、成长轴的四维理论（汤明，2007）。当然，还有许多国内学者也侧重从某一视角来研究企业成长的内部因素或外部因素，如，侧重于人力资源（赵曙明等，2002）或企业家能力（张焕勇，2007）的人本性论述，强调学习（吴国英，2003）或企业文化（孟杨，2006）的演化论观点，侧重于业务重组（尹义省，2004）或产业融合环境（刘淑琴，2007）的中观性研究，强调竞争力（张维迎，2006）或核心竞争力（刘东，2000）的内在论学说，以及强调协同进化的大一统观点（胡伟，2011），等等。

总体上看，国内外企业成长理论或企业发展理论，研究层面不断地在经济学和管理学之间游移，考察视野不断地在外在因素和内在因素之间迁移：或满足于某一概念主题的抽象假定和思辨，视企业为黑箱或灰箱，缺失企业内在运行的因果路径和实现机制的探究；或满足于各种内外因素的不同归纳和组合，缺失企业本体系统的核心概念和本质内涵的辨析。

上述生产要素和发展因素分析的诸多架构与乱象，在把人们带入学术丛林和理论沙漠地带的同时，愈发给人以警示：企业经营理论，特别是企业发展理论欲获得历史性的突破和发展，就必须从静态的、宽泛的、发散的要素分析或因素分析的思辨困境中解脱出来，回归企业运营与成长的本体和本质，在内因与外因、主体与客体的科学界定与联系中，深入分析蕴含在生产要素配置与转换过程中，并现实地推动这一过程的内在能量结构及其作用特性，深刻揭示生产要素与作用结果之间各种能量的多样化组合、复杂化过程和系列化机制，深度把握现代企业运营体动力系统（区别于又包含着主体动力和超循环体动力）的本质、本能和本性，系统构筑要素结构与能量结构、经营管理与运营成长内在统一的新平台和新支柱。

二、能量结构和聚势运营

如果说要素结构是以有形的、静态的、发散的企业要素体为基本单元的一种分布形式，即以人力、物力、财力、土地、技术、信息等各种生产要素为基本单元的分布形式，那么，能量结构则是以无形的、动态的、收敛的企业动力体为基本单元的一种分布形式，即主要是以投资、技术、营销、体制、管理和文化等六大元动力为基本单元的分布形式。在静态的要素结构中，人与其他生产要素相提并论，彼此分离、相互对立，是死的异质性的组成要素，或者说是潜在的能量个体，有更多的资源性、离散性、待组织性和被役使性，需要通过优化配置才能形成活的整体性的生产经营运动或能量系统；而在动态的能量结构中，每一种元动力都承载着、聚合着不同等级的主体因素及其相应的生产要素，人与物的要素相互融合、内在统一，是活的协同性的运营体系，或者说是现实的能量组元（子系统），有更多的运营性、本体性、内聚性、全息性、自组织性和役使性，从不同的角度、以不同的方式带动或推动整个企业的运营与发展。例如，投资、技术、营销、体制、管理和文化分别内在地蕴含着投资者、技术工作者、营销工作者和经营管理决策者的力量，都不同程度地具备聚合或整合其他或相应生产要素的能力，而除人力要素外的物力、财力、土地、技术、信息等生产要素，都不具备聚合或整合其他生产要素的能力。也就是说，企业能量结构的整体及其每一个组元（六大元动力或运营体动力）都内化着人的因素或人的进取性，即人的知识和技能，人的自觉性、自主性、能动性和创造性，人的智力的高能性和可持续性，人对相应生产要素的组织性、维系性、整合性和支配性，因而，都具有内在的不同程度地凝聚、全息、整合、带动和控制企业整个运营与成长系统的序参量的聚势性，即相应的具体的自组织功能和役使功能，包括吸纳与统筹的组织能力，方向与速度的控制能力，定性与定量的感知能力，增加与减少的调节能力，稳定与创新的决策能力，内应与外合的协同能力，并且每一个动力组元（元动力或运营体动力）的变化，在不同的反馈机制的作用下，都有可能成为企业运营与发展趋于闭合或开放、稳定或波动、收缩或扩张、衰退或强盛的决定性力量。这种聚势性的存在，使得现代企业有足够的稳定性来支撑自己的运营和成长，又有足够的创造性来维持自己的存在和发展。

1870 年，英国物理学家麦克斯韦设想在系统中一定存在某个东西，无影无形的“妖”来不断吸收熵，使系统保持有序和发展，他一直努力地寻找这个“妖”。而聚势运营原理的提出，在社会组织系统里发现了这个“妖”，它就是“聚势体”，并现出了这个“妖”的具体原形，即：它不是一个“妖”，而是一个“群体妖”，至少有六个兄弟姐妹，即六大元动力，这组“群体妖”各个身怀绝技，凝聚智慧，在不同的层次和领域，各司其职、各显其能，不断转化熵和引入负熵，使企业或社会组织保持协同、有序和发展。概言之，能量结构或运营体动力系统的本质、本能和本性，就在于它集位能与动能为一体的聚势性，在于它所具有的自组织性和役使性，在于它所具有的目的性和成长性。所以，在更本质的层面，我们进一步将具有上述聚势性能量特性或序参量特性的六大元动力或运营体动力统称为聚势体动力，相应地，把具有上述聚势性能量特性的六大元动力相互联系与作用所构成的企业运营与成长系统称为聚势运营系统。

聚势运营以六大元动力为组元单位，以自组织功能为核心机制，以聚势性为本质、本能和本性，构成了聚势运营原理的基本内涵。无疑，这一原理蕴含着现代企业经营与管理系统、运营与成长系统的丰富信息和深刻机理。聚势运营原理与进取人假设一样，包含本性结构、行为机制和政策杠杆三个层面的基本内容。

三、聚势运营的本性结构

聚势运营原理认为，企业本体化运营与成长系统是一种多维能量特性相互作用的复杂性结构，其中，最基本、最具决定意义的本性特征有四维或四组：第一，资本性和人本性的统一；第二，多体性和整体性的统一；第三，强劲性和稳定性的统一；第四，外源性和内生性的统一。就是说，现代企业运营与成长系统，包括经营与管理系统，并不是一种单纯的要素化的人财物配置系统、供产销转换系统，在其量化表象的背后实际上充满着左右其各种配置和转换行为的各种能量特性的内在矛盾运动，而聚势运营的四维二元本性正是这种能量特性多重矛盾运动的结构化、系统化的揭示与概括。

1. 资本性和人本性

资本性和人本性的统一，是聚势运营在企业价值取向或能质维上的统一，主要反映了聚势运营系统乃至六大元动力既有以物为本又有以人为本的双重价值取向。这组本性主要根植于企业组织自身的性质和职能，即现代企业既是以生产经营为本体的经济组织，又是以人为主体的社会组织，具有内在统一的经济本性和社会本性。所谓资本性，就是聚势运营系统包括任何一种元动力的协调和发挥，都需要以资金投入、生产经营和经济效益为中心，充分尊重各种经营法则和生产规律，充分满足生产经营对人力、物力、财力等各种生产要素的物质需求和经济需求，充分重视和发挥产业规划、项目选择、资源配置、产品生产、技术工艺、设施建设的基础性地位和作用，努力实现企业规模扩张、市场占有、效率提升、质量优化、利润增长等基本目标和任务。所谓人本性，就是聚势运营系统包括任何一种元动力的协调和发挥，又要始终不渝地以人的需求和人的发展为核心，充分体现人的尊严和价值，充分理解人的理想和追求、人的情绪和情感，充分激发人的激情和热情、人的潜质和潜能，充分发挥人的积极性、自主性、能动性和创造性，努力满足人的自我创造、自我实现以及团结互助、人际沟通等各种精神需求，努力实现员工对收入提高、福利增长以及工作环境和劳动条件改善的各种物质需求。当然，资本性与人本性在一定时期和一定条件下有冲突、有矛盾，但从根本上、长远性来说，两者有着内在的依存性和一致性，有着内在的互补性和互动性，没有企业投入、企业生产、企业利润等企业物质经济的实现，企业中任何人的价值和利益都会失去健康的组织母体而不复存在，反之，人的价值、人的发展、人的经济和社会需求不能得到有效体现，企业经济投入和经济利益也就失去了源泉和根基。当代热衷于从资本向人本转变的经营管理理论与实践中，不乏片面强调企业的人本性，而鄙视甚至否认企业的资本性，这是一种重大的偏差，这样的人本性理念不仅非常肤浅，而且无形中阉割了对企业本质和企业本性的深刻把握。简言之，资本性和人本性是一损俱损、一荣俱荣的共生关系，两者之间孰轻孰重、或平衡或不平衡态的矛盾运动内在地决定着企业运营与成长的内涵和本质，我们序称其聚势运营的第一本性。

2. 多体性和整体性

多体性和整体性的统一，是聚势运营在企业运营秩序或能态维上的统一，主要反映了聚势运营系统中既有六大元动力相对独立地发挥聚势作用又有六大元动力系统化地发挥整体聚势作用的双重运营秩序。这组特性主要根植于企业组织内在的结构与层次，即现代企业既存在投资、技术、营销、体制、管理和文化等六大相对独立的单元体系，又是不可割裂的生产经营有机整体，具有分合并蓄的组成结构和秩序形态。所谓多体性，就是聚势运营系统中的六大元动力，都有各自不同的凝聚、带动或推动企业运营与成长的地位和作用，都有各自不同的聚合相应生产要素形成不同配置的职能和任务，都有在企业战略发展和规模扩张、团队凝聚和员工激发、效率提高和品质提升、机会利用和形象改善等方面相对独立地发挥作用的能力和能量，都有各自不同的形成与演变的规律和特色。所谓整体性，就是聚势运营系统中的六大元动力又是相互依存、不可或缺的聚势整体，都要服从于企业整体的战略目标和基本任务，体现企业共同的经营方针和价值理念，都要有助于整个要素资源的优化配置、整个团队潜力和创造力的有效发挥、整体活力和核心能力的增强、整体效益及其可持续发展的有效实现，都有整体化、一体化地形成与演变的过程和方式。可见，多体性和整体性是局部与整体的矛盾统一：多体性为企业构筑特色化的经营模式、不同的核心能力，为其可持续成长提供了前提和基础，没有多体性就没有企业的此起彼伏、千姿百态的带动力和成长力；而整体性为企业经营模式和经营特色的和谐统一、企业核心能力和持续成长道路的构筑提供了约束和保障，没有整体性就没有企业有序发展、稳定发展的整合力和约束力。简言之，多体性和整体性是相互依存、相辅相成的共生关系，两者之间孰轻孰重、或平衡或不平衡态的矛盾运动内在地决定着企业运营与成长的个性和共性，我们序称其聚势运营的第二本性。

3. 强劲性和稳定性

强劲性和稳定性的统一，是聚势运营在企业生命活力或能效维上的统一，主要反映了聚势运营系统及其六大元动力既有推动企业强劲增长又有实现企业稳定成长的双重生命活力。这组特性主要根植于企业组织系统的积累性和代谢性，即任何企业都存在人力、物力、财力等各类要素资源阶段性的累积、转化、激发和释放，同时又存在经常性的补充、更替、改进和提升，具有时空交替、承前启后的配置过程和演进趋势。所谓强劲性，就是六大元动力进而整个聚势运营系统，都有一种能量快速集聚、快速转化、快速激发、快速释放、快速作用的内在本性，都有一种在内部扩张冲动和外部竞争压力下，突破各种困难和束缚、艰难和险阻，激流勇进，奋起直追，奋发有为，奋发图强，实现高速成长、强势成长、超常规增长、跨越式增长的意志和过程，都潜存一种由僵化走向活跃、由保守走向革新、由低效走向高效、由缓慢走向快速、由落后走向先进、由弱势走向强势的可能性趋势和前景。所谓稳定性，就是六大元动力进而整个聚势运营系统，又都有一种能量不断补充、不断更替、不断改进、不断提升、不断作用的内在本性，都有一种在战略思维、长远规划和远大理想指引下，勇于克服缺点和弱项，积极学习上进，努力强身健体，力求基业长青、百战不殆、稳定发展、永远强大的意志和过程，都潜存一种由短视走向远见、由挫折走向成熟、由激进走向稳健、由无序走向有序、由低级走向高级的趋势和前景。简言之，强劲性和稳定性也是一种既相伴相生又相互转化的共生关系，两者之间孰轻孰重、或平衡或不平衡态的矛盾运动内在地决定着企业运营与成长的过程和品质，我们序称其聚势运营的第三本性。

4. 外源性和内生性

外源性和内生性的统一，是聚势运营在企业生存条件或能流维上的统一，主要反映了聚势运营系统进而六大元动力既有外部依存又有内部生长的双重生存条件。这组特性根植于企业组织系统的开放性和独立性，即现代企业既通过外部资源的大量引进和利用来获得自身的发展，又可以依靠内在的资金、技术、人才等生产要素的积累和改进获得自身的发展，具有内外互动统一的成长道路和发展模式。所谓外源性，就是六大元动力进而整个聚势运营系统都有外部吸纳与代谢的本能和本性，都有适应生产和再生产性的需要对外部人力、物力、财力、信息、技术、文化等各种资源不断整合利用的能力，都有通过优化供应链、改善客户关系、拓展市场空间、发展经济技术合作、开发利用信息与政策资源等在改善外部环境中扩张自我的能量，都有在开阔视野、审时度势、抢抓机遇、借势借力、随机应变、危机处理、打破束缚、冲破围堵中获得安全成长的趋势，都有勇于抢占市场制高点、勇当行业龙头老大、勇于超越竞争对手、勇于试错与尝鲜、勇于逆势前行等在外部比较中成长壮大的前景。所谓内生性，就是六大元动力进而整个聚势运营系统都有内在积累与成长的本质和本性，都有自我激发、自我扩张、自我学习、自我变革、自我强化、自我优化等在目标追求中发展壮大的趋势，都有自我反思、自我审视、自我批判、自我调整、自我修复、自我改进等在困境与挫折中成熟成长的前景，都有相互沟通、相互适应、相互协调、相互促进、相辅相成、共生共荣等在组织互动中成长壮大的能量，都有重新规划、重新设计、重新组合、重新起步、重整旗鼓、重获新生等在开拓新局面中奋发勇为的能力。简言之，外源性和内生性是相互依存、互为因果的共生关系，两者之间孰轻孰重、或平衡或不平衡态的矛盾涨落运动内在地决定着企业运营与成长的能力和命运，我们序称为聚势运营的第四本性。

在上述聚势运营的四维二元本性结构中，资本性和人本性、多体性和整体性，都属于位能性或关系性的本性结构；强劲性和稳定性、外源性和内生性，都属于动能性或变动性的本性结构。同时，资本性、多体性、强劲性和外源性，都具有更多本能性的共性机理，因而也更具基础性；人本性、整体性、稳定性和内生性，则都具有更多本质性的共性机理，因而也更具主导性。聚势运营的本性正是位能性和动能性的内在统一，本能性和本质性的内在统一，并在位能机制和动能机制、本能机制和本质机制相互作用中得以存在、体现和演变。

四、聚势运营的行为机制

聚势运营的行为机制，是建立在聚势运营本性结构基础上的运营体动力系统及其六大元动力的功能与作用机制，即现代企业运营与成长的内在机制。传统的经营机制理论，基本上局限于激励和约束二元机制，如分级责任制、货币或非货币激励、制度规范、监督考核等；传统的经营行为理论，大多也是从线性相关的职能层面展开，如领导行为、决策行为、投资行为、市场行为、管理行为等；而聚势运营的行为机制理论是着力揭示决定这些经济利益机制和经营管理行为背后更内在、更一般、更共性的因果反馈作用机制，在本体化的能量系统或元动力系统如何形成与互动的层面展开分析。

聚势运营原理认为，企业运营中的聚势行为是多向性的因果关系复合作用系统，其中，最基本、最具主导性的机制有六，即诱发激活、同化整合、极化带动、分化生长、转型升级、融合创生。也就是说，聚势运营机制既不是单纯的主体行为作用过程，也不是经营管理行为线性相关的作用过程，更不是简单的激励与约束二元机制的作用过程，在本质、形式和内涵上，它是现代企业作为一种人机系统和复杂性系统，客观存在的多重因果链条耦合关联作用的自组织机制。

1. 诱发激活

主要是以六大元动力为载体，通过某种条件刺激因素的改变，促使企业生产经营系统及其某层次、某环节、某要素由僵化走向活跃、由束缚走向宽松、由消极走向积极、由缓慢走向快速的聚势运营过程，在本质上，是增加扰动和涨落，形成偏离平衡、局部突变和整体量变的自组织机制，通常以某种滞缓局面的出现或存在为初始状态。其功能和作用，主要在于解除限制，破除闭锁，消除掣肘，软化刚性，改变惰性，溶解黏滞，最终达到释放企业各种潜能、增强活力、效率、爆发力和生长力的效果，产生一种“鲇鱼效应”。诱发的路径和方式，可以是增加投资、扩大场所、改进工艺、引进资源、优化环境、改善条件等各种有形手段，也可以是知识传播、战略动员、人文关怀、物质激励、扩大交流、增强竞争、奖优罚劣、丰富化和扩大化等各种无形手段。激活的对象和领域，可以是基层的、中层的和高层的，也可以是部门的、局部的和整体的。所以，诱发激活是现代企业特别是中小型企业最普遍，也最具适时性、灵活性和多样性的行为机制，更多地反映和体现着聚势运营的强劲性和稳定性，以及外源性和内生性的内在矛盾和现实统一。我们把聚势运营中这种诱发激活行为形成与作用的基本方式、演变过程和反馈机制，概称为诱发激活因果律。

2. 同化整合

主要是以六大元动力为载体，通过要素资源的吸收、配置和改造，促使企业生产经营系统及其各层次、各环节、各要素由异质走向同质、由分离走向统一、由冲突走向和谐、由随机走向惯例的聚势运营过程，在本质上，是消除差异、排斥与混乱，形成均衡有序或趋于简单化或趋于复杂化的自组织机制，通常以一定异质资源的输入和存在为初始状态。其功能和作用，主要在于统一思想，统一行动，优化组合，优化配置，形成利益共同体和高效运营体，实现强本固基、资源共享、协同共进和稳定增长的效果，产生一种“雁行效应”。其同化的路径和方式，既包括产业重组、产品重组、技术重构、市场重构、流程再造、信息控制等业务组合类的举措，也包括战略规划、制度建设、形象识别、平衡预算、均等分配、共同福利等规范约束类的举措，还包括集中管理、计划调度、理想教育、观念培养、团队组合、权威树立等沟通协调类的举措。其整合的对象和领域，既可以是产业链、供应链、产品结构、技术结构、销售渠道，形象识别等经营层面，也可以是业务流程、组织体系、信息网络、管理模式、文化形态等管理层面。所以，同化整合行为是现代企业特别是大中型企业最基础，也最具保持性和整体推进性的行为机制，更多地反映和体现着聚势运营的资本性和人本性、多体性和整体性，以及外源性和内生性的内在矛盾和现实统一。我们把聚势运营中这种同化整合行为形成与作用的基本方式、演变过程和反馈机制，概称为同化整合因果律。

3. 极化带动

主要是以六大元动力为载体，通过某种强势和优势能力的构筑，促使企业生产经营系统及其不同的层次、环节、要素由涣散走向聚合、由掣制走向协同、由自由走向等级、由疲软走向强劲的聚势运营过程，在本质上，是打破均衡或混沌，形成非平衡或高序平衡、整体质变和整体量变的自组织机制，通常以自然运行结构的形成和存在为初始状态。极化带动行为与同化整合行为的共性在于都是趋于有序结构，但根本不同在于：极化带动行为的目的或结果在于带动，通过聚集过程形成极化结构，来带动整体扩张和发展；而同化整合行为的目的或结果在于整合，通过同化过程形成统一组织，来推动整个组织的演变或发展。极化带动机制的功能和作用，主要在于形成一种主导或引领全局，低成本牵动整体或带动整体的增长极体系，一种有利于排除干扰，冲破阻力，抵御风险的竞争优势或发展态势，产生“龙腾效应”。极化的路径和方式，包括对某部门、某项目、某领域加大投资、扩大经费、增加设施、高配人力、改善条件等各种倾斜性的政策支撑，以及在规划、制度、组织、平台、授权、调度等方面的各种倾斜性的政策保障。带动的对象和领域，可以是主导产品、特色产品、支柱产业、新兴产业、高端技术、专利技术等实体结构，也可以是重点区域、重点市场、关键企业、关键部门、特殊团队、特殊节点等组织体系。所以，极化带动行为是现代企业特别是大型集团企业最具特色、最具竞争力和强劲性的行为机制，更多地反映和体现着聚势运营本性中多体性和整体性的内在矛盾和现实统一。我们把聚势运营中这种极化带动行为形成与作用的基本方式、演变过程和反馈机制，概称为极化带动因果律。

4. 分化生长

主要是以六大元动力为载体，通过一定运营母体的拆分或内在孵化，促使企业生产经营系统及其某层次、某环节、某要素由单体走向多体、由隶属走向独立、由负重走向轻装、由被动走向主动的聚势运营过程，在本质上，是突破母体，衍生分立，形成脱离平衡、突变和量变相结合的自组织机制，通常以一定生长和组织能量的积累为初始状态。其功能和作用，主要在于打破束缚、改变依赖、减少掣肘、避免风险，开辟平台、拓展空间、自立自强，减少管理层次，提高决策效率，享受更多的政策和资源，增强活力和适应能力，培育企业新的生长点和增长点，进而实现能力增长、快速成长、规模扩大和功能扩张，产生“裂变效应”。分化的路径和方式，既包括扩大经营自主权、实行自主经营和独立核算、组织新项目部或新事业部、成立分公司、分割区域市场等内在分立形态，也包括成立新公司，设立全资子公司或控股子公司，建设“飞地”公司等外在分立形态。生长的对象和领域，既可以是整体的企业规模、市场规模、产业链条、组织结构、经营实体，也可以是具体的产品、服务、生产、研发与合作。所以，分化生长行为是现代企业特别是走入成熟期的大中型企业最常见，也最具扩张性和持续成长性的行为机制，更多地反映和体现着聚势运营本性结构中的强劲性和稳定性，以及外源性和内生性的内在矛盾和现实统一。我们把聚势运营中这种分化生长行为形成与作用的基本方式、演变过程和反馈机制，概称为分化生长因果律。

5. 转型升级

主要是以六大元动力为载体，通过经营结构或经营业态的改变，促使企业生产经营系统及其某层次、某环节、某要素由传统走向新兴、由粗放走向集约、由落后走向先进、由低级走向高级的聚势运营过程，在本质上，是打破平衡现状和惯性体系，通过渐变、突变和质变形成新的有序结构和高序结构的自组织机制，通常以某种衰退局面的出现或存在为初始状态。其功能和作用，主要在于打破瓶颈，改变路径依赖，实现组织性、结构型、历史性或根本性的升级转变，增强外部环境的适应能力和利用能力，进而走上高效率、高水平和高成长之路，产生“嬗变效应”。转型的路径和方式，既包括发展战略、发展道路、发展模式、产业定位、产品结构、组织体系等企业系统整体的全局性变化，也包括产品档次、关键技术、客户定位、销售渠道、管理方式、分配模式等企业不同层面的局部性变化。升级的对象和领域，既包括产业形态、产品组合、投资模式、技术结构、区域布局、销售渠道的创新升级等经营行为，也包括组织体制、治理结构、基本制度、文化观念、增长方式、成长道路的创新升级等管理行为。所以，转型升级行为是现代企业特别是处入停滞或衰落期企业最常见，也最具变革性、升级性和可持续性发展的行为机制，更多地反映和体现着聚势运营本性结构中的强劲性和稳定性的内在矛盾和现实统一。我们把聚势运营中这种转型升级行为形成与作用的基本方式、演变过程和反馈机制，概称为转型升级因果律。

6. 融合创生

主要是以六大元动力为载体，通过不同运行体系的结合和聚合，促使企业生产经营系统及其不同的层次、环节和要素由排斥走向吸纳、由争抢走向共享、由独立走向统一、由差异走向兼容的聚势运营过程，在本质上，是消除差异或冲突，通过突变和质变，形成新的有序或区域复杂化的自组织机制，通常以不同组成体系的形成和存在为初始状态。融合创生行为与同化整合行为的共同之处在于两者都具有融合性的内容和过程，但根本不同点在于：融合创生行为的目的或结果在于创生，形成新事物；同化整合行为的目的或结果在于整合，形成协同体。融合创生的功能和作用，主要在于与时俱进，促进不同组织和资源之间相互沟通、合作与渗透，形成新形态、新势力，新的生长点和增长点，进而增强外部市场的适应能力和竞争能力，产生“衍生效应”。融合的路径和方式，既包括部门与部门、产品与文化、管理与技术、销售与技术等内部形态的融合，也包括强强联合，主辅结合，兼并重组，抱团取暖等外部形态的融合。创生的对象和领域，既包括外在的新规模、新产业、新产品、新区域、新市场和新渠道，也包括内在的新技术、新工艺、新流程、新管理、新团队和新战略。所以，融合创生行为是现代企业特别是成熟期企业较常见，也最具重组性和协同发展性的行为机制，更多地反映和体现着聚势运营本性中的多体性和整体性的内在矛盾和现实统一。我们把聚势运营中这种融合创生行为形成与作用的基本方式、演变过程和反馈机制，概称为融合创生因果律。

上述聚势运营的六种行为机制既相互区分、作用各异，又相辅相成、目标同一。总体上看，诱发激活、同化整合、极化带动三个机制，构成了不同涨落态导致不同有序性的一组空间序列，在企业强势、快速和稳定成长方面发挥着主导的和基础性的作用；而分化生长、转型升级和融合创生三个机制，构成了远离平衡态带来不同复杂性的一组时间序列，在企业规模扩张和可持续发展中发挥着主导的和衍生性的作用。分别来看，诱发激活和分化生长两种行为机制，在促进企业活跃性上发挥着较为突出的作用；同化整合和极化带动两种行为机制，在促进企业协同性上发挥着较为突出的作用；转型升级和融合创生两种行为机制，在促进企业持续性上发挥着较为突出的作用。正是这种差异性和关联性，构成了六种行为机制在作用效果上有着共同的生长性、扩张性、增长性和成长性。

五、目标、理念和策略

聚势运营的本性结构和行为机制，决定了聚势运营的经营管理理念和政策主张。聚势运营原理认为，企业本体化运营的精髓在于着眼于大局和格局，立足于品质和特质，切入于存量和流量，其基本方针和基本策略是：以聚势运营的四维本性结构和六种行为机制为依据，以效率、效益、效能三大目标体系的实现为落脚点，坚持科学严谨、强本固基、统筹兼顾三大核心理念，全面构筑以役量、役质、役局三大政策杠杆为基本内容和基本架构的本体化运营与管理体系，实现企业运营体动力的有效协调和发挥。

1. 役量

所谓役量，切入于存量和流量，从根本上说，就是要以科学严谨为核心理念，力求实现积累与增长、规模与扩张、输入与输出、成本与效益的内在统一。役量，特别强调的是看数据、讲业绩、做比较，进而准确把握和有效控制企业运营与发展的变化和趋势。具体来说，就是要把人力、物力、财力、规模、速度、收益作为役量的六大着力点，重在实现企业的外延增长和效率提升。人力，既包括高级管理人才、专业技术人才、生产人员、销售人员、服务人员等人力资源的招聘和配置，也包括劳动生产率、职工人均净产值、出勤率、人力稳定与损耗指数、人力资源需求与供给预测等人力资源开发利用的效果和效率。物力，既包括设备、厂房、土地、能源、原材料、物料库存等物力资源的购置和配置，也包括设备利用率及完好率、固定资产净值、土地增值、存货周转率、能耗、原材料利用率等物力资源的利用和使用效率。财力，既包括投资总额、融资额及负债额、工资福利及公积金、流动资金和现金流量、应收款及应付款、无形资产及递延资产等财力的配置和变化，也包括资金时间价值、资金成本率、资产结构及资产负债率、投资回收期及投资回报率、资金周转率、资产报酬率等财力使用和利用的效率。规模，既包括产品的生产总量、在产品数量、库存产品数量、订货量、发出商品数量等绝对规模的变化和控制，也包括设计能力、潜在生产能力、产品市场需求预测、产品销售渠道分布及目标、产品品种分布及目标等相对规模的测算和把握。速度，既包括产量、产值、利润、销售收入、市场占有等绝对增长指标的把握和控制，也包括定基、环比、横比、计划性、超越性、稳健性等相对增长指标的评测和把握。收益，既包括毛收入、净收入、税后利润、市值及市盈率、现金价值、所有者权益等绝对收益的追求和把握，也包投资利润率、销售利润率、资金利润率、盈亏平衡点及边际收益、规模效益、社会效益等相对收益的分析和控制。在役量的六大着力点中，人力、物力、财力是基础、条件和保障，规模、速度、收益是主导、目标和反馈，总体上都属于企业过程性和目标性决策的领域和内容。

2. 役质

所谓役质，立足于品质和特质，从根本上说，就是要以强本固基为核心理念，力求实现价值管理与作业管理的统一、产品质量与服务质量的统一、经营活力与经营秩序的统一、企业品性与企业特性的统一。役质，特别强调的是练内功，培育核心能力，进而使企业在市场竞争和长远发展中能够站稳脚跟，经得起考验，立于不败之地。具体来说，就是要把质量、品牌、形象、规范、流程、素质作为着力点，力在实现企业的内涵挖潜和内涵提升。质量，既包括功能性、可靠性、安全性、耐用性、经济性、方便性、美观性等产品质量，也包括价值体系、标准体系、检验体系、生产体系、物流体系、服务体系、召回体系等工作质量。品牌，既包括功能、价值、品种、质量、专利、价位等产品物质特性，也包括理念、个性、包装、标识、服务、推广等经营文化特性。形象，既包括规模、产品、速度、效率、服务、信誉、环保、公益等发展运营系统的形象打造，也包括理念口号、商标徽标、厂容厂貌、设施环境、工装服饰、礼仪规范、标准色彩、广告特色等文化识别系统的形象塑造。规范，既包括契约制度、产权制度、生产制度、财务制度、人事制度、分配制度等经营管理制度的建立，也包括决策制度、民主制度、行政制度、职责规范、道德规范、行为规范等行为管理制度的建设。流程，既包括部门内流程、部门间流程、企业内流程、企业间流程等基本流域的完善，也包括管理流程、财务流程、生产流程、服务流程等主要流向的设计。素质，既包括企业高管的专业结构、年龄结构、决策水平、管理水平、驾驭能力、观念视野、学习能力等经营管理素养的提升，也包括企业员工的专业素养、职业操守、价值观念、团队精神、服务水平、学习习惯、适应能力等生产劳动素养的培养。在役质的六大着力点中，质量、品牌、形象是有形的、最基本的品质和特质元素，规范、流程、素质是无形的、更具根本性的品质和特质元素，总体上都属于企业本体性和本质性决策的领域和内容。

3. 役局

所谓役局，着眼于大局和格局，从根本上说，就是要以统筹兼顾为核心理念，置部门利益、个别利益、当前利益、短期利益于整体利益和长远利益的大格局之中，力求实现局部和整体、当前和长远的有机结合。役局，特别强调的是高站位、善布局、有预见，进而牢牢掌握经营管理和运营成长的主导权和主动权。具体来说，就是要把结构、信息、战略、重点、方式、步骤作为役局的着力点，重在实现经营管理与运营成长的协同性和可持续性。结构，既包括产业结构、产品结构、技术结构、资本结构、区域结构、供应链结构等生产体系的构筑，也包括产权结构、治理结构、组织结构、网络结构、价值结构、成本结构等管理体系的优化。信息，既包括专业知识、技术文献、市场情报、客户资料、政策文件、法律规制等信息资源的掌握，也包括知识管理、人力资源管理、计划资源管理、客户关系管理、供应链管理、电子商务等网络技术的运用。战略，既包括总体战略、部门战略、区域战略、专项规划等布局性决策，也包括情势判定、战略定位、优势分析、劣势规避等认知性把握。重点，既包括主要目标、主要任务、关键路径、关键环节等决策层面的把握，也包括主要组织、主要部门、关键岗位、关键人员等执行层面的着力。方式，既包括增长模式、盈利模式、发展模式、融资模式、合作模式、创新模式等商业模式的构筑，也包括管理方式、分配方式、生产方式、服务方式、供应方式、销售方式等管理模式的确定。步骤，既包括阶段性定位、阶段性目标、阶段性任务和阶段性重点等常规性安排，也包括纠偏方案、避险方案、备用方案、监控方案等应变性安排。在役局的六大着力点中，结构和信息是较为基础的层面，战略和重点是较具主导性的层面，方式和步骤是保障性的层面，总体上都属于全局性和战略性决策的领域和内容。

上述聚势运营的三大政策杠杆，相互依存、相互交织、相辅相成。其中，役局主要决定企业运营的方向和秩序，是役质、役量的前提和基础；役质主要决定企业运营的稳定性和可靠性，是役局、役量的核心和支柱；役量主要决定企业运营的规模和速度，是役局、役质的体现和保障。

六、元动力系统基模

为了对聚势运营原理有更直观、更整体性的把握，并有助于进一步的分析和应用，我们在此特别给出聚势运营原理基本内涵图示，简称元动力系统基模（见图 3-2）。

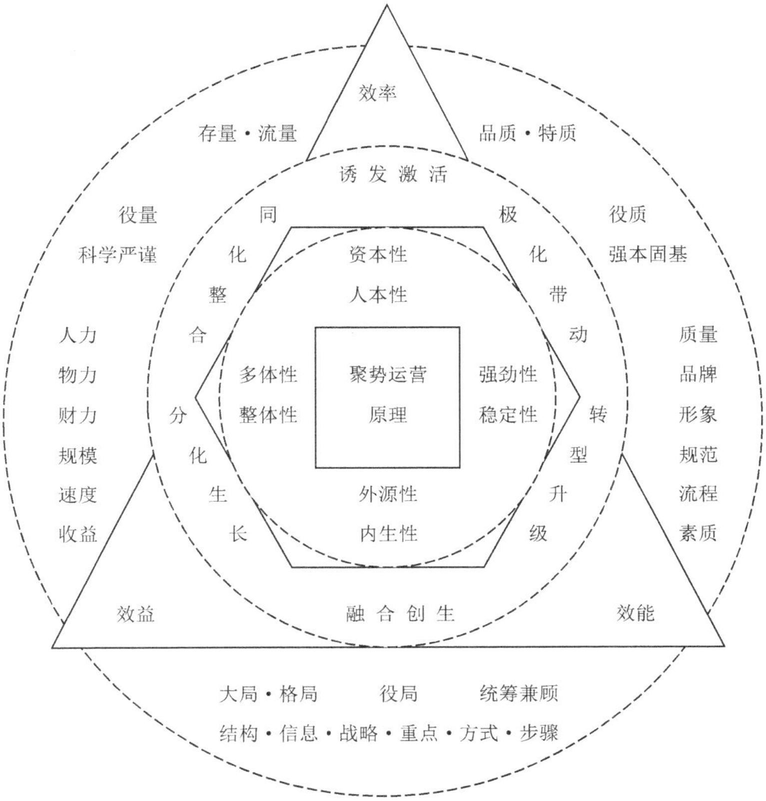

图 3-2　聚势运营原理基本内涵（元动力系统基模）

在图 3-2 中，内圆四边形的边意在表达聚势运营的四维本性结构，这是聚势运营原理的思想内核；中环六角形的边意在表达聚势运营的六种行为机制，这是聚势运营原理的理论支柱；外圈大三角的边意在表达聚势运营原理的三大政策杠杆及其落脚点，这是聚势运营原理的应用体系。这三个由同心圆区分的层面，顺向由里到表、依次决定，又逆向由浅入深、依次体现，构成了聚势运营原理十分紧密的逻辑结构和不可或缺的整体结构。

从系统动力学的意义上来说，聚势运营原理三个层面的内容，实际上已经构成了企业运营体动力形成与作用的原因、过程、方式和效果。其中，四维本性结构是深层次的动因性结构，六种行为机制是内在的过程性结构，三大政策杠杆及其落脚点是外在的作用性结构，三大目标体系是效果性结构。聚势运营的动因性、过程性、作用性和效果性四大相互依存的因果反馈关系结构，具体、全面而系统地揭示了企业本体化经营管理的本质和内涵。

从理论上说，企业运营的效率、效能和效益能否得到全面提升，有赖于企业对聚势运营的四维本性结构、六种行为机制和三大政策杠杆，有全面而系统的认知、把握和运用，但现实地来看，由于企业规模结构、行业类型、外部条件、发展阶段、投资者和经营管理者的素质及其经营理念等个性特征的不同，聚势运营四维本性结构的体现程度、六种行为机制的利用水平、三大政策杠杆的操作能力在不同企业和企业发展的不同阶段，往往是不均衡的和千差万别的。一般来说，早期成长期的企业、规模较小或产品结构较单纯的企业，迅速成长和规模扩张往往成为主旋律，因而，役量手段的运用往往居于较为突出的地位，诱发激活和极化带动等行为机制往往会有较多的发挥和利用，资本性、强劲性的本性特征会体现得较为充分，企业会表现出较多的外延型色彩；而中期成长期或高速成长期的企业、初具规模或产品结构较为多元的企业，提升产品质量、增强企业竞争力往往更为紧迫，因而，役质手段的运用往往会位居较为突出的地位，同化整合、极化带动和融合创生等行为机制往往会有较多的发挥和利用，人本性、整体性和内生性等本性特征会体现得较为充分，企业会表现出较多的内涵型色彩；高度成熟期的企业，或产品结构、技术结构较为复杂的大型企业，如何实现协调、稳定和可持续发展成为重要议题，因而，役局手段的运用必然位居更加重要的地位，并通过役质和役量手段的运用具体地加以贯彻和落实，对聚势运营的六种行为机制，特别是极化带动、分化生长和融合创生机制的发挥和利用会表现出更高的重视度，对聚势运营的四维本性结构的感知，特别是对多体性和整体性、外源性和内生性两组本性结构的认知会更加充分，企业会呈现出更多的内外兼修的文化色彩。可见，对聚势运营四维本性结构、六种行为机制和三大政策杠杆的认知、把握和运用，不仅内在地决定企业运营的效率、效能和效益，也深刻地决定企业经营管理的模式、道路与特色。

在企业经营管理过程中，企业对聚势运营的四维本性结构、六种行为机制的把握，进而对役量、役质、役局三大政策杠杆的运用，可能是自觉的，也可能是不自觉的，可能是全面的，也可能是片面的，这不仅是经营管理者的不同经验和素养所带来的个性水平上的差异，更重要的原因在于：传统的经营管理理论，特别是生产要素和管理职能等主流理论，在发挥其主导作用、积极作用的同时，无形中固化了人们的思维，束缚了人们的智慧，而国内外对有关企业运营与成长的新理论，始终未能在结构与机制的层面上获得一种深刻性、系统性和历史性的突破。

当然，要素结构和能量结构都是对企业运营实体结构的共同揭示，其中，要素是能量的源泉和载体，能量则是要素的内涵和本质，彼此之间互为表里、相互依存、不可分割。但在实际的生产经营、资源配置和运营管理的动态耦合过程中，能量结构与要素结构不仅在成分上与形态上迥然相异，而且在性质上和功能上截然不同（见表 3-2）。

表 3-2 要素结构与能量结构的区别

	成分		性质		功能	
要素结构	人、财、物、组织、技术、信息等	要素体	参量	被组织	资源性	被动性
能量结构	投资、技术、营销、体制、管理、文化	聚势体	序参量	自组织	聚势性	役使性

第三节 超循环竞合体的本性结构和行为机制

超循环体动力是如何形成和演变的？有着怎样的本质、结构和特性？超循环体动力作用于企业本体运营或纳入企业聚势运营的机制是什么？有着怎样的过程、方式和效应？回答这些问题，有赖于我们对企业与外部环境相互关联的存在特性有一个基本的认识和把握。

一、资源空间理论述评

企业外部环境是一个纷繁复杂的存在和运动空间，而企业外部运营活动又是一个涉及多行为、多领域的复杂系统，两者之间非线性的动态关联，客观上带来了理论分析与研究的巨大难度。长期以来，国内外众多专家学者分别从经济学、管理学、社会学、生态学、组织学、战略学、动力学、系统学等视角对其开展研究与辨识，虽然至今尚未形成一个内在耦合的概念体系和研究范式，但异彩纷呈的各种理论和观点，一步步拓展了人们的视野，深化了人们的认识，推进了理论的演变，也累积了越来越多的共识。

1. 企业环境理论的碎片化问题

总体来看，国内外理论界与实业界，一般是把企业的外部环境视为企业运营与发展的资源或条件。例如，人、财、物、知识、信息、能源等生产要素市场，经济、技术、政治、社会、文化、自然等各种激励与约束因素，消费者、供应者、竞争者、政府、社团、媒体等各种相关利益者，进而从利用关系、作用关系和互动关系的角度开展相应的研究。通过初步整理，相关研究成果大致可以分为两大类：一类是以组织间竞合关系为主要对象的研究理论，另一类是以企业外部综合关系为基本对象的研究理论。

就组织间竞合关系而言，大多围绕市场竞争与合作的主体、形式和机制而展开。例如，竞争战略理论，关注能够决定企业产业位序和利润水平的市场竞争力量，包括进入威胁、替代威胁、买方讨价能力、供方讨价能力及现有行业内企业的竞争等五种基本力量（迈克尔·波特，1985）。又如，价值链理论，关注本企业和上下游企业的一体化优化关系，包括有形价值链和虚拟价值链的企业边界穿越性合作，以及企业如何嵌入和应对全球价值链的分工、升级与重构（波特，1985；普拉哈拉德、哈默尔，1990；雷鲍特和斯维奥克拉，1995；安特拉、戈尔塔里，2019；孔茗等，2020）；网络组织理论，看重介于企业与市场中间形态的各种合作组织模式的意义，包括虚拟企业、战略联盟、分包制、特许经营等形式（ 理查森，1972；费弗尔，1978）。再如，合作竞争理论，强调企业之间双赢的非零和博弈理念，主张在竞争过程中与顾客、供应商、竞争者、互补者密切合作（内勒巴夫、布兰登勃格，1996；乔尔·布勒克、戴维·恩斯特，1998）；商业生态系统理论，主要是研究整个企业生态系统的协同进化和均衡演化的机制和过程，内容涵括生产商、销售商、消费者、供应商、投资商、竞争者、互补者、企业所有者或股东、政府机构等企业内部生态系统之外的所有因素（詹姆斯·摩尔，1996）；公共关系理论，强调企业与社会公众群体之间的相互交流、认可与合作，包括与媒介、消费者、社区、政府、竞争者，以及金融界、社会名流、外宾客商等各方面的外部关系处理（许丽遐，2009；樊帅，2017）。

就企业外部综合关系而言，大多是从某种作用结构的层面较为专门或全面地研究与企业相关的各种外部环境因素及其互动关系。例如，交易费用理论，看重能影响产权合约、管理费用和规模边界变化的企业制度环境，包括法律等社会规范和社会惯例等非正式规则（科斯，1937；威廉姆森，1980）；社会镶嵌理论，强调企业外部社会关系、家庭关系等社会关系结构对经济行为的制约与影响，包括经济个体所镶嵌的宏观生态环境和竞合关系所镶嵌的创新社会网络（格兰诺维特，1985；杨震宁、赵红，2020）；社会责任理论，强调企业的社会表现与经济利润的关系，包括企业的社会绩效与经济绩效、政治战略与其社会责任表现的交叉与融合等（欧普勒等，1985；沃尔多克、格雷夫斯，1997；王和钱，2011）。又如，企业外部动力理论，着力研究一切外在于企业而又能影响和作用于企业的各种动力因素，包括政府行为、法律法规、市场竞争、社会文化价值观、科技进步等（李柏洲、李海超，2002；董晓芳，2013）；企业外部环境分析理论，着力研究外部环境因素的复杂多变性及其与企业之间的互动影响，包括经济、政治、技术、社会、人口、自然环境等基本领域的因素分析及其不确定性研究（席酉民，2001；李晓明，2010；马光荣等，2015；于文超、梁平汉，2019）。

2. 企业环境分析的非共生性或非线性缺陷

概括分析，以组织间竞合关系为对象的一类研究，实际上是以资源的稀缺性为前提的，是对各种利益相关者就稀缺资源在企业的不同边界、不同领域、不同网络、不同链条和不同点位上如何开展竞争与合作的各种研究，这类研究较为接近于企业成长的经济学本质，通常被视为主流理论。以企业外部综合关系为对象的一类研究，实际上是以资源的广泛性为前提的，是对企业与外部经济、政治、科技、文化、自然等各种组织资源及环境资源如何实现互动协同的各种研究，这类研究较为趋近于企业存在的社会学本质，多被视为非主流理论。但无论是建立在稀缺性资源基础上的各种主流理论，还是建立在广泛性资源基础上的各种非主流理论，目前都未能完整地或真实地回答“企业与外部环境是如何存在的”这样一个基本问题，更无从揭示“推动企业运营与成长的外部能量是如何形成、作用和演变的”这一更深层次的问题。

组织制度的影响、竞争力量的博弈、价值链上的合作、网络组织的运用、合作竞争的态势、生态位上的协同，这些主流理论，虽然紧紧抓住了企业竞争与合作这一市场基本经济行为，试图深入揭示企业与外部利益相关者在资源环境中的互动关系结构，但限于企业经营学的微观视野和市场行为分析的方法特性，其研究范围都是以组织主体为对象，其研究内容都是以竞合博弈为主题，基本上略去了组织主体之外更广泛的社会、政治、技术、文化和自然等环境客体的复杂性影响因素。可以说，只是从企业自足系统的微观领域，部分地、闭合地揭示了企业与外部环境是如何存在的这一问题。

而企业的公共关系、企业的社会镶嵌、企业的外部动力、企业的外部环境分析，这些非主流理论，虽然都是从主客体互动统一的宏观视野，试图系统地揭示企业与外部环境资源互动依存的关系结构，但限于组织社会学的宏观视角和静态结构分析的方法特性，不可能真正贴近企业个体、企业网络、社会网络和自然生态之间协同演进的整个自组织过程，更难以深入企业竞合博弈行为与外部动态环境之间诸多非线性的复合作用机制。可以说，只是从企业外部环境的宏观视野，静态地、准线性地揭示了企业与外部环境是如何存在的这一问题。

那么，如何完整地、真实地揭示企业与外部环境是如何存在的这一基本问题？如何建立起企业竞合行为与企业外部环境之间的内在联系？简单的综合和表象的构建是无能为力的，我们认识问题的起点和思维范式，需要一个新的跨越和转变，就是必须从静态的资源空间走向动态的共生空间。我们解决问题的思路和方法，也需要一种新的选择，即需要将多层面的企业竞合行为嵌入多层面的外部循环运行之中，构建一种宏观和微观共生催化型的超循环竞合理论。

二、共生空间和超循环竞合

如果说企业资源空间是以人、财、物等要素资源为竞合基础，以经济、政治、文化、自然等环境资源为竞合条件的存在空间，那么，企业共生空间则是以供应链或价值链、企业网络或价值网络等共生组织为竞合主体，以经济循环、政治循环、社会循环、文化循环、自然生态循环等共生循环为竞合客体的存在空间。在资源空间，企业开发和利用的着力点是要素资源和环境资源等有限的资源体，在共生空间，企业开发和利用的着力点是共生组织和共生循环等无限的能量体；在资源空间，组织竞合的基本形态和机制是自足性的竞争、合作与博弈，在共生空间，组织竞合的基本形态和机制是开放性的协同、演进与突变；在资源空间，企业生存的基本法则是适者生存、优胜劣汰，以牺牲其他结构为代价获得自身暂时的稳定、成长和最大利益，在共生空间，企业生存的基本法则不仅是物竞天择，也是相互强化、协同进化，尤以不损害其他结构为前提获得自身长期稳定的最好收益或组织生态的帕累托最优。资源空间与共生空间是对立的吗？当然不是！如果说资源空间是共生空间中无主体或客体之分的离散结构形态，那么共生空间是建立在资源基础上的主体和主客体互动的耦合结构形态。就是说，共生空间内在地融合着、全面地集成着、动态地转化着资源空间，两者的概念区分源于我们对企业生存空间观察与思维的视角和层次、目的和方法有所不同，但不同的观察与思维的范式向我们实实在在地表明：资源空间和共生空间在内涵和形态上、功能和特性上都有质的不同。

那么，共生空间融合、集成和转化资源空间的具体方式又是什么呢？企业竞合行为与竞合环境之间关联耦合的基本形态和基本特性又是什么呢？这恰恰是超循环体动力如何形成、作用与演变的同一命题，也恰恰是揭示超循环体动力的本质、结构和特性的同一命题。非常有幸的是，生物物理化学家、诺贝尔奖获得者M. 艾根在1970年创立超循环理论，最具同构性和真实性地解决了这个问题。作为发轫于生物化学领域的超循环理论，在经济学、社会学、组织动力学和系统动力学等研究领域具有普适意义，超循环竞合理论正是超循环理论在企业共生空间研究，在企业运营与发展的外部动力系统研究，在社会组织和社会科学研究中的创造性运用，这一运用，可以说让我们获得了一种系统而完整的现代企业外部运营环境的研究范式，并使得企业与外部环境是如何存在的这一长期混沌迷茫的问题可能迎刃而解。

1. 超循环竞合的概念

超循环理论包含细致的和较为完整的自组织或一般进化机理。按照艾根的论证，生命系统的演化是以超循环结构的形式，通过个体的代谢、复制、突变等自组织机制实现的。艾根将生物化学中的循环现象划分为三个等级，即反应循环、催化循环和超循环。反应循环是酶催化底物转变为产物、不断再生出自己的反应过程，整体上相当于一个催化剂。催化循环则是由多个反应循环相互联系而形成、不断自我复制的循环过程，整体上相当于一个自催化剂或自复制单元。超循环是由催化循环在功能上循环耦合而联系起来的循环过程，整体上相当于一个强化了的自复制系统。这些循环层次相属，因果相连，低一级循环组成高一级循环，高层次的循环又组成更高一级的循环，逐层递进，实质是通过催化作用来维持自身循环的放大、增值与优化。整个超循环组织具有显著的等级性、开放性、协同性、稳定性、突变性、选择性等一系列非线性的自组织进化特性。当然，超循环在层次和结构上可大可小，艾根在研究生命系统演化超循环现象的基础上发现，包括自然系统和社会系统在内的所有系统，也是依赖超循环结构向前发展的。

事实正是如此。在以企业为中心的经济社会组织与环境的共生空间中，企业自身的供、产、销再生产过程就构成了一个循环，在这一循环，企业通过正常的积累、转化、合成、复制等自组织和新陈代谢功能不断衍生或扩大自我，但这一过程首先是以最基本的市场供需保障为前提的，而这一前提恰恰由于充满着各类竞争和市场选择，以及经济、社会、自然等各因素的影响而表现出很大的不确定性，进而带来了独立应对的困难，以及自我发展的不稳定性和自我扩张的有限性。当某一企业与其他企业之间发生竞争与合作等互动关系时则构成了一种协同性的催化循环，在这一循环中，每一个企业的再生产过程都相当于一个相对独立的催化剂（独立循环），通过彼此之间或互斥性或互补性的博弈与催化支持，形成一种具有自复制、自选择、互复制、互选择功能的竞合小生境，既扩大了市场供需保障的范围和能量，又增强了与此相应的生存能力、扩张能力和盈利能力，但这一竞合小生境毕竟是一种主体形态上的局部性、自足性共生循环，无论是在发展方向上还是在成长功能上，最终还要受到更直接、因而表现为更强烈的宏观经济社会组织及其环境资源的激励、约束和选择。当企业竞合的小生境循环与更广泛的经济社会组织与环境大生境循环耦合关联在一起的时候，就形成了一种超循环（催化超循环），在这一循环，各种竞合循环、各类经济社会组织循环及其经济社会环境循环，都是由不同的反应循环相互联系所形成的催化循环或自复制循环，这些催化循环或自复制循环又逐级耦合地相互催化，使得企业竞合组织在更高级和更复杂的超循环共生空间，获得了一种更完备的催化、选择、整合、进化与突变等外部能量的作用，一种更精致的非线性协同进化机制的作用，一种“一旦建立则永存”的稳定性受控和相干性成长的共生机会与条件。

2. 超循环竞合的内涵与特性

上述超循环竞合形成、作用与演变的基本过程和内在机制，正是企业超循环体动力形成、作用与演变的基本过程和内在机制。这一过程和机制，蕴含着非常深刻而丰富的思想内涵与特性。

（1）从结构系统看，超循环竞合是企业及竞合组织与社会和自然环境相互关联的基本存在形式，是企业主体与环境客体之间的全局性、整体性和完备性共生，客观上不会出现物质、能量及信息的重要遗漏。从超循环竞合系统来观察和定位，企业的市场竞合及其社会镶嵌只是超循环空间中的局部共生，企业种群或企业群落在资源竞合中的生态式共生，以及企业在社会网络中的镶嵌式共生，都不具备超循环竞合共生空间的全局性、整体性和完备性，企业及竞合行为不应当仅仅以供应链和组织网络为坐标系，还应当以社会和自然运动为坐标系或参照系。

（2）从本质系统看，超循环竞合不同于一般超循环的特殊性，在于它不是一种生物性、化学性或一般自然界运动的非智慧化存在形式，而是组织主体与环境客体耦合关联、企业的主体性功能与环境的客体性功能协同作用的智慧化存在形式。竞合关系是共生空间中的主体关系模式，镶嵌关系是共生空间中的主客体关系模式，主体性、智慧性的竞争与合作关系构成了超循环竞合的本质特征和基本内涵。

（3）从机制系统看，在超循环竞合中，企业竞合组织之间是一种互为因果的博弈型共生关系，而企业及竞合组织与外部环境之间是一种互为因果的旋升型共生关系。因而，不仅竞争、合作、博弈、自主和独立是重要的，企业与社会组织之间、与社会和自然环境之间的异质性是重要的，而且企业及竞合组织与外部环境之间的各种耦合、协同、催化、强化、共生与演进同样是重要的，特别是超循环竞合的建立使得企业外部环境已经内部化，负熵的引入机制已经内部化，即环境内化。也就是说，在企业主体动力的作用下和企业运营边界的范围内，超循环竞合已经获得了主体、本体、外体的内在耦合，获得了企业成长、进化和突变的一种外部基因，或者说使得外生变量的外部资源转化为嵌入在企业本体或母体中的一种内生变量，成为Y动力基因结构或企业基因结构中不可分割的组成部分，而且是一种搭便车所带来的更大、更稳定、更持久的动力系统。

（4）从效能系统看，超循环竞合的目的在于能动地争取一种更全面、更充分、更强大、更稳定的超循环共生空间和超循环体动力。企业欲形成完整而高效的供产销再生产过程，不可能仅限于市场竞争或企业网络合作的形式，只有在宏观水平上采取与经济和社会组织、与社会和自然环境所构成的超循环组织形式，才能获得更多更适用的物质、信息和能量，获得更多可知、可预测，以及风险防范的知识和能力，获得更多机会选择、趋势跟随，甚至逆势前行的机会，才能使竞合行为更自觉、更主动、更积极、更有效。反之，企业间的竞合行为，如果脱离社会与自然超循环运动的大环境、大背景，脱离对超循环的本质和趋势的宏观性认知，必然带有很大程度上的盲目性、偶然性和不稳定性，甚至可能由于缺乏环境资源全面而充分的支持、由于违逆超循环运动的本质和趋势，而变得短命或衰败，或付出较高的维护成本和获得较低的竞合效益。更精确地说，超循环竞合的范围和领域如同超循环本身一样，也是可大可小的，越小，企业所获得的物质、能量和信息就越少、越简单，内部确定性和稳定性增强，但外部不确定因素或受制约的因素也越多；越大，企业所获得的物质、能量和信息就越多、越充分，内部确定性和稳定性降低，但外部确定性因素或获得自由性的因素也就越多。当然，不同超循环竞合之间的耦合关联，在现实中可能是断裂的、互斥的，也可能是对接的和协同的，其耦合的水平及其价值利用在很大程度上取决于企业自身的知识、能力及其目标选择。

（5）从边界系统看，超循环竞合的边界同时包含企业的职能边界、规模边界和运营边界。超循环竞合边界之外是什么？如同企业运营边界之外是什么一样，是非竞合、非利益相关者和非相关环境的外部世界。当然，随着企业及超循环竞合的内部因素或非相关外部世界的各种变化，超循环竞合的边界也会发生相应的变化，非竞合、非利益相关者和非相关环境的外部因素和条件，也可能会逐步或瞬间演变成超循环竞合的内在因素和条件。

需要指出的是，超循环竞合中的超循环，特指企业或竞合组织作为一种小循环的功能整体被镶嵌在外部环境大循环中所构成的一种高一级的外在的超循环。但就Y动力系统本身而言，主体动力及其由主体动力作用形成的超循环体动力在运营体动力（或聚势运营）中的内聚，以及由此所形成的聚势运营系统，实际上早已在企业内部构成了一种超循环的组织形式，但无论是体现在超循环竞合意义上的超循环，还是体现在Y动力意义中的超循环，其共性功能都在于将有限的小循环整合到某种新的稳定性的大循环中，从而能够协同地进化和成长。

超循环竞合系统是生动和有序的，又是复杂和多变的，深刻认识和把握这一系统对企业运营与发展的意义是重大的，又是无可限量的。如同进取人假设和聚势运营原理一样，超循环竞合理论涵括本性结构、行为机制和政策杠杆三个基本层面。

三、超循环竞合的本性结构

超循环竞合不仅具有等级性、开放性、协同性、突变性、确定性、选择性等超循环的一般特性，还具有社会组织超循环的许多特殊性质或许多新特性。超循环竞合理论认为，企业竞合行为与外部环境是一种多层次能量特性的耦合性关联，其中，最基本、最具决定意义的本性特征有三维或三组：第一，互动性与旋升性的统一；第二，逐利性与增值性的统一；第三，扩张性与演进性的统一。就是说，企业外部竞合空间，不仅是资源的稀缺性或富有性、资源位上的竞争性或合作性的线性存在系统，也是竞合关系主体与竞合关系客体之间发生各种矛盾统一关系的非线性系统，超循环竞合的三维二元本性正是这种复合能量矛盾运动的结构化、系统化的揭示与概括。

1. 互动性和旋升性

互动性和旋升性的统一，是超循环竞合在结构存在或体相维上的统一，是主体互动性存在与主客体旋升性存在的内在统一。主要体现超循环竞合在结构体相上，既有能动性和闭合性，又有被动性和开放性的双重特性。一方面，任何一家企业，都会或强或弱地在供应链或产业链、资源位或生态位上与其他企业发生或竞争、或合作、或合作竞争的各种竞合关系，都要或多或少地与金融、社团、政府、媒体等相关组织发生或依托、或认可、或支持合作的各种公共关系，都要直接间接地与区域经济环境、政治环境、科技环境、社会环境和自然环境发生或冲突、或适应、或互惠互利的各种环境关系。一句话，都有一种发生和发展各种外部关系的本能或本性。另一方面，任何一家企业与其他企业发生某种竞合关系时，作为整体就被嵌入了一种被强化性的竞合组织互动循环，当自身或某种竞合关系再与其他社会组织发生某种公共关系时，作为整体就被嵌入了一种更广泛地被强化性的社会组织网络循环；当自身、竞合体或组织网络进一步与经济、社会和自然等宏观环境发生某种系统关联时，作为整体就被嵌入了一种更稳定、更长远地被强化性的综合环境循环。一句话，都有一种被逐级纳入螺旋式上升循环以提升自身地位和扩展自身边界的本质或本性。互动性与旋升性两种本性之间此消彼长、或隔离或耦合的结构体相，始终内在地决定超循环竞合最基本的边界范围和活动领域，决定企业运营与成长的有限空间和无限空间。我们特别将超循环竞合在体相维上的互动性与旋升性，序称为超循环竞合的第一本性。

2. 逐利性和增值性

逐利性与增值性的统一，是超循环竞合在功能存在或质相维上的统一，是主体逐利性存在与主客体增值性存在的内在统一。主要体现为超循环竞合在功能质相上，既有经济性、积累性，又有社会性、催化性的双重特性。一方面，任何一种企业之间的竞争与合作，都是在有限机遇条件下，争夺顾客、争夺市场、争夺资源、增加筹码、彰显实力、增强地位的逐利过程，一种你强我弱、你死我活、弱肉强食，优胜劣汰、适者生存、物竞天择的零和博弈过程。或者都是一种在做大蛋糕的基础上，相互依赖、相互利用、相互扶持、优势互补、资源共享、互惠互利的逐利过程，一种降低成本、共担风险、共享机遇、共求稳定、缓解矛盾、降低冲突、协同创新、共存共荣的非零和博弈过程。一句话，都有一种追求最大竞争利益与合作利益的本能或本性。另一方面，任何一种开放性的竞合行为，又都是一种在无限生存空间中，寻求产业增长、法律保护、政策支持、制度推动、社区关爱、环境友好的增值过程，一种寻求城市集群优势、特区政策优势、地域环境优势、国家人文优势、自然资源优势等抵御不确定性的过程，或者都是一种在千变万化的经济社会环境中，审时度势、趋利避害、防范风险、抢抓机遇、顺应潮流的增值过程，一种在经济周期性演变中，顺应社会进步、文化成熟、技术进步、生态平衡的与时俱进的过程。一句话，都有一种从各种环境因素的利用中获取超额利润、实现超常增长的本质或本性。逐利性与增值性两种本性之间此消彼长、或强势或弱势的功能质相，始终内在地决定超循环竞合最核心的增长水平和成长速度，决定企业运营与成长的存量空间和增量空间。因而，我们特别将超循环竞合在质相维上的逐利性与增值性，序称为超循环竞合的第二本性。

3. 扩张性和演进性

扩张性和演进性的统一，是超循环竞合在趋向存在或迹相维上的统一，是主体扩张性存在与主客体演进性存在的内在统一。主要体现着超循环竞合在趋势迹相上，既有现实性、成长性，又有长远性、趋优性的双重特性。一方面，企业间的竞争与合作，都是一个力求更多更好地聚集人才、聚集资金、聚集技术、聚集知识的过程，一种力求更多更好地扩大营销网络、用户市场，提升品牌形象、竞争能力的过程，一种更多更好地为市场、为用户、为社会创造产品与服务的过程。一句话，都有一种追求规模扩张、企业成长的本能或本性。另一方面，企业竞合行为，又都是一种在人、财、物、技术、知识、信息等生产要素方面与外部市场环境进行对接交流的新陈代谢过程，都是一种与其他企业或竞合体、金融部门或媒体、政府或社团等组织网络相辅相成地协同共进的过程，都是一种与市场法则和经济制度、政治体制和社会规范、自然资源和生态环境等外部环境共优化与共进化的过程。一句话，都有一种与外部环境实现协同演进、持续发展的本质或本性。扩张性与演进性两种本性之间此消彼长、或冲突或互利的趋势迹相，始终内在地决定超循环竞合最根本的品质地位和前途命运，决定企业运营与成长的现实空间和愿景空间。因而，我们特别将超循环竞合在迹相维上的扩张性与演进性，序称为超循环竞合的第三本性。

在超循环竞合的三维本性结构中，互动性、逐利性、扩张性都具有超循环竞合本能性的共性机理，是对稀缺资源的分享性，因而更具基础性和有限性；旋升性、增值性、演进性则都具有超循环竞合本质性的共性机理，是对公共资源的共享性，更具主导性和无限性。超循环竞合的本性正是在本能性机制与本质性机制的耦合关联中得以存在、演变和体现的。

四、超循环竞合的行为机制

超循环竞合的本性特征从根本上决定着超循环竞合组织主体的行为特征，并通过超循环竞合的行为目标、行为过程和行为方式来具体体现。超循环竞合理论认为，企业超循环中的竞合行为是一种多层次、多领域的因果反馈过程，其中，最基本、最具决定性的机制有四，即竞争分享、合作互惠、公关协同、学习响应。也就是说，企业超循环竞合行为，不仅表现为企业间的多样化竞争、博弈与合作，还广泛地表现为企业和企业竞合组织与各种社会组织和社会环境之间多层面的响应、利用与融合。

1. 竞争分享

竞争分享具有多点性，不单局限于一对一的情形。从内涵上说，既包括人力、资金、技术、原材料、能源等不同资源市场的竞争与分享，也包括客户、渠道、区域、供应链、产业链等不同销售市场的竞争与分享；既包括现有厂商、潜在厂商、替代厂商等不同生产业态的竞争与分享，也包括领导者、挑战者、追随者、补缺者等不同市场地位的竞争与分享。竞争的主要手段是价格竞争，相应地伴随着质量、品种、功能、成本、包装等产品核心价值的竞争，以及广告、品牌、服务、声誉、信息等产品附加价值的竞争。竞争目的是分享，是以较低廉的价格或较优质的产品战胜对手，以分享尽可能多的资源和市场，占据尽可能有利的市场地位和市场机会。竞争分享以资源的稀缺性为基础，一般遵循优胜劣汰这一最基本的市场法则，是适应市场机制作用的基本体现；其功能和作用，主要是有助于企业降低成本、提高效率、改进质量、完善服务、打造品牌、提升形象、增强实力，有利于企业发现优势、劣势、威胁、机会和差距，改革创新，制定相应的增长战略和赶超战略，有利于企业建立共识、锻炼队伍、增强凝聚力和战斗力，构筑一致对外的命运共同体。竞争分享主要体现超循环竞合的互动性、逐利性和扩张性等本性特征，具有一对多强于一（$1 \rightarrow X > 1$）的强化效应，是企业强身健体、快速成长的重要途径。因此，我们将超循环竞合中的竞争行为产生强化性分享效应这一最基本的因果反馈机制，概称为竞争分享因果律。

2. 合作互惠

合作互惠具有多级性，同样不仅局限于一对一的情形。从内涵上说，既包括资源开发、技术研发、生产制造、市场销售、项目投资等生产经营内容的合作与互惠，也包括虚拟公司、战略联盟、企业集团、项目外包、平台利用等组织网络形态的合作与互惠；既包括供应链、产业链等上下游业务之间的纵向合作与互惠，也包括不同产业、不同产品等跨业态跨业务之间的横向合作与互惠。合作主要方式是契约型合作，包括股权合作和非股权合作，以市场机制为纽带的合作和以组织网络为纽带的合作。合作目的是互惠，是聚合资源和能力，提高整体运营效率和扩张能力，适应更大范围、更为激烈的竞争环境。合作互惠以资源的共享性为前提，一般遵循互利共赢这一最理智的市场法则，是适应市场机制作用的高级形态，其功能和作用，主要是有助于企业降低交易费用和生产成本、扩大生产和销售能力，获取最大规模效益；有助于学习、交流、模仿与融合，汇集人力、物力和财力，攻克复杂技术难题，加快技术进步的步伐；有助于分散和共同抵御经营风险，发挥整体竞争优势和集成竞争力，实现更大范围的有效竞争。合作互惠较为全面地体现互动性与旋升性、逐利性与增值性、扩张性和演进性的内在统一，具有一对多大于二（$1 \rightarrow X > 2$）的叠加效应。因此，我们将超循环竞合中的合作行为产生叠加性互惠效应这一最基本的因果反馈机制，概称为合作互惠因果律。

3. 公关协同

公关协同具有多维性，不局限于某一个领域的公共关系与协同。从内涵上说，既包括企业与消费者、竞争者、供应商、销售商、金融机构、研发机构、咨询机构等商业组织间的公共关系与协同，也包括企业与政府、社区、社团、媒体、社会名流、国际名流等社会组织间的公共关系与协同；既包括企业在情报、信息、政策、规范、目的、诉求等职能要素层面的公共关系与协同，也包括企业在情感、观念、形象、信誉、公益、环保等人文要素层面的公共关系与协同。公关的主要方式是沟通、传播、诉求与参与，包括建设性、维系性、进攻性、防御性、矫正性等战略型公关，以及交际性、通信性、宣传性、征询性、服务性等战术型公关。公关目的是协同，是获取客户、同行、业界、政府、社团及社会公众的理解、信任和支持，促进企业与社会的协调发展。公关协同以社会能量的丰富性为基础，一般遵循均衡和谐这一最基本的社会法则，是适应社会机制作用的基本体现，其功能和作用，主要是有助于企业塑造良好的企业形象，履行社会责任，促进政策支持、企业合作、项目投资与产品销售；有助于企业了解政策环境、社会环境、公众诉求和市场信息，使决策更加适时与科学；有助于企业积累社会资本和关系资源，发挥企业无形资产的作用，扭转危机和困境，优化生存与发展环境，提高企业经济效益。公关协同主要体现互动性、旋升性、增值性等本性特征，具有一对多呈正比（$1 \rightarrow X=\infty$）的超值效应。因此，我们将超循环竞合中的公关行为产生超值性协同效应这一最基本的因果反馈机制，概称为公关协同因果律。

4. 学习响应

学习响应具有多向性，同样不仅局限于某一个领域的学习与响应。从内涵上说，既包括企业对市场供求、竞争态势、消费趋向、产业趋势、国际分工等经济知识信息的学习与响应，也包括企业对社会规范、政治动向、政策体系、科技动态、文化风俗等社会知识信息的学习与响应；既包括企业运行、产业运行、经济运行、社会运行、自然运行等一般原理知识的学习与响应，也包括专业信息、技能信息、经验信息、创新信息、人际信息等基本事实知识的学习与响应。学习的主要方式是搜集与研读、分析与综合，包括图书报刊、演讲报告、专业培训、音像资料的接受性学习，以及智库咨询、专家顾问、课题研讨、观摩考察等交互性学习。学习目的是响应，是吸收、模仿和应用，增强企业与时俱进的能力和创造力。学习响应以社会能量的无限性为基础，一般遵循趋利避害这一最理智的社会法则，是适应社会机制作用的高级形态，其功能和作用，主要是有助于企业建立知识管理系统、学习型和创新型组织，培育无形资产和核心能力，获取持续竞争优势和有序竞争能力；有助于企业开阔视野，转变观念，消除惰性和自满，及时发现问题和差距，制定调整战略和赶超战略，改进产品、服务和管理；有助于企业把握发展大局和发展趋势，增强预测性和前瞻性，适应外部环境变化，防范各类风险与不测，掌握可持续发展的主动权；有助于企业扩大外部发展空间，赢取更多机遇和挑战，实现与社会经济、政治、科技、文化和自然生态的协同发展与演进。学习响应集中体现旋升性、增值性、演进性等本性特征，具有一对多至无穷（$1 \rightarrow X=\infty$）的超常效应。因此，我们将超循环竞合中的学习行为产生超常性响应效应这一最基本的因果机制，概称为学习响应因果律。

上述超循环竞合的四种行为机制，是递阶关联、共时作用和交互影响的因果循环反馈体系，其中，竞争分享和合作互惠主要是稀缺资源生态位上的分享行为，是基本性、主体性的行为机制；公关协同和学习响应主要是公共资源生态位上的共享行为，一般来说要服从并服务于竞合行为，发挥促进和保障企业竞合作用；同时，任何一种行为机制都会受到其他三种行为机制不同程度的激发、诱导或约束。所以，在企业运营管理实践中应当系统化加以运用和体现，特别是要注意改变总是在稀缺资源生态位上开展生死博弈的局限性，更多地提升企业在公共资源生态位上的开展超循环竞合的共生视野和能力。

五、目标、理念和策略

超循环竞合的三维本性结构和四种行为机制决定了超循环竞合的经营管理理念和政策主张。超循环竞合理论认为，企业外体化运营的精髓在于善于借力，工于借势，精于借机。其基本方针和基本策略是，以超循环竞合的三维本性结构和四种行为机制为依据，以适应性、增益性、突破性三大目标体系的实现为落脚点，坚持系统选择、科学定位、天地人合一三大核心理念，全面构筑以借力、借势、借机三大政策杠杆为基本内容和基本架构的外体化运营与管理体系，保障企业超循环体动力的有效开发和利用。

1. 借力

所谓借力，善于借力，就是要在企业外部运作中善于利用人才、资金、物资、政治、经济、文化六种主要的资源性力量，重在经常性地吸纳与对接。人才、资金、物资是市场性力量，是企业实现新陈代谢、自我复制和扩大再生产的基本条件，讲究择优选择、优化配置和动态规划，讲究供应链的打造与合作，讲究国内外两个市场的开发、竞争、合作和博弈，是超循环竞合的互动性、逐利性、扩张性等本性特征的具体体现，也是竞争分享、合作互惠等行为机制的具体运用。政治、经济、文化是社会性力量，是企业和谐、稳定和持续发展的外部条件，讲求开阔视野、把握趋势、与时俱进，讲究社会制度与转型、经济体制与变革、文化观念与更新的相容性和适应性，讲究专业化的学习、观察、分析和研究，突出反映超循环竞合的旋升性、增值性和演进性的本性特征，以及学习响应等行为机制的具体利用。借力的关键或核心理念是系统选择：一方面要适合企业自身的结构、需求和能力，另一方面又要适应市场环境、制度环境和文化环境。六种资源性力量的借助，是微观与宏观的结合，虚与实的结合，是一个有机组合的政策杠杆运用体系，当然，在不同的企业以及不同的发展阶段，借力的目标、内容和重点会有所不同。

2. 借势

所谓借势，工于借势，就是要在企业外部运作中勇于利用大企业、大项目、大流通、开发区、经济圈、城市群六种主要的载体性高地，重在有机性地融入与协同。大企业、大项目、大流通是行业性势能，开发区、经济圈、城市群是区域性势能，其共性是资金聚集、基础设施聚集、技术聚集、人才聚集、信息聚集、政策聚集的平台或高地。借势的内涵和目的，在于努力争取与国内外和地方知名大型企业合作，参与国家和地方的重点项目建设，获得大数据、大网络、大物流系统的支持，在于参与国内外各级开发区、经济区、城市群等产业聚集的区域循环，直接享受国家战略和特殊政策的支持，享受最佳的投资、运营、竞争与合作环境。借势的关键或核心理念是科学定位：一方面，要明确自身在区域和行业中的地位、优势和劣势；另一方面，又要明确自身在区域和行业中的产品定位、目标定位和市场定位。借势是互动性与旋升性、逐利性与增值性、扩张性与演进性三维本性结构的系统化要求，也是四种行为机制，特别是合作互惠和公关协同的具体体现。六种载体性高地的借助，是微观与中观的结合，点与面的结合，构成了一个有机组合的政策杠杆运用体系，当然，在具体的决策选择上，需要高瞻远瞩，做好战略规划，因企因地制宜。

3. 借机

所谓借机，精于借机，就是要在企业外部运作中精于利用新市场、新技术、新政策三种主要的阶段性机遇，重在动态性地研析与捕捉。新市场，既包括供求性变化的灰区、白区、热区和冷区，也包括周期性变化的热点、偏好、时尚和趋势。新技术，既包括微观层面的新产品、新工艺、新标准、新发明、新创意，也包括宏观层面的新产业、新业态、新网络、新平台、新推广。新政策，既包括直面企业推出的财税、金融、价格、投资、贸易、反垄断等政策法规，也包括直面公民推出的就业、消费、医疗、养老、住房、保障、反腐等政策法规。机会的管理和利用，有利于企业节省时间，加快速度，降低成本，提高效率，获得超常收益；有利于企业在市场竞争与合作中抢占先机，占据有利地位，赢得主动，推动经济活动上台阶，实现新跨越。当然，机会具有非均衡性或不平等性、不稳定性或易消失性的特性，特别是总会伴随着机会风险和机会成本，因为根据当前的知识和信息判断，做出了准备和投入，又发生了形势变化，或又被竞争对手抢走，就要付出利用机会的成本，同时，由于资源总是有限的，选择一种机会意味着放弃其他机会，利用一定的时间或资源生产一种产品，往往会失去利用这些时间或资源生产其他产品的机会，从而构成了获得机会收益的成本，所以，借机还需要借助科学的机会评估和机会管理手段。借机的关键或核心理念是天地人合一：一方面，外部市场供求与竞争、经济政策与体制、法律制度与规范、科技知识与研发、自然地理与生态等因素的变化或变革一般都会带来新的机遇；另一方面，企业的资源、能力、业态、目标、需求等因素和条件的改善或变化，往往会创造出新的机会或赢得原本不属于自己的机会，例如，更高的规模地位与供求、更大的产品市场与合作、更强的生产素质与条件、更优的品牌形象与服务，往往会跨越更高的机会门槛，赢得更多更大的发展机会。所以，机会属于那些有意识、有研究、有规划、有准备的企业，特别是专注和敏锐的企业。借机突出反映旋升性、增值性和演进性的本性特征，以及竞争分享、学习响应等行为机制的具体利用。三种阶段性机遇的借助，是微观、中观与宏观的结合，主观与客观的结合，同样也构成了一个有机组合的政策杠杆运用体系，当然，其有效运用还有赖于构建一个以信息和知识准备为基础，涵括识别、评估、营造和利用等环节在内的科学化的机会管理体系。

上述超循环竞合的三大政策杠杆，各有侧重，又相互渗透、相辅相成。其中：借力更多地致力实现和保障企业扩大再生产的基本过程，是借势和借机的基础；借势更多地致力融入和增大企业扩大再生产的外部循环，是借力和借机的条件；借机渗透于借力和借势之中，更多地致力捕捉和优化企业扩大再生产时机，具有更多的协调作用和主导作用。

六、源动力系统基模

为了对超循环竞合理论有一种更直观、更整体的把握，并有助于进一步的分析和应用，我们在此特别给出超循环竞合理论基本内涵图示，简称源动力系统基模（见图 3-3）。

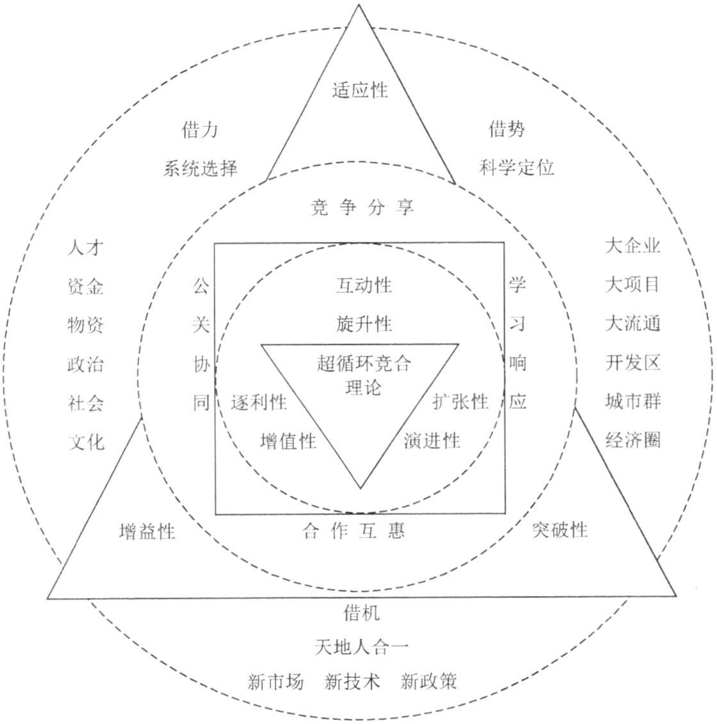

图 3-3　超循环竞合理论基本内涵（源动力系统基模）

在图 3-3 中，内圆小三角形的边意在表达超循环竞合的三维本性结构，这是超循环竞合理论的思想基础；中环正方形的边意在表达超循环竞合的四种行为机制，这是超循环竞合理论的思想支柱；外圈大三角形的边意在表达超循环竞合的三大政策杠杆及其落脚点，这是超循环竞合理论的应用体系。这三个由同心圆区分的层面，由内在到外在、由抽象到具体、由客观到主观，顺向依次决定，又逆向依次体现，构成了超循环竞合理论十分紧密的逻辑层次和不可或缺的整体结构。

从系统动力学的意义上来说，超循环竞合三个层次的内容，实际上已经构成了企业超循环体动力系统形成与作用的原因、过程、方式和效果。其中，三维本性结构是深层的动因性结构，四种行为机制是内在的过程性结构，三大政策杠杆及其落脚点是外在的作用性结构，三大目标体系是效果性结构。超循环竞合的动因性、过程性、作用性和效果性四大相互依存的因果反馈关系结构，具体、全面而系统地揭示了企业外部化运营管理的本质和内涵。

从理论上说，企业适应性、增益性和突破性的增强，有赖于对超循环竞合的三维本性结构、四种行为机制和三大政策杠杆有一种全面而系统的认知、把握和利用，但现实地看，由于企业规模结构、行业类型、发展阶段、投资者和经营管理者的素质及其价值观等个性特征的不同，超循环竞合三维本性结构的体现程度、四种行为机制的利用水平、三大政策杠杆的操作能力在不同企业及其企业不同的发展阶段，往往是不均衡的和千差万别的。一般说来，当一家企业的借力系统比较活跃、比较充分的时候，往往表明，企业运营管理更多地体现了竞争分享因果律和学习响应因果律的发挥和运用，更多地体现了互动性和旋升性的本性特征，会表现出更多的守势色彩。当一家企业的借势系统比较活跃、比较充分的时候，往往表明，企业运营管理更多地体现了合作互惠因果律和公关协同因果律的发挥和运用，更多地体现了扩张性和增值性的本性特征，会表现出更多的攻势色彩。当一家企业的借机系统比较活跃、比较充分的时候，往往表明，企业运营管理对四种行为机制的运用和三维本性结构的体现比较全面，会表现出更多的攻守并举的战略思维。可见，对超循环竞合三维本性结构、四种行为机制和三大政策杠杆的认知、把握和运用，不仅内在地决定企业在外部运营中的适应性、增益性和突破性，也深刻地决定企业外体化运营管理的文化特色。

需要强调的是，在企业外体化运营管理过程中，企业对超循环竞合三维本性结构和四种行为机制的把握，进而对借力、借势和借机三大政策杠杆的运用，可能是自觉的，也可能是不自觉的，可能是全面的，也可能是片面的。一方面，根据进取人假设，每家企业的运营管理者作为超循环动力开发和利用的主体，在本性上都是经济人和社会人、自由人和契约人、感性人和理性人不同程度的实现者和体现者，都有自己不同的利益追求、不同的优势潜能、不同的机会条件和不同的情绪情感；另一方面，长期以来企业外部环境与运营理论始终缺乏一种系统化的整合与突破，特别是缺乏对企业外部空间本性与机制的深刻认识和系统研究，居于主流地位的是基于资源基础的竞合博弈理论和生态演进理论，这种主流理论在层次与隐喻上的局限性不可避免地影响企业外部运营管理实践的高度和深度。

当然，资源空间和共生空间都是以企业竞合为中心的，共生空间也是以资源空间为基础的，但超循环竞合理论，其系统化的本性结构理论、行为机制理论、政策杠杆理论，其丰富的思想内涵、生动的结构体系、具体的操作原理，其可包容性、可整合性、可延展性的科学范式，都不可能在静态的、线性的资源空间的基础上形成和建立，只有在动态的、非线性的共生空间才能发现和构建（见表 3-3）。

表 3-3 资源空间与共生空间的区别

	组成	形态		性质		功效	
资源空间	市场、经济、社会、自然等资源条件	不确定	混沌离散	静态	外在	供求	稀缺
共生空间	市场、经济、社会、自然等共生循环	确定	有序旋升	动态	协同	催化	增值

第四章 企业组元特性

第一节 主体组元的行为特征和价值取向

企业主体动力有着角色不同、职能不同的多样态的个体动力和团体动力，作为主体动力的整体，它们无疑都具有三维本性结构、四种行为机制的共性特征，但是作为相对独立的个体动力和团体动力，它们在三维本性结构、四种行为机制上是否存在一定的个性化差异呢？我们的回答是肯定的，并且认为，揭示和把握这种个性化差异及其相互联系，将有助于深化对进取人假设及其不同主体动力作用特性的具体把握，进而增强对主体动力激发与引导的自觉性、科学性和有效性。

一、主体动力的层级性和对偶性

企业在组织形态上是一种典型的等级制结构，这种等级结构具体表现在以人为中心的主体之间关系结构的层级性上，即作为企业主体动力系统的完整构成，无论是个体动力还是团体动力，实际上都具有四个基本层级的组元形态或主体关系形态。其中，个体动力的基本组元形态或个体动力行为主体分别是：①投资者，如企业合伙人、股东、股民、个人投资者和机构投资者等出资人；②经营者，如董事长、执行董事、董事、集团公司董事局主席、股份合作公司理事长、集团总裁、首席执行官（CEO）等；③管理者，如总经理、总监、监事、总会计师、总工程师、轮值主席、首席运营官（COO）、首席财务官（CFO）、信息主管（CIO）、知识主管（CKO）、人力总监（CHO）、部门经理、厂长、车间主任以及班组长等；④生产者，如工程师、技师、研发人员、操作工、销售人员和各类工勤人员等。同样，团体动力也可以划分为四个层级的组元形态或团体动力行为主体：①股东会，包括股东会、持股基金会等组织形态，是公司的权力机构；②董事会，由董事长、董事以及独立董事组成，是股东会的执行机构，公司运营的决策机构；③管委会，或以常设机构性的管理委员会、决策委员会、监事会、薪酬委员会等管理团队的形式存在，或以非机构性的总经理会议、部门办公会、公司调度会等例会的形式存在，是公司决策的执行机构；④职代会，如员工代表大会、企业内部工会等机构，是公司员工和不同群体的权益组织。

需要区别的概念是，上述不同层级的团体动力，并不是相应个体动力整体的总和形态，而是相应个体动力整体的一种代表性组织机构的实体形态。具体说，四个层级的团体动力，并不是投资者的整体、经营者的整体、管理者的整体或生产者的整体，而是与之相应的由部分代表性人物组成的股东会、董事会、管委会和职代会等团体组织，这种团体组织在本质上、利益上或意志上分别代表投资者的整体、经营者的整体、管理者的整体和生产者的整体，是一种职能性的动力主体。当然，现实企业中，特别是一些中小企业或初创企业，投资者、经营者、管理者、生产者的实体形态常是合二为一，甚至合三为一的，如董事长、首席执行官或总经理由一人兼任，某些出资人可能同时是管理者和生产者；一些企业也不存在股东会、董事会、监事会等组织，如独资公司、合伙公司、个体企业没有股东会，一些有限责任公司不设董事会而设执行董事一职等。对上述情形，我们均视其是企业功能主体结构中的一种不完备形态或简化形态，将在后文进一步分析。

从上述四种基本形态的划分，我们实际上已经看到，层级性的个体动力和层级性的团体动力之间都具有相应的对偶性。例如，投资者与股东会相对应，构成对偶性的共同利益投资方；经营者与董事会相对应，构成对偶性的共同利益经营方；管理者与管委会相对应，构成对偶性的共同利益管理方；生产者与职代会相对应，构成对偶性的共同利益生产方。为了分析的方便，我们将具有对偶性的投资者和股东会、经营者和董事会、管理者和管委会、生产者和职代会等四个层级的主体动力形态，分别称为投资方动力、经营方动力、管理方动力、生产方动力，并统称为四大主体动力。可见，企业主体动力系统，就其完整内涵与结构而言，不单是投资者、经营者、管理者和生产者等个体动力形态，同时包含相应的股东会、董事会、管委会和职代会等团体动力形态。传统人性假设既没有个体与团体的区分，又没有组织中人的不同层级的区分，实际上脱离了组织结构，抹杀了群体差异，是一种过度抽象化的理论假设，不仅带来应用上的局限性，而且会造成理论中的矛盾性。

二、四大主体动力的差异性和统一性

1. 投资者和股东会

作为投资方动力的整体，投资者和股东会在行为机制的共性上，通常是以股东收益的最大化为其利益追求的最高目标，如较多地关注投资回报率、投资回收期、利润总额、资金利润率、市盈率、负债率等基本指标。其优势和潜能主要体现在胆识性和聚集能力方面，如对市场机会、项目选择、预期收益自主而敏锐的选择和把握，对土地、劳动、技术、物料等生产要素所具有的强有力的吸引力和聚合力等；在情绪或情感方面常常表现出很强的执着性和果敢性，其逐利性的扩张冲动、勇于冒险的品质以及对企业权益的支配欲不会或较少会由于某种心理波动而发生动摇。其成功的机会条件主要受制于市场空间和人才保障，包括要素供给、客户需求、政策环境、规模结构和经营管理等企业内部和外部的各种软硬约束。因而，可以说，投资者和股东会是资本意志的化身，崇尚产权收益、规模扩张、资本运作和风险控制，具有最典型、最充分的经济人和理性人的本性特征，常常表现出一种机会主义（勇于冒险和创新）和使命主义（追求责任和未来）的双重人格，经常会面对市场意志和组织意志之间的矛盾性和均衡性问题。作为这种人性结构的本能的或自觉的反映，为了实现个人或群体不断增长的逐利欲望和目标，保障其投资行为的组织性、安全性和有效性，聪明的、成熟的投资者和股东往往会对企业组织管理中以权责利统一为核心理念的法治精神有着最强烈的崇尚和偏好，现实地成为主体动力运营管理中以章程、制度和协议为基本内容的法治设施最强有力的倡导者和推动者。

2. 经营者和董事会

作为经营方动力的整体，经营者和董事会在行为机制的共性上，通常是以企业利润的最大化为其利益追求的最高目标，如更多地关注销售收入、营业利润、销售增长率、利润增长率、规模扩张和社会效益等企业整体发展运营的基本指标。其优势和潜能主要体现在战略性和决策能力方面，如经营方针和发展规划、投资方案和财务预算、部门协调和高管任免、结构调整和资本运营、利益分配和奖惩机制等战略性决策领域；在情绪情感方面往往表现出很强的前瞻性和决断性，特别是善于沟通协调、兼收并蓄、审慎分析和拍板决策等；赢得绩效、获得成就的机会和条件则更多地受制于成长空间和资本保障，如市场需求、同业竞争、投资规模和人才吸引等企业内部和外部的各种软硬约束。因而，可以说，经营者和董事会是企业意志的化身，崇尚全局战略、客户关系、结构优化和系统管理，具有较全面的经济人、社会人和理性人的本性特征，常常表现出很强的现实主义（注重功效和利益、形成内部人控制）和理想主义（注重愿景和规划、成就事业与荣誉）的双重人格，常常会面对个人意志和企业意志之间的矛盾性和均衡性问题。作为这种人性结构的本能的或自觉的反映，为了实现企业和个人不断增长的发展欲望和目标，保障个人决策和经营行为的灵活性、活跃性、进步性和成长性，聪明的、成熟的经营者和董事会往往对企业组织管理中以扬长补短为核心理念的道治精神有着最强烈的崇尚和偏好，现实地成为主体动力运营体系中，以规划、变革、督导、奖惩、培训、资助为基本内容的道治手段，以及以章程、制度、协议为基本内容的法治手段最强有力的倡导者和推动者。

3. 管理者和管委会

作为管理方动力的整体，管理者和管委会在其行为机制的共性上，通常是以团队效率的最大化为其利益追求的最高目标，如更多地关注产量、质量、安全、劳动生产率、资金周转率、市场占有率、技术进步、管理改善、工资奖金、福利保障等企业和部门生产经营的基本指标。其优势和潜能主要体现在专业性和执行能力方面，包括业务专长、科学精神、勤勉作风、沟通经验、监控技术、动员能力等管理素养，特别善于运用自身的知识和经验严格地或创造性地落实公司决策，在领导与基层之间发挥桥梁和纽带作用；在情绪情感方面常常表现出细致性与妥协性兼而有之的个性特征。例如，对上要勇于直谏和据理力争，对下要积极行权和细化规范，既要善于表达部门和基层意见，又要认真贯彻公司和领导意图，既要维护部门和基层权益，又要考虑整体和上层需要等；而赢得绩效、获得成就的机会和条件更多地受制于职权空间和体制保障，包括管理的跨度、层次和部门设置是否合理，责权利是否对等，职能分工是否清晰，决策体制和经营战略是否科学，政策支持是否到位等各种企业内在的组织和体制因素。因而，可以说，管理者和管委会是团队意志的化身，崇尚制度建设、组织沟通、劳动合作和过程控制，具有较全面的经济人、社会人和契约人的本性特征，以及理性人和感性人均衡体现的特征，常常表现出一种全面而又中庸的双重人格，例如，既有强调服从指挥、注重制度约束、追求自我实现等威权主义的一面，又有注重团队建设、追求协同效率、关注员工利益等集体主义的一面，经常会面对如何处理好基层意志、部门意志和领导意志之间的矛盾性与均衡性问题。作为这种人性结构的本能或自觉的反映，为了实现个人和团体不断增长的工作效率和目标，保障其管理行为的科学性、针对性、灵活性和有效性，聪明的、成熟的管理者和管委会往往对企业组织管理中以合作共赢为核心理念的情治精神、以扬长补短为核心理念的道治精神、以责权利统一为核心理念的法治精神有着较为全面的理解和认同，现实地成为主体动力运营体系中以尊重、关怀、沟通和参与为基本内容的情治原则，以规划、变革、督导、奖惩、培训、资助为基本内容的道治手段，以及以组织、制度、协议为基本内容的法治设施较为全面的倡导者和实践者。

4. 生产者和职代会

作为生产方动力的整体，生产者和职代会在行为机制的共性上，通常是以员工收入的最大化为其利益追求的最高目标，如更多地关注企业效益、企业前景、分配制度、工作条件、福利保障、晋级成长和个体价值实现等事关员工切身利益的基本指标。其优势和潜能主要体现在技能性和作业能力方面，包括业务知识、技术专长、生产经验、协作精神和创新能力等方面；在情绪情感方面常常会在工作中表现出更多感受性和从众性，如更多的激情、热情、认真、服从，更多的固执、懒惰、敷衍、马虎等各种感性特征；而其获得绩效、赢取进步的机会和条件主要受制于其业务空间和工具保障，包括生产技术和工艺条件、工作环境和丰富化的程度、知识技术的培训与提供、制度管理与控制监督等企业内在的各种生产和管理因素。因而，可以说，生产者和职代会是雇员意志的化身，崇尚专业技术、均衡收入、情感沟通和民主建设，具有最典型、最充分的经济人、契约人和感性人的本性特征，常常表现出个人主义（看重个体权益、个性需求、个人专长等）和团队主义（惯于攀比从众、友情协作、追求团队荣誉等）的双重人格，经常会面对个人意志与团体意志的矛盾性和均衡性问题。作为这种人性结构的本能的或自觉的反映，为了实现个人和团体不断成长的利益和目标，保障个体劳动和企业经营管理的和谐性、活跃性、进步性和有效性，聪明的、成熟的生产者和职代会往往对企业组织管理中以合作共赢为核心理念的情治精神有着最强烈的崇尚和偏好，现实地成为主体动力运营体系中以尊重、关怀、沟通和参与为基本内容的情治原则最强有力的倡导者和推动者。

为了直观清晰和便于进一步分析和研究，我们综合比较分析主体动力行为特征和价值取向（见表 4-1）。

表 4-1　主体动力行为特征和价值取向比较分析

主体动力（个体·团体）	行为特征				价值取向（人文特色）
	利益追求	优势潜能	情绪情感	机会条件	
投资者·股东会	股东收益最大化	胆识·聚集力	执着·果敢	市场·人才保障	机会主义·使命主义
经营者·董事会	企业利润最大化	战略·决策力	前瞻·决断	成长·资本保障	现实主义·理想主义
管理者·管委会	团队效率最大化	专业·执行力	细致·妥协	职权·体制保障	威权主义·集体主义
生产者·职代会	员工收入最大化	技能·作业力	感受·从众	业务·工具保障	个人主义·团队主义

从表 4-1 中，我们更清楚地看到，等级性的四大主体动力之间，在利益追求、优势潜能、情绪情感和机会条件等行为机制及价值取向上，都有其个性及差异性。这种个性及差异性恰恰是四大主体动力的共性及统一性，即它们之间相互依存、相互作用、彼此互补、彼此交织的前提和基础。当然，四大主体动力之间的共性和统一性，就内涵和形成机制而言，还有两个最重要的体现。

（1）有一个更高层次的共性追求，就是企业价值的最大化。企业价值的最大化可以具体地表述为企业效益的最大化，包括企业经济效益最大化和企业社会效益最大化。如果说四大主体动力在股东收益最大化、企业利润最大化、团队效率最大化、员工收入最大化的不同价值追求中存在一种良性的价值链博弈过程，那么，这种博弈过程的最终结果和最终体现，或者这种博弈的均衡结构或帕累托最优，就是企业价值的最大化。从理论上说，四大主体动力的不同利益追求及四种最大化的实现是相互依存、互为因果的，但在实践中，位居较高层级、核心地位的经营者和董事会的价值追求，即企业利润最大化的价值追求往往起着决定的和主导性的作用，因为企业利润最大化既是股东收益最大化和员工收入最大化的现实基础，又是团队效率最大化的最终体现，进而又是实现企业价值最大化的前提条件、基本保障和有效支撑。也就是说，企业利润最大化是四大主体动力利益实现的共同基础，是四大主体动力利益追求指向的最大交集。长期以来，理论界和实业界在企业究竟是应当追求企业价值最大化还是应当追求企业利润最大化、企业效益最大化，甚至在应当追求股东收益最大化还是应当追求员工收入最大化之类的问题上，始终迷惘模糊或争执不休，其原因就在于对企业价值、企业效益、企业利润，甚至企业效率、股东收益、员工收入的主体、来源及相互关系缺乏系统的和机制性的把握。

（2）有一个更深层次的共性根基，就是本性特征的同属性。整体来看，四大主体动力在经济人、社会人和契约人本性上，特别是在经济人本性上，共性最强，差别最小，无形中构成了彼此之间相互依存的共性基础；在自由人、理性人和感性人本性上，特别是在理性人和感性人本性上共性最小，差别最大，无形中构成了彼此之间的相互依存的个性基础。此外，还有一种比较微妙的双边耦合现象，即投资方和经营方都有最强的理性人特性，无形中构成了两者在战略决策层面的亲和力及其内在统一、有效互动的重要基础；经营方和管理方都有最强的社会人特性，无形中构成了两者在经营管理层面亲和力及其内在统一、有效互动的重要基础；管理方和生产方都有最强的契约人特性，无形中构成了两者在执行操作层面亲和力及其内在统一、有效互动的重要基础。

三、个体动力与团体动力的比较分析

上面，我们把主体动力中的个体动力和团体动力作为一个内在联系整体，不加区分地对其共性和个性进行了分析和研究。但四大主体动力中对偶性的个体动力和团体动力之间，即投资者和股东会之间、经营者和董事会之间、经营者和管委会之间、生产者和职代会之间，并非只有共性的一面，同时也有其相对独立性及差异性的一面，这种独立性和差异性的存在同样是其互补性的前提和基础。在这里，我们不妨对个体动力和团体动力的行为特征进行比较分析（见表 4-2）。

表 4-2 个体动力和团体动力行为特征比较分析

主体		利益追求	优势潜能	情绪情感	机会条件
个体	投资者	投资回报	项目选择 • 市场预期 • 资源购置 • 资本运作	意志 • 敏锐 • 决断	需求 • 供给
团体	股东会	股东权益	资本聚集 • 风险承担 • 产权保障 • 责任约束	规则 • 博弈 • 附势	年度 • 决议
个体	经营者	经营效益	人格魅力 • 协调能力 • 战略谋划 • 相机抉择	远见 • 包容 • 果断	职权 • 职责
团体	董事会	公司成长	集体智慧 • 审慎决策 • 利益制衡 • 预算监督	理性 • 全面 • 平衡	常设 • 决议
个体	管理者	管理绩效	专业精神 • 组织能力 • 过程控制 • 效率提高	严谨 • 贯通 • 灵活	职权 • 职责
团体	管委会	团队效率	业务协调 • 资源共享 • 职能优化 • 体制变革	周密 • 融合 • 妥协	惯例 • 决定
个体	生产者	个人收入	专业技能 • 研发潜质 • 协作意识 • 适应能力	依赖 • 攀比 • 从众	岗位 • 任务
团体	职代会	员工权益	权益维护 • 民主管理 • 劳资协调 • 共识获取	民意 • 博爱 • 同情	常设 • 决定

从表 4-2 可知个体动力和团体动力在利益追求、优势潜能、情绪情感以及机会条件等行为机制方面的差异性和依存性是显而易见的。投资者、经营者、管理者和生产者作为仅仅反映和支配自身个体行为的个体力量，往往比较关注个人地位、权利、责任、作用、绩效和能量，以及相应的个人收益与荣誉的多寡得失，具有更多的经济人、自由人和感性人的利益追求、优势潜能和情绪情感等基因特性，特别是个性特征和情治色彩比较浓厚；而股东会、董事会、管委会和职代会作为可以代表和推动整个群体行为的团体力量，一般比较重视相应利益群体的理念、意见、决定、职能、作用和能量，以及相应利益群体的权利与利益的得失，特别注重发现和推动企业运营与发展的全局利益、整体利益和长远利益，具有更多的社会人、契约人和理性人的利益追求、优势潜能和情绪情感等基因特性，在政策倾向上也更加重视企业法治设施的建设。就依存性而言，投资者、经营者、管理者和生产者作为个体行为人，其职能的行使、能力的提高、作用的发挥、利益的实现，无疑是作为一致行为人的股东会、董事会、管委会和职代会职能实现

的目标、基础和依据，同时又是以股东会、董事会、管委会和职代会的存在及其职能的有效发挥为条件和保障的。例如，血汗工厂的存在，很大程度上与企业职代会组织的缺失，或工会组织的资方化色彩，或无作为状态有着直接关系；又如，内部控制人的存在，与股东会和董事会作用的缺失不无关系。当然，我们说股东会、董事会、管委会和职代会等一致行为人的集体理性，通常情况下要高于投资者、经营者、管理者和生产者等个体理性，并经常发挥校正和引导个体非理性的积极作用，但这并不排除在有些场合或在某些情况下，一些一致行为人的集体非理性可能会甚于个体非理性，甚至会压制和扼杀某些个体理性，如股东大会中的情绪感染、董事会决策中的权威依赖、管理团队形成的内部人控制，以及工团主义的某种极端诉求等，都是集体非理性的不同表现。这种集体非理性的出现，无形中会给企业带来更大的紊乱，甚或把企业带入歧途，其根源往往是企业缺乏严密的制度约束机制或完善的法治基础设施建设。

四、原动力激发引导三要领

现实中，四大主体动力的差异性和统一性是具体的、复杂的，彼此之间的依存结构和作用结构是动态的、多样化的。我们进一步关心的问题是，如何实现四大主体动力相互关联的有机性、相互作用的协同性？也就是说，在非完美的组织群体中，如何更有效地激发和引导四大主体动力，有效增强进取人在组织运营中的自主性、能动性和创造性？我们原则性地提出三个要领：主体作用的全面性、主体利益的兼容性和主体能级的相应性。

1. 主体作用的全面性

主体作用的全面性，就是四大主体动力职能作用的发挥在层级上是完整的和衔接的，在作用上是充分的和有效的，能够形成良性互动的有机整体。在上述进取人假设经营理念和政策杠杆中，扬长补短作为道治手段的核心理念，实际上正是以主体作用的全面性为着眼点和落脚点的。由于企业类型不同、规模大小不同、发展阶段不同，经营理念不同等，企业在四大主体动力的实际组织结构上不可能五脏俱全，完整无缺，常常存在合二为一、合三为一，甚至合四为一等主体合一或实体角色合一的不同形态。但是，由于投资者和股东会、经营者和董事会、管理者和管委会、生产者和职代会在企业中都有其不可或缺的地位、职能和作用，因而，四大主体动力在职能作用结构上应当完整、到位，不能存在四缺一、四缺二甚或四缺三等主体缺失或职能角色缺失等状态，否则就会出现企业在主体作用上的种种瓶颈和障碍。例如，投资者职能的缺失，可能意味着产权维护、投资冲动、创业精神、机会利益等典型的经济人和自由人本性的某种缺失，往往会带来企业平台难以形成、要素资源难以聚集、资本运作难以展开、规模扩张受限、发展后劲不足，甚至资金链断裂以致企业难以为继等投资领域的种种功能性缺陷；经营者职能的缺失，可能意味着企业定位、规划协调、组织创新、竞争合作等典型的社会人和契约人本性的某种缺失，常常会带来经营战略模糊失误、竞合模式和盈利模式难以形成、资源配置和分工协作缺乏科学性和合理性、责权利不能有机统一、经营决策主观随意乃至经营管理紊乱等经营领域上的种种功能性缺陷；管理者职能的缺失，可能意味着员工激励、沟通协作、工作效率、业务改善等经济人和社会人、自由人和契约人、感性人和理性人三维本性结构某些方面和某种程度的缺失，常常会造成制度不健全、监控不到位、信息沟通不畅、人际关系不和谐、精神文化氛围缺乏、创新能力和生产潜力难以发挥、业务流程和现场管理失序，以致消极怠工和推诿扯皮等管理领域上的种种功能性缺陷；生产者职能的缺失，可能意味着生产技能、团队合作、劳动能力、创造精神等典型的契约人和感性人本性的缺失，常常会造成技术和劳动人才短缺、生产订单和计划难以完成、生产效率或生产质量缺乏保障、技术创新不足、成本费用上升、产能下降甚至生产停顿等生产领域上的种种功能性缺陷。

2. 主体利益的兼容性

主体利益的兼容性是四大主体动力的利益追求应当得到全面而合理的兼容和体现，能够实现主体价值最优化的理想目标。在上述进取人假设经营理念和政策体系中，合作共赢作为情治原则的核心理念，正是以主体利益的兼容性为前提和基础的。企业作为层级性的经营组织，突出体现在四大主体动力的层级性上，就是说，四大主体动力在企业中由上到下、由高到低的不同地位和作用是内在的或天然的，上一层次相对于下一层次在决策、经营与管理的权限上总是享有决定性的、支配性的和主导性的地位。但是，必须清楚的是，在利益需求和利益追求上，四大主体动力永远是平等的和相互依存的，任何一个居于支配地位的动力主体都应当使各层次的利益需求和利益追求得以切实的尊重、兼容和体现，否则，如果某一种主体动力的地位、作用、能量及其利益体现表现得过于强势，抑制甚至损伤其他主体动力的地位、作用、能量及其利益体现，就不可避免地造成企业在主体利益上的种种矛盾和冲突。例如，最常见的是投资方过度强势，过多追求股东价值最大化，甚或走向急功近利、唯利是图、拼命聚财的极端，包括经营管理者在内的员工利益受到轻视或漠视，就不可避免地造成投资者与经营者、管理者和生产者等主体动力之间的劳资关系紧张，生产者、经营者和管理者的积极性和稳定性就会不同程度地受到影响，其优势和潜能就不会得到有效发挥。如果经营方或管理方过度强势，过多追求经营与管理回报，甚或走向单纯自我实现或内部人控制的极端，股东利益或员工利益受到轻视或排斥，同样导致经营者与投资者或生产者之间的关系紧张，投资者或生产者的积极性、稳定性、优势和潜能的发挥也一定会受到影响。当然，层级最低的生产方过度强势的情形比较少见，但当工团主义盛行，民主决策、工资增长的诉求过于强大的时候，投资方、经营方的地位和利益也会不同程度地受到削弱或冲击，造成新的人际关系的紧张，进而影响企业秩序、稳定和发展。这几种情况的出现都不可能使企业价值最大化得以有效实现。所以，欲实现企业价值最大化，就要集中协调好股东收益最大化、企业利润最大化、团队效率最大化和员工收入最大化四者之间的基本矛盾关系，特别是要着力协调好关联度比较强的投资者与经营者之间、投资者与生产者之间、经营层与管理层之间、管理层与生产层之间的利益关系。

3. 主体能级的相应性

主体能级的相应性是四大主体动力的责任、权利和利益应当与本身的层级、地位和能力相匹配、相吻合、相适应，能够形成各层次主体各司其职、各尽其能的良好关系和机制。在进取人假设经营理念和政策体系中，责权利统一作为法治设施的核心理念，正是以主体能级的相应性为前提和基础的。固然，四大主体动力在现实中有分离与合一、完备与缺失的不同实体形态，但投资、经营、管理和生产四种不同的职能必须有明确的相应水平和相应能力的承担者，其承担者必须能够掌握相应的权利，肩负起相应的责任，否则，不具备相应地位及能力的一方硬要行使和发挥与自身地位和能力不相匹配的职能和作用，就会不可避免地导致企业在主体能级上、秩序上的种种错位和混乱。例如，作为投资者和经营者的个人硬要取代或发挥股东会和董事会的团体职能，就难免出现个人意志违逆群体意志、股东权益受损、经营决策偏颇等弊端；又如，不具备经营管理能力的投资者硬要代行或干预经营者职能，不具备决策管理信息与能力的生产者硬要过多地参与企业经营管理决策，不免造成经营决策失误、管理混乱、效率低下或效率损失等弊端；再如，一名经营管理者，如果不是努力为企业、股东和员工的整体利益着想，而是过多地追求纯粹自我实现，甚至搞内部人控制，实际上就是把自己置于生产者或员工的地位，无形中就出现了个人角色的错位及其相应经营管理职能的缺失。

综上所述，主体作用的全面性、主体利益的兼容性、主体能级的相应性，作为组织管理决策与进取人假设有机联系的系统性要求，在企业主体化运营中的实现程度，决定着企业主体动力激发与引导的水平、质量和效果。如果说把握四大主体动力在本性结构、行为机制及价值取向上的共性与个性，是主体动力有效激发与引导的内在依据和前提条件，那么，实现四大主体动力在作用发挥上的全面性、利益追求上的兼容性及能级配置上的相应性，是主体动力有效激发与引导的充分条件和必要条件。因此，在这里，我们将主体作用的全面性、主体利益的兼容性和主体能级的相应性，概括地称为原动力激发引导三要领。

第二节　运营体组元的行为特征和价值取向

作为运营体动力系统的六大元动力，投资、技术、营销、体制、管理和文化，无疑都具有聚势运营系统所具有的共性特征，但六大元动力作为聚势运营系统中相对独立的基本组元和基本载体，又有着各自不同的内涵、结构和功能特性，进而在四维本性结构、六种行为机制上又会有许多个性化的差异和表现。本节将就六大元动力的个性差异及其相互关系做系统化的探讨，以深化对聚势运营原理及其六大元动力作用特性的具体把握，进而增强对运营体动力协调和发挥的自觉性、科学性和有效性。

一、运营体动力的六合性和交汇性

运营体六大元动力按其存在和作用特性，可分为独立动力和统合动力两大类型。独立动力，主要指投资、技术和营销三种元动力，具有较强的部门性和领域性，较强的代谢进化和凸显的进化机能，在企业运营与成长系统或聚势运营系统中，具有在相应要素领域相对独立地发挥带动或拉动作用的功能特性。统合动力，主要指体制、管理和文化三种元动力，具有较强的整体性和兼容性，较强的复制进化和合成的进化机能，在企业运营与成长系统或聚势运营系统中，具有在所有要素领域全面综合地发挥促进和保障作用的功能特性。独立与统合之别，并不意味着主次之别或轻重之别，虽然在不同的企业或企业发展的不同阶段，六大元动力的发挥和运用可以有轻重缓急之谋略，但就企业本体化运营与成长的内在机制来说，或从聚势运营系统理论来说，六大元动力都有着同等重要的地位和作用，是一种相辅相成、相互依存、各司其职、缺一不可的六合性关系结构。

不仅如此，六合性的六大元动力，就其内在的相互作用而言，又具有交汇性，即任何一种元动力都内在地聚合着、接受着其他五种元动力的作用，在其发挥作用的同时都离不开其他五种元动力的协同与配合。例如，投资体动力在发挥作用的时候，不仅有其投资对象的技术形态及市场需求的前提性支持，而且必须借助一定的组织形式、管理形式，并蕴含特定的价值观念或价值选择；技术体动力在发挥作用的时候，不仅要有资金投入和市场需求，而且离不开一定的技术组织形式、管理形式及技术领域的价值选择；营销体动力发挥作用的时候，不仅要有一定的渠道和网点的资金投入、产品技术形态的形成与推广，而且有关销售组织、销售管理、营销文化的作用更是不可缺少；同样，无论是体制体动力、管理体动力还是文化体动力，当其发挥作用的时候，总依托或针对一定的投资对象、技术形态和营销基础。

所以，每一种元动力作为企业总系统中相对独立的子系统，都是一种主动性的作用力，同时又都是一种被动性的作用点，具有一定的极化效应或聚势效应，这就是聚势运营本质内涵与特性的结构性表现。

二、六大运营体动力的差异性和互补性

在对六大元动力之间的关系特性，即六合性和交汇性有了一个总体上的基本把握后，我们进一步分析每一种元动力的个性特征与作用特性，了解它们的差异性及互补性，了解企业运营与发展或企业聚势运营系统更为具象化的内在结构特性。

1. 投资体动力

主要是以企业投资、项目投资、要素投资和资本运作为基本形式，来带动企业运营和成长的一种元动力。其构成形态比较复杂：按照时间划分，可分为长期投资和短期投资，前者主要是投资在土地、厂房、生产设备、长期证券、长期股份等方面的固定资产投资或长期产权投资，后者主要是材料购置、存货占用、销售费用、财务费用、管理费用、工资福利、短期证券等流动资产投资或短期资本投资；按照领域划分，可分为内部投资和外部投资，前者主要是投资于企业内部，购置生产要素、生产线、项目建设、经营资产的生产性投资，后者主要是投资于企业外部，购买股票、债券等有价证券和控股、参股、并购、租赁、转让等企业产权的资本性投资；按照形态划分，可分为有形资产投资和无形资产投资，前者主要是厂房、设备、材料、存货、网点等实物形态的生产性和非生产性投资，后者是商标、专利、标识、知识、广告、公益等非实物形态的递延资产和精神资产投资；按照来源划分，可分为直接投资和间接融资，前者主要是采用自有资金或内部集资、内部入伙、内部入股等形式的直接性投资，后者主要是采用银行贷款、股市融资、财政补贴或社会集资等形式的间接性融资。但不论哪种类型的投资，在聚势运营六种行为机制的构筑、发挥或利用上，都有着十分突出的地位和表现，只是在层次、领域、方式和特性等方面会有所不同。例如，在诱发激活机制的运用上，主要可以通过上新项目和增加薪酬与经费，改变生产和要素结构、工作和设施条件、劳动和福利待遇等方式，对各类资源的品质和潜能产生诱发激活的作用和效果；在同化整合机制的运用上，主要可以通过明晰产权归属、强化身份认

同、增加项目投入、强化资源聚集等方式，对部门、单位和个人产生同化整合的作用和效应；在极化带动机制的运用上，主要可以通过对某一部门或某一领域的先发优势、规模优势、品质优势、渠道优势等实行重点性、战略性投资，对其他部门和领域产生极化带动的作用和效应；在分化生长机制的运用上，主要对成熟积累和生长潜力的产品和技术实行剥离，组成独立实体或事业体，进行扶持性、激励性投资，进而产生母体性或局部性分化生长的作用和效果；在转型升级机制的运用上，主要对新行业、新产业进行前瞻性或风险规避性投资，进而产生战略性或战术性转型升级的作用和效应；在融合创生机制的运用上，主要可以通过业务合并、合资合股、企业并购等方式，进行存量调整和增量投资，进而产生业务性或组织性融合创生的作用和效果。整体来看，投资体动力更多的是发挥投资、股东、融资和资本运营对企业规模扩张和经济增长的决定作用，体现了聚势运营中更多的资本性、强劲性和外源性的本性特征，因而，具有浓郁的股东至上、资本主导的价值取向和人文特色，以及役量为重的政策倾向。

2. 技术体动力

主要是以技术研发、技术改造和技术升级为基本形式，带动企业运营与成长的一种元动力。其构成形态可从不同角度来看：从内容上看，可分为材料、设备、工艺、产品等要素的技术性升级改造和发明创造；从水平上看，可分为一般技术、适用技术、先进技术和尖端技术；从来源上看，可分为原创技术、自主技术、模仿技术、合作技术、引进技术和购买的专利技术等；从时间上看，还可分为研发技术、应用技术、储备技术三种潜在的和现实的技术形态。在聚势运营六种行为机制的构筑、发挥或利用上，这些不同类型的技术体动力，都有其特定的地位、特性和表现方式。例如：在诱发激活机制的运用上，主要可以通过技术革新、技术发明、技术创造，包括小发明、小创造和技术攻关等方式，对企业运营及各种生产要素产生诱发激活的作用和效果；在同化整合机制的运用上，主要可以通过信息技术、网络技术、工艺规程、操作规程等方式，对各类生产要素产生同化整合的作用和效果；在极化带动机制的运用上，主要可以通过自主技术、核心技术、尖端技术等方式，对企业运营及各种生产要素产生极化带动的作用和效果；在分化生长机制的运用上，主要可以通过组织、人员、权利、经费等方面的倾斜性政策扶持种子技术和成熟技术，促进产品、技术、企业或产业的分化和生长；在转型升级机制的运用上，主要可以通过技术改造、技术升级、技术创新、技术引进等方式，促进企业的转型和升级；在融合创生机制的运用上，主要可以通过技术的边缘性、交叉性、渗透性融合等方式，促进新企业、新产品、新工艺、新流程及新的增长点的形成。整体来看，技术体动力更多的是发挥技术、研发和专家对企业质量提升和经济增长的决定作用，体现了聚势运营中更多的人本性和内生性的本性特征，因而，具有浓郁的专家至上、技术主导的价值取向，以及役质为重的政策倾向。

3. 营销体动力

主要是以市场开发、产品销售、客户管理、售后服务为基本形式，带动企业运营和成长的一种元动力。其构成形态主要可以分为五个层面：一是产品组合和价格政策、分销渠道和销售网络、广告宣传和销售促进等核心层面的动力形态；二是市场调查和市场预测、客户服务和客户关系管理、信息系统建设和物流系统建设等基础层面的动力形态；三是经销代销、线上线下、国内国际、共享销售平台建设等渠道层面的动力形态；四是整合营销、大数据营销、网络营销、电话营销、屏端营销、关系营销、全员营销、社会营销等方法层面的动力形态；五是市场空间和市场占有率的扩大，品牌知名度和产品美誉度的提高，销售收入和销售利润的增长等效能层面的动力形态。不同层面的营销体动力，在聚势运营六种行为机制的构筑、发挥或利用上，都有其不同的地位、特性和表现方式。例如，在诱发激活机制的运用上，主要可以通过销售订单、机会发现和机会创造、销售促进活动等形式，对企业运营及各种生产要素产生诱发激活的作用和效果；在同化整合机制的运用上，主要可以通过市场定位、品牌塑造和市场竞争战略等形式，对企业运营及各种生产要素产生同化整合的作用和效果；在极化带动机制的运用上，主要可以通过营销地位的提升、营销组合方案和市场开拓战略等形式，对企业运营及各种生产要素产生极化带动的作用和效果；在分化生长机制的运用上，主要可以通过市场细分、品种结构的调整、不同销售网点的建设和培育等形式，促进企业产品生产和经营活动的分化与生长；在转型升级机制的运用上，主要可以通过产品定制、新产品的推广和旧产品的淘汰等形式，促进企业产品生产和经营活动的转型与升级；在融合创生机制的运用上，主要可以通过产品对不同应用需求的兼容、与不同企业共享平台嫁接销售或联合销售，以及不同促销手段的一体化运用等形式，促进企业产品生产和经营活动的融合与创生。整体来看，营销体动力更多的是发挥市场营销和顾客满意的决定作用，体现了聚势运营中更多的人本性、强劲性和外源性的本性特征，因而，具有浓郁的顾客至上、营销主导的价值取向和人文特色，以及役量为重的政策倾向。

4. 体制体动力

主要是以组织制度、组织调整和组织变革为基本形式，推动企业运营和成长的一种元动力。其构成形态可以从三个特性维度来考察。一是演变性上，可分为稳态体制和动态体制。前者是在一定时期内相对不变的、相对稳定的体制结构，一般表现为能够适应或有利于促进企业生产力变化与发展的组织制度形态；后者是在一定时间内出现调整重组或变革创新的组织制度形态，一般是由于原有组织体制已经不适应，甚至已经严重阻碍了企业生产力的变化与发展而引发的一种变化形态。二是从层次性上，可分为企业所有制、公司治理结构和经营管理组织三个层面。企业所有制包括独资公司、合资公司、股份公司、控股公司、参股公司及承包租赁公司等形态，公司治理结构包括股东会、董事会、监事会、理事会等形态，经营管理组织包括直线式结构、职能式结构、集权式结构、分权式结构、矩阵式结构、事业部式结构等形态。三是从功能性上，可分为人事管理体制、财务管理体制、生产管理体制、技术管理体制、供销管理体制等不同领域的体制形态。这些不同类型的体制形态，在聚势运营六种行为机制的构筑、发挥或利用上，都有其特有的地位、作用、方式和特点。例如，在诱发激活机制的运用上，主要可以通过股权期权激励、扁平化组织设计、分权放权等方式，调动和发挥人的积极性、主动性和创造性；在同化整合机制的运用上，主要可以通过直线制、职能制、矩阵制或事业部制等，配置、整合和协调各种生产经营活动；在极化带动机制的运用上，主要可以通过金字塔式行政等级结构、控股式产权结构等方式，聚集和引导相关生产要素的流动和各种生产经营活动；在分化生长机制的运用上，主要可以通过分立和相对独立、放权和相对开放的子公司或分公司等新组织的设置，培育和扶持新业务、新市场的成长与壮大；在转型升级机制的运用上，主要可以通过组织机构重组与变革的方式，促进和保障企业生产经营的转型、升级与发展；在融合创生机制的运用上，可以通过组织机构融合、运营规则融合或创设新型组织机构的方式，促进和保障内外融合业务的运营和发展。整体来看，体制体动力更多的是发挥组织结构、组织流程和组织变革的决定作用，体现了聚势运营中更多的整体性、稳定性和内生性的本性特征，因而，具有浓郁的组织至上、流程主导的价值取向和人文特色，以及役局为重的政策倾向。

5. 管理体动力

主要是以管理职能、管理制度和管理方法为基本形式，推动企业运营和成长的一种元动力。虽然与其他五种元动力相对并存，且概念被定义在相对狭义的管理范畴，但是管理对象毕竟涉及企业各要素、各层面和各领域，因而，其构成形态仍然是最为复杂的。按照对象划分，可分为要素管理和流程管理，如前者对人财物的管理、后者对供产销的管理等；按照领域划分，分为内部管理和外部管理，其中，外部管理主要是公共关系管理、客户关系管理、供应链管理等外部运营管理；按照层次划分，可分为战略管理和战术管理，其中，战术管理主要是具体的、日常性的和过程性的生产经营管理；按照指标划分，又可分为数量管理和质量管理；按照方式划分，也可分为目标管理和过程管理、直线管理和职能管理、集权管理和分权管理、经验管理和科学管理等。但无论哪种要素、哪种层面、哪种领域的管理，在聚势运营六种行为机制的构筑、发挥或利用上，同样都有其相应的地位、作用、方式和特点。例如，在诱发激活机制的运用上，主要可以通过目标的规划与考核、奖惩制度的建立与实施等，激发人或其他生产要素的活力和潜力；在同化整合机制的运用上，主要可以通过稳定的制度规范、持续的组织惯例等，实现对现有的和新输入的各种生产要素的同化与整合；在极化带动机制的运用上，主要可以通过战略目标和战略重点的实施及骨干团队的组建，带动各部门、各环节、各要素的运行；在分化生长机制的运用上，主要可以通过对新组织实行放权、分权以及政策扶持和适度竞争等，促进分化出的新组织、新业务的生长和壮大；在转型升级机制的运用上，主要可以通过管理制度、管理模式和管理方法的变革与创新，推动和促进生产经营体的转型与升级；在融合创生机制的运用上，主要可以通过信息共享、人际沟通、组织协调等方式，促进和保障合作组织的运行和合作业务的开展。整体来看，管理体动力更多的是发挥要素管理、制度管理和机制管理的决定作用，体现了聚势运营中更多的人本性、整体性、内生性的本性特征，因而，具有浓郁的要素至上、机制主导的价值取向和人文特色，以及役局、役质和役量统筹兼顾的政策倾向。

6. 文化体动力

主要是以价值理念、精神风貌和知识素养为基本形式，影响和推动企业运营与成长的一种元动力。其构成形态可以分为深层、内层和表层：深层结构主要是企业宗旨、企业精神、企业意志、企业哲学、经营理念、价值观念、道德规范等企业最基本的价值理念系统；内层结构主要是人际关系、团队意识、学习气氛、娱乐活动、管理风格、惯例传承等企业最基本的行为方式系统；表层结构主要是企业的产品特色、服务特色、标志特色、工装特色、环境特色、公益特色等企业最基本的形象识别系统。同样，无论哪一层面、哪种要素的文化，在聚势运营六种行为机制的构筑、发挥或利用上，都有其相应的地位、作用、方式和特点。例如，在诱发激活机制的运用上，主要可以通过精神理念、理想信念、发展愿景等动员引导的方式，激发人的激情、活力和干劲；在同化整合机制的运用上，主要可以通过价值观、忠诚度、意志教育、竞争力教育以及形象识别设计等方式，同化整合人的思想、观念和行为；在极化带动机制的运用上，主要可以通过愿景、时事和核心能力教育，以及优势团队的培育来促进企业极化结构的形成与维护；在分化生长机制的运用上，主要可以通过对新业务、新组织的宽容心态和精神鼓励，促进组织分化及新增长点的形成；在转型升级机制的运用上，主要可以通过新观念和创新观念的教育、对新知识和新事物的学习等方式，促进企业转型升级的变革过程；在融合创生机制的运用上，主要可以通过互补观念、团结意识、兼容精神的教育和培育，促进企业内部之间以及企业外部之间的合作、融合与变革。整体来看，文化体动力更多的是发挥人的知识、素养与观念的决定作用，体现了聚势运营中更多的人本性、整体性、稳定性和内生性的本性特征，因而，具有浓郁的素质至上、理念主导的价值取向和人文特色，以及役质为重的政策倾向。

通过上述阐述，我们对聚势运营六大元动力的结构特性、行为特征、价值取向和政策倾向有了比较具体的认识和把握，为了直观清晰且便于进一步分析和研究，我们在此比较分析运营体动力行为特征和价值取向（见表 4-3）。

表 4-3　运营体动力行为特征和价值取向比较分析

动力组元	基础行为及特征（快速性·稳定性）			衍生行为及特征（扩张性·持续性）			价值取向（人文特色）
	诱发激活	同化整合	极化带动	分化生长	转型升级	融合创生	
投资	费用·项目	产权·产品	部门·领域	实业·事业	行业·产业	合资·并购	股东至上·资本主导
技术	革新·发明	网络·规程	核心·高端	扶植·应用	改造·引进	交叉·边缘	专家至上·技术主导
营销	订单·促销	品牌·渠道	促销·开拓	品种·分销	定制·淘汰	联销·嫁接	顾客至上·营销主导
体制	股权·分权	直线·职能	等级·控股	分立·开放	重组·变革	机构·规则	组织至上·流程主导
管理	目标·奖惩	规范·惯例	战略·团队	放权·政策	制度·模式	沟通·协调	要素至上·机制主导
文化	精神·理想	价值·识别	愿景·时事	宽容·鼓励	观念·知识	互补·兼容	素质至上·理念主导

由表 4-3 可以看出，六大元动力的作用方式和价值取向丰富多彩，其本性特征和政策倾向更是纷繁复杂，但最基本的对应关系和量化序列，已经阵列在我们面前：①纵向看，运营体动力系统中的六大元动力，无论是三大独立动力还是三大统合动力，在聚势运营六种行为机制的发挥与运用上都有各自不同的方式和方法，在聚势运营四维本性结构的体现上都有各自的深度和广度，实际上为我们展示了一种由表及里的认知路径；②横向看，聚势运营的六种行为机制，无论是三

种基础机制还是三种衍生机制，聚势运营的四维本性结构，无论是位能结构还是动能结构，都有以六大元动力为基本载体的、相应的作用形态和表现形态，实际上为我们展现了由抽象到具体的应用过程；③看取向，六大元动力在企业运营与发展中的不同地位和作用，往往反映着企业不同的价值取向和人文特色，这种情形的出现可能是基于明确的价值取向的自觉过程，也可能是基于现实的运营实践所呈现出的不自觉的过程，实际上都自觉不自觉地蕴含着对六大元动力不同本性结构的认识和把握，深刻反映着企业不同的经营理性和经营管理风范。

如果说聚势运营系统中四维本性结构和六种行为机制及其相互关系的基本揭示，已经使现代企业运营与成长的黑箱变成了脉络有致的灰箱，那么，对六大元动力在六种行为机制、四维本性结构上的作用方式的进一步揭示，把现代企业运营与成长的灰箱彻底变为脉络清晰的白箱，实现了聚势运营原理由有序混沌向高序混沌的跨越。这一跨越极大丰富和充实了聚势运营原理的内涵，必将极大增强我们在元动力的有效协调和发挥中的自觉性、能动性和主动性。

三、元动力组织发挥三要领

聚势运营原理及六大元动力的作用机制与特性，是对复杂性系统的研究和揭示，网格化梳理后的“复杂性”还具有非线性的有序混沌的复杂性，一种具有动态非均衡和动态选择性的高度复杂性，所以，我们无法回避的难题是：面对聚势运营这一经济社会组织运营的复杂性系统，如何才能高屋建瓴，正确处理交汇性的六大元动力之间的相互关系，系统体现聚势运营四维本性结构和六种行为机制的内在要求？如何才能有的放矢，正确选择六大元动力作用的不同手段，有效体现聚势运营三大政策主张的具体措施？就是说，在非均衡性的企业运营管理中，如何才能全面有效地协调和发挥六大元动力的作用，进而提升企业整体运营与成长的效率、效能和效益？显然，这是一个因企、因人、因地、因时而异，几乎涉及无穷因素而又似乎具有无穷解的话题，但根据复杂性系统自组织理论的一般原理，我们试图概括性、原则性地提出三大要领。

1. 战略与规划主辅协同

战略与规划主辅协同是在战略与规划的层面，要正确处理好核心元动力与非核心元动力之间的内在关系，以增强企业运营与成长的协同性和有序性。不同企业在不同的发展阶段，面临着不同的内部条件和外部环境，有着不同的目标和任务，各种不同的特殊性汇集到一点的最优选择，就是扬长避短或扬长补短。具体来说，要在投资、技术、营销和体制、管理、文化六大组元中，首先确定能够解决当前主要矛盾、牵一发而动全身的主要组元，发挥其作为企业核心能力的聚合作用，然后依次构筑其他五大动力组元轻重缓急的有机序列，实现企业各种资源的优化配置。一方面，要避免眉毛胡子一把抓，六大元动力齐推并进；另一方面，又要避免单兵突进缺粮草，六大元动力顾此失彼。特别要意识到的是，每个元动力都是一个聚势体和全息元，因而都有形成有序结构的本能或潜能。也就是说，任意一种经营管理行为，无论是热衷改变投资、技术、营销，还是注重改变体制、管理和文化，在实际运营中都会发生系列性、系统性的变化，导致某种有序结构的形成，问题在于这种变化过程或有序结构是否存在人力、物力或财力等先天资源上的短缺，是否出现内部资源的错配或资源配置上的破缺，是否存在与外部政治、经济或社会等既定环境相冲突的环节，是否出现外部资源的束缚或资源供给上的错位，这些最终都会影响企业运营与成长的效率、效能和效益。换言之，在主辅协同的要领上有两个边际尺度，这就是优势元动力是否得到了最大程度的发挥，劣势元动力是否得到了最低程度的弥补。

2. 操作与认知表里贯通

操作与认知表里贯通是在操作与认知层面，要正确把握元动力的作用方式与行为机制和本性结构之间的内在关系，以增强企业运营与成长的自觉性和主动性。六大元动力的作用方式作为可以直接把握的表层形态，无不是对聚势运营内在六种行为机制的具体运用，无不蕴含着、体现着聚势运营更深层次的四维本性结构。方式的选择是否正确，特别是多种方式的运用是否能够做到合理搭配，意味着作用的出发点和落脚点是否正确，意味着作用的目标和方向是否正确，而这种正确性的把握从根本上取决于对该方式的内在机制及内在本性是否有清醒的认识，同样，这些都会在更深的层次上决定和影响企业运营与成长的效率、效能和效益。值得庆幸的是，通过上述比较分析，我们初步发现它们之间的内在联系和路径依赖，进而构筑了网格型的分析平台，在这一平台，任何一种元动力的作用方式或方法，都可视为是与六种行为机制及四维本性结构之间所构成的网格平台中的一个结点，通过这一工具，我们对任何一种元动力内容、形式、本质和效用都可以便捷地由表及里、由浅入深地加以认识和把握。换言之，在表里贯通的要领上有一个关键路径，这就是每一种元动力作用方式的选择和运用，都要使行为机制的最大效能与本性特征的正确体现保持一致。

3. 理念与策略虚实并重

理念与策略虚实并重是在理念与策略层面，要正确解决好六大元动力不同的价值取向与政策倾向之间的内在关系，以增强企业运营与成长的科学性和有效性。就虚的层面而言，无论是秉持股东至上、专家至上、顾客至上，还是组织至上、要素至上、素质至上，作为一种价值取向，都反映着企业不同的经营方针和经营理念，决定企业不同的战略方向和战略重点；就实的层面而言，无论是注重役量、役质还是役局，作为一种政策倾向，都反映着企业经营管理中不同的着眼点和着力点，决定企业的经营方式和管理策略。一虚一实，相辅相成，相得益彰，不可偏废。虚实兼容的基础是什么？是聚势运营的四维本性结构，一方面，不同的价值取向注重不同元动力作用的发挥，不同元动力作用的性质、方向和效应则是由该元动力特有的本质、本能或本性所决定的；另一方面，不同的政策倾向的组合结构又恰恰是不同元动力四维本性结构组合结构的映射关系和外在体现，因而，虚实并重的基础是两者共同统一于对元动力不同本性结构的认知和把握。虚实并重的载体是什么？是六大元动力丰富多彩的各种作用方式，因为不论是价值取向还是政策倾向，最终都要通过六大元动力不同作用方式的应用来落实和实现。换言之，在虚实并重的要领上有一个中心环节，这就是任何一种价值取向和政策倾向的组合结构都要与六大元动力不同作用方式的组合形态内在对接与吻合。

综上所述，战略与规划上的主辅协同、操作与认知上的表里贯通、理念与策略上的虚实并重，作为运营管理决策与聚势运营原理有机联系的系统性要求，在企业本体化运营中的实现程度，决定企业运营体动力开发与利用的水平、质量和效果。如果说把握六大运营体动力在本性结构、行为机制及其价值取向上的共性与个性，是运营体动力有效开发与利用的内在依据和前提条件，那么，实现六大运营体动力在结构与功能上的主辅协同、操作与认知上的表里贯通、理念与策略上的虚实并重，是运营体动力有效开发与利用的充分条件和必要条件。因此，在这里，我们将战略与规划主辅协同、认知与操作表里贯通、理念与策略虚实并重，概括地称为元动力组织发挥三要领。

第三节 超循环体组元的行为特征和价值取向

超循环体动力，就其组成结构而言，有着不同性质的竞合体、不同性质的循环体等多样态的互动动力和联动动力，作为超循环体动力的整体，它们无疑都有三维本性结构、四种行为机制的共性特征，但作为相对独立的互动动力和联动动力，它们在三维本性结构、四种行为机制上是否也存在一定的个性化差异呢？我们的回答是肯定的，并且认为，揭示和把握这种个性化差异及相互联系，有助于深化我们对超循环竞合理论及不同超循环体动力作用特性的具体把握，进而增强对超循环体动力开发与利用的自觉性、科学性和有效性。

一、超循环体动力的圈层性和镶嵌性

超循环竞合理论及超循环体动力系统的形成与作用，具有逐级扩大、循环上升的圈层性结构，具体来说，无论是互动动力还是联动动力，实际上都具有四个逐级扩大的超循环竞合体形态。

1. 圈层性的互动循环

互动动力的超循环竞合，是企业与不同层次的经济组织和社会组织之间，即组织主体之间所形成的竞合互动循环，其形态相对闭合、相对独立，具体分为四个圈层体（组元）。

（1）生产竞合体，主要指企业与相关客户之间，与相关加工制造商、组装配套商、销售渠道商、进出口商、原材料供应商、仓储物流商等不同的企业组织之间，在产业链、供应链和销售链上所构成的互动循环。

（2）商业竞合体，主要指企业及竞合组织与相关的金融保险机构、科技研发机构、审计会计机构、评级认证机构、网络信息机构、咨询智囊机构、职业培训机构、煤电水气供应商等不同的商业组织之间在中介与服务组织网络上所构成的互动循环。

（3）公共竞合体，主要指企业及竞合组织与工商、财税、海关、质检、安检、司法、投资规划、城市建设、科教文卫、劳动人事、民政和社会保障等各级政府部门之间，与工会、妇联、文联、残联、慈善机构、行业协会等各类社会团体之间，与新闻、影视、广告、互联网等各类媒体机构之间在社会关系网络上所构成的互动循环。

（4）生态竞合体，主要指企业及其竞合组织与土地和大气污染防治、水资源和矿物资源保护、动物和植物保护、节能减排、三废处理、绿化净化美化、人类安全与健康等不同的环境保护部门和公益组织之间在生态关系网络上所构成的互动循环。

2. 圈层性的联动动力

联动动力的超循环竞合，是企业及其竞合组织与不同层次的经济和社会运行系统之间，即组织主体与环境客体之间所形成的联动循环，其形态相对开放、相对统一，与互动循环体相对应，也可分为四个圈层体（组元）。

（1）产业循环体，主要指企业及其竞合组织都要依次对接产业波动、产业转型、产业升级、产业转移、产业政策、产业规划等的产业运营过程，经过相应的货币资本、生产资本、商品资本三种最基本的产业资本循环，都要在上游、中游、下游等不同产业链分工运营中做出相应的选择、定位和调整，一句话，是整个产业循环系统影响和带动企业不断增值与演进的周而复始的过程。

（2）区域循环体，即经济循环体，主要指企业及竞合组织还要逐级加入城乡、地区、国家和全球的生产、交换、分配、消费等多层面的经济运行过程，加入积累与投资、供给与需求、收入与支出、进口与出口等最基本的区域经济循环，都要在区域价值链乃至全球价值链分工演变中做出相应的选择、定位和调整，一句话，是整个经济循环系统影响和带动企业不断增值与演进的周而复始的过程。

（3）社会循环体，主要指企业及其竞合组织不可避免地还要进入一个国家和地区的战略与规划、政策与规范、运行与调控、变革与发展、评价与延续等最基本的社会运行过程，进入人口和就业、住宅和交通、医疗和卫生、科技和教育、文化和娱乐、社区和安全、养老康体和社会保障等不同领域的社会循环，都要在区域或全球的社会运行规则和价值网络中做出相应的观测、对接和反应，一句话，是整个社会循环系统影响和带动企业不断增值与演进的周而复始的过程。

（4）自然循环体，主要指企业及其竞合组织还要进一步被纳入一个国家和地区在资源生态上的生成与繁荣、开发与利用、破坏与衰退、更替与再生等最基本的自然运行过程，纳入土地和矿产、植物和生物、地质和水源、风水和气象等不同领域的自然循环，都要在区域或全球自然生态运行的价值网络中做出相应的观测、对接和反应，一句话，是整个自然循环系统影响和带动企业不断增值与演进的周而复始的过程。

3. 镶嵌性的互动动力和联动动力

从上述四组基本形态（组元）的划分，我们实际上已经看到，圈层性的互动动力和圈层性的联动动力之间，在组织形态上相应地存在螺旋式上升的镶嵌性关系（见图 4-1）。

如图 4-1 所示：生产竞合体首先最直接地镶嵌在产业循环体之中，商业竞合体首先最直接地镶嵌在区域循环体之中，公共竞合体首先最直接镶嵌在社会循环体之中，生态竞合体首先最直接地镶嵌在自然循环体之中；同时，四个圈层的镶嵌体之间，又存在着依次镶嵌在后一个更大循环体之中的关系结构，进而形成一种互动动力和联动动力相互偶合地逐级镶嵌与旋升、整体互动与联动的超循环动力系统。为了分析的方便，我们将生产竞合体在产业循环中的镶嵌、商业竞合体在区域循环中的镶嵌、公共竞合体在社会循环中的镶嵌、生态竞合体在自然循环中的镶嵌，在超循环的意义上分别称为生产竞合体产业循环、商业竞合体区域循环、公共竞合体社会循环、生态竞合体自然循环，在动力学的意义上分别称为产业竞合体动力、区域竞合体动力、社会竞合体动力和自然竞合体动力，并统称为四大超循环体动力或四大镶嵌体动力。

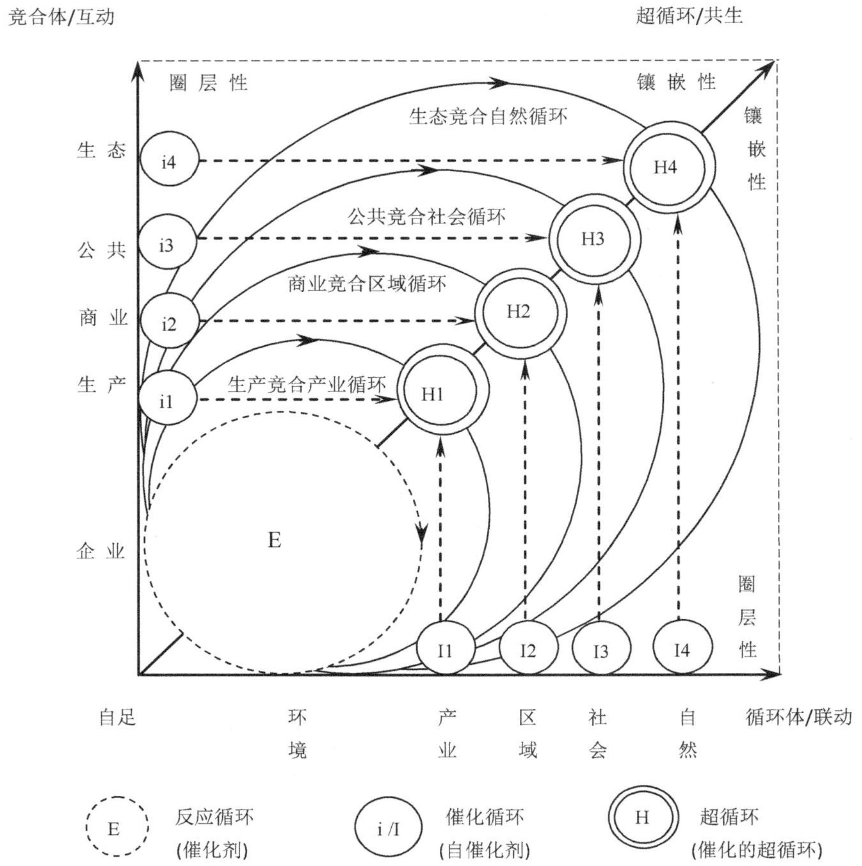

图 4-1 超循环竞合的组织形态

与此相比较，传统的竞合博弈理论虽然不同范围地涉及了组织主体之间或利益相关者之间的各种互动关系，却未能建立起企业竞合与产业、与区域、与社会、与自然等相关圈层环境之间的系统化关系结构，更未能考虑到超循环运动对竞合博弈行为所产生的或促进或制约的广泛而深刻的影响作用；而传统的社会镶嵌理论，虽然强调了企业行为要受到所镶嵌的政治、经济、宗教、家庭等社会关系结构的影响和制约，但对企业与社会环境的关系同样缺乏一种超循环结构特性的动态性和机制性认知，当然，更不可能建立一种完整的共生空间的超循环镶嵌结构。

二、四大超循环体动力的差异性和统一性

超循体动力系统的圈层性和镶嵌性的揭示，有助于我们进一步分析和把握四大超循体动力在本性结构、行为机制等基本层面的差异性和互补性，以进一步揭

示不同超循环体动力相互联系和相互作用的具体机制。

1. 生产竞合体和产业循环体

作为产业竞合体动力的整体，生产竞合产业循环的行为机制有四大特性。第一，在竞争分享机制上，通常是以市场占有最大化为基本目标。例如，主要争取产品销售市场或客户市场在同行业中占有率、出口率与收益率最高，与此相应，争取获得成本最低、质量最好、时间最及时、供给最充分的原材料和各种辅助材料，争取实现最优的产品设计、资源配置、生产流程、资金周转、管理效率和规模效益，争取在产业和产品分工网络中获得附加值最高的并购对象、投资机会和发展政策等。第二，在合作互惠机制上，通常强调扬长补短、优势互补、资源共享、利益共享、相互扶持、风险共担、凝聚力量、抱团取暖等竞合理念，主要采取与上下游供应链企业建立稳定的供产销合作关系，特别是采取强强联手，形成战略联盟，与大企业搞配套服务，以及发挥核心能力，实行虚拟运作和产品外包等各种价值链竞合策略，以实现企业的低成本扩张。第三，在公关协同机制上，主要注重开展商业信誉、规模实力、企业文化、产品品牌和服务形象的各类宣传，开展产品售前、售中、售后的各类促销活动和培训指导，开展问卷调查、民意测验、热线电话和公众意见收集，开展竞合企业各种信息的收集、分析和整理，为企业经营决策提供咨询意见，促进企业与同业间的业务交流与合作，增强企业吸引力和辐射力等。第四，在学习响应机制上，主要注重学习掌握本行业传统的和新兴的各种生产工艺与技术、标准与方法，了解收集同行企业扩张发展的思路理念、模式方法和经验教训，了解掌握本行业运营发展的理论观点、政策法规、研发动态和趋势前景，促进企业结构调整、转型升级和有效竞合。

就本性分析而言，生产竞合体产业循环具有最强烈的互动性、逐利性和扩张性的竞合本能，也具有最基础的旋升性、增值性和演进性的超循环本质，常常表现出强调自主意志与强调业链观念的双重人格，经常会面对自主经营与企业合作之间的矛盾性和均衡性问题。出于这种本能或本质的反映，为了获得较强的产业竞合体动力，成熟的企业及其竞合组织往往会在外体化运营管理中，对以人才、资金、物资为主要对象的借力战略，以大企业、大项目、大流通为主要领域的借势战略，以及以新市场、新技术、新政策为内容的借机战略都有着最强烈的崇尚或偏好。

2. 商业竞合体和区域循环体

作为区域竞合体动力的整体，商业竞合体区域经济循环的行为机制有四大特性。第一，在竞争分享机制上，通常是以运营收益最大化为基本目标。例如，在区域或全球价值链的竞争博弈中，用尽可能低的成本争取到最优质的土地、资金、保险、技术、知识、信息等经济资源条件，争取获得政府招标采购项目、财政专项资金支持、财政贴息、税收减免、购销补贴等政策支持的机会或条件，争取到最有保障的煤、电、水、气、油、交通、通信、办公、居住、商业服务等基础设施条件，争取获得最有利的规模效益递增的地理位置、基础设施、投资环境和地方优惠政策。第二，在合作互惠机制上，通常注重与相关企业一起加入各类特区和产业集群发展的大循环，强调与地方经济管理部门、商会、同业协会建立相对稳定的沟通联络和活动参与渠道，积极争取政府各类专项资金政策的支持，与律师事务所、审计机构、会计事务所、研究机构、金融、保险和信托投资机构等商业服务机构构筑良好的合作互利关系，与相关属地企业互通有无或联合消费，建立良好的资源交流与共享关系，以实现企业的高效率运营。第三，在公关协同机制上，通常注重广结良缘，传播公司品牌、实力、管理和诚信形象，扩大企业在商业领域的影响力，注重协调化解区域经济资源位上竞合关系中的各种矛盾、冲突与纠纷，对相关商业服务机构的服务质量、效果与性价比进行实时的检测和甄选，为企业公共关系决策提供咨询意见。第四，在学习响应机制上，注重全方位的商业调查研究和经济信息收集整理，包括城市和区域经济发展的规划、战略、思路、理念及其前景预测，包括一个国家和地区的工商、财税、质量、价格、消费、金融、保险、投资、进出口、标准计量和新技术研发等方面的政策法规，包括地方政府部门、行业协会、商业服务机构的职能作用和运营管理规则，包括可进驻的开发区、经济区、特区、实验区、保税区、自贸区等各类经济特区的优惠政策和运营机制等等。

就本性分析而言，商业竞合体区域循环既具有很强的互动性和逐利性的竞合本能，也具有很强的增值性和演进性的超循环本质，常常表现出强调独立意志与强调集群观念的双重人格，经常会面对自主经营与集群运作之间的矛盾性和均衡性问题。出于这种本能或本质的反映，为了获得一种较强的区域竞合体动力，成熟的企业及其竞合组织往往会在外体化运营管理中，对以开发区、城市群、经济圈为主要对象的借势战略，以及以新市场、新技术、新政策为内容的借机战略都有着最强烈的崇尚或偏好。

3. 公共竞合体和社会循环体

作为社会竞合体动力的整体，公共竞合体社会循环的行为机制有四大特性。第一，在竞争分享机制上，通常是以公共支持最大化为基本目标。例如，在公共组织利益链和社会价值网络的竞合博弈中，力求增强自身的盈利能力，用尽可能低的投入获取超越其他企业的政府支持、社区支持、社团支持、媒体配合和相关中介组织的优质服务。第二，在合作互惠机制上，注重建立和发展与政府、社区、社团、媒体以及相关中介组织的各种友好合作关系，特别积极贯彻国家就业、劳动和安全等社会保障政策，严格遵守各项法律法规，同时，努力与其他企业在社会组织资源生态链上建立平等互助、利益均享的和谐化共进关系。第三，在公关协同机制上，注重政府公关、社区公关和媒体公关，特别注重互联网、社交网络等新媒体的作用，强化舆论宣传与信息沟通，扩大正面影响，消除负面影响，积极反映企业诉求，注重社会融入和社会贡献，同时，赞助地方文化、教育、体育、卫生等社会事业，支持社区健康、养老、扶贫、救灾等社会公益事业，参与国家和社区重大活动等，塑造良好的社会形象，提高企业的知名度和美誉度。第四，在学习响应机制上，注重了解和掌握所在国家和地区的法律法规、施政方针、战略规划和行动纲领，注重了解和掌握相关社团组织的地位、职能、影响和运营方式，注重了解和掌握地方文化时尚和民风民俗，注重监测和评估社会重大事件及重大变革给企业发展带来的影响，增强运营发展的主动性和对社会变动的适应性。

就本性分析而言，公共竞合体社会循环具有很强的互动性竞合本能和很强的旋升性、演进性的超循环本质，常常表现出强调企业意志与强调共同观念的双重人格，经常会面对经济效益和社会效益之间的矛盾性和均衡性问题。出于这种本性结构的本能或本质的反映，为了获得较强的社会竞合体动力，成熟的企业及竞合组织往往会在外体化运营管理中，对以政治、社会、文化为主要对象的借力战略，以及以开发区、城市群、经济圈为主要对象的借势战略都有着较强烈的崇尚和偏好。

4. 生态竞合体和自然循环体

作为自然竞合体动力的整体，生态竞合体自然循环的行为机制有四大特性。第一，在竞争分享机制上，通常是以资源保障最大化为基本目标。例如，在自然生态价值网络中，相对竞争对手，能够以较低的成本更多更稳定地获取所需要的矿资源、土地资源、风水资源、海洋资源、大气资源、动植物资源和各类能源，特别是短缺资源、稀缺资源和不可再生资源，保障生产和扩大再生产的长期有效运行。第二，在合作互惠机制上，尊重自然界的权利和圣域，注重与政府的资源管理部门和环境保护部门合作，与绿色组织、环境保护和动植物保护组织合作，与其他企业采取可持续性的共同开发、共同储备、共同利用、共同保护的行动与策略，注重生产研发绿色、健康、环保、节能、低碳产品，注重资源使用的减量化、无害化、再利用和资源化再循环，努力减少三废（废水、废渣、废气）排放，大力发展循环经济和生态经济，保持和创造外部经济，与社会与自然环境实现高品质共生。第三，在公关协同机制上，积极履行社会责任，多做对自然和子孙后代有利的建设性工作，积极宣传和倡导绿色低碳经济，积极组织和推广绿色健康消费行动，努力赢得社会公众的尊重、信赖和推崇。第四，在学习响应机制上，注重了解和掌握国家推进资源保护和环境保护、发展低碳经济和循环经济、倡导绿色消费和健康消费的政策法规，了解和掌握低碳产品、节能产品、绿色产品、健康产品生产与开发的市场前景和技术手段，了解研究与企业生产相关的自然资源分布、储藏、开发、利用的现状和趋势，注重了解自然科学知识、关注风水条件和自然环境变化，掌握与自然界共生共荣之道，在与自然界相处中，发挥尽可能多的建设性作用。

就本性分析而言，生态竞合体自然循环具有较强的互动性竞合本能，也有很强的旋升性和较强的演进性超循环本质，常常表现出强调人类意志与强调共生观念的双重人格，经常会面对企业利益和外部经济之间的矛盾性和均衡性问题。出于这种本能或本质的反映，为了获得一种长期利好的自然竞合体动力，成熟的企业及竞合组织往往会在外体化运营管理中，对以物资和社会为主要对象的借力战略，有着最强烈的崇尚和偏好。

通过上述阐述，我们对四大超循环体动力的行为特征、本性特征、人文特色以及政策偏好等有了初步的了解。为了直观清晰和便于进一步分析和研究，我们在此综合比较分析超循环体动力行为特征和价值取向（见表 4-4）。

表 4-4　超循环体动力行为特征和价值取向比较分析

超循环体动力（互动・联动）	行为特征				价值取向（人文特色）
	竞争分享	合作互惠	公关协同	学习响应	
生产竞合・产业循环	市场占有最大化	低成本扩张	商业信誉吸引力	行业技术	自主意志・业链观念
商业竞合・区域循环	运营收益最大化	高效率运营	公司形象影响力	规则管理	独立意志・集群观念
公共竞合・社会循环	公共支持最大化	和谐化成长	公益贡献融合力	政策文化	企业意志・共同观念
生态竞合・自然循环	资源保障最大化	高品位生存	社会责任建设力	知识科学	人类意志・共生观念

从表 4-4 中，我们清楚地看到，圈层性的四大超循环体动力，在竞争分享、合作互惠、公关协同和学习响应等行为特征以及人文特征和价值取向等方面，都有其个性和差异性。这种个性和差异性，一方面说明了四大超循环体动力形成与作用的相对独立性；另一方面也恰恰构成四大超循环体动力的共性及其统一性，即它们之间相互依存、相互作用、彼此互补、彼此交织的前提和基础。当然，四大超循环体动力的共性与个性，就其内涵和形成机制而言，还有两个最重要的体现。

（1）在行为特征最高境界的层面，都是企业经济价值追求和社会价值追求的过程化统一。一般来说，四大超循环体动力在竞争分享和合作互惠两种行为机制上，具有较强的经济性，即追逐企业经济利益的基本倾向，在公关协同和学习响应两种行为机制上，具有较强的社会性，即追求企业与社会和谐共进的基本倾向。而任何企业及其竞合行为，都不可能脱离一个城市或一个地区经济、政治、社会、文化和自然环境的循环发展变化，甚至不可能脱离所在国和全球化产业分工及社会文化的影响。企业在逐利与扩张的竞合过程中，在充分利用经济、社会和自然资源环境，实现市场占有、运营收益、公共支持、资源保障最大化的同时，践行法律法规，履行纳税义务，坚持诚信经营，参与公益活动，维护自然环境，自觉承担相应的社会责任，努力回报社会，减少外部不经济，不仅能够在推动社会进步和维护人类良知的过程中发挥积极作用，树立良好的社会形象，而且从根本上有利于实现企业与社会、与自然的和谐共处与协同演进，享受整个社会和大自然的恩宠和有情回报，获得更多、更长久的旋升效应和增值效应。否则，唯经济利益是图，而置社会利益于不顾，难免会受到社会运行法则与自然运行法则的强力约束或无情惩罚。

（2）在行为特征最深根基的层面，蕴含着企业竞合本性与超循环本性之间的有序化交融。整体来看，产业竞合体、区域竞合体、社会竞合体和自然竞合体等四大超循环体动力，以组织之间的互动性为共性基础。圈层性、镶嵌性的扩展，旋升性的本性依次增强，意味着企业与社会、与自然的融入性或关联性依次增强，企业对自身社会性的考量依次增强，公关协同和学习响应两种行为机制的地位和作用也依次提升。另外，在本性结构中，还有一个非常重要的外部性现象，就是超循环竞合的增值性和演进性，在区域竞合体和社会竞合体两大超循环体动力的形成与作用过程中表现得最为突出，启示企业要特别注重开放性地融入区域经济和社会运营的大循环中，关注经济与社会的成长、变化和趋势，注重发挥公关协同和学习响应两种行为机制的作用，只有这样，企业的竞争与合作才能获得更多的成功和收益，获得更稳定的进步和成长。那种脱离经济与社会循环对企业影响的大背景，闭合性、自足性地专注企业之间竞合博弈的倾向，难免会在竞合对象、竞合行业、竞合领域，甚至竞合方式的选择上犯方向性或阶段性的各种错误。

三、互动动力与联动动力的比较分析

上面，我们把互动动力和联动动力作为一个镶嵌性的整体、一种主观与客观内在联系的整体，对四大超循环体动力的共性和个性进行了分析和研究。但互动动力和联动动力之间，即生产竞合和产业循环之间、商业竞合和区域循环之间、公共竞合和社会循环之间、生态竞合和自然循环之间，都还有相对独立性及差异性的一面，而这种独立性、差异性的存在，同样是四大超循环体动力互补性的前提和基础。在这里，我们示意性地比较分析互动动力和联动动力的行为特征（见表 4-5）。

表 4-5　互动动力和联动动力行为特征比较分析

超循环体动力		竞争分享	合作互惠	公关协同	学习响应
互动	生产竞合	价格・质量・服务	生产・资金・营销	调查・谈判・联谊	技术・管理・创新
联动	产业循环	稳固・强势・有利	稳固・强势・有利	政策・业态・趋势	政策・业态・趋势
互动	商业竞合	品牌・实力・策略	信誉・优势・供求	评估・选择・对接	能力・规则・模式
联动	区域循环	空间・平台・机会	空间・平台・机会	体制・设施・政策	体制・设施・政策
互动	公共竞合	形象・地位・维权	认同・结合・守则	纳税・赞助・征询	职能・目标・规范
联动	社会循环	遴选・保障・促进	遴选・保障・促进	制度・法律・文化	制度・法律・文化
互动	生态竞合	分享・寄生・调适	义务・责任・荣誉	节制・维护・贡献	理念・愿景・方式
联动	自然循环	代谢・突变・新生	代谢・突变・新生	科学・生态・历史	科学・生态・历史

根据表 4-5 的分析和比较可见，互动动力和联动动力在竞争分享、合作互惠、公关协同、学习响应等行为机制方面的差异性和依存性是显而易见的。

（1）就内容和形式而言，生产竞合、商业竞合、公共竞合、生态竞合等互动动力，主要是以生产经营的业务需求为核心，以相应的供应链和组织网络为基础，通过企业间或组织间的各种市场博弈、利益博弈、组织博弈、人为博弈形成和体现的；而产业循环、区域循环、社会循环、自然循环等联动动力，主要是以发展进步的战略愿景为核心，以相应的产业经济环境和社会共生空间为基础，通过企业在外部联系中的各种开放过程、认知过程、适应过程、协同过程形成和体现的。

（2）就镶嵌性和依存性而言，生产竞合、商业竞合、公共竞合、生态竞合等互动动力，是企业运营发展最直接的外部推动力，也是联系或对接产业循环、区域循环、社会循环、自然循环的基本道路和主要方式；而产业循环、区域循环、社会循环、自然循环等联动动力，是间接推动企业运营发展的外部力量，也是企业生产竞合、商业竞合、公共竞合和生态竞合有效开展的必要条件和充分保障。

（3）就互补性的功能结构而言，生产竞合、商业竞合、公共竞合、生态竞合等互动动力，无论是竞争分享的各种手段、合作互惠的各类依托，还是公关协同的各种方式、学习响应的各类载体，都以逐利性为着力点，并有着复杂多变的行为方式或作用效应；而产业循环、区域循环、社会循环、自然循环等联动动力，都是以全局性、战略性和长远性为着眼点，只是层次或旋升水平有所不同，但行为方式或作用效应有所简化，即：竞争分享和合作互惠两种行为的目的和手段相近，主要是赢得企业竞合的扩张性和增值性，公关协同和学习响应两种行为的目的和手段也相近，主要是赢得企业竞合的旋升性和演进性。

四、源动力开发利用三要领

现实中，四大超循环体动力的差异性和统一性是具体的、复杂的，彼此之间的作用关系和依存关系是动态的和多样化的，因此，我们进一步关心的问题是，如何增强四大超循环体动力相互关联的有机性、相互作用的协同性？就是说，在不确定的外部环境中，如何更有效地开发和利用四大超循环体动力，更充分地体现企业外部运营中的适应性、增益性和突破性？在此，我们概括性、原则性地提出三个要领。

1. 超循环体融入的从需性

超循环竞合理论的初步构建，已经将纷繁复杂的企业外部运营和外部环境耦合化、整体化、圈层化、有序化，为我们高站位地融入超循环运行打下了理论认识的基础，哪个层次、哪个领域、哪个范围的超循环，在业务攸关和利益攸关上更直接、更重要，因而更需要关注和融入，首先取决于企业自身的战略定位与经营需求，这种定位与需求主要体现在三个方面。一是市场需求。市场需求关乎企业供产销的要素市场和客户市场，包括供应链和销售链、新材料和新技术、产品品牌和商业信誉、价格策略和规模效益等，无疑是企业开展竞争与合作的主战场，围绕着两大市场，企业必须关注一系列超循环运行的环境要素和环境信息，如人才市场、物资市场、金融企业和物流公司，消费文化、消费结构、消费趋势和消费政策，以及区域市场、国内市场、国际市场和细分市场，等等。这些都是企业外部运营的第一需求，是企业依规模大小，或多或少，却必须直接融入的超循环价值网络系统。二是行业需求。不同的行业关联着不同的政府管理部门、行业协会组织、龙头企业和科研机构，不同的产业技术、产业结构、产业趋势和产业政策，不同的投资政策、财税政策、金融政策和价格政策，这些都是企业外部运营的重要条件，是企业必须关注和对接的超循环竞合利益网络系统。三是组织需求。企业作为经济社会组织，除了各种产业经济技术需求外，还有许多公共关系的需求，如不可避免地与相关的公共管理部门、社区服务组织、广告新闻媒体和司法律师机构等政治和社会组织交往与合作，不可避免地受到国家大政方针和经济社会体制等政治和文化环境的影响。这些也都是企业外部运营的有机构成。这三个方面对外开放融入和对接运营的需求，有轻重缓急之别，有深浅远近之异，需要在企业科学定位的基础上自觉规划和主动选择。

2. 超循环体选择的量能性

对外开放的步子迈多大、迈多快，外部运营的边界有多远、有多长，融入和对接超循环的规划与选择如何确定，不仅取决于企业的定位与需求，还取决于企业自身的相关能力或能量。一般来说，企业规模越大，吞吐能量越大，经营管理的技术水平和驾驭能力越强，输入、积聚、转换和输出的资金、物质、能量和信息越多，因而，不仅对外开放的市场需求、行业需求和组织需求相对较大，而且超循环竞合的规划与选择、融入与对接的能力也越大越强。但是企业能力是结构性的，业务运营能力强，市场竞争与市场合作能力强，融入产业循环的能力强，不一定公共关系的运作能力就强，知识的学习研究能力就强，而公关协同和学习响应能力的短板，往往会制约企业在超循环竞合中更高层次的旋升，制约产业循环、区域循环、社会循环、自然循环的有效选择和融入，当然，往往难以取得超常性的扩张效应和增值效应，难以取得超越正常利润的超额收益。所以，超循环体的选择和融入，特别是高层次超循环体的融入和对接，即高阶超循环体动力系统的开发和利用，还取决于企业的规模能力和驾驭能力、企业的公关能力和学习能力。

3. 超循环体对接的应变性

企业竞合与环境是一个不断运动和变化的超循环系统，其中有许许多多企业自身难以把握的随机性和不确定性因素，置企业及其竞合行为于超循环的外部运行结构中，既是一个逐级旋升地适应外部环境变化的过程，也是一个逐级减少不确定性或增加确定性的过程。在这一过程中，企业需要有相应的应变能力和应变机制，以提升企业外部环境适应的自觉性和主动性。首先，要建立对外部环境的监测分析机制。按照需求结构，对要素市场、竞合网络、产业趋势，以及经济和社会变化进行系统化的信息收集整理、分析研究和对策咨询，可以是综合信息部门、规划发展部门，也可以是公共关系部门或外部资讯机构，尽可能专业化地承担相关职能或外购相关资讯。其次，要构建具有适度反应能力的弹性组织机制，如技术研发机构、敏捷制造体系、扁平化组织、学习型组织、管理信息系统、知识管理系统等开放型组织形式。最后，要形成以监测分析、弹性组织为基础的创新决策机制。外部变化使企业面临的更多的是新形势、新趋势、新市场、新政策、新困难、新问题所带来的新机遇和新挑战，企业快速反应的有效性，往往取决于是否有创新的思维和能力，因循守旧、经验主义，是难以应对新机遇和新挑战的。

综上所述，超循环体融入的从需性、超循环体选择的量能性、超循环体对接的应变性，作为经营管理决策与超循环竞合理论有机联系的系统性要求，在企业外部运营中的实现程度，决定着企业超循环体动力开发与利用的水平、质量和效果，决定着超循环竞合的适应性、增益性和突破性。如果说，把握四大超循环体动力在本性结构、行为机制及价值取向上的共性与个性，是超循环体动力有效开发与利用的内在依据和前提条件，那么，把握超循环体融入的从需性、超循环体选择的量能性、超循环体对接的应变性，是超循环体动力有效开发与利用的充分条件和必要条件。因此，在这里，我们将超循环体在融入上的从需性、选择上的量能性、对接上的应变性，概括地称为源动力开发利用三要领。

第五章 企业运营模式

第一节　主体动力模式与企业管理特性

主体动力模式与企业管理特性研究，将把进取人假设带入一个更具决策性和应用性的层面，把层级性、对偶性的个体动力和团体动力纳入如何进一步激发和引导的战略性选择和个性化操作的层面。在这一层面，主体动力形成与作用的人生假设基础，进取人三维本性结构、四种行为机制及三大政策杠杆的把握和运用，企业主体自主性、能动性、创造性的形成和发挥，企业组织管理的特性与特色，一句话，进取人假设的思想内涵和实践意义将获得更为具体而生动的展现。

主体动力模式，即主体动力激发与引导的规范化样式，可以说是丰富多彩、纷繁复杂的。但大体上，可以从对偶性存在的个体动力和团体动力两大层面，按照矛盾统一的二元化结构加以归纳、概括、分析和阐释。

一、个体动力模式与企业管理特性

个体动力模式，即以投资者、经营者、管理者和生产者等个别行为人为基本组元的主体动力模式。这组动力模式所要解决的主要问题是企业如何在主体化运营的业务层面处理好人与企业或个人与组织之间的相互关系，其核心和实质是，如何实现个人利益与企业目标之间、个人能力与企业需求之间相对稳定的有机结合和良性互动。按其着眼点或着力点的不同，我们可以把个体动力模式归纳为四组类型。

1. 物质型和精神型

这组动力模式的着眼点在于企业如何适应和满足人们在物质和精神方面的各种利益需求，构筑起人们工作与劳动的基本动力和企业最基本的组织激励机制。

物质型动力模式的基本理念更多的是强调绩效、报酬、考核和奖惩，简单来说就是以金钱刺激为动力，注重收入分配和奖惩制度的地位和作用。主要手段可分为四个层次：①工资和奖金等基本工作报酬，与工作绩效联系最紧密，兑现性也最及时；②医疗保险、养老保险、工伤保险、失业保险等各类生活保障金；③分红、分成和年薪，以及配股、增股、赠股等各种股权计划；④非法定性的交通、住房、伙食、贫困等方面的补贴资助，以及各类商业保险、离退休增补金计划等企业特别福利。物质型动力模式是个体动力激发与引导中最基本、最直接、最有效、最具普遍意义的一种管理方式，但也存在期望值递增、效用值递减的问题，以及容易引致相互攀比、人际关系紧张、一切向钱看的拜金主义等弊端。从进取人假设的理性层面看，物质型动力模式的本性基础主要是经济人假设，认为物质利益需求是企业人生的第一需求，也是最恒久的需求，人的工作热情是否高涨、能力能否有效发挥主要取决于工资、福利等经济回报的多少，因而，在管理实践中会更多地致力于利益追求等行为机制的发挥和运用，注重契约、协议和制度建设，表现出较浓郁的法治色彩。

精神型动力模式的基本理念更多的是强调理想、奉献、荣誉和情绪，简单来说就是以精神激励为动力，注重人的思想境界、团队意识、工作激情和奋斗精神。主要手段可大致分为五个层面：①最基本、最常态的就是记功受奖、晋级晋职、表扬表彰、典型宣传等工作荣誉性激励手段；②广泛而细致的思想政治教育、业务技能培训、情商和情绪管理、健康管理、干群关系管理、团队建设等人力培养性激励手段；③针对性、个性化较强的旅游、疗养、学习、进修、参访、考察等身心保健性激励手段；④企业价值、企业使命、企业战略、企业报刊宣传、形象识别系统、职工俱乐部、文体娱乐活动等文化氛围性激励手段；⑤延及家属层面的贺喜、慰问、家访、恳谈、联欢等各类温情暖心性激励手段。精神型动力模式有利于员工思想和业务水平的提升，成就感、荣誉感和归属感的增强，以及人际关系的改善，成本低，效果长久，但运用不当容易出现假、大、空等形式主义的倾向以及其难以服众的问题。从进取人假设的理性层面看，精神型动力模式的本性基础主要是社会人和感性人假设，认为人有追求尊重、荣誉、交往和被周围同事亲友赞赏的高层次需求，组织对这种精神和社会需求的充分满足，能够在更深层次上、更长久地培育和造就人们的工作热情乃至奉献精神，因而，在管理实践中会更多地致力于情绪情感、优势潜能和精神层面利益追求等行为机制的发挥和运用，注重尊重、关爱、赞赏和沟通，表现出较浓郁的情治色彩。

2. 专业型和丰富型

这组动力模式的着眼点在于企业如何激发和强化人们的工作和业务能力，实现个人专长与企业生产经营需求的有效对接，深刻地决定和影响着企业的功能、品质及其创造能力。

专业型动力模式的基本理念更多的是强调职能、职责、专长和能力，简单来说就是以各司其职为动力，注重专业特长的培养与发挥。主要手段主要可分为三大类：①职能分工、岗位职责、部门计划、标准规范、工艺流程、操作规程、业务评估、动作分析等基础性手段；②生产管理、质量管理、财务管理、销售管理、供应管理、技术管理、设备管理、信息管理、行政管理等职能性手段；③晋级晋职、竞岗竞聘、技术练兵、业务培训、职业指导、专家咨询等强化性手段。专业型动力模式有利于促进个人专业特长的发挥和发展，适应专业化分工协作的内在要求，提高工作质量和效率，但如果协调与衔接不力，容易出现各自为政、相互扯皮、歧视弱者的问题和弊端。从进取人假设的理性层面看，专业型动力模式的本性基础主要是契约人假设，认为人在本性上希望自己的专长和能力得到最大限度的成长与发挥，以适应专业化、职能化分工的内在要求，因而，在管理实践中往往较多地致力于优势潜能等行为机制的发挥和运用，注重岗位分工制度与技术操作规范的建立和完善，体现出较多的法治色彩。

丰富型动力模式的基本理念更多的是强调知识、育人、能动和创造，简单来说就是以张扬个性为动力，注重人的自由和全面发展，人的活力、潜力和创造力的发挥。主要手段大致可分为两类：①岗位轮换、工作（内容和责任）扩大化、小改革、小发明、小创造、内部创业、挂职锻炼、职业生涯规划等个性张扬类手段；②学习型组织、知识管理、资源共享平台、虚拟实践团队、无边界组织、参与式管理、敏感性训练、考察交流活动等团队共享类手段。丰富型动力模式有利于开阔视野、更新观念，激发人的热情与潜能、智慧和灵感，提高科学素养和工作水平，特别适合于知识密集和技术密集型企业，但盲目运用，容易导致个人主义或过度理想主义的极端和倾向。从进取人假设的理性层面看，丰富型动力模式的本性基础主要是社会人和自由人假设，认为人都会高层次地追求自身价值的实现，而相对自由开放的工作、交流与学习环境能够更好地激发出人们的智慧、潜质和潜能，使人们焕发出更多的理性、热情和激情并获得更好的锻炼和成长，因而，在管理实践中会更多地致力于机会条件、优势潜能等行为机制的发挥和运用，注重人生规划、弹性组织、学习培训、研发资助等个性化管理，体现出较为典型的道治色彩。

3. 目标型和过程型

这组动力模式的着眼点在于企业如何引导和实现人们工作、业务和劳动的成果绩效，实现个人努力与企业期望值的有效对接，是各种成熟型和规范型企业普遍存在或运用的一组管理模式。

目标型动力模式的基本理念更多的是强调结果、任务、使命和责任，简单来说就是以目标激励为动力，注重企业和个人目标规划的激励和引导作用。主要手段可分为两个层次：①以远景规划、年度计划、季度计划等综合计划和涉及人才、投资、研发、质量、成本、安全等部门规划，以及班组计划、工作计划、职业生涯规划等为内容的各种目标编制手段；②以目标责任制、承包责任制、授权方案、资助方案以及相应的期权计划、股权计划、年薪制、提成制、年度奖、超额奖等绩效奖惩计划为内容的目标保障手段。目标型动力模式有利于推动企业长远目标和近期目标、企业目标和个人目标的有效结合，增强企业的凝聚力和感召力，但容易出现目标脱离实际，主观性强，落实不到位等技术操作上的问题和难点。从进取人假设的理性层面看，目标型动力模式的本性基础主要是经济人和契约人假设，认为目标规划，主要是经济目标规划，关乎企业需求和个人利益，需要焕发热情为之努力工作和奋斗，因而，在管理实践中往往较多地致力于利益追求、优势潜能以及情绪情感等行为机制的综合发挥和运用，注重沟通和参与、各种规划及绩效奖惩，以及以目标责任制为核心的制度建设，体现出较为浓郁的法治和一定程度的情治色彩。

过程型动力模式的基本理念更多的是强调态度、方法、进展和监控，简单来说就是以具体督导为动力，注重落实和进度、操作和质量，以及管理技术与方法的具体运用。所采取的手段具体而繁多，大致可以分为五个层次：①以月计划、旬计划、周计划，甚至日计划为主要形式，涉及人财物、供产销、目标任务、方法步骤等基本内容的年度计划落实手段；②以进度表（甘特图）、关键路径图、看板管理、偏差管理（六西格玛）、PDCA 循环（戴明环）、OEC 管理（海尔）、全面质量管理、现金流管理、计划资源管理等为主要形式的现代管理技术手段；③以产品认证、安全认证、质量管理认证、环境管理认证、职业健康安全管理认证以及各种企业制度建设为主要内容的标准规范管理手段；④以经济活动分析、调度会议、产品质量检查、业务审计、工作检查汇报、经验交流会、现场观摩、应急处置等为主要形式的传统性协调控制手段；⑤以岗位练兵、业务培训、能力评估、绩效考核、作业管理、工作分析、班组建设、现场管理、总结动员、情绪管理等为主要形式的传统性绩效促进手段。过程型动力模式是增强企业执行力，提高管理的科学化、规范化水平，以及员工的业务水平和工作效率的重要途径，但容易出现管得过多、过细、过严，抑制人的主动性和能动性发挥的缺憾和弊端。从进取人假设的理性层面看，过程型动力模式的本性基础与目标型动力模式类同，主要是感性人和契约人假设，认为员工大多缺乏自我规划与提高、相互协调与适应的信息和能力，必须直接对工作行为的全过程进行具体的和动态的管理，因而，在管理实践中往往致力于利益追求、优势潜能、机会条件和情绪情感等四种行为机制的综合发挥和运用，注重沟通、参与、计划、督导、培训以及各项制度的落实、改进和完善等，体现出道治、情治以及法治兼而用之的综合色彩。

4. 粗放型和精细型

这组动力模式的着眼点在于企业如何确定人们工作、劳动及其业务的规则或规范，以实现个人自主性、能动性与企业目标和条件之间的内在衔接，具有较强的科学性、艺术性、战略观和全局观。

粗放型动力模式的基本理念更多的是强调协议、机制、宽松和自主，简单来说就是以抓大放小为动力，注重大原则、大方向和大的决策，不注重具体的过程和事务。主要手段大致分为四类：①以协议书、责任状、承包合同、年薪制、期权股权制、利润分成或收入提成等为主要形式的目标化激励约束手段；②以总量控制、参量控制、杠杆管理、授权管理、战略规划和指导性计划等为主要形式的间接化调节控制手段；③以哲学理念、大政方针、原则管理、重点管理（二八法则）、平衡管理等为主要形式的宏观化引导控制手段；④以网络办公、弹性工作制、自由组合项目组、无边界组织等为主要形式的开放化自主自律手段。粗放型动力模式有利于创造宽松的工作环境，以目标和任务为导向，鼓励自主与创新，体现出无为而治、简单唯美和低成本管理的优点，但有赖于很高的驾驭能力和管理艺术，缺乏最基本的规则和机制，粗放很容易导致无序和失控。从进取人假设的理性层面看，粗放型动力模式的本性基础主要是自由人、经济人或理性人假设，认为人具备经济追求、自我激励、自我约束、自我提高的需求和能力，宽松的工作和管理环境有利于这种需求和能力的实现，因而，在管理上会更多地致力于利益追求等行为机制的发挥和利用，注重战略性的规划、控制，目标激励以及自觉性、自主性的培育和发挥，体现出较为独特的法治或道治色彩。

精细型动力模式的基本理念更多的是强调量化、细化、科学和完美，简单来说就是以精工细作为动力，注重制度和标准、程序和规范、目标和手段、质量和效果，重视科学管理技术与方法的全面实施和运用。所采取的手段种类繁多，大致可以分为四个层次：①以制度化管理、标准化管理、目标化管理、责任化管理、全面计划管理、全面质量管理、全面经济核算等为基本面的各种规范化、系统化管理手段的运用；②以价值链管理、业务流程重组、关键绩效指标、顾客满意工程、形象设计、品牌战略等为基本面的各种综合性、战略性管理手段的运用；③以计划资源管理、客户关系管理、知识管理、办公自动化、自动化控制等为基本面的各种现代化、网络化智能系统的运用；④以价值工程、精益生产、看板管理、工业工程、作业与动作分析、预算控制、定额管理、成本控制、现金流管理、零缺陷管理、ABC 管理法等为基本面的各种部门化、职能化管理方法的运用。精细型动力模式是生产分工精细化和服务质量精致化对企业管理的内在要求，是企业管理走向规范化、科学化、高端化和现代化的必然趋势，有利于员工素质、企业素质以及生产经营效率的全面提高，但对人才条件和体制基础要求较高，运用不当，会出现管理成本较高，自主性、能动性缺失或被抑制的另一种倾向。从进取人假设的理性层面看，精细型动力模式的本性基础主要是感性人和契约人假设，认为员工天然追求各种目标利益的实现，同时又不具备与现代化、社会化分工协作全面适应的知识和理性、技术与能力，只有实行系统化、专业化、规范化、严密化、精细化的科学管理，才能够实现个人与企业、局部与整体、当前与长远的有机统一，因而，在管理实践中往往致力于对利益追求、优势潜能、机会条件和情绪情感等四种行为机制的全面发挥和运用，既要有关怀和沟通的情治，又要实施规划、督导、奖惩、培训等方面的道治，还要重视制度和协议的法治，进而最大程度、最高水平地实现情治、道治和法治的内在互补与有机结合。

关于个体动力模式，有两个概念性的问题需要进一步厘清。第一，传统意义上的粗放是贬义词，精细是褒义词，而在这里，粗放和精细从语义上讲都是中性的，从价值理论上讲又都是褒义的，即都具有动力学价值。精细固然追求科学、规范、严格和细致，兼顾目标与过程，强调全面和系统，但粗放并非意味着一定就是随意、低效和违逆科学，更多的只是强调目标和结果，而不是过度关注过程和细节。实际上，没有管理的粗放或没有目的性的粗放在客观上是不存在的，粗放型的本质不在于有没有管理，而在于如何去管理，那种以不计成本与效益，不讲规则与规范，不注重过程与落实，不注重协调与控制，不注重信用与形象、经验决策和主观武断为主要特征的所谓的粗放，严格来说，不能称为粗放式管理，而是一种随意化管理或破坏性管理，不妨视其为粗放型动力模式中的一种极端的或变异的类型。第二，上述精细型和粗放型与目标型和过程型两组动力模式之间存在一定程度的复合性和交叉性，但如上所述，两组动力模式无论是在作用的层次，还是在作用着眼点和着力点上又都有很多不同之处。分别来看：精细型动力模式必然是以目标管理和过程管理为基础和核心，强调目标管理和过程管理的内在统一，且较目标型和过程型动力模式要求标准和专业技术水平更高、更全面，更具先进性、科学性、系统性和完整性；粗放型动力模式虽然也注重目标，但更多的是从远景、理念、协议、契约等更高层面把握和保障目标的实现，并不致力于具体的目标管理与过程管理；过程性动力模式虽然不可能脱离目标的针对性和实现性，但重在目标实施的过程和方式，而非目标制定和实现本身。整体来看：粗放型和精细型这组动力模式更具空间上的横向视野，更具全局理念；目标型和过程型这组动力模式较具时间上的纵向视野，较具操作意识。所以，精细型和粗放型与目标型和过程型两组动力模式的选择和运用需要基于主观和客观多方面的前提与条件。

二、团体动力模式与企业管理特性

团体动力模式，是以股东会、董事会、管委会和职代会等一致行为人为基本组元的主体动力模式。这组动力模式所要解决的共性问题是企业如何在主体化运营的组织层面处理好人与人之间或群体与群体之间的相互关系，其核心和实质是：如何实现不同个体之间和不同群体之间在权力与地位、责任与利益、分工与协作方面相对确定的有机结合和良性互动。同样，按照着眼点或着力点的不同，我们也可以将团体动力模式归纳为四组类型。

1. 集权型和分权型

这组动力模式的着眼点是企业的决策结构，主要涉及经营者和管理者之间基本决策权的分配、归属和行使，是与不同动力主体的自主性关联最强的一组类型。

集权型动力模式的管理理念更多的是强调权威、层级、统一和控制，简单来说就是以权力集中为动力，注重高层权威、高层决策、集中控制、统一指挥。主要手段可分为三个层次：①各种经营决策权，特别是财务权和人事权集中在由董事会、董事长、总裁、总经理所构成的最高决策层和领导层；②实行统一经营、统一核算，乃至统一收入分配和统一奖惩；③以计划、审批、指挥、命令和调度为主要方式，对下级行使较多和较直接的监督和控制。集权型动力模式有利于提高决策效率，统一步调和行动，但难免抑制中下层的活力、创造力和应变能力，特别是权力集中在一个人身上，可能会走向独裁式管理。从进取人假设的理性层面看，集权型动力模式的本性基础主要是契约人和感性人假设，认为下级经营管理者及其生产者并不具备自觉、自律、高效协作与决策的知识和理性，必须有一个权力高度集中的决策核心才能保障整体协调与整体利益的实现，因而，在管理实践中以投资者或经营者为主导，往往更注重集权者的优势潜能和机会条件等行为机制的发挥和利用，偏重于规划、监督、控制、指挥、奖惩等各种道治手段的运用。

分权型动力模式的基本理念更多的是强调授权、信任、自主和灵活，简单来说就是以权力下放为动力，注重构建授权型或扁平化的组织管理体制。主要手段可以分为四个层次：①以分管经理、部门经理、分公司、子公司、项目部、事业部等组织形态为依托，中下层拥有较多的经营决策权；②以两级核算、人事任免和财务监督等为前提，下级部门和单位拥有自主经营、独立核算，以及部分收支自主支配的权力；③以高层战略规划和指导性计划为基础，上级的直接控制、指挥和干预较少；④以对上、对下双重负责为原则，下级部门和单位对所属员工实行全面而具体的组织与管理。分权型动力模式有利于发挥中下层经营管理者的积极性和能动性，增强企业活力和应变能力，通常适用于规模较大、产品品种多、市场变化快、地区分布较分散的产业，但运用不当，容易导致局部失控、各自为政和过度谋求局部利益的问题和弊端。从进取人假设的理性层面看，分权型动力模式的本性基础主要是自由人、社会人和理性人假设，认为中下层经营管理者具备或应该具备自主经营管理的基本知识和能力，下放权力有利于中下层经营管理者自主性、能动性和创造性的发挥以及自我价值的实现，因而，在管理实践中往往以经营者和管理者主导，更多地致力于中下层优势潜能、利益追求和机会条件等行为机制的发挥和利用，对信任和授权等情治、变革和奖惩等道治，特别是制度和协议等法治，都会内在地表现出全面主张并灵活运用的一种较为独特的管理格局。

2. 家族型和社会型

这组动力模式的着眼点是企业的用人结构，主要涉及经营管理团队的成分来源及其权力配置关系，可以说，是与不同动力主体的利益性关联最强的一组类型。

家族型动力模式的基本理念更多的是强调亲情、忠诚、监督和控制，简单来说就是以任人唯亲为动力，注重家族利益及家族成员在重要岗位上的地位和作用。所采取的手段主要从三个层次来看：①人事、财务、分配、投资和采购等主要权力实际掌控在位居不同层级的家族成员手中；②投资者兼具经营者和管理者，对中下层理直气壮地实行较为直接的指挥、监督、干预和控制；③不排除在生产、技术、销售等业务领域尽可能聘用可靠的外部专业人才。家族型动力模式易于凝聚企业的利益追求，增强企业竞争与抗风险的能力，但往往容易忽视被雇用者的利益诉求，过分顾忌亲情，有过多的暗箱操作，不利于人才利用及管理制度的建设与维护。从进取人假设的理性层面看，家族型动力模式的本性基础主要是经济人以及感性人假设，认为雇用者都本能地追求自身利益，不可能真心为投资者的利益着想，保障投资者利益的最可靠方式就是倚重亲情纽带，保持家族成员在经营管理中的决定权、支配权和控制权。因而，在管理实践中以投资者为主导，往往更多地致力于利益追求等行为机制的发挥和运用，在政策杠杆的运用上，一般会表现出浓郁的情治色彩，当然会依家族成员，特别是老板的素质有所不同，例如：在倚重家族成员之间的团结、沟通、控制与平衡的同时，也不排斥对员工的关爱、对人才的渴望和器重；在“我”说了算的同时，也不排除一些基本制度的建设；等等。在这里，需要指出的是，家族型动力模式不等同于家族型企业的动力模式：前者是一种动力形态，定义为以家族成员为经营管理主体的动力模式；家族型企业是一种所有制形态，其动力模式既可以是家族成员化的，也可以是社会人才化的，那种认为家族型企业就是天然的、必然的人治与粗放，其实是对家族型企业的偏见或者以偏概全的一种认识，是以家族型企业的初始形态或不成熟形态来概括整个家族型企业的错误观念。

社会型动力模式的基本理念更多的是强调人才、形象、互补和共赢，简单来说就是以任人唯贤为动力，注重专业化人才的招聘和使用，以及利益共同体的打造。所采取的手段比较广泛，主要可以从五个方面来看：①以公司治理结构为基础，重视发挥职业经理人、外部董事及专业管理人才的作用；②以各类人才的招聘、培养、配置和使用为主体，重视科学化、专业化、互补性管理团队和技术团队的形成；③以股东大会、董事会、监事会、管理委员会、职工代表大会为依托，注重企业多层次利益群体的决议、意见和建议；④以资本利得、劳动薪酬、公积金管理、公益金管理等为途径，注重营业收入在股东与员工、短期和长期之间的合理分配；⑤以公共关系、形象战略、品牌战略、纳税保障、公益活动、广告宣传等为手段，注重改善外部环境和承担社会责任。社会型动力模式有利于提升企业整体素质和形象，满足投资者、经营者、管理者和生产者多层次的利益需求，凝聚各方面的人才，调动各方面的积极性，是现代企业发展较高级阶段开放性和兼容性较强的一种动力模式，但如果监督机制不健全，容易产生内部人控制，即出现内部人通过对公司的控制，追求自身利益的问题和弊端。从进取人假设的理性层面看，社会型动力模式本性基础主要是社会人和契约人，认为投资者、经营者、管理者和生产者是一个相互依存的有机整体，企业经营管理应当努力激发和协调多层面利益主体的积极性、能动性和创造性，因而，在管理实践中以经营者为主导，往往更多地从和谐互动、共享共赢的高度体现利益追求、优势潜能、机会条件和情绪情感等行为机制的全面发挥和运用，从相互尊重与沟通的情治，规划、变革、培养、资助等方面的道治，以及相应的制度与协议框架的法治层面，内在地表现出三大政策杠杆全方位兼容的浓郁色彩。

3. 独裁型和民主型

这组动力模式的着眼点主要是企业的权力关系，涉及投资者、经营者、管理者和生产者之间在决策领域的权力分配关系，可以说，是与不同动力主体的地位性关联最强的一组类型。

独裁型动力模式的基本理念更多的是强调强势、决断、统治和服从，简单来说就是以一人当家为动力，独断决策，极权统治，不存在或较少存在横向的或纵向的监督和制约。主要手段体现在两个层次：①倚重资格与实力，权力至上，独揽大权，不管制度与程序，人事、财务、经营、管理等大小事务一个人说了算；②倚重权威与铁腕，效率至上，强势管理，不管体制与机制，实行直接指挥，强制命令，严格监控、重罚严惩。独裁型动力模式有利于减少企业管理信息上的不确定性，能对内部外部变化做出快速反应，提高决策效率，但受个人身份和素质影响较大，不同利益主体的兼容性和经营管理的科学性有很大的不确定性，难以避免经营管理过程中的主观武断性和随意性。从进取人假设的理性层面看，独裁型动力模式的本性基础主要是契约人假设，即认为人有千差万别的个性追求和情感意志，是一盘散沙，企业必须通过一种最高最强势的个人绝对权威才能有效驾驭全局，形成统一高效的生产经营组织，因而，在管理实践中以投资者或经营者为主导，在四种行为机制中的发挥和运用往往以独裁统治的维护为转移，表现出很强的片面性和不确定性，无视对人的尊重与关怀，以及管理制度的建设与维护，注重命令、指挥、重罚和严惩等强制手段的运用，表现出一种极端化或简单化的道治色彩。

民主型动力模式的基本理念更多的是强调平等、公平、对话和参与，与独裁型动力模式正好相反，简单来说就是以大家当家为动力，重视基层员工广泛参与管理与决策的机会和权利。主要手段体现在三个层次：①公开化、透明化、网络化、程序化等形式的基础性力量；②群众选举、民主议决、基层监督、群众评议、合理化建议等形式的行动性力量；③股东大会、职工代表大会、管理委员会、薪酬委员会、基层自治组织等形式的体制性力量。民主型动力模式有利于集思广益，兼顾基层员工的利益需求，促使员工以更大的热情接受和执行所做出的决策和计划，特别适合于相互依赖性较强、需要通力合作才能完成的任务，但决策成本相对较高，与等级性的经营组织性质有一定的冲突性，容易导致程序烦琐、决策迟缓甚至难以统一的不利局面的出现。从进取人假设的理性层面看，民主型动力模式的本性基础主要是自由人、社会人、契约人假设，认为员工天然追求组织内部的平等地位、决策参与、成果共享和公平分配，并具备相应的知识、理性和热情，因而，在管理实践中以生产者为主导，往往致力于公平性的机会条件和情绪情感等行为机制的发挥和利用，注重尊重、关爱、参与与沟通，表现出很浓郁的情治色彩。

4. 竞争型和合作型

这组动力模式的着眼点是企业的劳动关系，主要涉及投资者、经营者、管理者和生产者之间的工作关系和分配关系，可以说，是与不同动力主体的成长性关联最强的一组类型。

竞争型动力模式的基本理念更多的是强调能力、实力、效率和超越，简单来说就是以拉开档次为动力，包括拉大纵向不同层级之间和横向不同人之间投资与工作绩效的回报差。主要手段可以分为两个层次：①以持股比例、高薪重奖、级差工资、差额奖金、特别福利、特别奖励等为主要形式，实行差别化的经济利益分配；②以考核评比、荣誉称号、末位淘汰、优化组合、职位竞聘、权力分配等为主要形式，实行等级化的组织激励规则。竞争型动力模式有利于充分激发人的能力和潜力，促进工作效率的提高，但差距过大难免导致不同层次的个体之间的矛盾对立和关系紧张，影响团结和稳定。从进取人假设的理性层面看，竞争型动力模式的本性基础主要是经济人假设，认为人是经济动物，企业通行适者生存、优胜劣汰的丛林法则或市场法则，只有拉大收入差距，才能最大限度地激发人追求物质利益的工作热情、工作能力和工作潜力，因而，在管理实践中以经营者或管理者为主导，往往致力于利益追求等行为机制的发挥和利用，特别注重变革和奖惩，表现出较强的道治色彩。

合作型动力模式的基本理念更多的是强调平等、共享、协作和沟通，简单来说就是以合作共赢为动力，注重缩小人与人之间的各种差距，构筑利益共同体。主要手段可以分为四个层次：①以股东会、董事会、监事会等公司治理结构以及职代会、管理委员会、跨职能团队、劳资谈判小组等为主要形式的制度保障手段；②以持股计划、思想政治教育、顾客满意工程、形象识别系统、学习型组织、知识管理等为内容的团队建设手段；③以部门合理分工、岗位责任制、业务流程优化、360 度考核、标准化管理、网络平台等为基础的管理设施手段；④以经济活动分析会、总结汇报、恳谈对话、企业报刊、信息公开等为主要形式的工作沟通手段。合作型动力模式有利于培育员工的归属感、团队精神和奉献精神，打造企业命运共同体，但由于决策程序增多，容易降低决策效率和市场快速反应的能力。从进取人假设的理性层面看，合作型动力模式的本性基础主要是社会人和契约人假设，认为人在本性上追求平等、互助、合作与共享，培育和建立不同层次、不同部门、不同群体之间的平等合作关系，有利于实现企业化分工协作和人性化管理的内在统一，因而，在管理实践中投资者、经营者、管理者和生产者等不同利益主体相互依托，会更多地致力于机会条件和情感情绪等行为机制的发挥和利用，注重尊重、沟通、参与等情治原则，全员规划与培训等道治手段，以及相应的决策与分配制度等法治设施，表现出法治、道治和情治综合运用的较强色彩。

关于团体动力模式，有两个概念性的问题在这里需要进一步厘清。第一，集权和独裁常常被人们作为同一概念使用或不加区分地混用，实际上，两者不仅有量的差别，更有质的区分。集权是权力集中在最高层，是若干人构成的班子形态，一般有相对稳定的体制和制度基础，具有法定性；独裁则是权力集中在一个人身上，是最高管理者的个体形态，往往缺乏法定的体制或制度基础，甚至会破坏既定的体制或制度基础，更多地具有人为性。第二，企业管理中的民主与政治体制、社会体制中的民主有所不同：企业管理中的民主是不同类型的企业可选择和运用的一种管理理念和管理方法，而不是企业管理必须遵循的一种内在法则，也不是人性化管理的必然要求，并不具有目的性和法定性，不能泛政治化和泛社会化地加以理解和运用，民主固然有利于企业公平和公正的实现而可以被推崇，但企业在本质上毕竟是等级化的经济组织，要更多地遵从统一和效率原则；而在一个国家和社会，民主是天然的权利，民主就是法制，是国家和社会治理的内在要求，不仅是手段，也是目的，或者更应当成为目的和法则，所以社会民主制度不能简单地生搬硬套于企业。

三、主体动力模式比较分析

为了对主体动力模式有一种相对量化的比较和更加系统性的把握，并对主体动力模式的丰富内涵和应用原理做出更进一步的揭示，我们在此比较分析主体动力模式基本理念和作用机制（见表 5-1）。

表 5-1 主体动力模式基本理念和作用机制比较分析

<table>
<tr><th colspan="2" rowspan="2">动力模式（形态）</th><th rowspan="2">基本理念（价值观）</th><th colspan="4">作用机制（着力点）</th><th colspan="2" rowspan="2">作用层面（着眼点）</th></tr>
<tr><th>利益追求</th><th>优势潜能</th><th>机会条件</th><th>情绪情感</th></tr>
<tr><td rowspan="8">个体动力模式</td><td>物质型</td><td>绩效・报酬・考核・奖惩</td><td>●●●</td><td>●●</td><td>●</td><td>●●</td><td rowspan="2">需求</td><td rowspan="8">人企关系・业务层面</td></tr>
<tr><td>精神型</td><td>理想・奉献・荣誉・情绪</td><td>●●●</td><td>●●●</td><td>●●</td><td>●●●</td></tr>
<tr><td>专业型</td><td>职能・职责・专长・能力</td><td>●●</td><td>●●●</td><td>●●</td><td>●</td><td rowspan="2">能力</td></tr>
<tr><td>丰富型</td><td>知识・育人・能动・创造</td><td>●●</td><td>●●●</td><td>●●●</td><td>●●</td></tr>
<tr><td>目标型</td><td>结果・任务・使命・责任</td><td>●●●</td><td>●●●</td><td>●</td><td>●●</td><td rowspan="2">绩效</td></tr>
<tr><td>过程型</td><td>态度・方法・进展・监控</td><td>●●●</td><td>●●●</td><td>●●●</td><td>●●●</td></tr>
<tr><td>粗放型</td><td>协议・机制・宽松・自主</td><td>●●●</td><td>●</td><td>●</td><td>●</td><td rowspan="2">规则</td></tr>
<tr><td>精细型</td><td>量化・细化・科学・完美</td><td>●●●</td><td>●●●</td><td>●●●</td><td>●●●</td></tr>
<tr><td rowspan="8">团体动力模式</td><td>集权型</td><td>权威・层级・统一・控制</td><td>●●</td><td>●●</td><td>●</td><td>●</td><td rowspan="2">决策</td><td rowspan="8">人际关系・组织层面</td></tr>
<tr><td>分权型</td><td>授权・信任・自主・灵活</td><td>●●●</td><td>●●●</td><td>●●●</td><td>●●</td></tr>
<tr><td>家族型</td><td>亲情・忠诚・监督・控制</td><td>●●●</td><td>●●</td><td>●</td><td>●</td><td rowspan="2">用人</td></tr>
<tr><td>社会型</td><td>人才・形象・互补・共赢</td><td>●●●</td><td>●●●</td><td>●●●</td><td>●●●</td></tr>
<tr><td>独裁型</td><td>强势・决断・统治・服从</td><td>●●</td><td>●</td><td>●</td><td>●●</td><td rowspan="2">权力</td></tr>
<tr><td>民主型</td><td>平等・公平・对话・参与</td><td>●●</td><td>●●</td><td>●●●</td><td>●●●</td></tr>
<tr><td>竞争型</td><td>能力・实力・效率・超越</td><td>●●●</td><td>●●</td><td>●</td><td>●</td><td rowspan="2">劳动</td></tr>
<tr><td>合作型</td><td>平等・共享・协作・沟通</td><td>●●●</td><td>●●●</td><td>●●</td><td>●●●</td></tr>
</table>

注：●●●示很注重，●●示较注重，●示不注重或不确定

表 5-1 中，横列分别是进取人假设四种行为机制的作用特性的体现特征，其作用程度和体现程度分别用圆点及加号的多少加以表示。该图表的量化比较均以企业管理实践的经验性考察为基础，并不认为这是精准化的和终极化的量化结论，而愿意更多地视其为是一种可资参考、可资深入具体地分析和讨论的量化平台。

从上述基本阐述及其图表，我们看到，16 种主体动力模式各自独立、二元组合，又相互关联、相辅相成，多层面、多要素、多视角、多形态地构成了一种比较系统的主体动力模式框架体系。这一框架体系，集进取人假设系统或主体动力系统的主体性和客体性、本能性和本质性、业务性和组织性、理念性和方法性于一身，集个体动力和团体动力的激发性与基体性、成长性和成熟性、活跃性和有序性、强劲性和稳定性于一身，不仅全面蕴含着对进取人假设不同领域的运营理念、运营内容、运营方式的选择和应用，全面蕴含着对进取人假设不同层面的本性特征、行为方式、政策倾向的认知和把握，也生动体现着投资方、经营方、管理方、生产方等四大主体动力的价值与需求，生动体现着个体动力与团体动力的结构与功能，进而以其选择性、涨落性、协同性、转换性的不同图式和轨迹，直接地决定着和具体地反映着企业最基本的管理决策与管理特性——这就是主体动力模式决定企业管理特性的基本原理和基本效应，我们简称为原动力模式效应原理。

主体动力模式框架体系的建构和解析，实际上从内涵和外延上，定义和厘清了通常意义上的企业管理模式的概念体系，即这一主体化运营模式的界说，消解了长期以来管理模式与作为本体化运营模式的经营模式和作为外体化运营模式的商业模式，在概念上和归类上的各种歧义和混淆。

四、主体动力模式复杂性序列图谱

我们也看到，8 组主体动力模式在企业主体化运营管理中所处的层次及其着眼点和着力点都有所不同，16 种主体动力模式的理念和方法、功能和作用都有所区别，本性特征和行为方式、基本理念和政策倾向也都有一定的差异。面对如此丰富多彩、纷繁复杂的主体动力模式，如何才能更有针对性和更具灵活性地选择和运用，进而更好地实现原动力模式效应原理呢？在此，想着重就主体动力模式框架体系中隐含的复杂性类聚结构做出进一步的揭示，因为这种复杂性不仅内在地联系着本性结构、行为机制和政策杠杆等进取人假设的基本认知问题，也更多地联系着运营成本、管理需求和决策能力等企业价值选择的一些现实问题。

1. 行为机制和本性基础的单纯性和复合性

（1）主体动力模式二元组合的前项与后项相比较，在行为机制及其本性基础的运用和把握上都存在简单性与复杂性的差别。即：物质型、专业型、目标型、粗放型，以及集权型、家族型、独裁型、竞争型等前 8 种模式，与精神型、丰富型、过程型、精细型，以及分权型、社会型、民主型、合作型等后 8 种模式相比较，前者的形成与作用在行为机制及其本性结构的运用和把握上相对单纯，考虑的领域、环节和因素相对少些，而后者的形成与作用要涉及更繁多的一些环节和领域，不确定性因素也较多，往往要顾及更多、更全面的行为方式及其本性特征。因此，我们可以大致地把前 8 种模式类聚化地统称为单纯型主体动力模式，把后 8 种模式类聚化统称为复合型主体动力模式

（2）单纯型动力模式和复合型动力模式之间，存在此消彼长的矛盾关系和光谱序列。例如，过度强调或倚重物质型、专业型、目标型、粗放型，过度尊崇和奉行集权型、家族型、独裁型和竞争型，就意味着相应地轻视或排斥精神型、丰富型、过程型和精细型，相应地疏离或放弃分权型、社会型、民主型和合作型，反之亦然。处于两种极端模式之间，则会相应地形成或偏爱偏重、或兼行并重等各种中间形态和过度形态，这实际上是企业运营中普遍存在的一种形态，或自觉不自觉地力求平衡的一种常态，我们把这种现象称为单纯型主体动力模式与复合型主体动力模式之间不同程度地结合运用所形成的一种谱系现象。

（3）单纯型动力模式之间或复合型动力模式之间，大多可以相互兼容或同存共处。例如，个体动力模式中的物质型、专业型、目标型之间，精神型、丰富型、过程型之间都可以并行不悖地同时运用，团体动力模式中的集权型、家族型、独裁型和竞争型之间，分权型、社会型、民主型和合作型之间一般也都不存在对立冲突、非此即彼的问题，我们把这种现象称为单纯型主体动力模式之间或复合型主体动力模式之间客观存在的共时现象。

2. 政策杠杆及本性基础的偏爱性和兼容性

（1）个体动力模式中的物质型、精神型、专业型、丰富型、粗放型，以及团体动力模式中的集权型、独裁型、民主型、竞争型，对于法治、道治、情治三大政策杠杆，一般都会表现出不同程度的偏爱性或倾向性，或偏重法治，或偏重道治，或偏重情治，而个体动力模式中的目标型、过程型和精细型，以及团体动力中的分权型、家族型、社会型和合作型，对于法治、道治、情治三大政策杠杆，都不同程度地表现出全面运用、全面兼容的特性。因此，我们将前 9 种模式类聚化地称为偏爱型主体动力模式，并将后 7 种模式类聚化地称为兼容型主体动力模式。

（2）偏爱型动力模式和兼容型动力模式都是相对而言的，不能绝对化地理解。偏爱型倚重某一种政策杠杆，并不意味着对其他两大政策杠杆的排斥，只是会突出表现为或特别注重于对该政策杠杆的贯彻和实施，同时，兼容型也会有不同程度的差异，并不意味着绝对均衡。例如：精细型对三大政策杠杆的兼容性会表现得

最为充分、最为全面；目标型的道治色彩较之情治和法治色彩则更突出一些。

（3）主体动力模式在法治、道治、情治三大政策杠杆上的兼容性和偏爱性，与进取人的本性结构关系密切。一般来说，当经济人、契约人、理性人假设占据主导地位的时候，管理实践中往往会表现出较强的法治意志；反之，当社会人、自由人、感性人假设的一面被更多地关注的时候，管理实践中往往体现出较多的情治色彩。

为直观、简约地表达 8 组 16 种主体动力模式在类聚结构上的复杂性序列，我们以政策杠杆、行为机制和本性结构三个基本层面复杂性的综合性分析与比较为基础，给出主体动力模式复杂性序列图谱，并形象化、功能化地称之为企业管理路线图（见图 5-1）。

兼容性		政策偏爱型										政策兼容型					
政策杠杆	情治					家族型				民主型	精神型						
	道治	独裁型	集权型		竞争型				丰富型			目标型	分权型	合作型	过程型	社会型	精细型
	法治			粗放型			物质型	专业型									
复杂性		低度			中度				中高度						高度		

图 5-1 主体动力模式复杂性序列（企业管理路线图）

该路线图以情治、道治、法治三大政策杠杆为横轴和主线，简约而直观地展示了 16 种主体动力模式由偏爱型到兼容型、由简单型到复杂型的序列图谱，以及由稳定型到活跃型的分布结构，对主体动力系统激发和引导的理性思考来说，对主体动力模式选择与运用的基本实践来说，这既是一个化繁为简的窗口，又是一个由浅入深的门槛，其中所蕴含的深刻理念和丰富内涵，所体现的系统性和可操作性可在具体的管理实践中不断地被体会印证。

第二节 运营体动力模式与企业经营特性

运营体动力模式与企业经营特性研究，也将逻辑性地把聚势运营原理带入更具决策性和应用性的层面，把交汇性、六合性的独立动力和统合动力纳入如何进一步协调和发挥战略性选择和个性化操作的层面。在这一层面，我们将会看到，运营体动力形成与作用的聚势运营原理，企业聚势运营四维本性结构、六种行为机制及其三大政策杠杆的把握和运用，企业本体性功能，即效率、效益、效能的形成和强化，企业经营管理的特性与特色，一句话，聚势运营的思想内涵和实践意义也将获得更为具体而生动的展现。

运营体动力模式，即运营体动力协调和发挥的标准样式，与主体动力模式一样，也是千姿百态、纷繁复杂。但大体上，可以从六合性存在的独立动力和统合动力两大层面，同样按照矛盾统一的二元化结构加以归纳、概括、分析和阐释。

一、独立动力模式与企业经营特性

独立动力模式，即以投资、技术和营销为组元和对象的运营体动力模式。这组动力模式所要解决的主要问题是如何在企业本体化运营的业务层面，从投资、技术和营销三大层面，处理好结构与规模、品质与速度的相互关系。核心和实质是，如何确定企业运营与成长的基本道路和方式，以推动和带动企业的快速成长和可持续发展。按其着眼点或着力点的不同，我们可以把独立动力模式归纳为以下二元化矛盾统一的四组类型。

1. 专业化和多元化

这组动力模式的着眼点在于确定企业业务中最基本、最实质性的产品结构及其相应的技术结构、市场结构和投资结构。

专业化动力模式的基本理念更多的是强调专注和精细，简单来说就是把资源和能力集中于某一类产品、业务和市场，力求做大、做深、做优、做强，借以形成核心能力和规模经济优势。主要路径和方式有三：①保持先进性，即产品和服务的品质最优，理念、技术和工艺最先进，市场和渠道相应最规范、最科学、最强势，甚至以强大独立的研发机构和研发力量保障产品技术领先超前，以造就该产品和服务的最大美誉度和忠诚度；②实现系列化，即同一种产品横向系列化发展，品种、规格、型号最多，功能最全，甚至在技术水平、产品价格、市场客户方面高中低档和不同地域全面保有，以赢得同一产品最广泛的市场空间与客户群体；③深耕产业链，即纵向一体化经营，同一种产品从原料生产、配件加工、成品组装，到仓储物流、销售网络、售后服务，甚至技术研发、金融服务等形成全产业链一条龙式的生产经营管理体系，力求赢得企业内部供应链的最高效率和最低成本。专业化动力模式有利于节约资金、改进技术、规范管理和低成本扩张，并构筑进入壁垒，稳固市场地位，获取专业化超额利润，但也存在一定的技术性和市场性风险，即遭遇市场容量和技术瓶颈问题，以及该技术一旦被超越或该产品一旦被新产品、新技术所替代的不测情形，是起步期和成长期中小企业的最佳选择，特别是资金实力不强却享有独特技术和专有人才的中小企业，当然成熟期企业或大中型企业更具专业化选择的基础和实力。

多元化动力模式的基本理念更多的是强调机会和应变，简单来说就是把资源和力量分布在两个以上的不同行业或不同的产品及业务上，力求抓机遇、挖潜能、避风险、抗波动、做长远，赢取机会收入和范围经济优势。主要路径和方式有二。一是相关多元化，即各个产品在技术、生产、渠道等方面具有关联性或依托性的生产经营布局，包括横向多元化和纵向多元化两个主要形态：前者如既生产电冰箱、空调机、洗衣机，又生产电视机、电脑、手机等，在电器电子行业横向系列发展；后者如既制造钢坯、卷板、道轨，又从事汽车、机车、船舶制造等，在重化制造业纵向系列发展。二是非相关多元化，即各个产品在技术、生产、渠道等方面没有较少有关联性或依托性的生产经营布局，最为典型的如美国通用电气公司，从生产照明设备、动力火车头，到制造烤面包机、电冰箱、洗衣机，再到从事飞机引擎、电力设备、塑料制品、医疗器材、金融消费信用等涉猎了众多不同的生产经营领域。多元化动力模式有利于合理配置资源和共享资源，追踪新兴产业和高收益行业，分散经营风险、抵御周期性波动，但也存在资金压力较大、管理复杂性增大、资源分散及规模不经济等弊端，更适合中晚期、成熟期发展阶段的企业，特别是资源雄厚、融资能力和抗风险能力强的大型企业。

2. 内涵式和外延式

这组动力模式的着眼点在于确定企业业务中最具核心性和主导性的增长方式和扩张方式。

内涵式动力模式的基本理念更多的是强调质量和效益，简单来说主要依靠生产技术的进步、经营管理的改善、内部资源的优化、生产效率的提高来扩大企业生产和再生产，重在有效益、有质量的增长与扩张。主要道路和方式有五：①改良机器设备，加强技术革新和技术改造，推动技术发明和技术创造；②提高人的素质，引进人才，重视专家，强化培训，适度竞争，加强团队建设和理想信念教育；③优化经营结构，包括产品结构、技术结构、市场结构和组织结构；④降低生产成本，加强管理与核算，改进工艺和流程，释放潜能和潜力，降低生产费用、财务费用和管理费用，节支节流、节能降耗；⑤塑造品质形象，主要是提升产品质量、服务质量、商业信誉和企业形象。内涵式动力模式有利于企业优化资源配置，培育核心竞争力，做强做优，实现低投资、低风险和低成本扩张，但增长的速度和收益难免受到一定的约束，对经营管理水平的要求比较高，特别适合已经规模化的大中型企业，或外部资源紧缺、交易费用过高的一类企业。

外延式动力模式的基本理念更多的是强调规模和扩张，简单来说主要依靠增加项目与设备投资、扩大生产场地、生产组织和市场空间来扩大企业再生产，重在有规模、有速度的增长与扩张。主要路径和方式有四：①增加生产设施和人力，包括增加厂房、设备、设施、原材料、库存和人力等生产资料和劳动手段；②扩大产品市场和渠道，包括布设新的销售网点、开发新的客户市场、进军外地市场和国际市场，以及增加宣传和广告投入等；③投资新项目和新企业，包括上相关产品项目、非相关产品项目和新兴产业项目，以及组建新的集团公司、子公司、分公司和事业部等；④外部并购与外部合作，既包括兼并和购买产业相关或不相关的外部企业，也包括与其他相关企业合并与重组，联合与结盟。外延式动力模式有利于企业规模与市场的快速扩张，提高市场地位和影响力，增强信誉度和竞争实力，但也常常导致高消耗、低效益和结构失调，出现管理、重组与整合上的种种困难，主要适合具备一定资金实力或融资能力、处于初期发展阶段的中小企业。

3. 龙头型和均衡型

这组动力模式的着眼点在于从空间序列上确定企业业务中不同部门、不同领域之间的轻重地位和协同关系。

龙头型动力模式的基本理念更多的是强调强势和主导，简单来说就是集中有限资源重点投资和支持某一具有先发优势的部门和领域，发挥其龙头性、主导性、连锁性、辐射性或开创性作用，以带动企业的整体运营和发展。主要路径和方式有五：①以骨干企业为龙头，该企业一般占有整个企业集团的主要产品、主要技术、主要资源、主要市场和主要利润来源，进而可以享有最大的投资、最优惠的政策与分配；②以重点项目为龙头，该项目主要表现为新的生产线和供应链，一般具有投资规模大、与企业整体业务连带性强，产品技术独具特色，以及市场前景广阔等特点；③以主导产业为龙头，该产业在企业多元化经营中一般占有品牌知名度最高、市场占有率最高、利润贡献度最高、经营支柱性或带动性最强的基本特质；④以市场开发为龙头，市场销售决定着企业的生产规模与绩效，而生产或技术并不存在大的瓶颈，特别常见于那些市场竞争激烈，或市场空间很大，或产品更新较快的一类企业；⑤以技术开发为龙头，突出技术研发与投资，以保持产品技术行业领先的优势地位，这种方式在技术密集型、知识密集型企业，特别是产品技术更新比较快、竞争比较激烈的行业最为常见。龙头型动力模式有利于集中有限资源构筑优势领域和新的增长极，产生支配效应、连锁效应和乘数效应，实现企业快速成长战略和超越式增长目标，但也容易出现单兵突进、配套资源短缺、内部掣肘，以及失控失衡和失去后劲的各种风险。

均衡型动力模式的基本理念更多的是强调全面和和谐，简单来说就是统筹兼顾各部门、各领域、各层次、各环节的工作，使之形成一个相互依存、相互补充、全面发展、和谐共进的有机整体。主要路径和方式有四：①统筹规划，形成共同的目标、任务，及其统一的监督、控制、考核体系，齐头并进，防止顾此失彼；②全面投资，各部门、各地区、各单位在投资与经费上等量齐观，点面并举，防止厚此薄彼；③共享资源，在人才、技术、知识、网络和信息资源上构筑共同基础和条件，上下协同，防止头重脚轻；④均等分配，往往制定均等化的工资、奖金和福利制度，左右协调，防止畸轻畸重。均衡型动力模式有利于企业减少运营中的摩擦和冲突，减少漏洞和风险，实现企业的持续发展和稳定增长，但运营成本较高，管理难度较大，难以获得快速高效增长和超越式的发展，一般要求有较强的管理团队、较高的管理技术和较全面的资源条件，比较适合具有一定规模的和管理基础、已经步入中期发展阶段的大中型企业。

4. 跨越式和滚动式

这组动力模式的着眼点在于从时间序列上确定企业业务在一定时期、一定阶段的提升台阶和发展节奏。

跨越式动力模式的基本理念更多的是强调超越和快速，简单来说就是越过一定的发展阶段或发展企业，直接到达更大规模、更优技术、更高水平的发展阶段和企业梯队，实现超常规的发展质量和跨越性的增长目标。主要路径和方式有五：①依靠大规模投资，主要通过内部积累和集资、外部上市和贷款融资，以及引进战略投资者和风险投资机构等；②直接引进外部先进技术，包括先进的产品、生产线、制造工艺、软件和专利等，特别是形成新企业的高起点建设；③对外合作，包括与大企业和先进企业结成战略联盟、股份制公司或合作伙伴等；④并购企业，包括兼并购买可开发、可利用的关联性或非关联性企业等；⑤集成创新、转型和升级，即在产品、技术、组织、管理等方面实行整体规划、整体转型，整体改造、创新和升级。跨越式动力模式有利于一些落后企业利用后发优势，激发活力，抢占先机，在短时间内赶超一定的先进技术和规模水平，但一旦头脑发热、脱离现实、违逆科学，很容易出现单纯速度型的短期行为和单一突进型的冒进行为，造成资源配置结构的扭曲或整体经营管理质量的下降。

滚动式动力模式的基本理念更多的是强调循序和积累，简单来说就是坚持循序渐进、循环积累，不断提高，一步一个台阶地实现企业的战略目标和任务，以保障企业稳步增长和可持续发展。主要路径和方式有五：①滚动式计划，一般是分阶段地、由细到粗地制定长期发展规划，每阶段计划前后依次衔接，再由粗到细地加以调整和实施，如按三年一个阶段制定九年期的长期计划，第一个三年可制定的细些，依次渐粗，当第一个三年计划行将结束时，酌情修订第二个三年计划，同时再续订一个新的三年计划，依次类推；②滚动式生产，如少投入、快产出、快速增加积累，或边生产、边投入、不断扩大产能；③滚动式积累，如少分配、多积累，以实现低成本起步和累进性扩张；④滚动式技改，如生产一代、开发一代、构想一代，形成产品不断升级换代和有后续市场竞争力的生产与研发梯次序列；⑤滚动式扩张，即由近到远、由小到大、由少到多、由弱到强一步步地蚕食和攻占市场。滚动式动力模式有利于企业兼顾短期增长和长远发展的关系，兼顾现实性、灵活性和规划性、控制性的关系，减少风险，稳步扩张，形成良性循环，但往往会出现开放性和开创性不足的问题，失去利用外部资源和机会获得快速，特别是跨越式发展的可能性。

关于独立体动力模式，有两个内在关联性的概念需要进一步揭示。第一，四组模式彼此间可能存在一定的交互性或复合性。例如：着眼于产品结构的专业化动力模式往往会表现为内涵式的效率提升形态，而着眼于产品结构的多元化动力模式往往会表现为外延式的规模扩张形态；着眼于协同秩序的龙头型动力模式往往会表现为跨越式的步伐节奏，而着眼于协同秩序的均衡型动力模式往往又会表现为滚动型的步伐节奏，反之亦然。第二，上述四组模式彼此间虽然存在一定的交互性或复合性，但这并不意味着可以相互替代，因为它们有着不同的内涵和外延，其着眼点和基本理念以及它们在企业运营与发展中的作用毕竟是不同的。

二、统合动力模式与企业经营特性

统合动力模式，即以体制、管理和文化为基本组元的运营体动力模式，所要解决的主要问题是如何在企业本体化运营的组织层面，在体制、管理和文化的层面，处理好权利与职责、协调与控制的关系。其核心和实质是，确定企业运营与成长的基本机制和观念，以促进和保障企业的稳定增长和可持续发展。按其着眼点或着力点的不同，我们可以把统合动力模式归纳为以下四组类型。

1. 独资型和合资型

这组动力模式的着眼点在于确定企业组织中最具基础性和实质性意义的产权结构或所有制结构。

独资型动力模式的基本理念更多的是强调简单和权威，简单来说就是由单一的投资方出资组建企业，独立享有所有权和经营收益并承担经营风险，以实现企业运营、决策、分配与扩张的集中与高效。主要机制和方式有三。①个人独资，主要包括个人独资企业和一人有限公司两种类型。个人独资企业是私营企业的主要组织方式，投资人只能是自然人，不具有法人地位，企业业主自负盈亏和对企业的债务负无限责任，企业经营好坏同业主个人的经济利益乃至身家性命紧密相连；一人有限公司的股东则可以是自然人，也可以是法人，对公司债务承担有限责任，不设股东会，也可不设董事会和监事会，通常是股东一人自任董事、经理并实际控制企业。②国有独资，其性质虽然也是一人公司，承担有限责任，但设立人既非自然人，亦非法人，而是由国家单独出资、由国家授权投资的机构或者国家授权的部门履行出资人职责，受一般性企业法规和国家关于国有企业的特别法规的调整，一般下设股东会和董事会。③外商独资，即全部资本由外国投资者投资的企业，投资者既可以是外国的企业或其他经济组织等法人实体，其组织形式一般为有限责任公司；也可以是个人、合伙人等自然人的非法人实体，一般对企业债务负无限责任。独资型动力模式在所有权和经营权的统一和分离上相对自主灵活，特别有利于集中决策、分配、控制和指挥，避免冲突和内耗，提高运营效率，但也容易造成公司财产和股东财产的混淆，缺乏产权制衡机制和股东风险共担机制，企业规模和发展会受单一投资者的制约和影响。

合资型动力模式的基本理念更多的是强调互补和互惠，简单来说就是由两个以上的投资方共同出资组建企业，共同经营、共负盈亏、共担风险，以实现企业的资源优势互补和经营规模扩张。主要机制和方式有四。①有限责任公司，具有资合与人合双重性质，股东以出资为限，按出资比例享受权利，承担责任。公司在出资者范围内募股集资，不得向社会公开招股集资，公司账目也无须向社会公开；股东数额上下限均有规定，股东之间关系较密切，股东的出资可以在股东之间相互转让，也可向股东以外的人转让，但受到严格限制。②股份有限公司，是彻底的资合公司，公司组成和信用基础是公司的资本，股东以其所认购持有的股份，享受权利，承担义务，公司以其全部资产对公司债务承担责任。公司可以向社会公开发行股票筹资，股票可以依法自由流通转让；公司的资本总额平分为金额相等的股份，每一股有一表决权；股东人数只有最低限度，无最高额规定；公司的经营状况不仅要向股东公开，还必须向社会公开。③合资公司，亦称股权式合营企业，一般由两个以上不同国籍的公司、企业或其他经济组织共同出资组成有限责任公司，分别拥有部分股权，并共同经营、共负盈亏、共担风险。合营企业的合营期限有一定的法律规定，一般项目原则上为10年至30年，投资大、建设周期长、资金利润率低的项目，由外国合营者提供先进技术或关键性技术生产尖端产品的项目或其他特殊项目，合营期限可以延长到50年或50年以上。④合伙公司，一般由两个或两个以上的自然人共同出资经营、共负盈亏、共担风险，主要包括普通合伙企业和有限合伙企业。普通合伙企业对合伙企业债务承担无限连带责任，有限合伙企业则以其认缴的出资额为限对合伙企业债务承担责任，一般不直接参与经营管理活动。合资型动力模式有利于资源互补，分担风险，权力制衡和自我约束，特别是有利于扩大资金来源、经营规模和市场空间，提升信誉，但同时增加了决策、经营与管理的复杂性，存在不同程度的权利协调的难度，特别是那些不能控制企业的投资人会面临一定的风险。

2. 工厂型和公司型

这组动力模式的着眼点在于确定企业组织中最基本的运营结构和运营方式。

工厂型动力模式的基本理念更多的是强调标准和分工，简单来说就是把企业视为一个具有不同工艺、流程与分工的生产制造单位，主要依托车间化、设备化、机械化、自动化和标准化的管理来提高企业的产品质量、产出规模和工作效率。主要机制和方式有三。①统一的生产线，即按产品专业化原则，配备生产某种产品（零、部件）所需要的各种设备和各工种的工人，负责完成某种产品（零、部件）的全部制造工作，对相同的劳动对象进行不同工艺的加工，是一种技术比较先进的生产组织形式。按范围大小，可分为产品生产线和零部件生产线；按节奏快慢，可分为流水生产线和非流水生产线；按自动化程度，分为自动化生产线和非自动化生产线。②不同的生产车间：一种是按不同工艺组成的生产车间，如生产同一种机械产品，可按制造工艺分为铸造、钣金、热处理、机加工、成装等不同的生产车间；另一种是按不同产品组成的生产车间，如生产多种家电产品，可按产品种类分为电冰箱、洗衣机、电视机、手机等生产车间，当然，每个产品的生产车间同时又是机械化或自动化的生产线。③不同的分厂设置。分厂同车间相比，专业化和序列化生产组织的特性更强，在日常生产与采购的计划、组织、调度和指挥方面，一般会享有总厂授予的各种基本权限，在生产和管理中要担负更多的责任。工厂型动力模式有利于聚焦企业的产品质量、成本消耗、技术改进和生产效率，实现标准化管理和规模化扩张，普遍存在于加工制造业领域，但企业转型和应变的困难较大，需要有一个相对稳定或能够稳定增长的销售市场环境和渠道。

公司型动力模式的基本理念更多的是强调自主和制衡，简单来说就是把企业视为由不同生产经营单位组成的公司化治理结构或集团公司治理结构，主要依托自主或相对自主的经营管理体制和机制，来实现企业活力的增强和生产力、市场力的扩张。主要机制和方式有三：①设立子公司，使附属单位或分支机构成为独立法人和利润中心，自主经营、自负盈亏，直接面向市场，全面自我管理，母公司主要作为投资中心采取全资、控股、参股、重组、董事任命、监事派驻或其他产权协议等方式，进行总量控制或间接控制；②设立分公司，使附属单位或分支机构成为相对独立的经营管理组织和利润中心，更多地面向市场，自主经营，独立核算，总公司对分公司的人事、业务、财产一般实行不同程度的直接控制；③设立事业部，总公司或集团公司按照产品、项目、地区或顾客，将相关的研究开发、采购、生产、销售等部门结合成一个相对独立的单位或利润中心，在总公司或集团公司对人财物的宏观控制下自主经营管理和独立核算，各事业部形成分权式管理结构，可以不注册成分公司、子公司，但可以根据需要下设车间、分厂、分公司和子公司。公司型动力模式直接面对市场，便于适应市场需求组织专业化生产，形成生产规模，责权利划分也比较明确，有利于培养人才、调动经营管理人员的积极性和创造性，还可以低成本分享内部资源优势，但也容易分散资源，增加内耗，总公司管理和控制的难度相应加大。

3. 直线型和职能型

这组动力模式的着眼点在于确定企业组织中最基本、最主要的管理流程和管理方式。

直线型动力模式的基本理念更多的是强调等级和指挥，简单来说就是企业从上到下构筑集权式的垂直领导体系，各级主管逐级对所管辖部门的所有业务活动行使决策权、指挥权和监督权，以保障生产运营的协同、顺畅、高效和统一。主要机制和方式有四。①权力高度集中：厂长或总经理通常将采购、销售、财务、人事等经营活动的决策权和指挥权集中在自己手中，并行使对生产经营活动的监督权力。②等级严格明确：一个下级只受一个上级领导管理，组织中的每一个人只对他的直接上级负责或报告工作，组织中每一位主管人员对其直接下属拥有直接职权，上下级关系简明清晰，信息沟通简捷方便。③权责分明统一：各级主管负责人对所属单位的一切问题负责，在其管辖范围内拥有绝对的职权或完全职权，厂部不另设职能机构，可设职能人员协助主管人工作。④职权逐层分解：车间主任、工段长、班组长对所管辖领域或部门的生产作业活动拥有完全职权，但职权范围在纵向维度上经过逐层分解而趋向缩小。直线型动力模式决策迅速，指挥灵活，组织机构简单，信息沟通便捷，管理费用低，便于统一指挥，集中管理，提高生产和工作效率，但各级管理者必须通晓本部门所有业务，尤其是最高领导者必须是全能管理者，并且管理沟通的速度和质量严重依赖于直线间的各个点，信息容易被截取或增删，造成管理沟通不顺畅或失误，企业规模较大时难以有效领导与管理。

职能型动力模式的基本理念更多的是强调专业和参谋，简单来说就是在企业各级行政主管之下设置人事、财务、销售、供应等横向分工的职能部门，发挥各级专业参谋和业务指导职能，以保障企业生产经营效率的稳定和提高。主要机制和方式有三：①设置综合管理部门，如行政、计划、财务、人事、信息等参谋性较强的职能部门，主要为公司整体、特别是最高领导服务；②设置专业管理部门，如生产、设备、质量、销售、供应等业务性较强的职能部门，主要为部门管理，特别是业务部门领导服务；③设置任务管理部门，主要是围绕某项业务或某个项目的整个任务和流程，组成长期性或临时性、特殊性或攻坚性的管理机构或管理团队，行使全面的运营管理职能。职能型动力模式能适应现代企业生产技术比较复杂、管理工作比较精细的特点，有利于业务专精，更有效地交流知识和经验，开发和使用技能，保持工作的连续性和有效的工作秩序，但各职能单位自成体系，往往不重视横向信息沟通，对环境变化的反应比较迟钝，引起组织中的各种矛盾和不协调现象。

4. 核心型和全能型

这组动力模式的着眼点在于确定企业组织中最具多样化的边界形态和关联形态。

核心型动力模式的基本理念更多的是强调归核和开放，简单来说就是建立一种能够依托自身核心优势最大限度地整合和利用外部资源的平台型、网络化的组织结构，以实现企业集约创新和低成本运营与扩张的目标。主要机制和方式有三。①虚拟组织，即企业只保留研发、创意、品牌、服务、营销等核心能力或关键功能，其余功能外包给其他专业公司或与其他专业公司组成合作联盟，依托契约形式和信息网络平台进行市场化的交易、运作和管理，业务可基于项目、产品、服务、资源整合等方面的内容，办公不受地点和时间的限制，内部一般没有等级型、职能型、生产型的组织结构，如品牌运营商、创意设计公司、智囊研发机构，以及互联网形态的销售公司、旅游公司、金融机构等。②C型组织（Community-Based Organization，L. 塞德尔、K. 斯图尔特，2000），一种以互联网为纽带、以信息产品设计开发为平台、以公开源文件为特征，由遍布全球依靠共同兴趣结合在一起的群体所组成的非交易性的社会网络组织形式。这种组织没有正式的组织结构和边界，没有专门的职能部门或指令链，不受时间和地点限制，所有开发设计工作都是在互联网上无偿公开进行，开发者有核心层和外围层，但组织结构松散而高效，适合于软件开发、建议咨询、民意调查、特定行业客户跟踪等信息服务企业。例如，某一共享软件的开发，可作为一种市场前景的调研试验，采取免费发送的方式，接受来自用户、程序爱好者以及同行各方面的无偿评估而不断改进和完善，赢利主要来自以软件为平台的相关增值服务。③三叶草型组织。英国管理作家查尔斯·汉迪用三叶草的三片叶子比喻这种组织结构：第一片叶子代表从事核心业务经营的核心员工，他们受过良好的专业化培训，拥有企业建立竞争优势所需要的核心技能、信息和智慧；第二片叶子是由与企业建立长期合同关系的组织或个人组成的边缘性结构；第三片叶子代表具有很大弹性的劳动力，如兼职工、临时工和非全日制劳动力。即一种以基本管理人员和员工为核心，以外部合同工人和兼职工人为补充，不局限于组织、区域和国家，却是由不同个体和群体所组成的有机组织。这种组织在目标规划的统筹下，尽可能地吸引外部优势资源，以个性专长和优势打造契约化、网络化的整体竞争力，如家政服务公司、居家养老服务机构等。核心型动力模式具有快速灵活、动态创新和柔性组织的特性，有利于整合外部资源，优化产品设计，扩大业务范围和运营规模，但外部合作伙伴的不确定性也会带来一定的管理与合作风险。

全能型动力模式的基本理念更多的是强调完整和稳定，简单来说就是在企业内部建立一种等级、职能和流程等结构相对完整而稳定的经营管理组织体系，以促进和保障企业的有效运营和持续成长。主要机制和方式有三：①矩阵型，即在同一个管理组织中，按专业技术划分部门和按产品或工程项目划分部门相结合的组织形式，广泛应用于研究开发、工程建设等领域，特别是在处理跨部门和跨地区的组织内部资源调配共享上有很强的灵活性，实际上是扁平化直线职能制的一种更具柔性化的扩展形态；②立体型，又称为多维组织，一般是由产品利润中心、地区利润中心和专业职能中心构成的三维立体结构，再加上时间维就构成了四维立体结构，实际上是二维矩阵制结构的扩展形式，未改变矩阵制结构的基本特征，多重领导和各部门配合，只是增加了组织系统的多重性，促使各部门从组织整体的角度来考虑问题；③ W 型组织，是 M 型组织即事业部组织的一种反转形式，组织中原有的高级管理人员的职能不再是发号施令，而是清除障碍、开发资源、开展研究并提供咨询，组织也转变成具有支持性、参谋性的机构，每个成员都是一个网络节点，成员之间因工作任务的变化随时组成工作团队或工作小组，团队成员具有各种技能并且优势互补，被赋予可以获得完成整个任务所需的资源，被授予决策权与自主权，因而，是一种高度柔性化、学习型和自律型的组织形式。

关于统合动力模式，有两点需要进一步揭示和说明：第一，统合动力模式更多的是以体制形态出现，体制融合着，甚至决定着管理和文化的形态，同时，管理形态，特别是文化形态反过来作用于和改变着企业的体制形态；第二，相对于管理和文化，体制又具有较强的稳定性、基础性，或有较强的惰性和隐性，因而，长期以来体制的动力特性通常是在组织变革的意义上狭义地、后发性地被认识和把握，而统合动力模式的系统发现和概括，为我们提供了可以在组织选择的意义上广义地先发性地被把握和运用，从而大大扩展了现代企业在组织决策领域的战略视野和能动空间。

三、运营体动力模式比较分析

为了对运营体动力模式有相对量化的比较和更加系统性的把握，并对运营体动力模式的丰富内涵和应用原理做出更进一步的揭示，在这里，我们给出运营体动力模式基本理念和作用机制比较分析量表（见表 5-2）。

表 5-2 运营体动力模式基本理念和作用机制比较分析

动力模式（形态）		基本理念价值观念	作用机制（着力点）						作用层面（着眼点）	
			诱发激活	同化整合	极化带动	分化生长	转型升级	融合创生		
独立动力模式	专业化	专注·精细	●	●●●	●●	●	●	●	产品	业务·结构规模品质速度·拉带
	多元化	机会·应变	●●●	●	●●	●●●	●●	●		
	内涵式	质量·效益	●●	●●●	●●	●	●	●	增长	
	外延式	规模·扩张	●●●	●	●●	●●●	●	●		
	龙头型	强势·主导	●●	●●	●●●	●	●	●	秩序	
	均衡型	全面·和谐	●●	●●●	●	●●	●●	●●		
	跨越式	超越·快速	●●	●	●●	●	●●●	●●	节奏	
	滚动式	循序·积累	●●	●●●	●	●●	●●	●●		
统合动力模式	独资型	简单·权威	●	●●●	●●	●	●	●	产权	组织·权利职责协调控制·保促
	合资型	互补·互惠	●●	●●●	●	●	●	●●●		
	工厂型	标准·分工	●	●●●	●	●	●	●	运营	
	公司型	自主·制衡	●●	●●●	●●	●●●	●●	●●		
	直线型	等级·指挥	●	●●●	●	●	●	●	治理	
	职能型	专业·参谋	●●	●●	●●●	●●●	●	●		
	核心型	归核·开放	●●●	●●	●●●	●	●	●	边界	
	全能型	完整·稳定	●●	●●●	●●	●●	●●	●●		

注：●●●示很注重，●●示较注重，●示不注重或不确定

在表 5-2 中，横列分别是聚势运营六大行为机制的作用特性的体现特征，其作用程度和体现程度分别用圆点的多少加以表示。该表的量化比较均以企业经营实践的经验性考察为基础，同样不认为这是精准化的和终极化的量化结论，而愿意更多地视其为是一种可资参考、可资深入而具体地分析和讨论的量化平台。

从基本阐述及其图表，我们看到，16 种运营体动力模式各自独立、二元组合，又相互关联、相辅相成，多层面、多要素、多视角、多形态地构成了一种比较系统的运营体动力模式框架体系。这一框架体系，集聚势运营系统或运营体动

力系统的主体性和客体性、本能性和本质性、业务性和组织性、理念性和方法性于一身，集独立动力和统合动力的激发性与基体性、成长性和成熟性、活跃性和有序性、强劲性和稳定性于一身，不仅全面蕴含着对聚势运营不同领域的运营理念、运营内容、运营方式的选择和应用，全面蕴含着对聚势运营不同层次的本性特征、行为方式、政策倾向的认知和把握，也生动体现着投资、技术、营销、体制、管理、文化等六大运营体动力的价值与需求，生动体现着独立动力与统合动力的结构与功能，进而以其选择性、涨落性、协同性、转换性的不同图式和轨迹，直接地决定着和具体地反映着企业最基本的经营决策与经营特性——这就是运营体动力模式决定企业经营特性的基本原理和基本效应，我们简称为元动力模式效应原理。

同样，运营体动力模式框架体系的建构和解析，实际上也从内涵和外延上，定义和厘清了通常意义上的企业经营模式的概念体系，即这一本体化运营模式的界说，消解了长期以来经营模式与作为主体化运营模式的管理模式和作为外体化运营模式的商业模式，在概念上和归类上的各种歧义和混淆。

四、运营体动力模式复杂性序列图谱

8 组运营体动力模式在企业本体化运营管理中所处的层次及其着眼点和着力点都有所不同，16 种运营体动力模式的理念和方法、功能和作用都有所区别，本性特征和行为方式、基本理念和政策倾向也都有一定的差异。面对丰富多彩、纷繁复杂的运营体动力模式，如何才能更有针对性和更具灵活性地选择和运用，进而更好地实现元动力模式效应原理呢？在这里，也想着重就运营体动力模式框架体系中隐含的一种复杂性类聚结构做出进一步的揭示，因为这种复杂性不仅内在地联系着本性结构、行为机制和政策杠杆等聚势运营原理的基本认知问题，同样更多地联系着运营成本、管理需求和决策能力等企业价值选择的一些现实问题。

1. 行为机制和本性基础的单纯性和复合性

（1）运营体动力模式二元组合的前项与后项相比较，在行为机制及其本性基础的运用和把握上都存在简单性与复杂性的微妙差别。专业化、内涵式、龙头型、跨越式，以及工厂型、独资型、直线型、核心型等前 8 种模式，与多元化、外延式、均衡型、滚动式，以及公司型、合资型、职能型、全能型等后 8 种模式相比较，前者的形成与作用在行为机制及其本性结构的运用和把握上同样相对单纯，考虑的领域、环节和因素相对少些，而后者的形成与作用较具复合性，涉及更多的环节和领域，不确定性因素较多，往往要顾及更多、更全面的行为方式及其本性特征。与主体动力模式相比较，这种单纯性和复杂性的差异不那么明显，因为运营体动力模式作为企业本体化运营管理中的作用形态，其共性或本性就具有全局性、整体性及其相应的复杂性，但彼此间复杂程度的差别依然是可以辨析的，因此，我们将前 8 种模式类聚化地统称为单纯型运营体动力模式，把后 8 种模式类聚化地统称为复合型运营体动力模式。

（2）单纯型运营体动力模式和复合型运营体动力模式，相互之间并不像主体动力模式那样存在可自由选择的此消彼长的谱系现象，但混合运用、兼而有之的空间是广泛存在的。例如，业务层面的四组运营体动力模式在企业经营实践中可以选择或表现为较为中庸的中间形态，组织层面的四组运营体动力模式在一些大型企业或企业集团也可以并行不悖，无疑，这种状态的存在将使得企业经营管理变得更复杂、多变和生动。

2. 政策杠杆及本性基础的兼容性和偏爱性

（1）8 组 16 种运营体动力模式本身都具有全局性和整体性，役局杠杆的运用是运营体动力模式的内在特性，相互之间在三大政策杠杆运用上的偏爱性主要表现在更多的役局，或更多的役质，或更多的役量上。比较而言，多元化、均衡型、滚动式、跨越式、合资型、公司型等六种动力模式，一般具有役局、役质和役量不同程度相兼容的特色；而直线型、独资型、全能型三种动力模式有更多役局的倾向，专业化、内涵式、职能型、核心型四种动力模式有更多役质的倾向，工厂型、外延式、龙头型三种动力模式则有更多役量的倾向。因此，我们将前六种模式类聚化地称为兼容型运营体动力模式，将后十种模式类聚化地称为偏爱型运营体动力模式。

（2）兼容型运营体动力模式和偏爱型运营体动力模式都是相对而言的，不能绝对化地理解。兼容型并不意味着绝对均衡，也有不同程度的偏好性差异；偏爱型注重某一种政策杠杆的运用，也并不意味着对其他两大政策杠杆的绝对排斥，例如，多元化、均衡型和滚动式对三大政策杠杆的兼容性会表现得最为充分、最为全面，而合资型、公司型和跨越式对三大政策杠杆的运用在经营实践中也会表现出不同程度的差异或偏好。

（3）运营体动力模式在役局、役质和役量三大政策杠杆上的兼容性和偏爱性，与聚势运营本性结构关系密切。一般来说，当资本性和整体性认知占据主导地位的时候，经营实践中往往会表现出较强的役局色彩；当内生性和稳定性被更多地认知时，经营实践中会表现出更多的役质色彩；当强劲性和外源性认知占据主导地位的时候，经营实践中往往会体现出较多的役量色彩；当人本性和多体性认知较为突出的时候，役局、役质和役量的不确定性色彩比较突出。

为较为直观、简约地表达 8 组 16 种运营体动力模式在类聚结构上的复杂性序列，我们以政策杠杆、行为机制和本性结构三个基本层面复杂性的综合性分析与比较为基础，试给出运营体动力模式复杂性序列图谱，并形象化、功能化地称之为企业经营路线图（见图 5-2）。

<table>
<tr><td colspan="2">兼容性</td><td colspan="9">政策偏爱</td><td colspan="7">政策兼容</td></tr>
<tr><td rowspan="3">政策倾向</td><td>役量</td><td></td><td>工厂型</td><td></td><td></td><td>龙头型</td><td></td><td></td><td></td><td>外延式</td><td></td><td rowspan="3">跨越式</td><td rowspan="3">公司型</td><td rowspan="3">合资型</td><td rowspan="3">滚动式</td><td rowspan="3">均衡型</td><td rowspan="3">多元化</td></tr>
<tr><td>役质</td><td></td><td></td><td>专业化</td><td></td><td></td><td></td><td>内涵式</td><td>职能型</td><td></td><td>核心型</td></tr>
<tr><td>役局</td><td>直线型</td><td></td><td></td><td>独资型</td><td></td><td>全能型</td><td></td><td></td><td></td><td></td></tr>
<tr><td colspan="2">复杂性</td><td colspan="4">低度</td><td colspan="3">中度</td><td colspan="5">中高度</td><td colspan="4">高度</td></tr>
</table>

图 5-2　运营体动力模式复杂性序列（企业经营路线图）

该路线图以役量、役质、役局三大政策杠杆为横轴和主线，简约而直观地展示了 16 种运营体动力模式由偏爱型到兼容型、由简单型到复杂型的序列图，以及由稳定型到活跃型的一种分布结构，对运营体动力系统协调和发挥的理性思考来说，对运营体动力模式选择与运用的基本实践来说，这既是一个化繁为简的窗口，又是一个由浅入深的门槛，其中所蕴含的深刻理念和丰富内涵，所体现的系统性和可操作性可在具体的经营实践中不断被体会和印证。

第三节　超循环体动力模式与企业商业特性

超循环体动力模式与企业商业特性研究，同样将把超循环竞合理论带入一个更具决策性和应用性的层面，把圈层性、镶嵌性的互动动力和联动动力纳入如何进一步开发和利用的战略性选择和个性化操作的层面。在这一层面，我们将系统性地归纳、总结和概括长期以来国内外企业外部运营管理的基本实践经验，整体化地构筑起超循环体动力模式的基本框架。我们将会看到，企业超循环体动力形成与作用的共生空间基础，超循环竞合三维本性结构、四种行为机制及其三大政策杠杆的把握和运用，企业外部运营管理的特性与特色，一句话，超循环竞合理论的思想内涵和实践意义将获得更为具体而生动的展现。

超循环体动力模式，即超循环体动力开发与利用的规范化样式，是当代企业发展与管理理论中最薄弱、最迷茫的领域，但基于超循环竞合理论，深入挖掘、总结和概括，依然可以构筑起丰富多彩的有序体系。大体上，可以在镶嵌性存在的互动动力和联动动力两大层面，仍然按照矛盾统一的二元化结构加以归纳、概括、分析和阐释。

一、互动动力模式与企业商业特性

互动动力模式，即以生产竞合、商业竞合、公共竞合、生态竞合等各类竞合组织关系为组元和对象的超循环体动力模式。这组动力模式所要解决的主要问题是，企业如何在超循环运营的微观层面处理好与各种利益攸关者之间或不同组织主体之间的相互关系。其核心和实质是，企业与具有不同利益、不同需求、不同职能和不同作用的各种外部经济社会组织，实现相对稳定的有效竞合和良性互动。按其着眼点或着力点的不同，我们可以把互动动力模式归纳为以下四组类型。

1. 要素型和产权型

这组动力模式的着眼点在于超循环竞合的内容，即企业根据自身的资源、能力和需求，在生产要素领域或企业产权领域与相关企业和经济社会组织形成最基本的竞争与合作模式，以实现整体强化和快速扩张的战略目标。

要素型动力模式主要形成于企业人、财、物、技术、信息等生产要素配置的超循环竞合过程中，其基本理念更多的是强调扬长避短，扬长补短，简单来说就是在要素竞争中强调扬长避短，避实就虚，在要素合作中强调扬长补短，互通有无。从形成与作用的领域看，主要有以下形态：①资金的竞争与合作，既存在于募资上市、债券发行、银行贷款、股份投资、风险投资、财政投资、财政贴息、补偿贸易等各种外在的资金融入活动中，也存在于应收款、应付款、现金流、公积金、资金周转率、资金利润率、固定资产、无形资产等各种内在的资金管理活动中；②技术的竞争与合作，既存在于产品的研究与开发、设备的改造与升级、材料的发明与创造等实体技术形态的各种行为之中，也存在于标准的制定与推广、专利的申请与保护、工艺的改进与创新等知识技术形态的各种行为中；③物资的竞争与合作，既存在于土地、区位、矿产、生物、水源等各种所需自然资源的供求关系中， 也存在于能源、原材料、元器件、中间件、半成品等所需初级产品的供求关系中；④人才的竞争与合作，既存在于高级管理人才、专业技术人才、特种人才等内部岗位人才的各种招聘与培养中，也存在于产学研结合、猎头公司委托、培训公司委托、咨询公司委托等外脑利用形式的各种运作活动中；⑤信息的竞争与合作，既存在于市场信息、技术信息、人才信息、管理信息、政策信息等决策信息的搜集与整理中，也存在于知识库、信息库、数据库以及相应信息网络系统软硬件的建设与管理中。要素型动力模式是互动动力开发与利用中最基本、最普遍的一种形式，是企业降低成本、释放潜能、保障生产、提高效率，实现各种生产要素资源最优时间配置和最佳空间配置的有效手段，但由于部门性和专业性比较强，如何实现统筹兼顾和优化配置，对企业经营管理与决策是一个复杂而现实的考验。

产权型动力模式主要形成于企业所有权、占有权、支配权、收益权、处置权等财产权利交易的超循环竞合过程中，其基本理念更多的是强调资本运营，快速扩张，简单来说就是在超循环竞合中致力于股权结构、融资结构、负债结构、规模结构、风险结构、治理结构的优化升级，以及生产资本、货币资本和商品资本的快速扩张。从形成与作用的形式看，主要有四种形态。①控股参股中的竞合关系：控股包括持有公司超过50%股份的绝对控股和占公司最大份额股份的相对控股；参股分为享有参与公司决策、分配等权利的普通股形式和享有先于普通股分得股利但不享有表决权等权利的优先股形式。②收购兼并中的竞合关系，既包括同一产业内同类业务公司间的横向购并，也包括同一产业内上下游业务公司间的纵向购并，还包括兼具纵向购并和横向购并以及不同产业公司、不同业务公司间的混合并购形式。③股市运营中的竞合关系，既包括通过证券交易所首次公开发行股票的上市行为即首次公开募股（IPO）成为上市公司的运作行为，也包括买壳上市、收购要约、股票回购、增资扩股、股票交换等多种股市产权运作形式。④分拆剥离中的竞合关系：分拆既包括分拆出一个或多个新的法人实体的形式，也包括母股换取分拆出的子公司子股的形式；剥离既包括将一部分资产直接出售给第三方的形式，也包括通过发行股票将部分权益出售给外部人的形式；此外，还包括诸如承包、租赁、托管等在所有权不变的前提下享有经营权或使用权的各种产权交易形式。产权型动力模式是互动动力中较高级的一种资本运营形式，是提高规模经济程度、提高抗风险能力、提高创新能力和竞争能力、低成本获取资金和技术、改善股本结构和业绩、促进无形资产增值、实现跳跃式快速发展的有效途径，但由于整体性和系统性比较强，如何实现科学重组和有效融合，对企业经营的管理与决策而言，是长期而严峻的考验。

2. 业链型和平台型

这组动力模式的着眼点在于超循环竞合的环节，即企业根据自身的资源优势和市场供求关系，在企业价值链的某个领域、价值网络中的某个节点，与相关企业和经济社会组织构筑起某种独特的竞合关系模式，以实现保障生产、扩张业务、整合资源的基本功能和目标。

业链型动力模式主要形成于企业在再生产和扩大再生产某个环节上的超循环竞合过程中，其基本理念更多的是强调衔接产销，优化链条，简单来说就是在超循环竞合中致力于供应链、生产链、销售链等价值链上的有效衔接和相应业务流程的优化配置。从形成与作用的领域看，主要有以下形态：①生产环节的竞合，包括在联合制造、配套生产、产品装配、土地占用、地理位置选择、公共基础设施分享、厂房与设备的利用、低碳生产等方面的竞争与合作；②供应环节的竞合，包括在原材料、辅助材料、零配件、半成品、中间件、能源、水电气暖油、仓储物流、稀缺资源等上下游供货与订单方面的各种竞争与合作；③销售环节的竞合，包括在分销、直销、联销、代理、加盟、商超、连锁、专卖、电商（B2B、B2C、O2O）、品牌、服务、广告宣传、促销活动，以及仓储物流等方面的各种竞争与合作；④研发环节的竞合，包括在设备与工艺改造升级、新产品研发、技术攻关、生产与技术标准的制定、生产试验、专利技术、发明创造、商业秘密等方面的竞争与合作。业链型动力模式是互动动力中最为刚需而又灵活多变的作用形态，是企业节能降耗、增收节支、提升效率、改善质量、降低风险、扩大生产和销售、塑造品牌和形象的基本途径。当然，价值链的分析和定位，尤其是全业务链或全产业链的规划和驾驭，需要有较强的业务决策能力和经营管理水平。

平台型动力模式主要形成于企业与市场需求相对接的某个共享业务载体上的超循环竞合过程中，其基本理念更多的是强调聚合资源，整合供求，简单来说就是在超循环竞合中致力构筑以供求流量、承载能力、价格控制和品质服务为基础的交互价值链或价值网络中的交互运营环境。从形成与作用的领域来看，主要有以下类型：①技术平台的竞争与合作，一般是以核心技术、专利技术、大型装备、自动化生产线、基础元器件、知名品牌、技术标准或专享权益为支撑，借以开发系列产品、衍生产品、外围设备、模块组元、代工制作、创意产品以及内容服务等的各种应用环境；②研发平台的竞争与合作，包括基于协作共享的大型科技攻关项目和设计制作工程、基于产学研合作的技术研发项目与生产试验基地、基于高新技术聚集园区的孵化中心和创业基地、基于开放源的网络集成研发环境和测试工具、基于大型高端数字设备的计算测试系统和编程流程架构、基于云技术的开发工具和工作负载模式、基于分布式地理位置的全球资源规划和远程数据工具，等等；③融资平台的竞争与合作，包括银行与网络银行、物流与供应链金融、融资租赁公司、境外融资机构等银行融资平台，股市、风投、私募股权基金、众募机构、信托投资公司、信用合作社、小额信贷公司、证券公司、联合担保公司、质押监管机构、征信服务机构、保险机构、网络融资等非银行融资平台，以及城市建设投资公司、城建开发公司、城建资产经营公司等地方政府投融资平台；④销售平台的竞争与合作，包括商业超市、百货商场、连锁卖场、分销渠道、商业网点、专业市场、网络商城、网络团购、垂直和综合营销网站等销售渠道，以及会展中心、行业会展活动、营销推广机构、节庆活动等促销载体；⑤传播平台的竞争与合作，包括报纸杂志、出版机构、广播影视、户外广告等传播媒体，以及屏显终端、浏览器、客户端、搜索引擎、大型会展活动、大型演艺活动、客服和呼叫中心、调查机构等传播载体；⑥交流平台的竞争与合作，包括门户网站、专业网站、社交网站、网上社区、即时通信、短信彩信、微博微信、知识超市、数据采集与检索中心等网络交流平台，信息研发中心、市场和价格监测中心、点评和智能推荐系统、征信机构、协会组织、培训机构等交流机构，行业年会、主题论坛，图书档案馆、商业会所、会员俱乐部、茶座、咖啡屋等交流场所；⑦运营成长平台的竞争与合作，包括经济技术开发区、文化创意园区、自由贸易区、保税区等特区性运营成长平台，国内板、国外板、创业板、壳资源等股市性运营成长平台，主题园区、写字楼、商务中心、基础物流设施、人才与专业培训基地等商务配套服务平台等；⑧综合服务平台的竞争与合作，如有关报关、商检、物流、银行、保险、退税的外贸综合服务平台，或有关工商税务、投资建设、科教文卫、劳动人事、安监质检、民政宗教等职能的政府行政审批服务平台等。总体看，平台型动力模式，无论规模大小，一般内在地享有或外在地发挥着主导性、杠杆性、驱动性、枢纽性、辐射性、通道性、聚合性、整合性、协同性、共享性等多种高阶位的不同地位和作用，是企业大范围或深度化整合和利用外部资源，实现低成本运营与规模收益递增的最有效途径，并在战略选择上超脱了专业化还是多元化、做大企业还是做小企业、做大户市场还是做散户市场的诸多决策困扰。当然，平台型动力模式的开发和利用，平台型企业的建立和维护，往往需要以强大的管理智慧、管理能力、管理技术为基本保障，特别是需要以标准控制或品牌管理等核心能力为基石。

3. 双边型和多边型

这组动力模式的着眼点在于超循环竞合的结构，即企业根据自身的需求、资源和能力，在把握和处理多方位、多层次竞合对象之间相互关系上形成特有的运营模式，以有效构筑重点突破和统筹兼顾的外部运作格局。

双边型动力模式主要形成于企业与经济社会不同领域组织主体之间一对一的超循环竞合过程中，其基本理念更多的是强调对象聚焦，任务明确，简单来说就是在超循环竞合中针对某个企业、某个经济组织或某个社会组织开展一对一的竞争与合作，以明确目标、任务和重点。从形成与作用的领域来看，主要有六个类型。①与某个上游企业的竞合博弈，即与原材料、初级产品或技术服务供应商之间的竞合关系，竞合博弈的内容主要涉及供货的数量和质量、价格和品种、时间和地点、储运方式和费用、预付款和应收款、担保与保险、售后服务、优惠政策、排外条款、违约条款、纠纷处理、意外条款等方面，行为方式包括调查与竞标、谈判与签约、执行与维护、评价与改进、终止与延续等环节。②与某个下游企业的竞合博弈，即与某个后续加工改造、改性处理或成品组装企业之间的竞合关系，竞合博弈的内容和方式与上游企业类同，只是自身处于产业链上游供应商的竞合博弈角色，享有或负有上游企业相应的地位、作用、责任和义务。③与某个同行企业的竞合博弈，即与同类产品生产企业之间的竞合关系，其竞争博弈主要体现在产品产量、质量、品种、价格、渠道、物流、售后、服务、广告、促销、产品品牌、技术标准、企业规模、发展速度、企业形象、声誉口碑、行业地位等要素和环节，其合作博弈主要体现在生产加工、技术研发、标准制定、分销渠道、宣传推广、发包承包、联合竞标、战略联盟和风险共担等领域。④与某个异行企业的竞合博弈，即与某个不同产品生产企业之间的竞合博弈关系，其中：竞争博弈主要体现在规模、收入、效率、效益、工资、福利、企业名次、企业声誉、社会影响、社会贡献等领域；合作博弈主要体现在投资入股、购并重组、融资担保、危机救助、产业集群效益、公共设施共享、企业联谊交流等领域。⑤与某个经济组织的竞合博弈，主要是与银行、保险、投资公司、证券公司、担保公司、科研机构、咨询机构、会计事务所、认证机构、行业协会、商会组织、标准组织等各种相关经济组织之间一对一的竞合博弈关系，集中体现在服务的质量、价格、效率、品牌、信誉、可靠性、稳定性、成本效益分析等要素环节。⑥与某个社会组织的竞合博弈，主要是与政府职能管理部门、工会、协会、社区组织、新闻媒体、文化团体、公益慈善组织、人权和劳动保护组织、绿色和平和环境保护组织等相关社会组织之间的一对一的竞合博弈关系。总体看，双边型动力模式具有较强的专一性和确定性，有利于各类竞合博弈的专业化、科学化谋略和运作，实现目标管理和过程管理的统一，有利于重点维护和突破，减少复杂性驾驭力量的投入和约束，实现企业的特定目标和任务，但双边型动力模式容易出现全局性、关联性把握的缺失，出现顾此失彼的局限性和其他关联因素的制约性。

多边型动力模式主要形成于企业与多家企业、多类企业、多个经济组织、多类社会组织之间的一对多的超循环竞合过程中，其基本理念更多的是强调统筹兼顾，环境友好，简单来说就是在超循环竞合中致力于价值链和价值网络中多环节经济社会关系的互动、运作与整合。从形成与作用的领域来看，主要有五种类型。①产业链竞合，包括与多个上游供应商户或多个下游应用商户，甚至在研发、设计、原料、加工、销售、服务等全产业链环节与相关企业同时展开的竞争与合作，旨在减少供求风险，降低运营成本。②产业集群竞合，主要指在某个开发区、经济区、自贸区、免税区、城市群、城市带中多个同类企业集群之间发生的各种纵向和横向的竞合关系，旨在共享环境优势，加入产业分工协作，提高运营效率。③区域市场中的竞合，主要是在同一个城市、同一个地区、同一个国家或全球范围内所发生的同类产品多个生产企业之间的各种竞争与合作关系，重在扩张市场，扩大生产经营规模及其地域影响力。④经济组织网络中的竞合，主要指企业与金融保险机构、技术研发机构、原料基地、商业超市、商业协会、外贸组织等多种相关经济组织之间的竞合关系，重在享受专业化分工协作的各种利好。⑤社会组织网络中的竞合，主要是企业与政府、社区、社团、媒体、公益慈善组织、环境保护组织等多种相关社会组织之间所形成的竞合关系，重在塑造品牌影响力，赢得社会支持和广泛关注。总体来看，多边型动力模式强调大局性和综合性，有利于整合利用各方面的关系资源，平衡各方面的利益关系，获得更多的增值效应，创造和谐稳定的外部环境，有利于在比较中做出竞合关系的最优选择，防范单一关系、单一渠道的经营风险，降低管理和运营成本。当然，多边型动力模式的发挥和利用，需要有较高的站位和大局观，需要有统筹规划、综合协调、随机应变，善于处理各种复杂关系、复杂事态的且具有战略管理能力的专业管理人才。

4. 实体型和虚拟型

这组动力模式的着眼点在于超循环竞合的业态，即企业根据自身的需求、资源和能力，在把握和处理与不同实体组织和虚拟组织在业务领域中形成良好的竞合关系模式，以提升企业在不同产业结构、技术结构和组织结构交互作用中的能动性和创造性。

实体型动力模式主要形成于企业在实体经济领域与相关实体企业或产品生产与服务企业之间的超循环竞合过程中，其基本理念更多的是强调业态稳定，物流可控，简单来说就是在超循环竞合中致力于对具有实物产品形态的供产销企业之间竞合关系的把握和运作，体现资金流、物资流和信息流完整统一。从形成与作用的领域来看，主要可分为以下类型：①与生产制造商之间的竞合，包括与初级产品加工企业、零配件和元器件等中间产品制造商、工业品和消费品等最终产品生产企业、建筑施工与安装公司等生产企业之间的竞争与合作；②与生产服务商之间的竞合，包括与仓储物流公司、进出口贸易公司、计算机和软件服务公司、融资租赁公司、产权交易机构、房地产租赁服务公司、水电气暖等公共产品生产供应商、环境和公共设施管理机构等服务企业或服务组织之间的竞争与合作；③与产品销售商之间的竞合，包括代理商、经销商、售后服务商、商超、连锁店、专卖店等批发业和零售业企业之间的竞争与合作；④与产品供应商之间的竞合，包括与矿产品、原材料、辅助材料等初级产品供应商，以及中间产品及最终产品供应商之间的竞争与合作。实体型动力模式在传统产业领域始终占据着主导性的地位，发挥着基础性的作用，有利于企业有效规划和预期，积极控制和管理，稳定供求与经营，有序竞争与合作，有利于企业开展专业化和标准化管理，开源节流，节能降耗，推动产业升级与技术改造，以实现实体业务的有效扩张和可持续增长，当然，实体型动力模式也会较多地受到规模经济和边际效率递减规律的约束。

虚拟型动力模式主要形成于企业在虚拟经济领域与相关虚拟企业、虚拟运营商和虚拟社会组织之间的超循环竞合过程中，其基本理念更多的是强调整合资源，集约投资，简单来说就是在超循环竞合中致力于实体业务与虚拟业务、核心业务能力和资源整合能力相互关系的把握和运作，构筑良好的经营业态和市场运营模式。从形成与作用的领域来看，主要有以下类型：①与外包企业之间的竞合，即企业自身开展虚拟经营，或拥有品牌和市场，掌控研发设计和销售渠道两头，自己不直接生产产品，而是委托其他企业代为加工生产，或将研发、设计、销售、人事、会计、广告宣传等不同业务和管理职能外包，由此形成与代工或承包商之间的竞合博弈关系；②与品牌公司之间的竞合关系，即企业自身作为加工制造商或品牌经销代理商等实业公司，与相应的品牌商或品牌创意设计公司之间形成的竞合博弈关系；③与网络公司之间的竞合，包括与网络设计公司、网络融资公司、网络销售公司、网络信息公司、网络培训公司、网络运营商、网络服务商、网络支付公司、网络结算公司等网络虚拟运营商之间形成的竞争与合作关系；④与金融机构之间的竞合，主要是企业在资本运营管理中与银行、信用合作机构、证券公司、投资公司、担保公司、保险公司等金融投资机构之间所形成的竞合博弈关系；⑤与科研机构之间的竞合，主要是企业在新材料、新能源、新产品、新工艺、新设备等某个领域与专业科研机构和大专院校之间所形成联合型或委托型的竞合博弈关系；⑥与中介公司之间的竞合，包括与会计和评估、工商和税务、商标和专利、法律和公证、广告和策划、科技和文化、劳务和就业、商贸和租赁、金融和保险、报关和商检、企业管理和工程管理、行业协会和社会团体等各类商务咨询服务代理机构之间所形成的竞争与合作关系。虚拟型动力模式具有较强的创新性和延展性，有利于企业集中资金和优势发挥核心能力和杠杆作用，通过市场机制有效整合和利用外部资源，降低经营风险和管理费用，开发和创新智慧，以小搏大，以智取胜，实现规模效率和边际效率递增的网络经济效应和知识经济效应，但在虚拟型动力模式的发挥和运用中，协调的环节较多，要素与流程的可控性较为薄弱，对管理特别是知识管理和人才管理的要求较高。

关于互动动力模式，有两个概念性的问题需要进一步说明。第一，竞争与合作，或竞争博弈与合作博弈始终交织性地存在，但地位和强度会因企、因地、因时，或因业务领域、因供求关系、因资源结构等特性有所不同。一般来说，在要素型、业链型、双边型、实体性等动力模式中，竞争与合作都有占据主导地位或难分伯仲的情形，而在产权型、平台型、多边型、虚拟型等动力模式中，合作博弈往往表现得更为突出和更为重要。第二，虚拟型互动动力模式中的虚拟，在这里界定为一种以微观组织为主体、涉及微观虚拟运营和宏观虚拟经济的广义概念，既包括企业在外部竞合博弈中所采取的虚拟运营的微观形式，如业务外包、特许连锁、网络销售等，也包括企业在自身业务结构中所涉及的虚拟经济的宏观内容，如文化创意产业、金融证券业务、信息技术产业等，而虚拟形式和虚拟内容相统一的虚拟型，表现为一种狭义的或典型的虚拟运营形态，如网络审批、网络营销、网络设计、网上支付等。所以虚拟运营和虚拟经济是微观和宏观两个不同层次的概念，有区分又有重叠。

二、联动动力模式与企业商业特性

联动动力模式，即以产业循环、区域循环、社会循环和自然循环等各种外部循环体运动为基本组元的超循环体动力模式。这组动力模式所要解决的共性问题是企业及其竞合组织如何在超循环运营的宏观层面处理好与经济、社会和自然运行之间或与外部复合循环体之间的相互关系。其核心和实质是，企业及其竞合组织与具有不同价值、不同目标、不同过程、不同规则的经济社会自然运行系统实现相对确定的有效镶嵌和有机联动。按照着眼点或着力点的不同，我们可以将联动动力模式归纳为以下四组类型。

1. 市场型和资源型

这组动力模式的着眼点在于超循环竞合的基础，即企业根据自身生产、管理和运营能力，积极顺应和满足市场需求，有效获取和掌控资源供给，在市场拉动或资源推动方面形成自己独特的运营模式，以保障企业生产和再生产的正常有效进行，促进企业的可持续增长。

市场型动力模式主要形成于企业在市场需求、市场交易、市场波动、市场变革的超循环空间开展竞合博弈的过程中，其基本理念更多的是强调需求导向，客户至上，简单来说就是在超循环竞合中致力于市场规律和市场机会的把握，致力于市场分析、渠道建设、客户管理、产品与价格决策和销售促进，发挥市场（需求）带动效应。从形成与作用的领域来看，主要有以下路径：①市场结构的分析与定位，包括品种结构、等级结构、技术结构、年龄结构、地域结构、时间结构、批零结构、主体结构、竞争结构、垄断结构、市场集中度等市场的组成与比例；②市场规模的分析与定位，包括总需求和总供给、现有市场规模和潜在市场规模、批发市场规模和零售市场规模、区域市场规模和细分市场规模、年度销售规模和市场占有率等市场的总量与分量；③市场价格的分析与定位，包括成本价格和销售价格、批发价格和零售价格、现货价格和期货价格、直销价格和代理价格、统一价格和分区价格、离岸价格和到岸价格、垄断价格和限制价格、撇脂价格和渗透价格、需求价格弹性和供给价格弹性等市场的价值与价格；④市场周期的分析与定位，包括产品生命周期、销售总量变动曲线、价格波动规律、消费趋势、消费时尚等市场的变动与过程。市场型动力模式是各类企业最具核心意义的动力模式，有利于促进企业把握市场动态和有效需求，及时调整产品结构、技术结构和生产结构，优化资源配置、销售渠道和销售策略，扩大市场占有率和市场销售，所以，成也市场，败也市场，市场决策的失误常常会带来难以弥补、难以挽回的损失。

资源型动力模式主要形成于企业在资源开发、资源利用、资源供给、资源变化的超循环空间开展竞合博弈的过程中，其基本理念更多的是强调系统开发，有效利用，简单来说就是在超循环竞合中致力于物质资源和人文资源的全面、持续、稳定获取和支持，及其价格和质量保障，发挥资源（供应）推动效应。从形成与作用的领域来看，主要有以下形态：①自然资源的研究与对接，包括相关的生物、矿物、土地、海洋、水源、能源、气候、大气等各种再生资源和不可再生资源的供给；②设施资源的研究与对接，包括相关的交通、通信、水电气热油、商贸、环卫、医疗、市政等各种基本建设和基础设施的供给；③要素资源的研究与对接，包括相关原材料、辅助材料、土地、设备、厂房、人口、人才、智囊、资金、情资、标准等各种生产资料和生产条件的供给；④关系资源的研究与对接，包括相关客户信息、项目信息、经销渠道、融资渠道、媒体关系、政府关系、社区关系、生产经营资质、生产经营许可、企业认证等各种关系资本和社会资本的供给。资源型动力模式是各类企业最具基础意义的动力模式，有利于企业降低成本、提高效率、扩大规模、开拓市场和持续增长，有利于企业改善质量、改进管理、改进技术、调整结构和转型升级。当然，如何有效整合和有效利用不同领域、不同性质的各种外部资源，从根本上取决于企业的战略视野、知识水平和运作能力。

2. 行业型和区位型

这组动力模式的着眼点在于超循环竞合的载体，即企业根据自身的资源、优势、条件和市场环境比较，选对所要进入的行业和业态，融入有利于自身发展的空间和地域，在行业拉动和区位推动方面形成自己独特的商业模式，以创造良好的发展起点和运营环境，奠定良好的成长基础。

行业型动力模式主要形成于企业在产业分工、部门分工、行业类型、产品类型的超循环空间开展竞合博弈的过程中，其基本理念更多的是强调准确定位，提升价值，简单来说就是在超循环竞合中致力于行业分析与项目选择、行业的进入与退出、产品的开发与转型升级，积极发挥行业峰谷效应。从形成与作用的领域来看，主要有以下路径：①行业结构的分析与定位，包括产品的容量与结构变化、企业的容量与结构变化、区域的容量与变化、市场集中度与变化、进出口流量与变化等行业格局和态势；②行业类型的分析与定位，包括传统行业、新兴行业、基础行业、支柱行业、主导行业、辅助行业等不同产业地位形态，以及资金密集型、技术密集型、知识密集型、劳动密集型、资源密集型等不同要素集约度形态；③行业链条的分析与定位，包括资源的储藏与开发、原料的生产与加工、产品的研发与设计、中间产品的加工与制作、最终产品的生产与装配、客户市场的培育与占有等整个产业链和供应链；④行业周期的分析与定位，包括行业萌芽期、起步期、成长期、繁盛期、平稳期、下滑期、衰落期、更新期、转型期、突变期等行业生命周期和演变趋势；⑤行业政策的分析与定位，包括对国家产业发展的战略规划与措施、产品生产与消费的各种扶持性或限制性政策、行业标准和法律规范等行业的方针和政策。行业型动力模式以产业关联和行业吸引力为基础和核心，具有较强的结构性和方向性，有利于企业扬长避短，正确规划与有效投资，及时转型与顺势升级，防范行业风险与威胁，保持良好的行业盈利能力和行业竞争能力。当然，如何从行业领域切入，建立起与企业产品生产和整个地域经济的内在联系，对经营管理的战略性决策是一个严峻挑战。

区位型动力模式主要形成于企业在地域分工、区域分工、地区类型、区划类型的超循环空间开展竞合博弈的过程中，其基本理念更多的是强调合纵连横，分享优势，简单来说就是在超循环竞合中致力于经营与市场空间的布局和规划、调整和控制，发挥区位优势效应。从形成与作用的领域来看，主要有以下路径：①国内市场的研究与对接，包括内陆地区与沿疆沿海地区、发达地区与欠发达地区、单一民族地区与少数民族地区、资源丰富地区与资源贫乏地区、人口密集地区和人口稀少地区等国内区位市场的区分与融入；②全球市场的研究与对接，包括对滨海国家和陆地国家、发达国家和欠发达国家、单一民族国家与多民族国家、资源富集国家与资源贫瘠国家、市场经济国家和计划垄断经济国家、独联体国家和区域经济一体化国家、关税联盟或货币联盟国与共同市场国家等地缘政治经济的区分与融入；③城市群经济的研究与对接，包括对超级城市群、大都市圈、小城市群、单核城市群、双核城市群、组团式城市群、星系城市群、中心城市、卫星城镇等城市群规模与形态的区分与融入；④经济区的研究与对接，包括对工业开发区、农业开发区、高新技术开发区、文化创意园区、自由贸易区、免税区、改革试验区等特区形态的区分与融入。区位型动力模式与地缘关联和投资环境为基础，具有较强的综合性和系统性，有利于地理、资源、市场、政策、技术、文化等各种地域优势的开发和利用，有利于获取良好的注册、投资、合作与运营条件，促进企业获取地方支持、政策红利、超额利润和可持续发展的外部环境。当然，区域经济涉及方方面面的因素和方方面面的利益，区位决策有赖于较强系统知识和专业研究能力的支持。

3. 政策型和体制型

这组动力模式的着眼点在于超循环竞合的秩序，即企业根据自己的业态、规模和愿景，享受政策利好和制度红利，顺应社会、时代和形势发展变化的要求，在政策拉动和制度推动方面形成自己的运营模式，以实现稳定、协调、快速和可持续发展。

政策型动力模式主要形成于企业在一个国家和地方战略规划、大政方针、行动准则、调控方式的超循环空间开展竞合博弈的过程中，其基本理念更多的是强调与时俱进，顺势而为，简单来说就是在超循环竞合中致力于公共政策与形势分析，充分享受政策利好、政策扶持和政策支持，发挥政策红利效应。从形成与作用的领域来看，主要有以下层面：①货币金融政策的分析与定位，包括货币供给、信贷规模、信用管制、公开市场操作、利率调控、再贴现率调整、准备金率调整、外汇政策、金融体制变革等扩张性或紧缩性变化；②财政税收政策的分析与定位，包括财政预算、财政投资、财政补贴、财政贴息、税收、国债、国民收入分配、转移支付等增量和存量的规定与变化；③产业投资政策的分析与定位，包括投资规模、投资区域分布和产业分布、投资次序安排、投资配套措施、投资附加条件、负面清单管理等鼓励性或限制性安排和措施；④对外贸易政策的分析与定位，包括商品进出口管制、资本输入与输出、汇率和兑换、关税和退税、出口补贴、贸易保护、关税同盟等鼓励性和限制性政策措施；⑤劳动就业政策的分析与定位，包括促进劳动就业和创业、失业救济、用工模式、保护劳动者权利、工会建设、人才培养、人才流动等政策和措施；⑥消费引导政策的分析与定位，包括消费信用、消费补贴、消费税、价格管制、集团消费、社会福利与保障、消费者权益保护、个人收入分配等鼓励和限制的规定与变化。政策型动力模式以国家宏观和中观调控为基础，具有很强的权威性和广泛性，有利于企业发挥和利用国家和地方政策利好，顺势而为，优化投资、产品、业务、技术和进出口结构，规避投资、市场和经营风险，获取高额收益，实现快速增长和稳定发展。当然，政府政策的内容纷繁复杂，推陈出新也是常态，及时了解、掌握和运用并非轻而易举。

体制型动力模式主要形成于企业在一个国家或区域经济体的制度结构、治理方式、制度供给、体制变革的超循环空间开展竞合博弈的过程中，其基本理念更多的是强调社会协同，体制保障，简单来说就是在超循环竞合中致力于所在国家和地区的经济制度、政治制度、意识形态及法律制度的分析和把握、适应和运用，发挥制度利好效应。从形成与作用的领域来看，主要有以下层面：①政治体制的研究与对接，包括国体、政体、宪政法治、领导权威、公民权利、民主制度、参政议政等各种集体行动的规则和规范；②经济体制的研究与对接，包括产权制度、所有制结构、市场经济、宏观管理体制、货币金融制度、财政税收制度、对外贸易制度等经济运行的规则和规范；③意识形态的研究与对接，包括政治思想、核心价值观、社会道德、文学艺术、宗教信仰、哲学、美学等各种观念形态；④法律制度的研究与对接，包括立法体系、司法体系、执法体系、宪法体系、行政法制、民事法制、刑事法制、程序法制等法律体系和规范。体制型动力模式具有相对的稳定性，先天而深刻地影响着、决定着企业的职能边界和价值观念，有助于企业适应一个国家和地区的经济社会制度环境，规范最基本的行为方式，正确规划与决策，避免制度风险，减少制度成本，提高运营效率，实现稳定、和谐和可持续发展。当然，政治体制和经济体制有集中型和分散型、稳定期和变革期的不同形态，又有较强的敏感性，其分析和驾驭需要较高的政治素养和理论素养。

4. 技术型和文化型

这组动力模式的着眼点在于超循环竞合的活力，即企业根据自己的业态、规模和愿景，响应技术进步的要求和文化社会的呼唤，在寻求技术拉动和文化推动方面形成自己的独特发展模式，以实现快速、和谐和可持续发展。

技术型动力模式主要形成于企业在技术研发、技术创新、技术变革、技术交流的超循环空间开展竞合博弈的过程中，其基本理念更多的是强调关注前沿，把握趋势，简单来说就是在超循环竞合中致力于国内外相关科学技术新理论、新成果、新应用和新趋势的监测、把握和应用，发挥技术进步效应。从形成与作用的领域来看，主要有以下层面：①适用技术的分析与定位，包括常规技术、传统技术、优势技术、引进技术、短平快技术、劳动密集型技术、小发明、小创造等一般性技术的搜集与运用；②高新技术的分析与定位，包括新材料、新能源、新产品、新装备、信息技术、虚拟技术、生物技术、空间技术、深海技术等前沿领先技术的研发与应用；③技术权利的分析与定位，包括发明创造、实用新型、外观设计、技术秘密、配方秘密、版权、专利申请、专利保护、过期专利等专利情报信息的获取与应用；④技术研发的分析与定位，包括基础研究、应用研究、试验开发、技术交易市场、技术扩散、开放源代码许可、研发网络等技术研究与交流活动的参与与利用。技术型动力模式是企业技术革新、技术改造、技术进步不可或缺的外部资源，对知识密集型和技术密集型企业尤为重要，有助于促进企业转型升级，提高资本劳动比率，扩大生产经营规模，实施差异化战略，抢占市场先机，抬高市场门槛，形成进入壁垒，获得高额收益，构筑和巩固行业领先地位，增强企业的生命力、创造力和核心竞争能力。当然，技术性动力的形成和运用，常常需要有较强的人才、投资和业务基础。

文化型动力模式主要形成于企业在文化地理、文化传承、文化创造、文化传播的超循环空间开展竞合博弈的过程中，其基本理念更多的是强调适调融合，交流创新，简单来说就是在超循环竞合中致力于所在地和所在市场文化设施、文化资源、文化活动、文化习俗、文化需求的了解和对接，发挥文化融合效应。从形成和作用的领域来看，主要有以下途径：①文化结构的研究与对接，包括对传统文化与时尚文化、主流文化与亚文化、地方文化与民族文化、地缘文化与地貌文化、城市文化与乡村文化等各类文化形态；②文化要素的研究与对接，包括语言、文字、道德、艺术、宗教、信仰、价值观、人生观、消费观、风俗、习惯、礼仪等各种精神意识形态；③文化生活的研究与对接，包括旅游、休闲、康体、竞技、学习、教育、娱乐、演艺、节庆、婚丧、装饰、养殖等文化活动和文化行为；④文化交流的研究与对接，包括传媒、影视、会展、论坛、书市、电商、博客、微信等文化传播设施与平台。文化型动力模式是对接地方和市场，激发企业，尤其是文化创意企业创造力的重要途径，有利于增强企业与产品的文化适应和文化内涵，以提高管理与营销的文化品质和文化魅力，塑造企业文化和品牌形象，低成本地增强企业与产品的社会亲和力和市场感召力，但其形成和运用也是一个专业性的过程，特别有赖于企业文化、企业家文化素养和企业文化人才的基础和条件。

关于联动动力模式，有两个涉及模式分析的概念性问题需要厘清。第一，关于广义资源和狭义资源的概念。广义资源，是可供企业开发和利用并能带来效益的各种外部环境、外部要素和外部条件，是超循环竞合的基础、内容和载体，包括各种自然资源和社会资源、物质资源和精神资源。其中：既有有形的，如矿产、生物、市政基础设施、销售渠道等，又有无形的，如知识、信息、关系资本、政策环境等；既有可再生的，如太阳能、动植物、农田、知识等，又有不可再生的，如矿石、石油、煤炭、专利等；既有共享资源，如公海、太空、公开信息、道路交通等，又有专享资源，如国家控制、管辖的或特定组织垄断、独享的等；既有现实的，已被认识、开发和利用的，又有潜在的，尚未被认识、开发和利用的。狭义资源，特指广义资源中某一类或某一领域具有某种特定价值和功能的资源，如土地资源、设施资源、市场资源、关系资源、知识资源、技术资源、文化资源、政策资源、制度资源等。可见，超循环竞合中的各种联动动力模式，包括资源型动力模式，是从不同角度区分的狭义资源、资源环境或环境资源的概念运用。这种运用，契合了动力模式所具有的可选择性、可利用性、可构筑性、可操作性等基本特性。第二，关于资源环境和非资源环境的概念。两者的共性都是企业的外部环境，即超循环竞合意义上的资源环境，是与企业内部资源环境相对应的。区别在于：资源环境强调的是具有开发和利用价值的资源为内容或对象的环境，是超循环竞合联动动力得以形成的资源环境；非资源环境是那些不可开发利用或不可直接开发利用的自然环境或人文环境，如大气污染、废气废水、垃圾信息、网络病毒等，不可能形成超循环竞合联动动力的一类主客观环境。

三、超循环体动力模式比较分析

为了对超循环体动力模式有一种相对量化的比较和更加系统性的把握，并有助于对超循环体动力模式的丰富内涵和应用原理做出进一步的揭示，我们比较分析超循环体动力模式基本理念和作用机制（见表 5-3）。

表 5-3　超循环体动力模式基本理念和作用机制比较分析

动力模式（形态）		基本理念（价值观）	作用机制（着力点）				作用层面（着眼点）	
			竞争分享	合作互惠	公关协同	学习响应		
互动动力模式	要素型	扬长避短·扬长补短	●●●	●●●	●●	●	内容	主体关系·微观层面
	产权型	资本运营·快速扩张	●●	●●●	●●●	●●		
	业链型	衔接产销·优化链条	●●●	●●●	●●	●	环节	
	平台型	聚合资源·整合供求	●●	●●●	●●●	●●		
	双边型	对象聚焦·任务明确	●●●	●●●	●●	●	结构	
	多边型	统筹兼顾·环境友好	●●	●●●	●●●	●●		
	实体型	业态稳定·物流可控	●●●	●●●	●●	●	业态	
	虚拟型	整合资源·集约投资	●	●●●	●●●	●●		

续表

动力模式（形态）		基本理念（价值观）	作用机制（着力点）				作用层面（着眼点）	
			竞争分享	合作互惠	公关协同	学习响应		
联动动力模式	市场型	需求导向·客户至上	●●●	●●	●●	●●●	基础	主客关系·宏观层面
	资源型	系统开发·有效利用	●●●	●●●	●●●	●●●		
	行业型	准确定位·提升价值	●●	●●●	●●	●●●	载体	
	区位型	合纵连横·分享优势	●●●	●●●	●●●	●●●		
	政策型	与时俱进·顺势而为	●	●	●●	●●●	秩序	
	体制型	社会协同·体制保障	●	●	●●	●●●		
	技术型	关注前沿·把握趋势	●●	●●	●	●●●	活力	
	文化型	适调融合·交流创新	●	●●	●●●	●●●		

注：●●●示很注重，●●示较注重，●示不注重或不确定

在表 5-3 中，横列分别是超循环竞合四种行为机制的作用特性的体现特征，其作用程度和体现程度分别用圆点的多少加以表示。表中的量化比较均以企业外部运营实践的经验性考察为基础，同样并不认为是精准化的和终极化的量化结论，而愿意更多地视其为一种可资参考、可资深入具体地分析和讨论的量化平台。

从上述基本阐述及表 5-3 中，我们看到，16 种超循环体动力模式各自独立、二元组合，又相互关联、相辅相成，多层面、多要素、多视角、多形态地构成了一种比较系统的超循环体动力模式框架体系。这一框架体系，集超循环竞合系统或超循环动力系统的主体性和客体性、本能性和本质性、业务性和组织性、理念性和方法性于一身，集互动动力和联动动力的激发性与基体性、成长性和成熟性、活跃性和有序性、强劲性和稳定性于一身，不仅全面蕴含着对超循环竞合不同领域的运营理念、运营内容、运营方式的选择和应用，全面蕴含着对超循环竞合不同层次的本性特征、行为方式、政策倾向的认知和把握，而且生动体现着产业竞合体、区域竞合体、社会竞合体和自然竞合体动力等四大超循环体动力的价值与需求，生动体现着互动动力与联动动力的结构与功能，进而以其选择性、涨落性、协同性、转换性的不同图式和轨迹，直接决定着和具体反映着企业最基本的商业决策与商业特性——这就是超循环体动力模式决定企业商业特性的基本原理和基本效应，我们简称为源动力模式效应原理。

同样，超循环体动力模式框架体系的建构和解析，实际上也从内涵和外延上，定义和厘清了通常意义上的企业商业模式的概念体系，即这一外体化运营模式的

界说，消解了长期以来商业模式与作为主体化运营模式的管理模式和作为本体化运营模式的经营模式，在概念上和归类上的各种歧义和混淆。

四、超循环体动力模式复杂性序列图谱

我们看到，8 组超循环体动力模式在企业外体化运营管理中所处的层次及其着眼点和着力点都有所不同，16 种超循环体动力模式的理念和方法、功能和作用都有所区别，本性特征和行为方式、基本理念和政策倾向也都有一定的差异。面对如此丰富多彩、纷繁复杂的超循环体动力模式，如何才能更有针对性和更具灵活性地选择和运用，进而更好地体现源动力模式效应原理呢？在此，我们也着重就超循环体动力模式框架体系中隐含的一种复杂性类聚结构做出进一步的揭示，因为这种复杂性不仅内在地联系着本性结构、行为机制和政策杠杆等超循环竞合理论的基本认知问题，也更多地联系着运营成本、管理需求和决策能力等企业价值选择的一些现实问题。

1. 行为机制及本性基础的单纯性和复合性

（1）超循环体动力模式二元组合的前项与后项相比较，在行为机制及其本性基础的运用和把握上都存在一种简单性与复杂性的微妙差别。即要素型、业链型、双边型、实体型，以及市场型、行业型、政策型、技术型等前 8 种模式，与产权型、平台型、多边型、虚拟型，以及资源型、区位型、体制型、文化型等后 8 种模式相比较，前者的形成与作用在行为机制及其本性结构的运用和把握上相对单纯，考虑的领域、环节和因素相对少些，而后者的形成与作用涉及更多的一些环节和领域，不确定性因素也较多，往往要顾及更多、更全面的行为方式及其本性特征。当然，超循环体动力模式由于其赖以形成的超循环竞合环境所具有的复杂性共性，与主体动力模式和运营体动力模式比较，单纯性与复合性的差别要更小一些，但依然是可以辨析的，因此，我们同样可以大致地把前 8 种模式类聚化地称为单纯型超循环体动力模式，把后 8 种模式类聚化地称为复合型超循环体动力模式。

（2）各种单纯型超循环体动力模式之间，或各种复合型超循环体动力模式之间，并不是非此即彼的矛盾关系，只是观察的视角、侧重的领域、切入点或着力点有所不同。例如，在单纯型模式中，要素和产权都是竞合的内容，业链和平台都是竞合的环节，双边和多边都是竞合的关系结构，实体和虚拟都是竞合的组织业态。又如，在复合型模式中，市场和资源都是超循环的基础，行业和区位都是超循环的载体，政策和体制都是超循环秩序，技术和文化都体现着超循环的活力，因而在实践中大多可以甚至需要相互兼容，并行不悖地同时运用，我们把这种现

象称为单纯型超循环体动力模式之间或复合型超循环体动力模式之间客观存在的一种共时现象。

（3）在单纯型和复合型两类动力模式之间，有可并存和不可并存之别。例如：互动动力模式的二元构体，一般不具有并存性，因为要素型与产权型、业链型与平台型、双边型与多边型、实体型与虚拟型，都是结构、性质和内容截然不同的运营模式，体现的是竞合主体之间不同关系结构的差异性，实践中需要做出不同的选择与决策；联动动力模式的二元构体，则多具内在的并存性，因为市场总有资源的基础，行业总有区位空间，政策总有体制条件，技术总有文化环境，两者总是共时地交互存在的，体现出超循环竞合外部环境的统一性，因而在实践中常常需要统筹兼顾的运营模式，我们把这种现象称为单纯型超循环体动力模式之间或复合型超循环体动力模式之间客观存在的一种交互现象。

2. 政策杠杆及本性基础的偏爱性和兼容性

（1）互动动力模式中的要素型、业链型、双边型、实体型，联动动力模式中的体制型、政策型、技术型、文化型、市场型、行业型、虚拟型，对于借力、借势、借机三大政策杠杆，一般都会表现出不同程度的偏爱性或倾向性，或偏重借力，或偏重借势，或偏重借机，相应本性结构和行为机制的把握和运用会相对简单些；而互动动力模式中的平台型、产权型、多边型，以及联动动力中的资源型、区位型，对于借力、借势、借机三大政策杠杆，都不同程度地会表现出全面运用、全面兼容的特性，相应本性结构和行为机制的把握和运用会相对复杂些。因此，我们将前 11 种模式类聚化地称为偏爱型超循环体动力模式，将后 5 种模式类聚化地称为兼容型超循环体动力模式。

（2）偏爱型动力模式和兼容型动力模式都是相对而言的，也不能绝对化地理解。偏爱型倚重某一种政策杠杆，并不意味着对其他两大政策杠杆的排斥，只是会突出表现为或特别注重对该政策杠杆的贯彻和实施，同时，兼容型也会有不同程度的差异，并不意味着绝对均衡。

（3）超循环体动力模式在借力、借势、借机三大政策杠杆上的兼容性和偏爱性，与超循环竞合的本性结构关系密切。一般来说，当互动性、逐利性和扩张性本性占据主导地位的时候，运营实践中往往会表现出较强的借力色彩；反之，当旋升性、增值性和演进性本性的一面被更多地重视的时候，运营实践中往往会体现出较多的借势或借机的色彩。

为直观、简约地表达 8 组 16 种超循环体动力模式在整体上的复杂性序列，我们以政策杠杆、行为机制和本性结构三个基本层面复杂性的综合性分析与比较为基础，给出如下超循环体动力模式复杂性序列图谱，并形象化、功能化地称之为企业商业路线图（见图 5-3）。

兼容性		政策偏爱型											政策兼容型				
政策杠杆	借力			要素型	业链型	双边型	实体型										
	借势	体制型									行业型		平台型	产权型	多边型	资源型	区位型
	借机		政策型					技术型	文化型	市场型		虚拟型					
复杂性		低度复杂			中度复杂						中高度复杂				高度复杂		

图 5-3 超循环体动力模式复杂性序列（企业商业路线图）

该路线图以借力、借势、借机三大政策杠杆为横轴和主线，简约而直观地展示了 16 种超循环体动力模式由偏爱型到兼容型、由简单型到复杂型的一种序列图谱，对超循环体动力系统开发和利用的理性思考来说，对超循环体动力模式选择与运用的基本实践来说，这既是一个化繁为简的窗口，又是一个由浅入深的门槛，其中所蕴含的深刻理念和丰富内涵、所体现的系统性和可操作性可在具体的运营实践中不断被体会和印证。

第六章 企业行为疾患

第一节 进取异化和主体动力衰竭

进取人是主体动力有效形成与作用的内在机理和基本源泉，但进取人的进取性由于内在或外在等多方面的原因，有发生扭曲、畸变、分裂、冲突、失调、失控，进而主体动力系统表现失序、失灵、失利，甚至倒行逆施或萎缩退化的各种情形。在这些情形中，最突出、最致命，因而最需避免和防范的问题或“疾患”，就是或左或右、或正反馈或负反馈地出现进取异化和主体动力衰竭两大退化动力学现象。

一、进取异化的主要倾向、表现和原因

进取异化，从本质上揭示，就是进取人的三维二元本性表现出一种单向性的、片面性的过度激发和强化，致使进取人的四种行为机制不能正常发挥和运用，进而畸形地或失衡失序地左右着主体动力系统的作用。例如：畸变为过度强化的单一经济人，唯利是图，金钱至上，急功近利；或畸变为过度强化的单一社会人，热衷官场和社交场，沽名钓誉，拉帮结伙，欺上瞒下，失去脚踏实地的奋斗精神。又如：畸变为过度强化的单一契约人，畏首畏尾，不敢越雷池一步，唯命是从，不敢创想与争先，缺乏自主性、能动性和创造性；或畸变为过度强化的单一自由人，为所欲为，我行我素，不务正业，独断专行，滥用职权，无视契约、规则和秩序。再如：畸变为过度强化的单一理性人，唯书唯上，循规蹈矩，瞻前顾后，不讲人文关怀、因人而异与变通；或畸变为过度强化的单一感性人，不顾大局，意气行事，不讲原则，感情用事，朝令夕改，随心所欲，等等。进取异化，作为一种企业主体动力系统的疾患，其病理特征或本质特征，就是进取人的三维二元本性结构失去了统一，走向了分裂；失去了和谐，走向了冲突；失去了平衡，走向了极端；失去了常态，走向了扭曲。

进取异化可谓形态多样，可能发生在企业主体化运营的各层次、各领域，发生在每一层级的个体动力和团体动力身上，现实企业运营中，最典型、最常见、最具危害性的疾患是发生在个体动力的形成与作用领域，主要有以下三种倾向。

1. 过度功利化

与正常的功利意识和功利追求不同，过度功利化是极端经济人的一种倾向，往往把自身经济利益的追求凌驾于他人、集体、社会和长远利益之上，不顾规则、不择手段地追求短期利益和自身经济利益的最大化。例如：投资者的贪婪，不惜违法经营，巧取豪夺，搞财务欺诈，搞权钱交易、内幕交易，实行血汗工资等；经营者的贪腐，不惜弄虚作假，以权谋私，化公为私，贪赃枉法，扩大职务消费，搞内部人控制和暗箱操作等；管理者的寻租，不惜假公济私，争权夺利，行贿受贿，克扣工资，多吃多占，偷工减料，搞灰色收入等；生产者的拜金，不惜损人利己，损公肥私，公器私用，不劳而获，吃拿卡要等。主体动力系统中任何一个层级的过度功利化倾向，不仅使自身职能和作用不能正常发挥，而且都会以其他动力主体的权利损害为代价，或隐或显地造成不同动力主体之间的矛盾、摩擦和冲突，都会不同程度地破坏主体利益的兼容性，影响团队协作和经营效率，进而使企业的整体利益和长远利益遭受损害。

过度功利化现象存在的原因比较复杂，但总体上，不外乎外源性和内生性两大方面。就内生性原因而言，组织制度建设，或法治设施建设和道治手段行使方面的因素首当其冲。例如，缺乏完备而可靠的监察监事机构、财务审计制度、行为规范、工作纪律、检查评议、政务公开和违规处罚等各种约束机制，特别是存在一定的制度漏洞和寻租空间。又如，片面发挥利益追求机制的作用，过度推崇物质激励和金钱刺激、近期绩效和短期市值的作用，也往往会在客观上助长拜金主义极端思想与行为的泛滥。再如，缺乏公平而有力的绩效奖惩、扬善惩恶与贡献回报机制，特别是随意违背协议与承诺，破坏正常的分配与分红秩序，也会迫使受害方积怨而行，不择手段甚至变本加厉地捞取好处，以寻求权利所得和心理平衡。当然，思想道德建设，或情治原则贯彻方面的因素也不可忽视。例如，法制观念、道德理想、团队精神、奉献精神、行为规范、工作纪律、人生观、价值观等方面思想教育和精神激励的缺失和薄弱，也会在一定的程度上放纵过度功利化行为的存在，失去对过度功利化行为的思想性和氛围性约束。就其外源性因素而言，企业内部的过度功利化现象与外部社会的过度功利化现象有着千丝万缕、不可分割的直接联系和必然联系，归纳起来大致可以从三个角度来揭示：一是交易行为的市场性缺陷，如权钱交易、黑幕交易、制假售假，以及各种潜势力和潜规则的侵袭、感染、利诱等；二是法律监督的社会性缺陷，如钻法律制度、政策措施的空子，以及少数政府监督部门、司法监察部门的不作为使企业当事人的不当行为有机可乘、有空可钻，甚至出现政企、银企或企业与企业之间当事者里勾外连、贪腐贿赂、共谋私利等同流合污的各类情形；三是人才输入的资源性缺陷，如招聘失察、用人失当、合作失慎，先天性地导致品格低劣型人才的引进与人力的输入等。

2. 过度自我化

与通常的自我意识、自我意志和自我追求不同，过度自我化是极端自由人的一种倾向，往往是以我为中心，唯我独尊，把个人荣誉和自我实现看得高于一切，把个人意志不加限定地凌驾于他人和集体力量之上。例如：投资者的独尊，视自己为救世主，自命不凡，刚愎自用，甚至搞绝对支配、个人崇拜等；经营者的专断，高高在上，居功自傲，拉帮结派，任人唯亲，甚至搞顺我者昌、逆我者亡等；管理者的偏执，骄横跋扈，越俎代庖，搞主观主义、本位主义、排斥异己等；生产者的自负，独善其身，自以为是，恃才傲物，固执己见，搞个人英雄主义、小团体主义，等等。主体动力系统中任何一个层级的过度自我化倾向，不仅使自身职能和作用不能正常发挥，而且都会不同程度地破坏主体能级的相应性，损害团队精神和合作氛围，使集体智慧和集体力量难以有效凝聚，集体意志和集体荣誉难以充分体现，使企业的整体优势和整体效率难以有效形成。

过度自我化现象的存在，表面上来看，似乎是一种个性或品性反应，是自我修养方面的问题，但作为企业组织现象或企业人生现象，如同过度功利化的表现形态，同样有着体制机制和团队文化两方面的深刻原因。例如，在法治设施建设和道治手段运用上，缺乏科学完备的公司治理结构、权力制衡体系和监督机制的约束，形成一种独裁型或高度集权型、过度分权型或极度竞争型的畸形体制，进而潜移默化地造就出过度自我化滋长的各种土壤、机会和条件；在思想作风建设方面，缺乏团队精神、群众意识、民主风尚，以及团结友爱、互助合作、共同学习等组织文化和情治理念的培养和教育，也是导致各种过度自我化表现的重要原因。当然，过度自我化倾向的存在，与外部社会的经济和文化环境也不无关系。例如，遵从优胜劣汰丛林法则的市场竞争机制，以及崇尚充分自由与个性的社会制度和文化氛围等，也会相应地在企业人生进取性中以极端化的形态获得体现。

3. 过度情绪化

与自然情绪和正常情绪化表现不同，过度情绪化是极端感性人的一种倾向，往往是不受理智和理性的支配，不顾大局、原则、规则和常理，任由心境、心情、感情、感觉和主观好恶左右自己的言行与决策，表现出较强的不稳定性和不确定性。例如，投资者的冲动，贪大求洋，盲目攀比，甚至不顾条件、不计后果硬上蛮干等；经营者的激进，好高骛远，好大喜功，急于求成，盲动冒进，朝令夕改，甚至不切实际或不合时宜地推行新政、刻意标新立异等；管理者的粗暴，颐指气使，求全责备，意气用事，喜怒无常，甚至冷酷无情、威胁恫吓等；生产者的任性，妒贤嫉能，愤世嫉俗，斤斤计较，牢骚满腹，甚至动辄消极怠工，自暴自弃，使性子、撂挑子等。主体动力系统中任何一个层级的过度情绪化倾向，不仅会严重制约自身发展和自身能力的正常发挥，而且会伤害不同主体间的感情和团队内的和谐，不同程度地破坏主体作用的全面性，导致企业整体决策力和执行力的下降。

过度情绪化行为的出现，特别是频率与幅度等不同程度的表现形态，固然与个体内在的品性修养和心理素养有着根植性关联，但就其客观诱因而言，主要还是来自企业内部的经营和管理。例如：情治方面，得不到尊重、关怀和信任，甚至遭受排斥、歧视和冷漠，产生失落感和不信任感；或人际关系紧张，缺乏合作共识和合作氛围，缺乏团队精神的培育，缺乏及时的、针对性的心理疏导、情感沟通和思想教育等。又如：道治方面，分配不公，背信弃义，随意性强，付出和回报不对等，期望值有落差；授权不够，工作支持不够，缺乏进步、职权行使和优势发挥的机会与条件；目标引导和过程管理缺失，独裁型、过度集权型和过度竞争型管理，员工意见和建议不能正常表达、吸收和采纳等。再如：法治方面，违背协议、承诺与章法，暗箱操作，缺乏科学严谨的决策程序、规划秩序、激励机制和处罚制度的约束等。当然，也不能忽略外部因素，例如，投资收益、个人收入在横向比较上落差较大，心理不平衡，或企业发展在横向比较上落后明显，产生焦虑、浮躁、怨气或泄气心理等，都会直接或间接地影响工作的情绪和状态。

二、主体动力衰竭的主要领域、表现和原因

如果说进取异化是进取人的三维二元本性，特别是其本能性被单向度地激发和强化，进而企业主体动力，特别是个体动力，出现方向性错误的一类表现形态，那么主体动力的衰竭是进取人的三维二元本性，包括其本能和本质被多领域、多环节地抑制或消磨，进而企业主体动力（包括个体动力和团体动力）出现作用性衰竭的一类表现形态。具体如下所述。

1. 投资方动力衰竭

集中体现在投资激情和热情的极度减弱。例如，企业大股东或产权所有者减少或停止投资，抽逃或转移资金，减少发展基金和资金积累，或恶性大比例分红派息等；外部个体投资者或机构投资者，大量抛售股票，大量减持变现和套现，或停止注资、贴息，收贷惜贷，用脚投票等；主要合作伙伴退股、撤资、提现，或转让股份、终止协议；股东会不能正常召开、审议、表决和运转；等等。诸如

此类，都是投资方动力衰竭的主要征兆和趋势，这类行为无论是突发性还是渐进性，一旦具有主流性、主导性，就难于遏制和挽回，必然影响和制约各类资源的整合力和吸引力，必然使企业整个生产经营活动遭受“抽血或失血”的挫折与重创，因而企业前景暗淡，甚至面临崩溃和瓦解。

投资方动力衰竭现象的出现，整体来看，大多是外部因素所致。例如，市场因素有产品市场萎缩、资源供应短缺、成长空间受限、前景暗淡或风险增大、市场竞争激烈、预期收益下降等；又如，受产业、税收和信贷政策调整，政府支持或扶持力度下降等政策因素的影响；再如，企业间、或企业与银行、企业与个体投资者或机构投资者之间发生合作变故，导致资金链断裂的融资因素等。当然，投资方动力衰竭，一定程度上也与一些个体性或团体性的内在原因有关。例如，投资业主有小富即安、自满自足的小农意识，或有僵化保守、畏惧风险的个性气质等；又如，有人才短缺、能力受限，团队分裂、难以维系的管理因素；再如，还有投资失策失利、伤及元气以至难于挽回的经营因素等。

2. 经营方动力衰竭

集中体现在经营激情和热情的极度减弱。例如：在决策上，优柔寡断，患得患失，怕担责任和风险等；在行动上，因循守旧，求稳怕乱，不思变革与创新；在心态上，悲观失望，妄自菲薄，丧失信心和勇气；在素养上，知识匮乏，眼界狭窄，不善学习与用人；在品格上，玩忽职守，贪图享受，不加自律和节制；在团队上，钩心斗角，各持己见，缺乏团结和沟通，特别是缺乏董事会机制或其机制不能正常发挥。凡此种种，都是经营方动力走向衰竭的主要趋势和征兆，都会不同程度地影响和制约各级主体的凝聚力和战斗力，挫伤投资者、管理者及其下属对经营管理的信心和对经营者的信赖，最终必然使企业整个生产经营活动步入倒退和停滞的危险境地。

经营方动力衰竭现象的出现，与投资方动力衰竭的原因有所不同，大多源自内部因素。例如，经营层责权利不统一，或授权不够，或职责不清，或绩效回报过低，自身价值难以体现和实现，导致工作热情下降，奋斗精神受挫；又如，经营者的知识、观念、意志和能力不能适应发展变化和竞争增长的要求，力不从心，患得患失，或难以统筹全局、攻坚克难、力挽狂澜；再如，团队不合，内耗严重，或失信于众，特别是失去投资者的信赖和支持；等等。此外，外部市场和政策环境长期而难以应对的不利变化，同业或不同行业薪酬回报的较大落差等，也会不同程度地影响经营者的信心、情绪和斗志。

3. 管理方动力衰竭

集中体现在管理激情和热情的极度减弱。例如，在心态上，事不关己，高高挂起，不求有功，但求无过，缺乏理想和信念；在工作上，敷衍塞责，推诿扯皮，玩忽职守，被动应付，缺乏责任心和主动性；在处事上，唯唯诺诺，谨小慎微，左顾右盼，缩手缩脚，缺乏能动性和创造性；在品格上，欺瞒造假，报喜不报忧，缺乏诚信与境界；在团队上，相互扯皮，相互掣肘，缺乏合作与协调，特别是缺乏管委会机制或其机制不能正常发挥。诸如此类，都是管理方动力走向衰竭的典型趋势和征兆，这类情形的出现，必然导致“中梗阻”和企业执行力不同程度的下降，使上级决策难以有效贯彻实施，基层员工无所适从，工作积极性和有序性遭受伤害，最终导致企业生产经营活动出现严重失序和紊乱的被动局面。

管理方动力衰竭现象的出现，基本上源于内部因素，主要是体制机制上的问题。例如，机构设置和业务流程不合理，信息沟通不畅，各自为政，推诿扯皮，缺乏管委会机制或其机制不能正常发挥；又如，发展战略不明确，政策措施不力，上级决策主观随意，偏听偏信瞎指挥，对下属管理者缺乏信任、支持和理解；再如，责权利不明确、不合理、不统一、不落实，授权不够，责任不清，考核松弛，缺乏科学严谨的奖惩制度和激励机制；还有，就是团队建设薄弱，长期处于钩心斗角、相互掣肘的状态，缺乏竞争机制和合作机制的建设及有效运用等等。另外，企业间、社会上横向比较明显存在的收入差距，作为外部因素，也不可避免地会影响到管理层工作的积极性和稳定性。

4. 生产方动力衰竭

集中体现在工作激情或热情、热心的极度减弱。例如，技术人员不思革新与创造，眼高手低，不学无术，得过且过；生产人员不求争先与创优，怨天尤人，不务正业，邋遢懒散；销售人员不讲实干与诚信，投机取巧，弄虚作假，更为严重的是出现妒贤嫉能、打击和孤立先进，枪打出头鸟的歪风邪气，或出现人才流失、离心离德等忠诚度和凝聚力严重下降的问题。凡此种种，都是生产方动力走向衰竭的明显趋势和征兆，是企业主体动力系统底层作用结构、最基础的人机作业系统的严重病变，不仅会使企业生产经营活动处于低能和低效的窘迫局面，而且最终会使企业陷入一盘散沙、积重难返的经营管理困境。

生产方动力衰竭现象的出现，主要源于企业内部的经营管理问题，特别是管理因素。例如，分配不公、差距过大、付出与回报不对等，或平均主义“大锅饭”、干多干少一个样、干与不干一个样等，或鞭打快牛、机会不均等，工作分配和考核失衡失当等，缺乏科学、公正而稳定的奖惩机制和激励机制；又如，官僚体制，不近人情，不解下情，不关心、不顾及基层的困难和条件，或独断专行，暗箱操作，基层情绪和意见得不到正常的反馈和尊重等，缺乏必要的民主与沟通机制，职代会或工会组织缺失，或不能正常正确履行职责；再如，工作条件简陋，创新手段不足，缺乏基层团队建设和硬件设施建设；再者，就是管理粗放，监督不力，考核不严，行为规范与奖惩制度缺失、不健全或形同虚设等，缺乏必要的竞争机制和目标管理。另外，与经营体和管理方动力衰竭的外部原因类同，横向因素，主要是同业收入差距的悬殊，也会直接或间接地影响到生产工作者和技术工作者的情绪和心态。

三、主体动力系统疾患的综合分析与对策

进取异化和主体动力衰竭的各类现象：①从存在特征来看，可以发生在主体动力系统的每一个层次，既可以在某一个领域个别性、局部性地存在，也可以更严重地在各领域中交织性、系统性地存在，前者往往意味着一时性和易扭转性，后者往往意味着长期性和难以扭转性；②从原因来看，既有内在的组织制度、团队建设、个体素养等方面的原因，也有外在的市场性、政策性、社会性等方面的原因，并且层次越低级，内生性因素的地位越突出，层次越高级，外源性因素的地位越突出；③从形成机制来看，都根植于进取人的本能、本质和基本理念未能正确体现，根植于进取人的行为机制、政策杠杆、动力模式的作用未能得到有效发挥；④从后果来说，进取异化现象的出现，特别是发生在企业高管身上，主要是会不同程度地损害和扭曲企业运营的品质、性质及其经营管理功能的正常发挥，而主体动力衰竭现象无论出现在哪一层级的团体和群体，都会无情地危及和扼杀企业发展的活力、前途和命运。

现在，我们将导致进取异化和主体动力衰竭两类现象的内外因素分析综合在一起，直观化、整体化地给出主体动力系统病因图示（见图 6-1）。

主体动力系统疾患的考察、分析和诊断，实际上系统化地为我们找到了防治进取异化和主体动力衰竭的基本路径和方法，总体来说就是：一方面要强化企业内在的制度建设、团队建设、素质建设和思想建设；另一方面要强化企业外在的市场防御、社会防御、政策防御和资源防御。其基本观念，就是要从静态的、闭合的人性假设，走向动态的、开放的人生假设，立足于四大主体动力的系统性和有机性，特别是互动动力和联动动力的层级性和对偶性。其基本路径，就是要致力于进取人三维本性结构的正确认识和把握，致力于进取人四种行为机制、三大政策杠杆以及八组运营模式的有效选择、发挥和运用。其核心思想，就是要扬善抑恶、趋利避害，实现主体化运营的自主性、能动性和创造性。

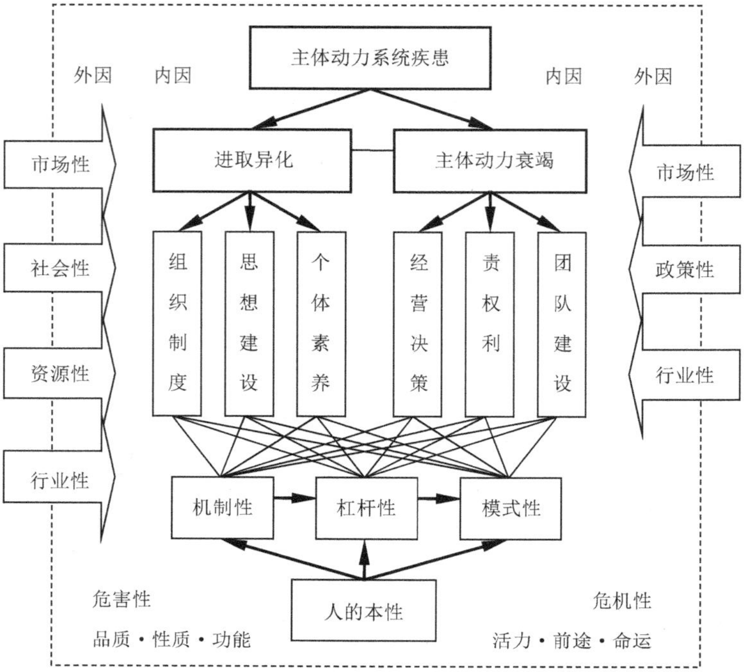

图 6-1　主体动力系统病因

第二节　聚势失衡与运营体动力黏滞

聚势运营是运营体动力有效形成与作用的内在机理和基本依托，但聚势运营的聚势性由于内部或外部多方面的原因，常常会发生扭曲、畸变、分裂、冲突、失调、失控，进而运营体动力系统出现失序、失灵、失利，甚至倒行逆施或萎缩退化的各种情形。在这些情形中，最常见、最致命，因而最需避免和防范的问题或疾患，就是或左或右、或正反馈或负反馈地出现聚势失衡和运营体动力黏滞两大退化动力学现象。

一、聚势失衡的主要倾向、表现和原因

聚势失衡，从本质上揭示，就是聚势运营的四维二元本性表现出一种单向性的、片面性的过度激发和强化，致使聚势运营的六种行为机制不能正常发挥和运用，进而畸形地或失衡失序地左右着运营体动力系统的作用。例如：资本性与人本性的失衡，单纯强调投资回报、企业积累、生产扩张、市场扩张、技术控制、

流程控制等企业需求和企业本体因素的决定性作用，无视人的需求、人的发展、人的个性、人的能动性、人的自主性、人的适应性的重要地位；或者相反，无视积累、投资、技术、设备、渠道、品牌、规模、形象等企业本体因素的内在需求和决定性作用，过分强调人的胆识、人的关系、人的才智、人的技能、人的经验、人的专业、人的需求的决定性作用。又如：多体性与整体性的失衡，过度强调投资、技术、营销、体制、管理、文化等各部门、各领域的局部需求和决定性作用，忽视统筹兼顾、综合协调、优化配置、全面发展、相互制约、相互促进等整体需求和决定性作用；或者相反，只强调全局性、整体性的利益需求和决定作用，忽视部门性、局部性的特殊需求及其一定时期可能发挥的决定性作用。再如：强劲性和稳定性的失衡，过度追求高增长、高速度、超常规发展、超越式增长，以至高压式经营和暴发式增长的道路选择，忽视质量提升、效率提升、品牌塑造、科学管理、后劲积累、外部经济等企业和谐发展和可持续发展的价值取向；或者相反，单纯强调风险防范、均衡和谐、稳定渐进、顺应适应等在企业发展中的重要地位和价值，忽视风险投资、规模竞争、优势构筑、积极跨越等在企业现实竞争中的重要地位和特殊意义。又如：外源性和内生性的失衡，过度强调公共关系、资本运作、资源利用、外部引进的价值和作用，忽视内部管理、内部整合、内在素质、内在潜能等内在因素的决定性作用；或者相反，片面强调内部素质、内部培养、自我积累、自力更生的价值理念，甚至走上闭关自守、故步自封的道路，忽视要素市场开发与利用、资本运作与外部合作、公共关系和外部经济等企业外部空间的能量和作用，如此种种。聚势失衡作为企业运营体动力系统的疾患，其病理特征或本质特征，就是在聚势运营的四维本性结构中失去了统一，走向了分裂；失去了和谐，走向了冲突；失去了平衡，走向了极端；失去了常态，走向了扭曲。

聚势失衡可谓形态多样，可能发生在企业本体化运营的各层次、各领域，发生在每一交汇的独立动力和统合动力身上，但现实企业运营中，最突出、最常见，也最具危害性的疾患是发生在独立动力的形成与作用领域，主要有以下三种倾向。

1. 过度积累

与企业的正常积累和一定时期，如起步期、快速成长期所需要的一定程度的高积累不同，过度积累是那种不顾企业正常生产和再生产的消费与分配需求，特别是不顾企业员工正常的，甚至最低的劳动收入分配需求，而高比例地积累投资基金和项目基金，急速扩大企业经营规模的极端倾向。例如，热衷于上项目、铺摊子，突破资本积累与发展基金的最高上限，过度投资，极速扩张，与此相应，实行低工资、低福利，压榨劳动者收入，甚至紧缩科研、管理、销售等经费开支，突破生产管理与分配需求的最低下限，丧失人气，伤及元气。显然，运营体动力系统中过度积累和过度投资的倾向，从本质上来说，是聚势运营中的资本性强势泯灭和压抑人本性的一种倾向，不仅会严重侵害劳动者的正常收益和正当权益，打击劳动者的生产积极性，而且会导致企业要素资源配置的扭曲，最终影响投资效率和效益，特别是透支未来增长潜力，损伤未来增长动力。

2. 单纯业务

与企业既重视业务成长又重视组织进步的系统化、整体化经营不同，单纯业务特指那种忽视业务成长与组织进步之间的互动关系，特别是不考虑体制、管理、文化等组织因素的适应性或约束性，而一味强调投资、技术、营销等业务领域的成长，单纯追求企业生产指标、财务指标和增长指标的极端倾向。例如，把着眼点和基本资源都放在生产部门、销售部门、财务部门或技术部门，全神贯注于产品结构、资本结构、技术结构、市场结构的调整转化，以及生产效率、资金周转、销售收入、红利盈余等经济技术指标的具体实现。与此同时，忽视企业的制度建设、组织建设、队伍建设、素质建设、品牌建设、形象建设和文化建设，忽视经济环境、社会环境和政策环境，特别轻视人力资源、宣传教育、网络信息、规划发展、公共关系等非业务部门的地位和作用，对企业的组织体制、管理机制和管理方式以及人的思想观念是否适应业务增长与扩张的要求，是否需要有相应的转变和改善缺乏应有的认知与重视。显然，运营体动力系统中单纯业务的倾向，从本质上来说，是聚势运营中的多体性强势冲击和脱离整体性的一种倾向，不仅会弱化体制、管理与文化对生产经营的促进作用和保障作用，弱化企业整合力和软实力的作用，最终也会影响和制约各项业务的健康成长，影响和制约企业生产力和硬实力作用的有效形成与发挥。

3. 激进跨越

与企业一定时期有内外依托基础的跨越式发展战略不同，激进跨越特指不考虑企业所处的发展阶段和水平，特别是不顾企业管理能力和资源条件的许可，主观意志地跨行业、跨阶段发展，刻意追求企业转型升级或超速增长的极端倾向。例如，不考虑企业自身的经济实力、技术条件、驾驭能力、管理水平、外部竞争态势和市场资源的运作能力；不考虑自己的优势、劣势和承载力，看着其他企业在挣钱，或看到有政策支持、市场前景，就见异思迁，机械模仿，提出升级型跨越的目标，盲目进入新产业，上新项目或搞多元化，甚至不惜失去自身的优势产品和优势市场。又如，不考虑品质、效益和持续增长的长远需求，提出不切实际的规模扩张、市场扩张和营收增长等数量型跨越的目标，热衷于拼人力、拼设备、拼市场、拼价格，急功近利、急于求成，甚至不计成本、不惜代价、过度负债、疯狂并购、贸然扩张、冒险突进。显然，运营体动力系统中激进跨越的倾向，从本质上来说，是聚势运营中的强劲性强势违逆和偏离稳定性的一种倾向，不仅会造成企业资源浪费、经营扭曲和管理失控，影响企业的健康、稳定和可持续发展，而且最终难免走入多元掣肘、效率丧失、进退维谷、举步维艰的被动局面，甚至坠入资金链、供应链和产业链断裂的悬崖。

4. 盲目追风

与审时度势、适应潮流、融入社会和善于学习、大胆引进、积极进取的经营理念不同，盲目追风是那种脱离企业内在基础的支持，忽视企业核心能力的培育和市场优势的发挥，机械模仿和标签式地刻意追求时尚与前卫的一种极端倾向。例如，缺乏对企业外在竞争特点和内在关键环节的深刻把握，投资重点和经营管理中心不恰当地在市场、技术、财务、人力、服务等部门和领域之间快速转化，生搬硬套地采用某种非平衡战略的理论主张；又如，不考虑市场竞争的需求及企业治理结构、调控手段、干部素质是否完善和适应，颠覆性地搞放权、分权和扩权，盲目推行民主决策和自治管理，机械模仿式地实行事业部制或扁平化管理的模式；再如，不考虑与外部市场和产业链的对接，自闭性地分化业务或重组业务，盲目改变经营方向和市场定位，频繁调整管理团队和部门设置，刻意提出超前而过激的经营管理理念和用人策略等。显然，运营体动力系统中盲目追风的倾向，从本质上来说，是聚势运营中的外源性强势割裂和忽视内源性的一种倾向，不仅影响外部信息和资源的有效输入，降低与市场与外部环境的调适性，而且导致企业内部冲突、混乱、内耗、摩擦等诸多弊端，甚至出现效率下降、增速降低、经营失控、组织崩溃等各种危机。

显然，聚势失衡的四种情形有一个共性特征，就是聚势运营本性结构中资本性、多体性、强劲性和外源性等四种本能性本性被过度激发和强化，而本质性的一面，即人本性、整体性、稳定性和内生性等四种本质性本性被相对压抑或弱化，所以说，聚势失衡就其本质而言，是聚势运营本性结构的失衡，是二元矛盾双方分别被打破、被扭曲的现象或结果。

那么，导致聚势失衡四种现象的原因又是什么呢？总体上看，有内在和外在两方面的原因。内在原因主要体现在三个方面。第一，决策者素质结构的缺陷，例如，决策者缺乏对企业发展内在规律的认知和把握，缺乏对经营管理知识，特别是系统理论和科学决策方法的掌握和运用，缺乏科学价值观和良好的个性品格修养，过度功利化、过度自我化和过度情绪化。第二，公司化治理结构的缺陷，例如：权力过度集中，独裁武断，缺乏股东会、董事会、决策团队等集体智慧的有效沟通和必要约束；经营责任制不完善，缺乏必要的期权、年薪、奖惩、审计、追诉等责任机制的约束等。第三，战略性规划结构的缺陷。例如，缺乏科学的发展战略与规划，惯于拍脑瓜经验决策、习于跟风式盲目决策，或发展规划脱离实际，好高骛远，缺乏深入研讨和必要的专家论证。外在原因大体体现在四个方面。第一，竞争压力的刺激。面对先进企业特别是超越自己的企业，难免急躁焦虑，头脑发胀，不认真总结经验教训，随意提出经营与变革目标，强行追赶拼杀。第二，市场机会的诱惑。可以说，新产品、新市场、新政策、新型技术、新兴产业、新建园区等外部机会诱惑太多，企业难免超越现实基础和自身能力的极限，硬性追求市场机会。第三，关联监控的缺失。血汗工资、过度负债、不当预收、恶意拖欠等疾患弊端的存在，也与工会、银行、司法、消协等企业监控相关职能与机制的缺位或缺失不无关系。第四，媒体宣传的追捧。企业的成功总是被媒体作为热点题材大肆宣扬，特别是媒体的功利性迎合与企业的功名性追求常常形成恶性共鸣和共振，致使一些企业家头脑发热发昏，甚至失去理智，更加疯狂地扩张与变革，以彰显其光环和勇气。

二、运营体动力黏滞的主要领域、表现和原因

如果说聚势失衡，是聚势运营的四维二元本性，特别是本能性本性被单向度地激发和强化，进而企业运营体动力走向极端或失控的一类表现形态，那么，运营体动力黏滞是聚势运营的四维二元本性，包括本能性本性和本质性本性被多向位地抑制或扼杀，进而企业运营体动力走向保守和僵化的一类表现形态。

1. 投资体动力黏滞

主要表现是投资运营与开发的薄弱：或股权产权不清，口头契约、意气行事，股权分散、平均配比，集体所有、苦乐不均，最终影响投资者的积极性和合作信心；或不注重资本积累，过度消费和消耗，增长后劲不足、生产经营难以为继；或投资谨小慎微，害怕风险，不敢加大投资，丧失市场机遇；或不善于资本运作，不善于运用并购、重组、转让、合资、承包、租赁等资本运营方式，不善于识别、防范和化解资本运营的风险，不善于盘活资本和控制资本；或负债过高，财务成本过高，资金周转困难，甚至资金链断裂。凡此种种，构成了企业运营和成长的发展需求与企业资本短缺之间的矛盾和冲突，致使投资体聚势运营的本性结构、行为机制、政策杠杆及其经营模式出现系统性的紊乱、衰弱或丧失，进而影响和制约企业的整体运营与发展。

2. 技术体动力黏滞

主要表现是技术研究与开发的薄弱：或不重视技术改造和技术攻关，生产设备和生产工艺陈旧落后，设备利用率和设备生产力低下；或研发经费投入不足，

专业技术人才短缺，缺乏研发新工艺、新产品的能力和条件；或不注重技术储备，缺乏产品开发与技术研发的长远规划和决策，未形成代际交叠的生产与研发序列；或不舍得购买专利技术，不善于引进新设备、新工艺，不注重对技术趋势和技术信息的捕捉和研究；或不善于对外开展技术合作，不善于开展产学研结合及其在产学研结合中学习、探索、模仿和创新。凡此种种，构成了企业运营和成长的发展需求与企业技术落后之间的矛盾和冲突，致使技术体聚势运营的本性结构、行为机制、政策杠杆及其经营模式出现系统性的紊乱、衰弱或丧失，进而影象和制约企业的整体运营与发展。

3. 营销体动力黏滞

主要表现是市场营销与开发的薄弱：或行销手段落后，满足于传统的布点、广告、让利和价格大战，缺乏对融资销售、集团营销、数据营销、网络营销、整合营销、体验营销等新型销售方式的了解和运用；或行销渠道不畅，网点布局和代理层级不合理，窜货严重，直销和联销冲突，线上营销和线下营销冲突；或品牌信誉缺失，虚假广告宣传，欺骗诱骗营销，销售服务和售后服务不到位、不规范、效率低、质量差；或物流技术落后，设施不健全，库存不合理，送货不及时，不善于运用网络、识别、智能、数据传输与跟踪等现代物流技术；或销售政策不当，销售费用紧缩，激励不足，销售队伍不稳定，消极怠工，销售人才短缺；或销售管理失控，价格体系混乱，销售任务指标过高，销售考核重销量而不注重回款，应收账款过大。凡此种种，构成了企业运营和成长的发展需求与企业市场萎靡之间的矛盾和冲突，致使营销体聚势运营的本性结构、行为机制、政策杠杆及其经营模式出现系统性的紊乱、衰弱或丧失，进而影响和制约企业的整体运营与发展。

4. 体制体动力黏滞

主要表现是体制结构与功能的陈腐：或公司治理结构不合理不规范，股东干预过多，缺乏良好的委托代理人和独立董事机制，决策质量和决策效率低；或层级过多，信息传输耗减失真，“中阻梗”严重，控制和指挥失灵；或固守家族式管理体制，重要部门、岗位和人财物大权都由家族势力掌控，甚至搞夫妻店、“家天下”，制约了对家族外专业管理人才的培养、引进、信任和重用；或权力与决策高度集中，下属单位和职能机构缺乏必要的自主性、能动性和创造性，被动执行、消极应付；或机构臃肿，权责不清，条块分割，各自为政，特别是职能服务部门推诿扯皮，涣散懒散，管理成本高，管理效率低下；或体制变革不协调，新旧体制冲突摩擦，信息及业务流程混乱，特别是制度、观念和习惯未能与组织体制相应改变；或组织结构封闭保守，缺乏知识获取、情报信息、公共关系、网络技术等开放性机构的设置，市场应变能力和适应能力差。凡此种种，构成了企业运营和成长的发展需求与企业体制陈腐之间的矛盾和冲突，致使体制体聚势运营的本性结构、行为机制、政策杠杆及其经营模式出现系统性的紊乱、衰弱或丧失，进而影响和制约企业的整体运营与发展。

5. 管理体动力黏滞

主要表现是管理方式与手段的陈腐：或独断专行，主观意志和官僚主义严重，遏制和压抑下属的能动性和创造性；或任人唯亲，因人废言，以线划人，搞裙带关系、宗派主义和小团体主义，挫伤一部分人，特别是外聘新聘人才的热情和积极性；或厉行高压政策，冷酷无情，制定不切实际的高指标，不讲基础、条件和政策，强行推行考核和惩戒，导致下属消极抵抗、弄虚作假和搞歪门邪道；或管理制度不健全、不科学，无法可依，执法不严，有章不循，因人而异，制度繁杂，形同摆设，整个管理秩序混乱和管理效率低下；或分配不公，收入差距过大，过度平均主义，随意克扣工资奖金，盘剥员工收入和基本保障，甚至职务消费和灰色收入盛行；或忽视战略规划，视野狭窄，目光短浅，重治轻防，不善于运用先进管理技术和管理工具，决策盲目性、随意性强，主观主义和经验主义严重；或不善于开展对外合作与交流，不善于开展资本运作和公共关系，不善于吸收新知识、新观念、新技术、新人才，以致故步自封、作茧自缚。凡此种种，构成了企业运营和成长的发展需求与企业管理陈腐之间的矛盾和冲突，致使管理体聚势运营的本性结构、行为机制、政策杠杆及其经营模式出现系统性的紊乱、衰弱或丧失，进而影响和制约企业的整体运营与发展。

6. 文化体动力黏滞

主要表现是文化理念与氛围的陈腐：或缺乏人文关怀和以人为本的思想观念，把经营利润、股东利益、企业积累看得高于一切，不关心员工的切身利益、疾苦痛痒和现实需求，挫伤员工的工作热情和对企业的忠诚度；或奉行个人英雄主义和个人权威，搞一言堂，不听取下属意见和基层呼声，缺乏基本的民主意识和集体决策的观念，挫伤团队向心力和集体智慧的发挥；或持小富即安、求稳怕乱的理念，畏惧投资风险，不敢改革创新，甚至祈天求佛，缺乏自信和科学精神，制约企业做大做强的历史进程；或不讲诚信，偷工减料，假冒伪劣，霸王条款，影响企业持续增长和长远发展；或忽视团队建设，缺乏学习氛围、品德教育和团结协作精神的培养，员工满足现状，不思进取，消极应付，作风懒散，甚至相互掣肘，排斥异己，导致企业一盘散沙；或企业精神空洞抽象，简单模仿，缺乏个性和内聚力，陷于表面文章和形式主义；或新旧体制、合作体制文化冲突严重，在价值理念、发展理念、经营理念和用人理念上缺乏共识和有效整合。凡此种种，构成了企业运营和成长的发展需求与企业文化陈腐之间的矛盾和冲突，致使文化体聚势运营的本性结构、行为机制、政策杠杆及其经营模式出现系统性的紊乱、衰弱或丧失，进而影响和制约企业的整体运营与发展。

可见，运营体动力黏滞现象涉及六大运营体动力系统的各层次、各领域、各环节，原因更是错综复杂，但最主要的还是内在因素。如果说，聚势失衡现象及其原因主要是结构性的，主要体现为聚势运营本性结构的失衡，那么，运营体动力黏滞现象及其内在原因不仅是结构性的，更是要素性的和演进性的，是要素性、结构性和演进性三种原因交互作用的综合反映。

要素性原因，主要是素质性问题。例如，决策者、经营管理者、技术人员和一般员工等各类企业人，在知识素养、专业水平、个性特征、道德品质、理想境界、价值观念等方面不能适应企业运营与增长需求；企业的资金、设备、材料、储运、厂房、空间等各种生产要素，在数量和质量上不能适应企业运营与增长的需求等。

结构性原因，主要是配置性问题。例如，企业股权产权不合理、不清晰，公司治理结构缺失或不科学、不规范，企业战略规划缺失或不科学、不切实际，企业组织结构和业务流程不科学、不灵活，企业盈利模式、商业模式、管理制度、管理方式不科学、不明确，企业投资结构、负债结构、财务结构、产品结构、技术结构、市场结构不科学、不合理，等等，不能适应企业运营与增长的发展需求。

演进性原因，主要是规模性问题。例如，起步阶段的中小企业，往往缺乏资金、技术、市场和人才，体制不科学，管理不规范，文化不成熟，不能适应企业竞争与增长的需求；又如，高速发展阶段的大中型企业，往往滋生妄自尊大、官僚主义、机构臃肿、人浮于事、内部人控制、高压式管理、决策效率低、分配不合理等体制病、机制病和文化病，不能适应企业运营与增长的发展需求。

当然，运营体动力黏滞的出现也不能排除某些外部因素，如，经济体制方面的原因和社会文化方面的原因。经济体制上，主要是经济运行的市场化、竞争化、法治化程度不高，或轻或重地存在行政干预、行业垄断、市场分割等体制机制缺陷，少数政府职能部门以权谋私、吃拿卡要、推诿扯皮、办事拖沓等腐败浮夸行为，这些都与企业运营与增长的发展需求形成一定的矛盾、摩擦和冲突。社会文化上，主要是受威权主义、封建迷信、穷奢极欲等的消极影响，侵蚀了企业的自主性、科学性和进取性，与企业运营与增长的发展需求也形成了一定的矛盾、摩擦和冲突。

三、运营体动力系统疾患的综合分析与对策

现在，我们将导致聚势失衡和运营体动力黏滞两类现象的内外因素综合在一起，直观化、整体化地给出运营体动力系统病因图示（见图 6-2）。

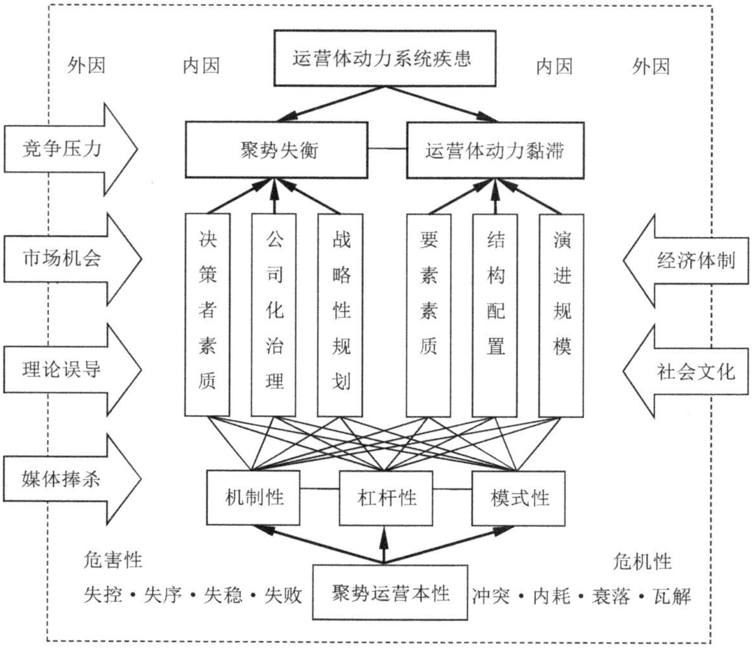

图 6-2　运营体动力系统病因

从图 6-2 中，先横后纵，我们可以清楚地看出以下三个方面的内容。

（1）导致聚势失衡和运营体动力衰竭两种现象的原因有所不同，防治思路也会有所不同。导致聚势失衡现象的内部原因相对单纯，外部原因则比较复杂。一般来说，通过决策者素质、公司化治理和战略性规划等三种内部因素的积极改善，不仅可以非常有效地抵御外部多种因素的负面影响，也可以因企、因时、因地而宜地有效利用外部因素的正向作用。与此不同，导致运营体动力黏滞现象的内部因素比较复杂，基本涉及企业运营与成长系统的各层次、各领域，而外部因素的影响和作用相对确定，一般来说，面对既定的外部经济和文化大环境，企业应当致力于良好内部小环境的营造，致力于要素素质与结构配置的阶段性改善，以不断聚集运营体动力系统的各种正能量，并有效增强对外部环境的适应能力。

（2）导致聚势失衡和运营体动力黏滞两种现象的诸多内部原因，根植于聚势运营中行为机制、政策杠杆、作用模式之间错综复杂的关系结构，涉及正负反馈、

非线性关联、混沌演化和不确定性等复杂性系统的诸多特性。总体来说，机制性、杠杆性、模式性及其理念性四个层面的聚势运营理论框架，既是因素分析的系统化路径和方法，也是疾患防治的系统化思路和对策。其核心思想，就是要全面而深刻地把握聚势运营四维二元本性结构的内涵和意义，并从聚势运营六种行为机制、三大政策杠杆以及8组动力模式的作用地位、作用特点、作用方式和作用效应的具体分析中，融会贯通地找到具体工作与理论运用的薄弱点和着力点。

（3）聚势失衡和运营体动力黏滞给企业运营与成长带来的后果有所不同，但两者都有一个由潜在走向显在、由局部波及整体的演变过程和“蝴蝶效应”。聚势失衡主要是一种“左”的正反馈趋势，后果是爆发性地导致企业整体性的失控、失稳、失序和失败，较具危害性；运营体动力黏滞则主要是一种“右”的负反馈趋势，后果是渐进性地造成企业局部性的冲突、内耗、衰落和瓦解，更显危机性。所以，在企业运营与成长的过程中，既要勇于遏制“左”的趋势，又要善于防治“右”的趋势，这是聚势运营系统本性结构的内在要求。

第三节　竞合扭曲和超循环体动力迷失

超循环竞合是超循环体动力有效形成与作用的内在机理和基本保障，但超循环竞合的竞合性由于主体或客体多方面的原因，经常会发生扭曲、畸变、冲突、分裂、失调、失控，进而超循环体动力系统出现失序、失灵、失利，甚至倒行逆施或萎缩退化的各种情形。在这些情形中，最突出、最致命，因而最需避免和防范的问题或疾患，就是或左或右、或正反馈或负反馈地出现竞合扭曲和超循环体动力迷失两大退化动力学现象。

一、竞合扭曲的主要倾向、表现和原因

竞合扭曲，从本质上揭示，就是超循环竞合的三维二元本性表现出一种单向性的、片面性的过度激发和强化，致使超循环竞合的四种行为机制不能正常发挥和运用，进而畸形地或失衡失序地左右着超循环体动力系统的作用。例如：在企业关系上，畸变为背信弃义、不惜相互伤害甚至相互陷害的竞合互动行为；或在公共关系上，畸变为沽名钓誉、一味爱慕虚荣甚至好高骛远的外部旋升形态。又如：在市场运作上，畸变为投机取巧、不惜饮鸩止渴甚至伤天害理的竞合逐利行为；或在商业运作上，畸变为弄虚作假、一味骗取信赖，甚至强取豪夺的外部增值形态。再如：在规模定位上，畸变为野蛮生长、不惜拼上血本甚至铤而走险的竞合扩张行为；或在发展定位上，畸变为脱离实际、一味标新立异甚至舍本求末

的外部演进形态。竞合扭曲，作为企业超循环体动力系统的一种疾患，其病理特征或本质特征，就是超循环竞合的三维二元本性结构失去了统一，走向了分裂；失去了和谐，走向了冲突；失去了平衡，走向了极端；失去了常态，走向了畸形。

竞合扭曲形态多样，可能发生在企业外体化运营的各层次、各领域，发生在每一圈层的互动动力和联动动力身上，现实企业运营中，最典型、最常见、最具危害性的疾患是发生于互动动力的形成与作用领域，主要有以下三种倾向。

1. 恶斗

与正常的竞争博弈和合作博弈不同，竞合互动中的恶斗，主要是企业一味视竞争为你死我活的斗争，总把企业自身利益，特别是眼前收益看得高于一切，以致不守规则、排斥双赢，或明或暗地损害对方、打倒对方，置对方于死地而后快的一类行为。例如：在生产竞争中，不惜血本地大打价格战和间谍战，不择手段地诋毁中伤对方的产品、服务和商誉，在对方经营和供产销的关键时刻拆台捅刀，在对方陷入困境、最需帮助的时候落井下石；即使在生产合作中，也是行利用之心、貌合神离，搞威逼利诱、霸王条款，甚至暗中设局陷对方于不利，最终实现遏制、压榨甚至吞并对方的种种心机。又如，在涉及金融信贷、基础设施、智囊外脑等组织机构的商业竞合中，在涉及政府社区、社团中介、媒体广告等组织机构的公共竞合中，在涉及环境管理、资源管理、动植物管理等组织机构的生态竞合中，特别是面对有限特限资源、稀缺紧缺资源的时候，也表现出损人利己，甚或损人不利己的一面，不能接受对手与自己平起平坐、与自己共享分享，更不允许对手优于自己和超越自己，想方设法要独占独享、多占多享，甚至或明或暗地中伤和陷害对手，置对方于不利地位和境地。超循环体动力系统中任何一个圈层的恶斗性竞合行为，都是超循环竞合互动性本能或本性的一种极端化倾向，是竞争分享行为机制的负面运用，合作互惠和公关协同行为机制的逆向操作，可能会使一些企业暂时地获取某些短期增长和局部利益，但最终往往会出现“杀敌一千、自损八百”的结局，甚至出现相互残杀、同归于尽的悲剧，往往会失去“做大馅饼、分享更多”的大局，甚至失去携手并进、共创辉煌的前景，从博弈论上说，实际上都属于那种非零和博弈、负零和博弈策略和结果。

竞合恶斗现象存在的原因比较复杂，总体上有外源性和内生性两个方面的原因。内生性原因主要是两点。一是战略心智狭隘。或经营管理者缺乏大视野、大智慧、大战略，或企业缺乏战略分析、战略管理的专业人才或外脑，过于看重眼前利益和局部得失，缺乏远期性和全局性的战略与策略。二是竞合能力薄弱。面对残酷的竞争现实，特别是在敌强我弱、力量对比悬殊的条件下，不善于走合作共赢之路，为了自保或自强，不得不用歪招、阴招和损招。外源性原因主要有两点。一是制度供给不足。或反不当竞争法、反垄断法等限制性法规不完善，或扶持和保护中小企业、鼓励合作与购并的引导性法规不健全。二是司法监管不力。举证与诉讼成本过高，监督、查处和整治存在盲区，特别是社会化第三方仲裁组织的发展短缺和滞后。

2. 违规

与某些钻法律漏洞和突破陈腐制度羁绊不同，竞合逐利中的违规，主要是企业为了获取眼前利益或暴利，破坏大众利益或公共利益，甚至践踏法律，使国家、社会、公民的财产权益蒙受损失，使国家声誉和消费者的生命健康遭受损害的一类行为。例如：在生产竞合中，制售假冒伪劣产品、偷工减料产品、质次价高产品、有毒有害添加剂食品等；滥用市场支配地位、搞垄断协议和价格联盟、捆绑销售和低价倾销、霸王条款和消费歧视等；以盗窃、利诱、胁迫或者其他不正当手段获取、披露、使用其他企业和个人的商业秘密。再如，在商业竞合和公共竞合中，搞虚假账目、虚假注资、虚假合同、虚假资质、虚假公司，骗取借贷和投资、项目和资质、合作和加盟，骗取财政贴息和财政投资等政策支持；搞虚假广告、虚假宣传，虚假品牌，虚假资质，虚假评估，虚假头衔，欺骗诱导政府、社会、消费者和合作者；通过阴阳财务报表，虚开增值税发票，虚假减免税资质、虚假进出口合同；甚至通过办地下工厂、地下钱庄、 地下传销等，恶意偷税、避税、逃税、漏税和骗取退税等；通过给回扣、给赠品、给礼金、给佣金、出资金、报费用等商业贿赂手段，搞权钱交易和灰色买卖；通过巧立名目，非法集资；通过包装上市，圈钱套现；通过关联交易，搞利益输送；等等。又如，在生态竞合中，违规排放和处置废水、废气、废弃物，特别是违规排放和处置有毒、有放射性或含传染病病原体的危险物质，污染土地、水体、大气和环境。超循环体动力系统中任何一个圈层的违规行为，都是超循环竞合逐利性本能或本性的一种极端化倾向，也是竞争分享、合作互惠、公关协同和学习响应四种行为机制最畸形的运用，可能会使一些企业一时间牟取暴利或获得超常回报，但法网恢恢，终究会遭受法律的惩罚，付出违规的代价，失信于市场、政府和社会公众，这对企业来说是无可挽回的重创。

竞合违规现象存在的原因同样有外源性和内生性两个方面。经营者品行素质低下和企业制度管理不完善，可以说是两个主要的内生性原因。前者往往是企业领导和员工缺乏通过正当经营、智慧经营谋取利益的品质和能力，法律意识淡薄，高层直接或授意、支持、默许、怂恿下层主动为之，甚至有计划、有谋略、有步骤、有协同地恶意为之；后者则是企业依法经营的管理制度不健全或经营行为监督惩处不力，是企业主观无故意的违规行为。违法不究、执法不严和惩处规范不明、惩处力度不够，都是外源性原因。前者涉及少数执法队伍的素质、力量和管理等问题；后者涉及某些立法本身的制定、细化和修改等缺陷。

3. 逆势

与逆水行舟、不进则退的经营理念和逆势布局、逆势奋斗的积极决策不同，竞合扩张中的逆势，主要是自觉不自觉地违背市场、经济、社会和自然发展的客观规律和内在能量，违逆历史潮流和基本趋势，盲目扩大生产经营与合作规模的一类行为。例如，在生产竞合中，违逆国家和地方产业结构调整与变革、资本供给与流动的基本趋势，违逆国家和地方战略规划与政策引导的基本方向，一味强调企业基础和优势、领导者意志和爱好，执意铺摊子、扩渠道，上规模；又如，在商业竞合中，无视集群化、市场化、全球化、城乡经济一体化等区域发展的大格局，无视标准化、信息化、网络化、智能化等技术进步的大趋势，因循守旧地做规划、上项目、搞扩张；再如，在公关竞合中，违背一个国家和地区的政治制度、经济体制、意识形态的内在规则与能量，违背国家和地区的行政管理、媒体舆论、社团活动的规则与规范，一意孤行地扩张、布局与运作；还如，在生态竞合中，无视绿色、环保、低碳、节能的趋势和前景，无视地理条件、资源条件、人口条件的优势和劣势，随心所欲地决策、扩张与投资。超循环体动力系统中任何一个圈层的逆势行为，都是超循环竞合扩张性本能或本性的一种极端化倾向，是公关协同和学习响应行为机制上的认知缺陷和负向操作。

竞合逆势现象存在的原因，主要是内源性的，根植于企业经营决策者的个性素养和知识素养。个性素养，或源于自闭、固执、傲慢的性格缺陷，或源于主观、随意、独裁的作风缺陷；知识素养，或源于学习与知识的缺乏，或源于用人与社交的局限。当然，公开化、社会化、专业化信息咨询与政策宣传的缺失，也会构成一定的外源性因素。

二、超循环体动力迷失的主要领域、表现和原因

如果说竞合扭曲，是超循环竞合的三维二元本性，特别是其本能性被单向度地激发和强化，进而企业超循环体动力，特别是互动动力出现方向性错误的一类表现形态，那么超循环体动力的迷失是超循环竞合的三维二元本性，包括其本能和本质被多领域、多环节地抑制或泯灭，进而企业超循环体动力，包括互动动力和联动动力出现作用性迷失的一类表现形态。具体如下所述。

1. 产业竞合体动力迷失

集中体现在企业在生产竞合与产业循环领域中的各种缺失、隔膜、断裂和错位。例如：在生产竞合中，畏惧竞争，求稳怕乱，不能适应残酷无情、不进则退的市场竞争环境，使自身实力不断萎缩和下降；或排斥合作，合同违约，合作破裂，失去了联合做大做强、抵御风险的机会和条件；或追风赶潮，轻率投资，盲目合作，步入自己并不熟悉、并不具优势的业务和领域。又如：在产业循环中，未能正确把握市场供求和市场竞争变化的大格局，产品品种、价格、渠道、促销等市场决策出现重大失误，造成了难以挽回的损失；或未能正确把握产业周期和产业政策调整的大方向，行业的进入、退出、转型、并购等经营决策出现重大失误，导致了不可逆转的重创；或未能正确把握技术创新和技术进步的大趋势，技术的研发、保护、引进、应用等生产决策出现重大失误，导致了步步被动的后果。再如：在产业经济环境中，遭遇价格同盟、行业垄断的打压；遭受进入门槛、准入限制的排斥；遭受数量控制、价格管制的约束；遭遇货币紧缩、行业萎缩的影响；遭遇产业失衡、结构调整的冲击；等等。不善于审视、规避和应对，自觉不自觉地被卷入旋涡，都会导致企业运营成本过高，运营风险过大，举步维艰，难以前行。

产业竞合体动力迷失现象的出现，显然有外源性和内生性两方面的原因。内生性原因，大致有经营决策层个体性格缺陷、产业知识欠缺，或企业信息资讯不足、专家团队欠缺等几个方面；而外源性原因，主要是与政府职能边界不清、部门权力过于集中、依法行政意识欠缺、企业政策出台过于轻率等体制和决策因素密切相关。

2. 区域竞合体动力迷失

集中体现在企业在商业竞合与区域循环领域中的各种缺失、隔膜、断裂和错位。例如：在商业竞合中，自闭守成，视野狭隘，不善于走出去、请进来，不善于加入大市场、大合作、大循环，身处资源有限、人脉有限、市场有限、机会有限的境地，以致陷入难以发展扩张、做大做强的困局；或者企业选址、地域进入、区域布局决策失误，面临基础设施不足、交通条件落后、资源禀赋不高、市场流量有限的条件，产业集中度不高，合作分工不充分，以致陷入运营成本高企、劳动生产率低下的困境。又如：在区域循环中，对区域战略、规划、扶持、保护、打击、限制的大方针和大政策缺乏了解和把握，项目投资、规模扩张逆势而行，遭受挫折；或对区域开发、建设、投资、扩张、调整、转型的大周期和大趋势缺乏认知和把握，结构调整、行业转型不合时宜，陷入被动。再如：在区域经济环境中，面临新的强势竞争对手或新的强势替代产品的进入；面临地方保护或条块分割的掣肘；面临金融危机或通货膨胀的困扰；面临内需不振或出口下滑的影响；面临关税壁垒或贸易管制的门槛；面临外交冲突或国际争端的冲击。不善于审视、规避和应对，自觉不自觉地被卷入旋涡，都会不同程度地约束和遏制企业加入区域经济大循环的勇气和步伐。

区域竞合体动力迷失现象的出现，显然也有外源性和内生性两方面的原因。内生性原因，主要是开展外部运营的思路和观念保守、参与区域经济的知识和能力欠缺；外源性原因则比较复杂，如一个国家和地区的市场供求形势恶化、政府管理体制僵化、治理水平低下，以及区域间或国家间各种现实的或突发的政治利益、经济利益斗争，等等。

3. 社会竞合体动力迷失

集中体现在企业在公共竞合与社会循环领域中的各种缺失、隔膜、断裂和错位。例如：在公共竞合中，面对政策冲击、社区掣肘、市政怠慢、商户疏离等不利局面，不善于组织公关和人际公关，造成生产受限、经营受阻、市场萎缩、步履维艰；或者面对网络谣传、媒体误导、事故曝光、负面报道等不利事态，不善于媒体公关和危机公关，导致企业被动、商誉受损、销售陡减、效益滑落。又如：在社会循环中，投资与运营的交易费用过高，压力过大，包袱沉重，成本高企；或者企业不履行应尽的社会责任，侵害劳工权益或消费者权益，逃税漏税或骗取退税，失去社会信赖，遭受法律制裁。再如：在社会经济环境中，面临行政不作为、官僚主义、推诿扯皮，职责不清，办事效率低的体制弊端；面临权钱交易、吃拿卡要、暗箱操作的腐败现象；面临部分乱检查、乱评比、乱认证、乱摊派、乱收费、乱罚款的监管恶习；面临少数无法可依、有法不依、执法不严、违法不究的法律盲区；等等。不善于审视、规避和应对，自觉不自觉地被卷入旋涡，都会不同程度地冲击企业的正常运营，损害企业的正当利益，制约企业的发展前景。

社会竞合体动力迷失现象的出现，同样存在外源性和内生性两方面的原因。内生性原因主要有三，即缺乏预警机制，缺乏公关能力，缺乏政治意识；外源性原因则可分为两类：一是体制和法制问题，二是治理和监管问题，包括经济管理、社会管理领域的沉疴和弊端，集中体现在一个国家和地区的市场化、公开化、民主化、法治化程度不高的制度建设层面。

4. 自然竞合体动力迷失

集中体现在企业在生态竞合与自然循环领域中的各种缺失、隔膜、断裂和错位。例如，在生态竞合中，不懂得、不善于或不重视开发绿色、低碳、节能产品，贯彻减量化、再利用、再循环的循环经济原则，构筑生产者、消费者、分解者的产业经济链条，进而未能获得和享受国家财政补贴、税收减免、土地优惠、政策扶持等各种有利的发展机会和条件。又如，在自然循环中，缺乏对环境保护法规、环境质量标准、生态保护规划、生态功能区划、动植物保护制度、资源有偿使用制度、资源开发利用管理制度等生态保护规范的了解和重视，违规排放废水、废渣、废气和有毒物质，违规开采、砍伐、捕杀和加工利用，严重污染环境，严重破坏生态资源与生态环境，进而遭受停产、整顿、罚款、关闭等法律制裁。再如，在自然经济环境中，面临土地、矿产、水源、能源等自然资源的枯竭和短缺，面临低开采、高利用、低消耗、低排放、高质量、低废弃等环境标准的约束，企业生产和管理成本上升、难度加大、升级迟缓、转型不利，以致生产经营难以为继。

自然竞合体动力迷失现象的出现，同样存在外源性和内生性两方面的原因。内生性原因：一是观念问题，如社会责任意识淡薄、道德法律意识淡薄、循环经济意识淡薄、生态环保意识淡薄；二是技术问题，如开发节能产品、环保产品的能力欠缺，发展循环经济、生态经济的能力欠缺。外源性原因，也主要有两点：一是资源本身的稀缺性和地域性，二是资源本身的不可再生性和不可恢复性。

三、超循环体动力系统疾患的综合分析与对策

竞合扭曲和超循环体动力迷失的各类现象：从存在特征来看，可以发生在超循环体动力系统的每一个圈层，既可以在某一个领域个别性、局部性地存在，也可以更严重地在各领域中交织性、系统性地存在，前者往往意味着一时性和易扭转性，后者往往意味着长期性和难以扭转性；从原因来看，既有经营者层面的个性和品质、观念和理念、知识和能力，企业层面的管理制度、专业团队、外脑利用等内部原因，也有国家层面的制度和法治、体制和监管，地域层面的资源与供求、利益与冲突等外部原因，并且圈层越低级，内生性因素的地位越突出，圈层越高级，外源性因素的地位越突出；从形成机制来看，都根植于超循环竞合的本性特征和基本理念未能正确体现，根植于超循环竞合的行为机制、政策杠杆及其动力模式的作用未能得到有效发挥；从后果来说，竞合扭曲现象的出现、特别是恶斗、违规、逆势三种现象的出现，主要是会不同程度地损害和扭曲企业外体化运营的品质、性质和功能，影响企业的可持续运营和发展，而超循环体动力迷失现象的出现，无论是哪一圈层的互动动力和联动动力的迷失，都会不同程度地危及和扼杀企业运营与发展的空间、地位和前景。

现在，我们将导致竞合扭曲和超循环体动力迷失两类现象的内外因素分析综合在一起，直观化、整体化地给出超循环体动力系统病因图示（见图 6-3）。

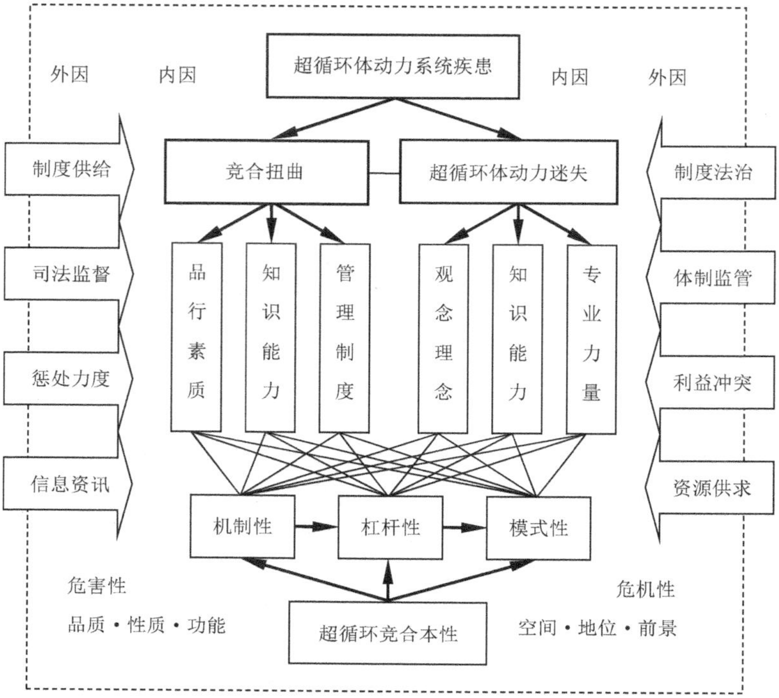

图 6-3 超循环体动力系统病因

超循环体动力系统疾患的考察、分析和诊断，实际上系统化地为我们找到了防治竞合扭曲和超循环体动力迷失的基本路径和方法，总体来说，一方面要强化企业本体化的素质和能力、定位和管理，另一方面要强化企业外体化的认知和对接、规避和防范。其基本观念，就是要从静态的、离散的资源空间，走向动态的、收敛的共生空间，立足于四大超循环体动力的系统性和有机性，特别是互动动力和联动动力的圈层性和镶嵌性。其基本路径，就是要致力于超循环竞合三维二元本性特征的正确认识和把握，致力于超循环竞合四种行为机制、三大政策杠杆以及 8 组运营模式的有效发挥和运用。其核心思想，就是要扬善抑恶、趋利避害，实现外体化运营的适应性、增益性和突破性。

第七章 企业变革体系

第一节　系统自组织和系统再组织

应当说，Y 动力已经构成了一种非常精致的和十分完美的自组织系统，已经构成了推动企业可持续运营与发展的较为完备的自组织过程和机制，但是，在进一步的研究中，Y 动力还不能算得上一种终极的、最完备的或最高级形态的动力系统，还不能算得上一种必然强势永续地推动企业运营与发展的动力系统。Y 动力实际上还存在着一个可以被整体性地优化和强化，或由部分达及整体地被优化和强化，进而升华为一种超自我的强势永续的道路、机制和前景，即升华为一种“超成长系统”。因此，我们的思维范式还需要新的转变、新的突破和新的提升，即要由自组织系统叠加上再组织系统，从系统自组织走向系统再组织。

一、Y动力的自组织特性及其所面临的挑战

自组织现象普遍存在于自然界和人类社会领域，是事物自发、自主地形成有序结构的过程。研究自组织现象形成、机制和规律的自组织理论，从 20 世纪 60 年代末期开始建立并发展起来，是当代系统科学，特别是非平衡系统和过程演化学说中最具革命性的前沿。主要理论包括：普利高津等创立的耗散结构理论，哈肯等创立的协同学，托姆创立的突变论，艾根等创立的超循环理论，以及曼德布罗特创立的分形理论和洛仑兹等创立的混沌理论，前期理论还可以包括朗道的相变理论和计算机理论研究中的自动机理论（吴彤，2001）。近代最重要的德国哲学家康德首先在哲学上提出了自组织概念，认为自组织的自然事物具有这样一些性质和特征：既是由其他部分的作用而存在，又是为了其他部分、为了整体而存在；各部分交互作用，彼此产生，并由于它们间的因果联系而产生整体。德国物理学家哈肯给出的自组织的经典定义是：如果一个体系在获得空间的、时间的或功能的结构过程中没有外界的特定干涉，我们便说该体系是自组织的。这里“特定”一词指那种结构和功能并非外界强加给体系的，而且外界是以非特定的方式作用于体系的。国内一些学者还从不同角度概括了自组织的一些特征或特性。例如，认为自组织系统有三个主要特征：第一，它们是不断同环境交换物质和能量的开放系统；第二，它们都是由大量子系统（或微观单元）所组成的宏观系统；第三，

它们都有自己的演变历史（张彦、林德宏，1990）。又如，归纳出自组织系统具有开放性、远离平衡态、非线性相互作用、涨落现象等特性（刘建波，2005）。

Y 动力作为现代企业运营与发展的机制系统或基因系统，已经具有典型的、充分的自组织特性。

（1）Y 动力的形成与作用是以市场经济为前提条件的。不同所有制企业会因产权结构不同，会在一定的限度内受到国家、地方以及投资方等某种方式的外部干预，但这些仅仅是作为一种自然因素而存在，企业在总体上和本质上都是一个自主决策、自主经营、自负盈亏、自我发展的经营实体，这是 Y 动力自组织区别于计划经济体制下企业被组织（吴彤，2001）的本质区别。就是说，在计划经济条件下，企业不是一个独立的经营实体，是不可能形成完整的或有效的自组织系统的。

（2）Y 动力是一个具有复杂构成的有机作用整体。主体动力造就并作用于运营体动力和超循环体动力，运营体动力内聚着、整合着主体动力和超循环体动力，而超循环体动力又不断复制着、改变着主体动力和运营体动力，作为企业主体、本体和外体内在统一的三阶动力系统，以及内在的本性结构、行为机制、政策杠杆、目标体系和多层次的作用形态、作用模式，彼此依存、交互作用，构成了一种复杂而又整体的因果网络循环。

（3）Y 动力是一个自演变、自成长的开放系统。由于主体动力的进取性、运营体动力的聚势性、超循环体动力的竞合性等本性结构的存在，特别是超循环体动力体的形成，使企业成为逐级嵌入在经济、社会和自然中的竞合开放系统，外部物质、能量和信息，已经被内化地规划和利用，Y 动力在资源的吸纳、转换和输出上，在推动企业功能的实现上，已经具备了自主地、能动地和创造性地实现从小到大、从弱到强、从简单到复杂，从低级到高级的演进过程。

但是，Y 动力系统及其所作用依存的企业，毕竟是一个特定的复杂性社会组织系统：这种复杂性不仅是一种结构的和状态的，在本质上，更是一种过程的和演化的；不仅是宏观与微观、内部与外部内在耦合的，在本质上，更是一种客体与主体、物质与精神交互作用的；不仅是一因多果、多果一因的，在本质上，更是一种因果循环、因果网络的。这种特定的复杂性社会组织，不可避免地使 Y 动力及其所作用的企业和生产过程现实地面临两类问题的挑战：一方面，面临各种复杂性因素所带来的各种显性的功能性疾患的挑战；另一方面，又面临各种复杂性过程所带来的各种隐性的演进性偏离的挑战。显性的功能性疾患，如前所述，主要包括过度功利化、过度自我化、过度情绪化等进取人异化以及各种主体动力衰竭现象，过度积累、单纯业务、激进跨越、盲目追风等聚势失衡以及各种运营体动力黏滞现象，恶斗、违规、逆势等竞合扭曲以及各种超循环体动力迷失现象。隐性的演进性偏离，主要表现为物质延迟、信息延迟等时间延迟现象，制度惯性、技术惯性等路径依赖现象，长期积累在微小扰动下发生雪崩的临界突变现象，初始微小变化导致未来巨大差异的蝴蝶效应，总效用增加但单位效用递减的边际效应，强者愈强、弱者愈弱的马太效应，等等，这些演进性偏离会发源于并伴随着三阶动力系统形成与作用的每一个层次和领域。

一般来说，在复杂动态的社会组织系统中：功能性疾患，特别是内部原因所导致的疾患，多属必然事件或确定过程，通常可以通过自组织过程大部分地得到防治，即使外部原因所导致的某些疾患，企业也可以主动采取适应性、防御性或规避性措施在一定程度上予以应对；演进性偏离，特别是各种外部原因所导致的各种偏离，多属意外事件或随机过程，往往是无形中逐渐偏离了预设目标或理想状态，却又难以预测和控制其后果的一种态势，处理这类问题，往往超出了自组织的天然能力，只有事后通过再组织的方式才能得以纠正或化解。

二、自组织与再组织的概念关系

如果说系统自组织是企业经营管理者在常态智慧水平上，按照现实基础和既定目标，对企业进行自主经营和管理，推动企业有序运营与成长的基本过程，那么，系统再组织是企业战略决策者在集成智慧水平上，针对自组织过程中偏离预定目标或理想状态的态势，主动进行战略性评估和干预，以赢取企业更大成功、更高效益、更快成长、更好发展的变革行动。

（1）在自组织中，推进主体及协同力量是企业的投资者、经营者、管理者和生产者等各级成员，是内部综合博弈的一种均衡和非均衡力量；而在再组织中，推进主体及协同力量是最高层次的战略决策机构或团队，是内外各种力量综合博弈基础上位居最高级别的一种强势和超强势力量。

（2）在自组织中，核心能力和能力源泉是企业的常态智慧或基本智慧，是个体智慧或集体智慧、内部智慧或外部智慧、遗传智慧或获得智慧、发现智慧或规整智慧的不同程度的释放和发挥；而在再组织中，核心能力和力量源泉是企业的集成智慧或最高智慧，是最高经营决策机制对所有智慧形式的高度整合和全面运用，特别是对发现智慧和创新智慧、对集体智慧和外脑智慧、对计算机和人工智能的综合发挥和运用。

（3）在自组织中，出发点和落脚点是现实基础和既定目标，是事先连接未来的一种连续性的自然过程；而在再组织中，出发点和落脚点是系统偏差和理想状态，是在事先积累的基础上事后连接未来的一种适时性的纠偏或强加过程。

（4）在自组织中，演进的机制和方式是企业自主性的经营与管理，是自产生、自繁殖、自代谢、自选择、自合成、自复制、自分化、自融合、自修复、自学习、自适应、自控制、自整合、自平衡、自强化、自优化等一系列自我性的循环行为；而在再组织中，演进的机制和方式是企业主动性的评估和干预，是在各种自我性和循环性行为的基础上进行再发现、再比较、再评价、再选择、再调整、再修复、再重组、再学习、再适应、再规划、再激励、再分化、再融合、再平衡、再强化、再优化等一系列超我性的集中行动。

（5）在自组织中，演进的趋势和前景是可以形成企业有序的或混沌的、平衡的或不平衡的增长与成长，表现出社会组织的自成长性；而在再组织中，演进的趋势和前景是在有序或混沌、平衡或不平衡，甚至远离平衡基础上获得高度有序的、快速的、强势的、可持续性的增长与成长，表现出社会组织的超成长性。

系统再组织与系统自组织是彼此分离，甚至对立的两个不同系统吗？当然不是，虽然再组织与自组织有截然不同的过程、结构、特性和方式，但两者又是同一个企业发展运营系统中同一主体造就的或连续性伴随或间断性伴随的纵横交织统一化过程。从这个意义上说，或者说从社会组织主体性整体存在意义上说，再组织也可以被称为一种特殊的自组织，这种特殊性恰恰在于它以对自组织进行再组织的特定形式而存在，如同精神依附于物质又独立作用于物质一样，系统再组织以系统自组织为前提和基础、为对象和载体，同时又超然地、相对独立地作用于和献身于自组织过程，是系统自组织过程的飞跃和升华、强化和优化，是为了让自组织过程更加能动、更加有序、更加强大和更加完美。

三、Y动力再组织的自组织基础和依据

系统再组织的基本依据和基本道路，或者说，系统再组织对自组织系统进行战略性评估和干预，进行再强化和再优化的基本对象、基本内容、基本方式、基本目标又是什么呢？Y动力系统的发现和概括，实际上已经为我们打开了一种全新的视野和思路：以Y动力总系构成、分系构成和子系构成（见表1-1）为基本架构，以Y动力递阶原生组态（见图1-3）、Y动力全息依存组态（见图1-4）、Y动力偶联强化组态（见图1-5）和Y动力边界连锁组态（见图2-1），以及Y动力属性依存律、Y动力形态依存律和Y动力过程依存律为基本依据，有选择和有计划地推进企业递阶性的功能变革、基因变革和组元变革，从战略上和战术上实现对Y动力自组织过程的强化与优化，实现企业人本性、经济性和社会性的结构性优化或强化，实现企业成长性和成熟性的结构性优化或强化，实现企业自组织过程、积累转换过程和新陈代谢过程的结构性优化或强化，最终实现企业

人本性、经济性和社会性的结构性优化或强化，企业职能边界、规模边界和运营边界的优化或强化。

为了对Y动力系统理论或Y动力自组织系统理论的内涵和结构有一个具体而又整体的综合性把握，并有利于递阶变革再组织理论的具体阐述，我们在此直观地给出Y动力自组织系统三大基模，即Y动力形态系统基模（见图7-1）、Y动力行为系统基模（见图7-2）、Y动力效应系统基模（见图7-3）。

图7-1 Y动力形态系统基模

Y动力形态系统基模主要综合显示三大动力系统的组元、结构和模式等内容，Y动力行为系统基模主要综合显示三大动力系统的本性结构、行为机制、政策杠杆、目标体系、行为疾患等内容，Y动力效应系统基模主要综合显示三大动力系统递阶原生组态、偶联强化组态和边界连锁组态三类基因决定企业发展形态和企业边界形态的基本秩序等内容。从系统哲学层面上来看，它们分别构成了Y动力系统理论的本体论系统、认识论系统和价值论系统，这种总结和概括，使Y动力系统理论在经历了由抽象到具体的演进后，又融贯性地进入了具体的抽象的新层面，并为递阶变革再组织系统的决策与实施展现了更为清晰的思路和道路。

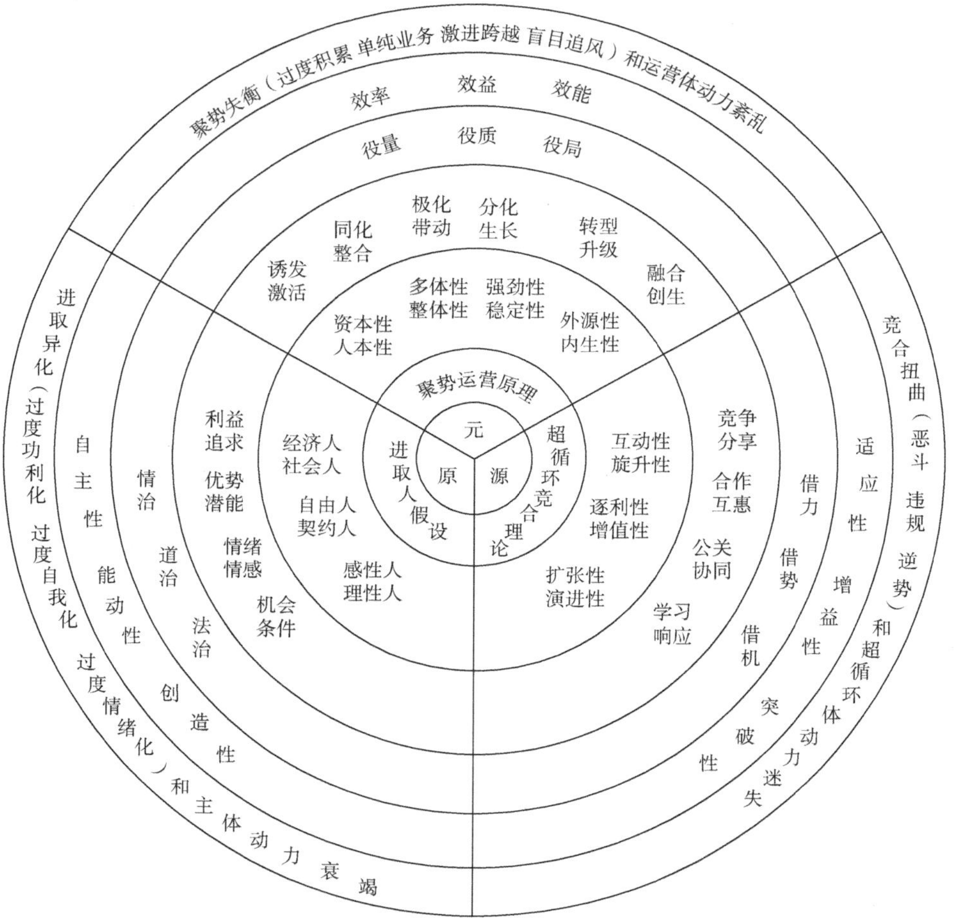

图7-2 Y动力行为系统基模

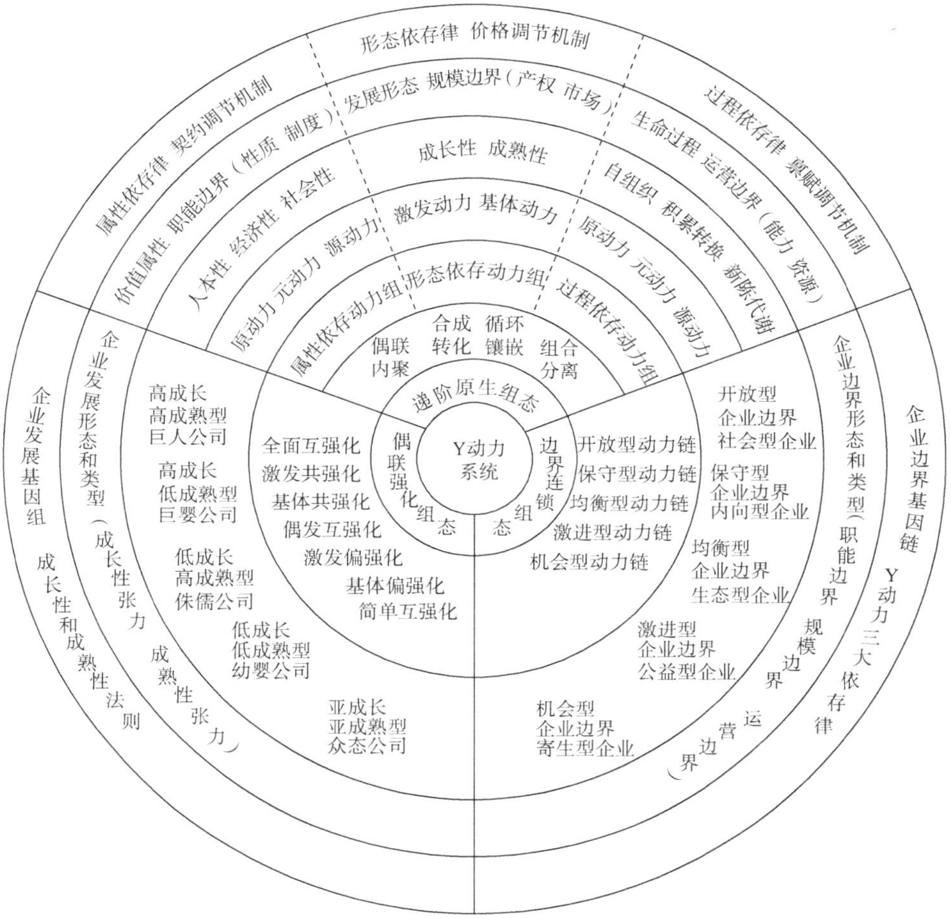

图 7-3　Y 动力效应系统基模

第二节　系统再组织的层次和方式

系统再组织以变革为基本内涵和特性、为基本形态和方式，以 Y 动力总系结构、分系结构和子系结构为基础和对象、为载体和平台，相应地分为功能变革、基因变革和组元变革三大相对独立又相互依存的递阶层次，进而形成了一种由全局到局部、由总体到个体、由宏观到微观、由战略到战术依次递进和逐步深入的动态有机体系。

一、功能变革的内涵、道路和特性

功能变革，就是以 Y 动力总系结构，即主体动力、运营体动力和超循环体动力三大动力系统为对象和载体，致力于三大动力之间地位关系的结构性调整与转换，进而推动企业在人本性、经济性和社会性上的各种功能性变化，实现企业价值属性和职能结构与模式的转型与创新。例如：企业在劳动密集与技术密集之间、高福利与低福利之间、公益性与寄生性之间的大幅度增强和减弱；企业在专业化与多元化之间、一体化与市场化之间的大幅度转型；企业在地方经营与跨国经营之间、制造业与服务业之间的大幅度跨越；等等。这些长远性、战略性的变革行动，都会不同程度地改变企业人本性、经济性、社会性三大价值属性的平衡与涨落。

企业功能变革的认识基础和基本依据是Y动力边界连锁组态和Y动力属性依存律，前者向我们揭示了三大动力系统决定企业职能边界、规模边界和运营边界的基本关系结构，后者向我们揭示了三大动力系统属性依存动力组决定企业人本性、经济性和社会性的基本原理。从中我们可以发现企业功能变革的三大基本道路。

1. 从原动力入手，致力优化强化主体动力的地位和作用

首先，在形态系统上，更加重视投资者、经营者、管理者和生产者等个体动力、股东会、董事会、管委会、职代会等团体动力的协调与联动，更加重视8组16种主体动力模式的选择和运用，更加重视享受企业人生的愿景及其相应现代管理方法的具体应用；其次，在行为系统上，更加重视人的主动性、能动性、创造性等企业主体性和人本性的增强和发挥，更加重视经济人和社会人、自由人和契约人、感性人和理性人等进取人三维本性结构的把握和体现，更加重视对利益追求、优势潜能、情绪情感、机会条件等进取人四种行为机制，情治、道治、法治等进取人三大政策杠杆的发挥和运用；再次，在效应系统上，更加重视企业职能边界的定位和改变，更加重视企业部门性或输出性的价值需求，更加重视对企业性质和制度供给及其契约调节机制的把握和运用；最后，在关联演化系统上，注意把握主体动力变革作用于聚势运营系统和超循环竞合系统的方向、路径和重点，进而实现运营体动力及其超循环体动力、规模边界及其运营边界的相应调整和改变。

致力优化强化主体动力的原因或初始状态，可能是企业出现了过度功利化、过度自我化、过度情绪化等进取异化或主体动力衰竭的各种疾患，企业的主体性和人本性受到了严重挫伤，危及了企业的活力、前途和命运，也可能源于某种外部因素，如法定社会责任、社会尽责程度等社会性制度供给发生了某种重大变化，给企业价值体现带来了机遇或压力，促使企业适应性地强化其人本性或社会性。

2. 从元动力入手，致力优化强化运营体动力的地位和作用

首先，在形态系统上，更加重视投资、技术、营销等独立动力和体制、管理、文化等统合动力的协调与联动，更加重视8组16种运营体动力模式的选择和运用，更加重视增强核心能力的愿景及其相应现代管理方法的具体应用；其次，在行为系统上，更加重视企业的效率、效益和效能的提高，即企业经济性或本体性的增强，更加重视资本性和人本性、多体性和整体性、强劲性和稳定性、外源性和内生性等聚势运营四维本性结构的把握和体现，更加重视对诱发激活、同化整合、极化带动、分化生长、转型升级、融合创生等聚势运营六种行为机制以及役量、役质、役局等聚势运营三大政策杠杆的发挥和运用；再次，在效应系统上，更加重视企业规模边界的定位和改变，更加重视企业生产性和转换性的价值需求，更加重视对企业产权和市场供给及其价格调节机制的把握和运用；最后，在关联演化系统上，注意把握运营体动力变革对进取人系统和超循环竞合系统的相应要求，以及对职能边界和运营边界变化带来的影响，进而实现主体动力及其超循环体动力、职能边界及其运营边界的相应调整和改变。

致力优化强化运营体动力的原因或初始状态，可能是企业出现了过度积累、单纯业务、激进跨越、盲目追风等聚势失衡或运营体动力黏滞的各种疾患，企业的本体性和经济性受到了严重挫伤，出现了冲突、内耗和衰落的严重局面，也可能源于某种外部因素，如专业化程度、竞争化程度等外部化市场供给发生了某种重大变化，给企业产业结构和产品结构调整带来了机遇或压力，促使企业适应性地强化其内部化或外部化。

3. 从源动力入手，致力优化强化超循环体动力的地位和作用

首先，在形态系统上，更加重视生产竞合、商业竞合、公共竞合、生态竞合等互动动力以及产业循环、区域循环、社会循环、自然循环等联动动力的协调和联动，更加重视 8 组 16 种超循环体动力模式的选择和运用，更加重视营造卓越发展空间的愿景及其相应现代管理方法的具体应用；其次，在行为系统上，更加重视企业外部运营的适应性、增益性和突破性，即企业社会性或开放性的增强，更加重视互动性和旋升性、逐利性和增值性、扩张性和演进性等超循环竞合三维本性结构的把握和体现，更加重视对竞争分享、合作互惠、公关协同、学习响应等超循环竞合四种行为机制以及借力、借势、借机等超循环竞合三大政策杠杆的发挥和运用；再次，在效应系统上，更加重视企业运营边界的定位和改变，更加重视企业竞合性和输入性的价值需求，更加重视对企业能力和资源供给及其禀赋调节机制的把握和运用；最后，在关联演变系统上，注意把握超循环体动力变革对进取人系统和聚势运营系统，以及对职能边界和规模边界变化所带来的影响，进而实现主体动力及其运营体动力、职能边界及其规模边界的相应调整和改变。

致力优化强化超循环体动力的原因或初始状态，可能是企业出现了恶斗、违规、逆势等竞合扭曲或超循环体动力迷失的各种疾患，企业的开放性和社会性受到了严重挫伤，危及了企业发展运营的空间、地位和前景，也可能源于某种外部因素，如资源充裕程度、资源均享条件等竞合性资源供给发生了某种重大变化，给企业市场开发和资源利用带来了机遇或压力，促使企业强化或弱化其社会性或外部性。

当然，功能变革也不排除源于某种全面优化强化三大动力系统的动机，致力于实现三大动力之间的统筹与平衡，实现人本性、经济性和社会性的兼容与整体性强化，与此相应，更加重视对进取人、聚势运营、超循环竞合各领域本性结构的全面把握和体现，对三大动力各种行为机制、政策杠杆、动力模式的全面发挥和运用，对各种美好愿景的全面追求及对各种现代管理方法的综合运用，更加重视对企业三种边界的综合定位和调整，对企业价值需求、效率需求、分享需求及其对企业边界形成与变化的三大决定因素和三种调节机制的全面认识和把握。这种全面性的功能变革，就其原因或初始状态而言，可能出现了进取异化、聚势失衡、竞合扭曲以及主体动力衰竭、运营体动力黏滞、超循环体动力迷失等系统性疾患，企业的人本性、经济性和社会性都受到了严重损害，也可能是外部政治、经济、社会和自然环境发生了一系列重大变化，企业必须全面、系统、彻底地做出适应性调整，抑或是企业欲从无序走向有序、由低度有序走向高度有序的一种理想选择。显然，这些假设非常极端，或者企业因此病入膏肓而无力回天，或者企业因此面临一种历史性转型而命途多舛，或者企业因此成本很高而难以奏效，就是说，全面性的功能变革必将从各方面挑战企业经营管理能力的极限。

总体上看，功能变革作为调整企业价值属性和职能边界的基本机制，是企业各类变革的最高形态，具有平衡或近平衡的常态化特点，即功能变革是企业在其经济性或经济组织属性整体稳定的前提下，有更多或更少的人本性和社会性的有限变革，而不是跨企业性质地由经济组织向非经济组织，如向某种公益组织或事业单位的企业基本属性的转变，因而不可能存在远离平衡的状态，更不可能存在反复性和周期性。一般来说，企业功能变革要把握自身规模和积累与外部经济和政治的大演进、大局势，在两者交互关系大时间尺度的历史性进程中，针对企业社会责任和道德良知，战略性地定位自身价值并顺势而为地谋划社会行动，简言之，就是要把握功能变革的“适势”性。

二、基因变革的内涵、道路和特性

基因变革，就是以 Y 动力分系结构，即个体动力和团体动力、独立动力和统合动力、互动动力和联动动力六种分动力体为对象和载体，致力于三大动力内部地位关系的结构性调整和转换，进而推动企业在成长性和成熟性上的各种基因性变化，实现企业发展形态和规模结构与模式的转型与创新。例如，企业在投资融资和资本运营领域的扩张与收缩，在产品研发和技术改造领域的扩张与收缩，在市场拓展和渠道建设领域的扩张与收缩，或者在股权期权和治理结构领域的调整与改变，在管理制度和业务流程领域的调整与改变，在价值观念和形象识别领域的调整与改变，等等，都会不同程度地改变企业在成长性和成熟性两种发展形态的平衡与涨落。

基因变革的认识基础和基本依据是Y动力偶联强化组态和Y动力形态依存律，前者向我们揭示了三阶动力六组分动力体偶联强化的基本关系结构或内聚特性，后者向我们揭示了三大动力决定企业成长性和成熟性的基本原理。从中我们可以得知基因变革主要有以下四种基本道路。

1. 走激发共强化之路，全面优化强化企业的成长性张力

即致力于优化强化个体动力和团体动力、互动动力和联动动力在三种独立动力中的内聚作用，最大限度地造就和体现企业运营与发展的灵活性、强劲性和突破性，形成很强的企业成长性张力。具体而言：无论是投资者、经营者、管理者、生产者四种个体动力，还是股东会、董事会、管委会、职代会四种团体动力，无论是生产竞合体、商业竞合体、公共竞合体、生态竞合体四种互动动力，还是产业竞合体、区域竞合体、社会竞合体、自然竞合体四种联动动力，都全面一致地促进和保障投资、技术、营销三种独立动力的增强（见图1-5b）；与此相应，在具体操作上，注重对4组8种个体动力模式、4组8种独立动力模式、4组8种互动动力模式等各种激发动力模式的系统性整合和运用，进而走出一条以规模扩张和能量增强为主要特征的高成长型企业发展之路。

走激发共强化之路的原因或初始状态，可能是企业出现了十分严重的运营体动力黏滞，以及相应的主体动力衰竭和超循环体动力迷失的各种成长性疾患，也可能源于基体共强化走向了极端的情况，如体制、管理、文化等统合动力的作用很强盛，而投资、技术、营销等独立动力的作用非常薄弱。

2. 走激发偏强化之路，适度强化企业的成长性张力

即或者致力优化强化个体动力和互动动力在独立动力中的内聚作用，同时团体动力和联动动力都在独立动力和统合动力中形成一定的内聚作用，或者致力于优化强化团体动力和联动动力在独立动力上的内聚作用，同时个体动力和互动动力都在独立动力和统合动力中形成一定的内聚作用，这两种类型在总体上，也都是较多地体现出企业运营与发展的灵活性、强劲性和突破性，形成较强的企业成长性张力。具体而言，无论是投资者、经营者、管理者、生产者四种个体动力，还是生产竞合体、商业竞合体、公共竞合体、生态竞合体四种互动动力，无论是股东会、董事会、管委会、职代会四种团体动力，还是产业竞合体、区域竞合体、社会竞合体、自然竞合体四种联动动力，都一致性地注重促进和保障投资、技术、营销三种独立动力的增强。与此同时，四种个体动力和四种互动动力，或者四种团体动力和四种联动动力，也分别注重促进和保障体制、管理、文化三种统合动力的增强（见图 1-5e）。与此相应，在基本操作上，不仅要更加重视对 4 组 8 种个体动力模式、4 组 8 种独立动力模式、4 组 8 种互动动力模式等三大类激发动力模式的选择性整合和运用，在一定层面上也要保持对 4 组 8 种团体动力模式、4 组 8 种统合动力模式、4 组 8 种联动动力模式等三大类基体动力模式的选择性整合和运用，进而走出一条既高度重视规模扩张和能量增强，又兼顾结构进化和效益提高的高成长亚成熟型企业发展之路。

走激发偏强化之路的原因或初始状态，或者是企业出现了较为突出的运营体动力黏滞，以及主体动力衰竭或超循环体动力迷失的某些成长性疾患，或者也可能源于某种聚势运营的结构性缺陷，如不仅投资、技术、营销等独立动力的作用严重不足，体制、管理、文化等统合动力的作用也存在一定的薄弱性。

3. 走基体共强化之路，全面优化强化企业的成熟性张力

即致力优化强化个体动力和团体动力、互动动力和联动动力在三种统合动力的内聚作用，最大限度地造就和体现企业运营与发展的协调性、稳定性和连续性，形成很强的企业成熟性张力。具体而言，无论是投资者、经营者、管理者、生产者四种个体动力，还是股东会、董事会、管委会、职代会四种团体动力，无论是生产竞合体、商业竞合体、公共竞合体、生态竞合体四种互动动力，还是产业竞合体、区域竞合体、社会竞合体、自然竞合体四种联动动力，都全面一致地促进和保障体制、管理、文化三种统合动力的增强（见图 1-5c）。与此相应，在基本操作上，注重对 4 组 8 种团体动力模式、4 组 8 种统合动力模式、4 组 8 种联动动力模式等各种基体动力模式的系统性整合和运用，进而走出一条以结构进化和效益提高为主要特征的高成熟型企业发展之路。

走基体共强化之路的原因或初始状态，或者是企业出现了聚势失衡，以及相应的进取异化和竞合扭曲所折射出的各种成熟性疾患，或者也可能源于激发共强化走向了极端的情况，如投资、技术、营销等独立动力的作用很强盛，而体制、管理、文化等统合动力的作用非常薄弱。

4. 走基体偏强化之路，适度强化企业的成熟性张力

即或者致力优化强化团体动力和联动动力在统合动力中的内聚作用，同时个体动力和互动动力在独立动力和统合动力中均形成一定的内聚作用，或者致力优化强化个体动力和互动动力在统合动力上的内聚作用，同时团体动力和联动动力都在独立动力和统合动力中形成一定的内聚作用，这两种类型在总体上，也都是较多地体现出企业运营与发展的协调性、稳定性和连续性，形成较强的企业成熟性张力。具体而言，无论是投资者、经营者、管理者、生产者四种个体动力，还是生产竞合体、商业竞合体、公共竞合体、生态竞合体四种互动动力，无论是股东会、董事会、管委会、职代会四种团体动力，还是产业竞合体、区域竞合体、社会竞合体、自然竞合体四种联动动力，都一致性地注重促进和保障体制、管理、文化三种统合动力的增强。与此同时，四种个体动力和四种互动动力，或者四种团体动力和四种联动动力，也分别注重促进和保障投资、技术、营销三种独立动力的增强（见图 1-5f）。与此相应，在基本操作上，不仅要更加重视对 4 组 8 种团体动力模式、4 组 8 种统合动力模式、4 组 8 种联动动力模式等三大类基体动力模式的选择性整合和运用，在一定层面上也要保持对 4 组 8 种个体动力模式、4 组 8 种独立动力模式、4 组 8 种互动动力模式等三大类激发动力模式的选择性整合和运用，进而走出一条既高度重视结构进化和效益提高，又兼顾规模扩张和能量增强的亚成长高成熟型企业发展之路。

走基体偏强化之路的原因或初始状态，或者是企业出现了较为突出的聚势失衡，以及进取异化和竞合扭曲所折射出的某些成熟性疾患，或者也可能源于某种聚势运营的结构性缺陷，如不仅体制、管理、文化等统合动力的作用严重不足，投资、技术、营销等独立动力的作用也存在一定的薄弱性。

当然，基因变革也不排除走全面共强化的道路，即四种个体动力和四种团体动力、四种互动动力和四种联动动力，不论是在投资、技术、营销三种独立动力中，还是在体制、管理、文化三种统合动力中，都显性地、有效地形成内聚作用，体现出企业运营与发展的灵活性、强劲性、突破性与协调性、稳定性、连续性的全面统一，实现了企业成长性张力和成熟性张力的全面强化与兼容。与此相应，更加重视各种激发动力模式与各种基体动力模式的全面性整合与运用，走出一条高成长高成熟之路。这种全面性的基因变革，就其原因或初始状态而言，可能是企业的成长性张力和成熟性张力都处于较低水平，或者是企业的激发动力和基体动力处于偶发共强化的不确定状态（见图 1-5a），企业力图在成长性张力和成熟性张力的相互作用下从无序走向有序，或从低度有序走向高度有序。但这种全面性的基因变革，往往过于理想，脱离实际能力和实际需求，且成本很高，有赖于相当高的集成智慧水平，对企业动力系统运营的辨识能力、规划能力、驾驭能力和操控能力都是非常严峻的挑战。

总体来看，基因变革作为调整企业发展形态和规模边界的基本机制，是企业递阶变革的主线或主旋律，具有平衡或非平衡的多样和特性。因为基因变革是企业内部一种激发动力与基体动力、成长性张力和成熟性张力相互分离又内在依存的二元化变革过程，所以两种非平衡力量的交互作用会呈现出一种较长时间和较大范围内起伏涨落的规律性，同时，个体动力、独立动力、互动动力三种激发动力和团体动力、统合动力、联动动力三种基体动力，在形成与作用的起点和终点、波幅和频率上不可能具有对称性或一致性，因而任何一种基因变革的起伏之路在宏观上总是会表现出一种平衡或非平衡的多样化特点。一般来说，企业基因变革要把握自身成长性峰谷与成熟性峰谷交替变化的过程和趋势，厘清必然性和偶然性、内部原因和外部原因，针对优势条件和薄弱环节，阶段性地发挥优势基因并与时俱进地弥补弱势基因，简言之，就是要把握基因变革的“适时”性。

三、组元变革的内涵、道路和特性

组元变革，就是以 Y 动力子系结构，即投资方、经营方、管理方、生产方四大主体动力，或投资、技术、营销、体制、管理、文化六大运营体动力，或产业竞合体、区域竞合体、社会竞合体、自然竞合体四大超循环体动力为对象和载体，致力于三大动力组元地位关系的调整和转换，进而推动企业在自组织、积累转换和新陈代谢中各种组元性变化，实现企业生命过程和运营结构与模式的转型与创新。例如，主体动力系统中股东结构和人才结构的调整与改善、董事会和管委会组成结构的调整与改善，运营体动力中投资结构和投资规模的调整与改变、厂房设施和产品品种的调整与改变、营销渠道和营销地域的调整与改变，超循环体动力中竞争对手和合作范围的调整与改变、公共关系和品牌形象的调整与改变，等等，这些都会不同程度地改变企业自组织、积累转换和新陈代谢三大生命过程的平衡与涨落。

组元变革的认识基础和基本依据是 Y 动力递阶原生组态和 Y 动力过程依存律，前者向我们揭示了三阶动力系统最基本的组成形态、依存关系和因果联系，后者向我们揭示了三大动力决定企业自组织过程、积累转换过程和新陈代谢过程的基本原理。组元变革比较具体，可以针对所有动力组元，但总体上还是可以从三大动力系统来分别考察。

1. 主体动力系统的组元变革

主体系统的组元变革主要体现在投资方、经营方、管理方、生产方四大主体动力之间地位和作用关系的调整上：或者着力优化强化投资方的地位和作用，更加重视投资者和股东会及其主体性的发挥，特别是在企业自组织过程中体现出更多的股东收益最大化、胆识性和聚集力、执着性和果敢性、市场空间和人才保障等投资方的行为机制和特征；或者着力优化强化经营方的地位和作用，更加重视经营者和董事会及其主体性的发挥，特别是在企业自组织过程中体现出更多的企业利润最大化、战略性和决策力、前瞻性和决断性、成长空间和资本保障等经营方的行为机制和特征；或者着力优化强化管理方的地位和作用，更加重视管理者和管委会及其主体性的发挥，特别是在企业自组织过程中体现出更多的团队效率最大化、专业性和执行力、细致性和妥协性、职权空间和体制保障等管理方的行为机制和特征；或者着力优化强化生产方的地位和作用，更加重视生产者和职代会及其主体性的发挥，特别是在企业自组织过程中体现出更多的员工收入最大化、技能性和作业力、感知性和从众性、业务空间和工具保障等生产方的行为机制和特征。

主体动力组元变革的原因和初始状态，一般是主体动力的某一组元出现了进取异化或动力衰竭的某些疾患，或成为偏执与激进的孤军，脱离了其他主体动力的协同，或成为缺失与薄弱的短板，制约了其他主体动力的发挥及其企业发展运营的整个自组织过程。当然，也可能源于外部环境某种因素的变化，如人才竞争和劳动力市场供求关系的变化等，必须相应在主体动力地位关系上做出某种调整和转变。

2. 运营体动力系统的组元变革

运营体系统的组元变革主要体现在投资、技术、营销、体制、管理、文化等六大运营体动力之间地位和作用关系的调整上：或者着力优化强化投资体的聚势地位和作用，更加注重投资的效率、效益和效能，特别是在企业积累转换过程中，更加注重投资体动力行为过程、行为方式、行为特征等行为机制的运用，如费用和项目的诱发激活、产权和产品的同化整合、部门和领域的极化带动、实业和事业的分化生长、行业和产业的转型升级、合资和并购的融合创生等；或者着力优化强化技术体的聚势地位和作用，更加重视技术的效率、效益和效能，特别是在企业积累转换过程中，更加注重技术体动力行为过程、行为方式、行为特征等行为机制的运用，如革新和发明的诱发激活、网络和规程的同化整合、核心和高端的极化带动、扶持和应用的分化生长、改造和引进的转型升级、交叉和边缘的融合创生等等；或者着力优化强化营销体的聚势地位和作用，更加重视营销的效率、效益和效能，特别是在企业积累转换过程中，更加注重营销体动力行为过程、行为方式、行为特征等行为机制的运用，如订单和促销的诱发激活、品牌和渠道的同化整合、营销和开拓的极化带动、品种和分销的分化生长、定制和淘汰的转型升级、联销和嫁接的融合创生等；或者着力优化强化体制体的聚势地位和作用，更加重视体制的效率、效益和效能，特别是在企业积累转换过程中，更加注重体制体动力行为过程、行为方式、行为特征等行为机制的运用，如股权和分权的诱发激活、直线和职能的同化整合、集权和控股的极化带动、分立和开放的分化生长、重组和变革的转型升级、机构和规则的融合创生等；或者着力优化强化管理体的聚势地位和作用，更加重视管理的效率、效益和效能，特别是在企业积累转换过程中，更加注重管理体动力行为过程、行为方式、行为特征等行为机制的运用，如目标和奖惩的诱发激活、规范和惯例的同化整合、战略和团队的极化带动、放权和扶持的分化生长、制度和模式的转型升级、沟通和协调的融合创生等；或者着力优化强化文化体的聚势地位和作用，更加重视文化的效率、效益和效能，特别是在企业积累转换过程中，更加注重文化体动力行为过程、行为方式、行为特征等行为机制的运用，如精神和理想的诱发激活、价值和识别的同化整合、愿景和时势的极化带动、宽容和鼓励的分化生长、观念和知识的转型升级、互补和兼容的融合创生等。

运营体动力组元变革的原因和初始状态，一般是运营体动力的某一组元出现了聚势失衡或动力黏滞的某种疾患，或者片面强化某一运营体动力，而缺乏其他运营体动力的配合，或者某一运营体动力过度薄弱，制约了其他运营体动力的发挥及其企业运营与发展的整个积累转换过程。当然，也可能源于外部环境某种因素的变化，如资金供给、技术进步、销售市场等因素的变化，必须相应在运营体动力地位关系上做出某种调整和转变。

3. 超循环体动力系统的组元变革

超循环体系统的组元变革主要是体现在产业竞合体、区域竞合体、社会竞合体和自然竞合体之间地位和作用关系的改变上：或者着力优化强化产业竞合体的地位和作用，更加重视生产竞合和产业循环及其适应性、增益性和突破性，特别是在企业新陈代谢过程中体现出更多的产业竞合体的各种行为机制和特征，如市场占有最大化、互补性的低成本扩张、商业信誉和吸引力、行业性和技术性的机会条件等；或者着力强化区域竞合体的地位和作用，更加重视商业竞合和区域循环及其适应性、增益性和突破性，特别是在企业新陈代谢过程中体现出更多的区域竞合体的行为机制和特征，如运营收益最大化、互利性的高效率运营、公司形象和影响力、规则性和管理性的机会条件等；或者着力强化社会竞合体的地位和作用，更加重视公共竞合和社会循环及其适应性、增益性和突破性，特别是在企业新陈代谢过程中体现出更多的社会竞合体行为机制和特征，如公共支持最大化、共栖性的和谐化成长、公益贡献和融合力、政策性和文化性的机会条件等；或者着力强化自然竞合体的地位和作用，更加重视生态竞合和自然循环及其适应性、增益性和突破性，特别是在企业新陈代谢过程中体现出更多的自然竞合体的行为机制和特征，如资源保障最大化、共荣性的高品位生存、社会责任和建设力、知识性和科学性的机会条件等。

超循环体动力组元变革的原因和初始状态，一般是超循环体动力的某一组元出现了竞合扭曲或动力迷失的某种疾患，或者局限于某一超循环体动力的发挥，而缺乏其他超循环体动力的呼应，或者某一超循环体动力缺失与薄弱，制约了其他超循体动力的发挥及其企业运营与发展的整个新陈代谢过程。当然，也可能源于某种外部环境因素的变化，如竞争态势、资源供求、政策调整等因素的变化，必须相应在超循环体动力地位关系上做出某种调整和转变。

总体上看，组元变革作为调整企业生命过程和运营边界的基本机制，是企业递阶变革中的主战场，具有非平衡甚或远离平衡的复杂化特点。一方面，组元变革生动具体而又纷繁复杂，涉及三大动力中各种动力组元在质与量及诸多因素排列次序上的变化，存在远离平衡的各种路径和实现各种目标的相对自由空间，充满决策的分岔性、选择性以及对远离平衡的可控性；另一方面，三大动力递阶关联，不同级别、不同组元在生产循环（环面）中发生质变与量变及相互次序转变的周期各不相同，一个因素的初始变化又往往会带来连锁性的扰动和涨落，往往牵一发而动全身，可能会走向或短期或长期、或有序或失控、或混沌或混乱、或周期混沌或阵发混沌的不同道路和结果。一般来说，企业组元变革要把握内部能力和外部资源的基本格局，在定位于要素市场的小生境和大生境对接交流的供求性变化中，针对极化带动需求以及核心竞合力的形成，动态性地谋划组元重点并统筹兼顾地整体联动，简言之，就是要把握组元变革的“适市”性。

四、自组织叠加再组织的超成长性

现在，我们将上述功能变革、基因变革、组元变革的内涵和外延、基础和依据、性质和特点做一个总结，简要给出如下Y动力系统递阶变革比较分析列表（见表7-1）。

表7-1 Y动力系统递阶变革比较分析

级别	内涵和外延	基础和依据	性质和效应	特点
功能变革	三大动力之间	边界连锁组态·属性依存律	企业价值属性·职能结构	近平衡·平衡·常态化
基因变革	三大动力内部	偶联强化组态·形态依存律	企业发展形态·规模结构	非平衡·平衡·多样态
组元变革	三大动力组元	递阶原生组态·过程依存律	企业生命过程·运营结构	非平衡·复杂性

从上述分析及表 7-1，我们看到：①功能变革、基因变革、组元变革，位居 Y 动力系统的不同等级，但都是一种结构性变革，会不同层次、不同领域地带来企业职能和价值属性、企业规模和发展形态、企业运营和生命过程的各种结构性及功能性变化，这就是 Y 动力递阶变革的结构性效应原理；②功能变革、基因变革、组元变革，始因、基础、依据和道路有所不同，或长期性或阶段性、或突破性或演进性、或局部性或整体性、或优化性或强化性，其谋划和运用需要适势、适时、适市，因势利导、因时而异、因市而动，可概称为 Y 动力递阶变革三要领；③ Y 动力系统递阶变革的内涵和外延、方向和道路、基础和依据、性质和特点，不仅从功能、基因、组元三大结构上揭示了系统再组织的基本内容，也从形态、行为、作用三大基模上揭示了系统再组织的基本依据，从而构成了 Y 动力递阶变革再组织的基本架构，简称 Y^+ 架构，即 Y 动力叠加递阶变革的基本架构（也可称为 Y^+ 机制，即三阶动力自组织叠加递阶变革再组织机制）。

上述 Y 动力递阶变革的结构性效应和基本框架所蕴含的思想和价值主要体现在以下四个层面的超成长特性。

1. 递阶变革以 Y 动力为依托，为系统再组织提供了无限的创想空间

长期以来，国内外专家学者对企业变革，主要是组织变革的层次、内容和形式，有着多种多样的分类和解析。在国外，有的认为组织变革全面地包括任务、人员、技术和组织结构等四个方面（莱维特，1965）；有的认为组织变革可分成组织作业流程的改变、组织技术的改变、个人工作内容的改变、文化的改变等四个方面（科夫默、莱克，1988）；有的提出组织变革包括人员、工作和技术、结构及经营策略三种方式（格林伯格、巴伦，1993）；有的提出组织变革包括科技变革、产品与服务的变革、战略与结构的变革、人员与文化的变革四种形态（麦卡恩，1991；达夫特，1999）；有的提出了组织变革的四个 R：观念变革、结构变革、策略变革、能力领域变革（古尔纳尔、凯利，1995）；有的提出变革策略分别是技术性策略、结构性策略、行为性策略（哈维、布朗，1988）；有的将组织变革分为结构变革、技术变革、人的变革（罗宾斯、库尔特，2012）；有的将创新管理分为技术变革、市场变革、组织变革（蒂德、贝赞特，2012）。在国内，有的提出组织变革的类型包括变革个体、变革工作技术与流程、变革组织本身的结构、变革组织气氛及人际风格（刘光华、陈美瑜，1994）；有的认为企业变革涉及人员、任务和技术、组织结构、组织环境四个方面的内容（蔡利忠，2002）；有的认为企业变革包括结构变革、战略变革、制度变革、文化变革（王雪莉，2003）；有的认为变革管理包括战略、流程、人员、组织结构以及信息技术五个关键因素（俞东慧、黄丽华，2004）；有的将企业变革分成作业层次、管理层次、理念层次（季延平，1996）；还有的将企业变革分为公司层次、业务层次、功能层次（陈又星，2003）。总体上看，国内外有关企业变革或组织变革的研究，较为集中地涉及技术与流程、人员与文化、战略与策略以及组织结构等四类要素，个别的也涉及了产品和服务、市场与环境等因素，由于分类的角度和层次不尽相同，因素的选择和依据也有所差异，企业变革分类也异彩纷呈。而Y动力系统体现了企业主体、本体和外体的有机统一，企业结构、功能和机制的有机统一，不仅层次分明、内容全面、要素具体，而且客观而又能动、闭合而又开放、递进而又循环，从而为企业变革或企业再组织奠定了有序发挥和有效交流的系统平台，依托这一平台，企业变革或企业再组织，既明确了对象和载体，又容易选择切入点和落脚点，既可以做到有径可循、有的放矢，又可以实现无限创意、无限创新。

2. 递阶变革以自组织为前提，为系统再组织奠定了内在的演进基础

系统自组织的开放性、协同性、涨落性、突变性、非线性、非平衡性的一般特性表明：自组织不仅具有结构化、有序化、趋优化的一般功能，而且具有初始性、阶段性、演进性的具体过程，因而，以Y动力自组织系统为基本前提和基本载体的再组织行为，既可以充分尊重和发挥系统自组织的内在机制和功能，避免随意性、盲目性的不当干预，又可以积极面对和把握系统自组织的偏离趋势和问题，实现确定性、自觉性的有效干预。就是说，系统再组织通过递阶变革对自组织的干预，是在自发、自在、自觉、自为、自主、自立、自足、自爱等一系列自我行为的基础上，所形成的自知、自问、自弃、自裁、自纠、自救、自如、自强等一系列超我行为，再组织行为对自组织过程具有天然的理解力、亲和力、强化力和优化力，并能够最大限度地抵御和化解外界因素可能给自组织系统带来的各种不良扰动。针对长期以来国内外学术界对于自组织与他组织（被组织）概念的争辩（吴彤，2001），我们需要进一步厘清的是：再组织对自组织的干预，绝不意味着自组织变为被组织，因而不同于外组织（他组织）对被组织的干预。再组织对自组织的干预，是发生在同一个系统之中，是同一自组织主体以再组织方式在更高层次上对自组织自身的内在性、超我性和协同性干预。其中：自组织并不必然与再组织为伍相伴，但再组织必然以自组织为前提和载体；外组织（他组织）对被组织的干预，则发生在不同系统之间，是外组织（他组织）对被组织的外在性、他我性和控制性干预，被组织的组织并不具有完全的自组织功能，必须依靠外组织（他组织）系统的特定指令来实现自身的运行和演化。

3. 递阶变革以集成智慧为核心，为系统再组织凝聚了不竭的思想源泉

耗散结构理论认为，系统只有不断从外界引入负熵，即不断从外部环境吸收物质、能量和信息，才能形成动态稳定有序结构和实现系统自组织演化。但超成长系统的研究表明：在实现社会组织系统的有序性，特别是持续性的过程中，负熵只是必要条件，而非充分条件，并不具有决定性，因为在社会组织系统中，有一种不同于自然组织系统的特殊性或本质特性，那就是人的因素的存在，人的主体性即人的自主性、能动性和创造性的存在。在社会组织系统中，引入什么负熵、引入多少负熵、如何引入负熵、如何利用负熵、如何实现负熵有效而持续的作用，不是一种自然而然的自然决定过程，而是一种人为过程，归根到底取决于人的经验、知识和智慧，特别是在面对如何扬长补短、趋利避害地整合和利用负熵上，在面对如何消除负熵带来的消极作用、消除负熵对正常秩序的不良扰动上，以集成智慧为核心的再组织行为则发挥着至关重要甚至决定性的作用，它具有负熵本身不可能具有的超我超他性的发现能力、辨识能力、规整能力和创新能力。就是说，智慧组织特性是社会组织区别于自然组织的根本属性，因而，不仅智慧应当从一般性的物质、能量和信息中剥离出来，而且集成智慧应当从一般智慧系统中剥离出来，进而与负熵、与自组织相辅相成地并肩作战。简言之：负熵是自我、本我、他我的存在，智慧则是超我、超他、超他我的存在；某些负熵可能具有有限性，集成智慧则具有无限性；开放性的社会组织既要依托内部与外部的负熵流，通过平衡和非平衡涨落，实现系统的有序性和自组织演化，又要依托内部与外部的智慧流，通过平衡和非平衡相变，实现系统的高度有序性和强势永续发展。

4. 递阶变革以超成长为目标，为系统再组织展示了现实的理想前景

递阶变革的目标体系即超成长系统的演进特性，可以概括为三点：强劲性、超越性、永续性。超成长系统与自成长系统或自组织系统的统一性在于都属于同一个自组织系统，差异性在于基本特征，可简单归纳为两点：①在过程和目的上，超成长系统实现了阶段性与长期性、强劲性与持续性的内在统一，而不是停留在一般自成长过程和一般可持续目标的初级水平上；②在机制和手段上，超成长系统实现了自组织和再组织、常态智慧和集成智慧的内在统一，而不是停留在一般自组织机制和常态智慧手段的自然水平上。由此可见，超成长系统不是虚幻的社会组织成长理念，而是一个生动的、具体的、可认识、可把握、可操作的社会组织成长过程和成长机制，因而，培育超成长系统，推进超成长过程，运用超成长机制，应当是现代企业运营与发展的一种最高层次的理想追求和现实可行的道路选择。

现在，我们简要给出系统再组织与系统自组织相互联系与区别的比较分析列表（见表 7-2），以期能够引发人们更多、更深入的研究和思考。

表 7-2　系统自组织与系统再组织的区别

	适用对象	基础	性质	内容和形式	核心机制	效果
自组织	一般组织	子系统	自主演化过程	协同・涨落・耗散结构・超循环	熵流・引入负熵	自成长
再组织	社会组织	Y 动力	优化强化过程	功能变革・基因变革・组元变革	慧流・集成智慧	超成长

为了对自组织叠加再组织的超成长系统有一个较为整体的和量观的概念，我们联系第一章中的式（1-1）和式（1-2），示意性地给出一组超成长函数，即：

$$S=\phi\ (Y;\ R_t) \qquad (7\text{-}1)$$

或

$$S=\phi\ (\varphi_Y(P,\ O,\ H);\ \varphi_R(u,\ v,\ w)) \qquad (7\text{-}2)$$

或

$$S=\phi\ (\varphi_Y(G,\ M);\ \varphi_r(v)) \qquad (7\text{-}3)$$

式（7-1）、式（7-2）、式（7-3）分别称为超成长系统 S 的概念模型、总系模型和基因模型。式（7-1）中，Y 为三阶动力系统，是常态智慧条件下系统自组织的驱动力，确定性或常态性地决定企业发展运营的持续过程；R_t 是递阶变革体系，是集成智慧条件下系统再组织的涨落力，适应性或集成性地改变企业发展运营的聚势结构。在式（7-2）中，P、O、H 作为 Y 的构成函数，分别为主体动力、运营体动力、超循环体动力三组状态空间行为变量，是系统自组织有序演进的基本力量，其低一阶的组元变量已经由式（1-1）给出；u、v、w 作为 R_t 的递进函数，分别为功能变革、基因变革、组元变革三级调节变量，是系统再组织有序干预的基本力量。在式（7-3）中，G 和 M 作为 Y 的基因函数，分别为激发动力和基体动力两种状态变量（或状态向量），其低一阶的组元变量已经由式（1-2）给出；基因变革 v 的周期性或阶段性作用，会导致企业成长性与成熟性两种发展形态的相应变化或优化。

超成长函数的建立，可变量化、能量化、定量化地为企业的发展运营图景、聚势结构状态和三大功能特性，简明地提供赋值与描绘、检测与评估、强化与优化的分析平台和决策框架，为“三体”运营系统中各类行为疾患的诊治，提供递阶变革再组织的思维模式和研究方法。

超成长系统的空间模式、时间模式、功能模式及其所属特性，在本质上，是企业发展运营中的强势力量和协同力量在自组织和再组织耦合机制作用下宏观转变的递阶性涌现，其最优状态或基本条件，则是符合适应性行动者原理和涨落原理（苗东升，2010），体现人的主体性功能及其适应性改变的聚势结构与秩序。

第三节 形态系统偶联特性与递阶变革

或许你早已发现了一种神奇般的结构美学现象：第一，主体动力、运营体动力、超循环体动力，相应地都有激发动力形态和基体动力形态、激发动力组元和基体动力组元、激发动力模式和基体动力模式等基本类型；第二，进取人假设、聚势运营原理、超循环竞合理论，相应地都有本性结构、行为机制、政策杠杆、目标体系、核心理念等基本内涵；第三，Y 动力递阶原生组态、Y 动力全息依存组态、Y 动力偶联强化组态、Y 动力边界连锁组态，相应地都有各自相互作用的结构、功能和机制等基本秩序。现在，我们面临一个尚待解决的问题是：三大动力系统之间，不同的激发动力形态和基体动力形态、激发动力组元和基体动力组元、激发动力模式和基体动力模式之间，不同的本性结构、行为机制、政策杠杆和目标体系之间，不同的动力组态、作用机制和企业形态、企业类型之间，究竟存在着一种怎样的关联特性或耦合特性？对这一问题的深入探究，不仅将使 Y 动力形态系统、Y 动力行为系统、Y 动力效应系统的三种耦合关联特性及其效应，有更加具体而生动的体现，而且将给递阶变革再组织过程中集成智慧的基本领域、基本内涵与基本方式，带来一系列具体而生动的启示。

Y 动力形态系统的耦合关联特性，具体表现为主体动力、运营体动力和超循环体动力在不同组元和不同模式两大领域发生偶联性耦合的一种关联秩序、关联程度和关联效应。

一、组元系统偶联特性与递阶变革之“慧”

Y 动力组元系统在偶联特性上具有两大特点。第一，就关联程度而言，在主体动力中，对偶性的董事会和经营者、管委会和管理者与运营体动力六大组元的关联度，要高于对偶性的股东会和投资者、职代会和生产者与运营体动力六大组元的关联度，个体动力的四种组元与运营体动力六大组元关联度，要高于团体动力与运营体动力六大组元的关联度；在超循环体动力中，镶嵌性的生产竞合体和产业循环、商业竞合体和区域循环与运营体动力六大组元的关联度，要高于镶嵌性的公共竞合体和社会循环、生态竞合体和自然循环与运营体动力六大组元的关联度，联动动力的四种组元与运营体动力六大组元的关联度，要高于互动动力与运营体动力六大组元的关联度。第二，就耦合效应而言，激发性的个体动力和互动动力与独立动力的偶联性结合，必然全面强化企业的成长性张力，基体性的团体动力和联动动力与统合动力的偶联性结合，必然全面强化企业的成熟性张力；激发性的个体动力和互动动力与基体性的统合动力的偶联性结合，以及基体性的团体动力和联动动力与激发性的独立动力的偶联性结合，在企业的成长性张力和成熟性张力的形成与强化上，往往存在着不同程度的兼容性或不确定性。

认识、把握和体现Y动力组元系统的偶联特性，在递阶变革再组织系统的集成智慧中具有全局性和主导性的重要意义，我们称其是Y动力递阶变革中集成智慧的第一大体现。主要启示如下所述。

（1）就功能变革而言，无论是优化强化主体动力、超循环体动力，还是运营体动力，无论是增强企业的人本性、社会性，还是经济性，都要意识到四种个体动力和四种团体动力、三种独立动力和三种统合动力、四种互动动力和四种联动动力之间存在着全面的和不同程度的偶联性关联，特别是要意识到对偶性的股东会和投资者、董事会和经营者在形成和强化企业独立动力和统合动力中的特殊地位和作用，镶嵌性的生产竞合体和产业循环、商业竞合体和区域循环在形成和强化企业独立动力和统合动力中的特殊地位和作用。

（2）就基因变革而言，欲增强企业的成长性张力，就要注重发挥个体动力、互动动力与独立动力之间的激发性偶联关系，相反，欲增强企业的成熟性张力，就要注重发挥团体动力、联动动力与统合动力之间的基体性偶联关系。同时，也要注意到团体动力与独立动力、个体动力与统合动力、互动动力与统合动力、联动动力与独立动力之间的相互作用，在形成与强化企业成长性张力与成熟性张力上的双重性或不确定性。

（3）就组元变革而言，无论是优化强化四种个体动力、四种团体动力，还是优化强化四种互动动力、四种联动动力，抑或是优化强化三种独立动力、三种统合动力，都要考虑彼此之间不同程度地存在着的激发性和基体性偶联关系，及其在企业成长性张力和成熟性张力的形成与强化上所存在的相辅相成或相互融合的作用关系和作用效应，以增强动力运营的效能和效率。

二、模式系统偶联特性与递阶变革之“慧”

Y动力模式系统在偶联性上也具有两大特点。第一，广泛的和较强程度的相容性。一方面，少数动力模式之间存在着高度耦合的正强化作用和低度耦合的冲突性：前者如独立模式中的跨越式特别需要与互动动力模式中的市场型、资源型、行业型、地域型、政策型相辅相成地同时运用，统合动力模式中的核心型特别需要与个体动力模式中的专业型、精细型，及互动动力模式中的业链型、平台型、虚拟型相辅相成地同时运用；后者如独立动力模式中的多元化与团体动力模式中的集权型、独裁型，及互动动力模式中的虚拟型最不相容，统合动力模式中的全能型，与团体动力模式中的集权型、独裁型，及与互动动力模式中的业链型、平台型、双边型都存在很低程度的耦合性。另一方面，大多数动力模式之间都存在着较强或很强程度的相容性、互补性或依赖性，大多不存在相互冲突、相互排斥或相互抵消的负向作用问题，这一特性，给出了一定的混沌决策效应，大大简化了我们面对复杂多样化的各种动力模式所进行的选择与决策行为。第二，不同的成长性和成熟性效应。一般来说，8 种个体动力模式和 8 种互动动力模式与 8 种独立动力模式的偶联性作用，将形成很强的企业成长性张力，而 8 种团体动力模式和 8 种联动动力模式与 8 种统合动力模式的偶联性作用，将形成很强的企业成熟性张力；8 种团体动力模式和 8 种联动动力模式与 8 种独立动力模式之间的偶联性作用，以及 8 种个体动力模式和 8 种互动动力模式与 8 种统合动力模式之间的偶联性作用，在企业成长性张力和成熟性张力的形成与强化上，往往存在着双重性效应或不确定性效应。

认识、把握和体现 Y 动力模式系统的偶联特性，在递阶变革再组织系统的集成智慧中具有协同性和操作性的重要意义，我们称其是 Y 动力递阶变革中集成智慧的第二大体现。主要启示如下所述。

（1）就功能变革而言，无论是增强企业的人本性和自组织能力、社会性和新陈代谢能力，还是企业的经济性和积累转换能力，无论是优化强化主体动力、超循环体动力，还是强化优化运营体动力，在选择和运用 8 组 16 种主体动力模式、8 组 16 种超循环体动力模式，以及 8 组 16 种运营体动力模式中，都要善于利用这些丰富多彩的动力模式之间偶联性关联的各种相容性和互补性、对应性和依赖性，努力实现各类各种动力模式之间的有效结合和协同运用，同时，避免动力模式运用上的某些冲突性或排斥性，避免作用效应相互抵消问题的出现。

（2）就基因变革而言，欲增强企业的成长性张力，就要善于实现个体动力模式、独立动力模式和互动动力模式之间偶联性的协同运用，反之，欲增强企业的成熟性张力，就要善于实现团体动力模式、统合动力模式和联动动力模式之间偶联性的协同运用。还要注意到个体动力模式和互动动力模式与统合动力模式同时运用时、团体动力模式和联动动力模式与独立动力模式同时运用时，可能在形成和强化企业成长性张力和成熟性张力上存在着双重效应或不确定性效应。

（3）就组元变革而言，无论是优化强化主体动力的各种组元、超循环体动力的各种组元，还是强化优化运营体动力中的各种组元，都要善于运用相应的各种动力模式，并深入把握和运用三大动力系统中 24 组 48 种动力模式之间所存在广泛的偶联性、相容性和互补性，同时避免运用某些动力模式时可能会出现相互冲突或相互抵消的情况。

第四节 行为系统内聚特性与递阶变革

Y 动力行为系统的耦合关联特性，集中体现在三大动力系统以聚势运营或运营体动力为母体或本体的内聚性上。Y 动力系统的内聚性，是主体动力和由主体动力作用所形成的超循环体动力相辅相成地转化为运营体动力的一种内在耦合特性，或者说，是进取人行为和超循环竞合行为相辅相成地转化为聚势运营行为的一种内在关联特性。而 Y 动力行为系统的内聚特性，具体表现为进取人、聚势运营和超循环竞合在本性结构、行为机制、政策杠杆、目标体系等基本行为层面发生内聚性耦合的一种关联秩序、关联强度和关联效应。

一、本性结构内聚特性与递阶变革之“慧”

Y 动力行为系统本性结构具有两大内聚特性。第一，关联强度不一。即进取人假设的三组本性和超循环竞合的三组本性，以不同程度的关联度共同内聚于聚势运营的四组本性之中，相应地诱发或促进了聚势运营各种本性特征的形成与变化。例如：资本性的形成与变化与契约人、经济人的本性高度相关，与理性人以及逐利性和扩张性也有更多的关联；强劲性的形成与变化不仅与经济人、自由人、感性人高度相关，也与互动性、逐利性、扩张性的本性高度相关。又如：人本性的形成与变化主要是与进取人的三组本性相关，与超循环竞合的三组本性相关度较低；稳定性的形成与变化与社会人、契约人、理性人、旋升性、增值性、演进性等本性都高度相关。第二，耦合效应各异。比较而言，进取人的经济人、自由人、感性人三种本性和超循环竞合的互动性、逐利性、扩张性三种本性，在聚势运营中会表现出或转化为更多的资本性、多体性、强劲性、外源性，这种耦合关联特性会更多地促成企业成长性张力的形成与强化；而进取人的社会人、契约人、理性人三种本性和超循环竞合的旋升性、逐利性、演进性三种本性，在聚势运营中会表现出更多的人本性、整体性、稳定性、内生性，这种耦合特性会更多地造成或带来企业成熟性张力的形成与强化。当然，还有许多本性特征的内聚性耦合在成长性张力和成熟性张力的激发与强化上具有兼而有之的双重效应。例如，社会人、契约人、理性人和旋升性、增值性、演进性与资本性、多体性、强劲性、外源性的内聚性耦合，经济人、自由人、感性人和互动性、逐利性、扩张性与人本性、整体性、稳定性、内生性的内聚性耦合，无论是在促进成长性张力还是在促进企业成熟性张力的区分上，都处于兼而有之的灰色地带。

认识、把握和体现 Y 动力行为系统本性结构的内聚特性，在递阶变革再组织系统的集成智慧中具有基础性和观念性的意义，我们称其是 Y 动力递阶变革中集成智慧的第三大体现。主要启示如下所述。

（1）就功能变革而言，无论是增强企业的人本性和自组织能力，还是增强企业的社会性和新陈代谢能力，无论是优化强化主体动力，还是优化强化超循环体动力，都要考虑其本性结构与运营体动力本性结构的各种内聚性关联特性；同样，在增强企业的经济性和积累转换能力、优化强化运营体动力的过程中，维护和强调聚势运营中某种本性特征的重要性，也要注重把握和体现进取人和超循环竞合中某种本性特征相互关联的相应地位和价值。例如：欲强调和突出资本性在企业中的重要性，就要善于尊重和体现契约人和经济人、逐利性和扩张性的本性；欲强调和突出人本性在企业中的重要性，就要全面尊重和体现进取人三组本性的内在要求。又如：欲造就企业发展运营中更多的强劲性，就要更多地关注经济人、自由人、感性人以及互动性、逐利性、扩张性的本性；欲强调企业发展运营中更多的稳定性，则要更多地关注社会人、契约人、理性人和旋升性、增值性、演进性的本性。

（2）就基因变革而言，欲强化企业更多的成长性，就要更多地注重认识和把握经济人、自由人、感性人和互动性、逐利性、扩张性与资本性、多体性、强劲性、外源性之间更多本能性的内聚特性，以利于在企业发展运营中孕育出更多的激发动力和成长性张力；欲强化企业更多的成熟性，则要更多地认识和把握社会人、契约人、理性人和旋升性、增值性、演进性与人本性、整体性、稳定性、内生性之间更多本质性的内聚特性，以利于在企业发展运营中孕育出更多的基体动力和成熟性张力。当然，在一些成长性和成熟性难分伯仲的灰色地带，采取某种模糊策略，也有其内在的科学性和合理性。

（3）就组元变革的而言，无论是优化强化主体动力的某个组元，还是运营体动力的某个组元，抑或是超循环体动力的某个组元，在认识和把握它们本性特征时，都要有系统的、普遍联系的观念，尽可能地考虑到三大动力各种组元之间本性结构的各种内聚性耦合关系，进而提升组元变革在认知路径上的自觉性和有效性。例如，要优化强化运营体动力中投资体的地位和作用，就要充分认识、把握和体现投资体在聚势运营中的四维本性，而投资体在聚势运营中的四维本性，说到底无不融汇主体动力中投资者的三组进取人本性。反之，要优化强化主体动力中投资者的地位和作用，就要充分认识、把握和体现投资者的三组进取人本性，而投资者的这种本性最终还是要在聚势运营中、在运营体动力的投资体中得以体现；如此等等，依此类推。

二、行为机制内聚特性与递阶变革之“慧”

Y 动力行为系统行为机制在内聚性上也有两大特点。第一，关联强度内外有别。内在的进取人四种行为机制在聚势运营六种行为机制中的协同性内聚，基本上具有全面的、根本的和同等重要的地位和作用，而外在的超循环竞合四种行为机制在聚势运营六种行为机制中协同性内聚的紧密程度各不相同。其中，聚势运营中的诱发激活行为机制与超循环竞合四种行为机制有着最全面、最紧密的内聚性关联，而与聚势运营六种行为机制都具有紧密的内聚性关联的，当属超循环竞合行为中的学习响应机制。第二，耦合效应内外对称。进取人四种行为机制和超循环竞合四种行为机制与聚势运营中的诱发激活、分化生长两种行为机制的内聚性关联，往往会激发出企业更多的成长性张力，与同化整合、转型升级两种行为机制的内聚性关联，则往往激发出企业更多的成熟性张力，而与极化带动、融合创生两种行为机制的内聚性关联，在企业成长性张力和成熟性张力的形成与强化上有难以区别的相同效应。

认识、把握和体现Y动力行为系统行为机制的内聚特性，在递阶变革再组织系统的集成智慧中具有导向性和关键性的意义，我们称其是Y动力递阶变革中集成智慧的第四大体现。主要启示如下所述。

（1）就功能变革而言，在增强企业的人本性和自组织能力、优化强化主体动力的过程中，进取人四种行为机制的发挥和运用，应当在聚势运营六种行为机制的发挥和运用上得到全方位的贯彻和体现；在增强企业的社会性和新陈代谢能力、优化强化超循环体动力的过程中，超循环竞合四种行为机制的发挥和运用，在聚势运营六种行为机制中的体现程度则各有侧重；在增强企业的经济性和积累转换能力、优化强化运营体动力的过程中，聚势运营六种行为机制的发挥和运用，必须依托进取人四种行为机制的全面发挥和运用，同时又要兼顾超循环竞合四种行为机制不同程度的发挥和运用。

（2）就基因变革而言，欲增强企业的成长性张力，就要注重进取人四种行为机制和超循环竞合四种行为机制在聚势运营中的诱发激活、分化生长两种行为机制中的地位和作用；欲增强企业的成熟性张力，则要注重进取人四种行为机制和超循环竞合四种行为机制在聚势运营中的同化整合、转型升级两种行为机制中的地位和作用；而欲实现成长性张力与成熟型张力的平衡，进取人四种行为机制和超循环竞合四种行为机制与聚势运营中的极化带动、融合创生两种行为机制的内聚性协同往往会更加有效。

（3）就组元变革而言，三大动力中任何一种动力体的优化强化，都要整体化地考虑到进取人和超循环竞合各种行为机制与聚势运营各种行为机制之间的内聚性耦合或相应的外在性关联，把握相互之间的路径依赖关系。

三、政策杠杆内聚特性与递阶变革之“慧”

Y 动力行为系统政策杠杆在内聚性上也有两大特点。第一，关联程度很强。就是说进取人、超循环竞合和聚势运营各自三大政策杠杆的运用基本上存在着一种高度相关的内聚特性，具有很强的依存性和互补性。第二，耦合效应内外对称。其中，进取人和超循环竞合的三大政策杠杆，与聚势运营中役量杠杆的内聚具有增强企业成长性张力的突出效应，与聚势运营中役质杠杆的内聚则具有增强企业成熟性的突出效应，与聚势运营中役局杠杆的内聚则具有增强企业成长性张力和成熟性长力的双重效应。

认识、把握和体现 Y 动力行为系统政策杠杆的内聚特性，在递阶变革再组织系统的集成智慧中具有布局性和策略性的意义，我们称其是 Y 动力递阶变革中集成智慧的第五大体现。主要启示如下所述。

（1）就功能变革而言，无论是增强企业的人本性和自组织能力、优化强化主体动力，还是增强企业的社会性和新陈代谢能力、优化强化超循环体动力，无论是情治、道治、法治三大政策杠杆的运用，还是借力、借势、借机三大政策杠杆的运用，都要在聚势运营中，在役量、役质、役局三大政策杠杆的运用中得到贯彻和体现；反之，欲增强企业的经济性和积累转换能力、优化强化运营体动力，在役量、役质、役局三大政策杠杆的运用中，也要充分考虑到内在的情治、道治、法治三大政策杠杆和外在的借力、借势、借机三大政策杠杆的协同地位和配合作用。

（2）就基因变革而言，欲增强企业的成长性张力，就要注重进取人和超循环竞合的三大政策杠杆在聚势运营役量杠杆的运用中得到充分的内聚性体现；欲增强企业的成熟性张力，则要注重进取人三大政策杠杆和超循环竞合三大政策杠杆在聚势运营役质杠杆的运用中得到充分的内聚性体现；而进取人三大政策杠杆和超循环竞合三大政策杠杆在聚势运营役局杠杆中的内聚性耦合，往往兼具增强企业的成长性张力和成熟性长力的双重效应。

（3）就组元变革而言，三大动力系统中，任何一种动力组元子系统的优化和强化，都需要充分体现进取人三大政策杠杆的运用和超循环竞合三大政策杠杆的运用在聚势运营三大政策杠杆中的内聚性耦合效应。

四、目标体系内聚特性与递阶变革之“慧”

Y 动力行为系统目标体系在内聚性上也呈现两大特点。第一，关联程度很强。无论是进取人的自主性、能动性、创造性三大目标的实现，还是超循环竞合的适应性、增益性、突破性三大目标的实现，都与聚势运营的效率、效益、效能三大目标的实现，有着全面、高度的兼容性和耦合性，就是说，效率、效益、效能全面依赖于、全面内聚着进取人假设中的自主性、能动性、创造性和超循环竞合中的适应性、增益性和突破性。第二，耦合效应内外对称。进取人和超循环竞合的三大目标体系，与聚势运营的效率目标，在成长性张力的形成和增强上高度耦合；与聚势运营的效益目标，在成熟性张力的形成和增强上高度耦合；与聚势运营的效能目标，则具有形成和增强成长性张力和成熟性张力的双重效应。

认识、把握和体现Y动力行为系统目标体系的内聚特性，在递阶变革再组织系统的集成智慧中具有效果性和检验性的意义，我们称其是Y动力递阶变革中集成智慧的第六大体现。主要启示如下所述。

（1）就功能变革而言，无论是主体动力的优化强化，企业人本性和自组织能力的增强，人的自主性、能动性、创造性的实现，还是超循环动力的优化强化，企业社会性和新陈代谢能力的增强，外部适应性、增益性和突破性的实现，最终都需要在运营体动力的优化强化、企业经济性和积累转换能力的增强，企业效率、效益、效能三大目标体系的实现中得到体现和检验。而欲实现企业的效率、效益、效能三大目标，就要相应地注重进取人的自主性、能动性、创造性三大目标和超循环竞合的适应性、增益性和突破性三大目标的实现。

（2）就基因变革而言，企业成长性张力的增强，主要有赖于进取人三大目标的实现和超循环竞合三大目标的实现最终在聚势运营效率目标的实现中得到体现和检验；企业成熟性张力的增强，主要有赖于进取人三大目标的实现和超循环竞合三大目标的实现最终在聚势运营效益目标的实现中得到体现和检验；而进取人三大目标的实现和超循环竞合三大目标的实现最终在聚势运营效能目标的实现，往往会在成长性张力和成熟性张力难以区分的增强过程中得以体现。

（3）就组元变革而言，三大动力系统中任何一种动力组元的优化强化，在目标体系层面，无论是进取人的自主性、能动性、创造性的实现，还是超循环竞合适应性、增益性和突破性的实现，最终都要落实在聚势运营的效率、效益、效能上，都要全面而整体地认识和把握三种目标体系之间高度紧密的关联耦合特性。

第五节　效应系统依存特性与递阶变革

Y动力效应系统的耦合关联特性，集中体现在企业功能特性和企业形态特性以Y动力三大依存组态为效应基础的依存性上，主要包括两大层次的内涵：一是三大动力系统决定企业三大功能特性（价值属性、发展形态和生命运动）和企业三种功能边界（职能边界、规模边界、运营边界）的一种内在机制；二是三大动力系统决定企业五类发展形态（高成长高成熟型、高成长低成熟型、低成长高成熟型、低成长低成熟型、亚成长亚成熟型）和企业五种边界形态（社会型企业、内向型企业、生态型企业、公益型企业、寄生型企业）的一种内在机制。而依存的机制和特性，具体表现为企业三大功能特性和企业三种边界形态在Y动力三大依存组态层面发生效应性耦合的一种关联秩序和关联程度。

一、企业功能依存特性与递阶变革之“慧”

企业三大功能和企业三种边界与Y动力三大依存组态之间依存性关联的特点有二。第一，依存关系和依存程度存在高度对应的领域。例如：企业价值属性和企业职能边界及其相应的契约调节机制都与属性依存动力组高度相关，属性依存动力组在更多地决定着企业价值属性的同时，也更多地影响着微观的企业性质，进而与宏观的制度供给共同确定着企业的职能边界；企业发展形态和企业规模边界及其相应的价格调节机制都与形态依存动力组高度相关，形态依存动力组在更多地决定着企业发展形态的同时，也更多地影响着微观的企业产权，进而与宏观的市场供给共同确定着企业的规模边界；企业生命过程和企业运营边界及其相应的禀赋调节机制都与过程依存动力组高度相关，过程依存动力组在更多地决定着企业生命过程的同时，也更多地影响着微观的企业能力，进而与宏观的资源供给共同确定着企业的运营边界。第二，成长性关联和成熟性关联存在高度对称的一面。例如，企业三大功能特性和企业三种边界形态，对称性地与属性依存动力组的作用形成更多的成熟性关联，对称性地与过程依存动力组的作用形成更多的成长性关联，对称性地与形态依存动力组的作用存在着成长性和成熟性兼而有之或难分伯仲的关联效应。

认识、把握和体现企业功能系统和企业边界系统与Y动力三大依存组态的依存特性，在递阶变革再组织系统的集成智慧中具有战略性和本质性的意义，我们称其是Y动力递阶变革中集成智慧的第七大体现。主要启示如下所述。

（1）就功能变革而言，企业价值属性、发展形态、生命过程的内在性变化，相应地意味着或蕴含着企业职能边界、规模边界、运营边界的外在性变化，企业在该层面、该领域战略目标的制定与实施，不仅要内生性地以Y动力三大依存律为依据，致力于人本性、经济性和社会性、成长性和成熟性以及自组织、积累转换和新陈代谢的结构性变化或优化强化，而且要内外统一地注重实现企业的性质、产权、能力与外部的制度、市场、资源的有效对接，利用好契约、价格和禀赋三种边界调节机制的作用，实现企业功能特性变革与边界特性变化的有机统一。

（2）就基因变革而言，欲增强企业的成长性张力，不仅要更多地发挥过程依存动力组在改变企业功能特性，特别是在改善企业自组织、积累转换和新陈代谢三种生命运动过程中的作用，还要善于发挥过程依存动力组在改善企业边界，特别是在实现企业能力和资源供给有效对接，进而改变企业运营边界中的作用；欲增强企业的成熟性张力，不仅要更多地发挥属性依存动力组在改变企业功能特性，特别是在改善企业人本性、经济性和社会性三种价值属性形成中的作用，还要善于发挥属性依存动力组在改善企业边界，特别是在实现企业性质和制度供给有效对接，进而改变企业职能边界中的作用；此外，还要意识到在改变企业功能特性和边界特性的过程中，Y 动力三大依存组态，特别是形态依存动力组在形成企业成长性和成熟性上所具有的双重效应。

（3）就组元变革而言，三大动力系统中任何一个动力组元的优化强化，一般不会直接影响企业功能系统和形态系统的整体性改变，但在蝴蝶效应或连锁效应的作用下，沿着 Y 动力行为系统内聚特性和形态系统偶联特性的一定路径，最终也会无形中带来企业功能特性和边界形态的某些领域性，甚至整体性的变化。

二、企业形态依存特性与递阶变革之“慧”

企业发展形态和企业边界形态与 Y 动力三大依存组态形成的依存性关联也有两大特点。第一，系统化的和较强程度的关联性。企业发展形态和企业边界形态的外在性关联，取决于 Y 动力递阶原生组态、Y 动力三大依存组态、Y 动力偶联强化组态和 Y 动力边界连锁组态之间的内在性关联。诚如开篇所述，Y 动力递阶原生组态体现着三大动力系统最基本的结构秩序，Y 动力三大依存组态、Y 动力偶联强化组态和 Y 动力边界连锁组态都是 Y 动力递阶原生组态在不同作用领域中的衍生形态。其中：Y 动力三大依存组态体现着三大动力系统最基本的作用秩序或功能秩序，直接决定着企业最基本的三大功能特性；Y 动力偶联强化组态体现着 Y 动力三大依存组态中形态依存动力组的基本作用机制，直接决定着企业的发展形态及其类型；Y 动力边界连锁组态体现着 Y 动力三大依存组态不同链接的基本作用机制，直接决定着企业的边界形态及其类型。所以，企业发展形态和企业边界形态的形成和变化，都以 Y 动力递阶原生组态及其结构特性为作用基础，并分别与 Y 动力三大依存组态存在着共同的公共耦合关系，与 Y 动力偶联强化组态和 Y 动力边界连锁组态的作用机制存在直接的控制耦合关系。第二，较为对应的成长性和成熟性关联。在形成和改变企业发展形态及其类型、企业边界形态及其类型的过程中，属性依存动力组无论是与偶联强化组态的关联、还是与边界连锁组态的关联，都会产生更强的成熟性张力及其效应；过程依存动力组无论是与偶联强化组态的关联，还是与边界连锁组态的关联，都会产生强的成长性张力及其效应；而形态依存动力组无论是与偶联强化组态的关联，还是与边界连锁组态的关联，在成长性张力和成熟性张力的形成与变化上，总是会表现出双重效应或难于区分的不确定性。

认识、把握和体现企业发展形态与企业边界形态在依存特性，在递阶变革再组织系统的集成智慧中具有定位性和辨识性的意义，我们称其是Y动力递阶变革中集成智慧的第八大体现。主要启示如下所述。

（1）就功能变革而言，无论是塑造或改变企业发展形态及其类型，还是塑造或改变企业边界形态及其类型，都要善于发挥Y动力三大依存动力组态或Y动力三大依存律的基础作用，即善于发挥主体动力、运营体动力和超循环体动力在增强企业人本性、经济性、社会性三大价值属性，在增强企业成长性和成熟性两种发展形态，在增强自组织、积累转换、新陈代谢三大生命过程中的基础作用，在此基础上，虚实结合、内外兼顾地构筑起相应的Y动力偶联强化组态和Y动力边界连锁组态。

（2）就基因变革而言，欲增强企业的成长性，就要注重发挥过程依存动力组或Y动力过程依存律在塑造和改变企业发展形态和边界形态中的基础作用；欲增强企业的成熟性，就要特别注重发挥属性依存动力组或Y动力属性依存律在塑造和改变企业发展形态和边界形态中的基础作用；同时，还要特别注重发挥形态依存动力组或Y动力形态依存律在塑造企业成长性和成熟性中的主导性作用。

（3）就组元变革而言，三大动力系统中任何一个动力组元的优化强化，一般不会直接影响企业发展类型和企业边界类型的形成和变化，但在蝴蝶效应或连锁效应的作用下，通过Y动力三大依存组态、Y动力偶联强化组态和Y动力边界连锁组态相应机制和演变路径，最终在一定程度上也会潜移默化地给企业发展类型和边界类型带来某些变化。

第八章 企业愿景和方法

第一节 主体运营与管理的愿景和方法

进取人假设内在地孕育和呼唤着企业主体运营与管理的愿景和方法。而以进取人的三维二元本性结构为根基，能够最充分地体现人的自主性、能动性和创造性三大目标体系内在要求的理想追求，就是享受企业人生的愿景和方法。

一、享受企业人生：至尊追求和至高境界

长期以来，“热爱本职工作”六个非常质朴平实的大字在各类企业脍炙人口，蕴含着企业管理中教育和激励员工忠于职守、勤学苦练、勇于奉献、成就人生的殷切思想和丰富内涵，与该主题相关，我们可以看到，还有许许多多更具体或更抽象、更温情或更刺激的精神口号，如“干一行，爱一行，钻一行”“团结、进取、奉献、卓越”；又如“以厂为家，以厂为荣”“今天工作不努力，明天努力找工作”；等等。这些具有典型意义的口号，在本质上反映着企业不同层次的管理理念，对员工的工作精神和生活态度有着不同程度的影响和作用。但需要我们冷静思考的是，企业组织管理的最高境界是什么？最美好的愿景是什么？什么样的理念和口号最能深情地打动人心、最能强烈地激励人心、最能恒久地振奋人心？什么样的理念和口号最能真切地使员工的理想和追求与企业的目标和利益水乳交融，从而产生最真、最善、最美的共振效应和聚变效应？换言之，人的自主性、能动性和创造性得以有效培养与发挥的理想空间和理想境界是什么？上述热爱本职工作之类的精神口号付诸实现的生存基础和生活道路是什么？其精神支柱和不竭动力又在哪里？进取人假设已经给了我们最明确和最真、最善、最美的回答，这就是：享受企业人生！

享受企业人生是员工企业化人生的至尊追求，也是企业人性化管理的至高境界，是幸福人生的企业化过程，也是财富企业的主体化过程，因而饱含着生动而丰富的内涵与结构：从目标上说，它是物质追求和精神追求的统一，是最全面的享受；从手段上说，它是学习与创造的统一，是最深厚的享受；从理念上说，它是奉献与自我实现的统一，是最崇高的享受；从机制上说，它是个人利益与企业利益的统一，是最恒久的享受。只有充分践行、创造和体验这样的企业人生，作

为主体的人才能够发现自我和发展自我，才能够热爱企业、恪尽职守，才能够焕发活力、释放潜能，才能够快乐地工作、幸福地生活，才能够同心同德、矢志不渝地推动企业快速增长和持续成长。

享受企业人生在进取人假设的理论架构中，是一种内生性的经营理念与管理实践：作为愿景和理念，它是进取人假设对企业人生样态和企业经营管理思想的一种理想追求和现实呼唤，它真切地表达着进取人假设对企业人生的意义以及其他社会人生共同价值的理解、尊重和敬畏，真切地表达着进取人假设对主体动力系统的能量能够被源源不断地孕育和孜孜不倦地强化的冀望、珍惜和仰慕；作为过程与实践，它意味着进取人假设的三维本性结构能够得到充分的体现，意味着进取人假设的四种行为机制、三大政策杠杆能够得到充分的运用，意味着进取人的自主性、能动性和创造性能够得到充分的发挥，同时也意味着进取异化和主体动力衰竭的各类现象能够得到最大限度的避免。一句话，意味着四大主体动力，包括个体动力和团体动力，都能够得到全面而有效的激发和引导。

享受企业人生的主体，不只是最基层的普通员工，还包括投资者、经营者、管理者和生产者在内的全体员工。进取人假设通往享受企业人生的基本道路，说到底，是一个协调各种利益主体之间的利益关系，实现企业价值最大化的运营与管理过程，而这一过程的有效推进，特别有赖于以团体动力为基础的三个协同合作过程的实现。

（1）不同层次的团体动力之间的协同合作过程便于不同层级的群体利益代表，即股东会、董事会、管委会和职代会，进行沟通、协调和衔接，在企业整体的和长远的利益上形成价值共识、一致方案和共同行动，进而为实现个体行为和集体行为、个体利益与整体利益的有机统一奠定思想基础和组织基础。

（2）对偶性的团体动力与个体动力之间的协同合作过程使得不同群体利益代表，即股东会、董事会、管委会和职代会更关心、更接近，也更易于理解企业的整体利益。同时，股东会、董事会、管委会、职代会与对偶性的投资者、经营者、管理者、生产者之间又是利益共同体、情感共同体和行为共同体，有内在的亲和力和感召力，因而最易集中、影响、转变和推动相对应的个体动力或个别行为人的行为。

（3）主导性的经营方动力与其他主体动力之间的协同合作过程使得经营者和董事会在四大主体动力中具有承上启下并兼顾全局的特殊地位和作用，既可以直接了解投资者的意图、贯彻股东会的决定，又可以直接沟通了解管理者和生产者、管委会和工会组织的意见和建议，兼收并蓄地反映各方面的利益和诉求，集中各方面的智慧和力量，通过多方位的协调渠道化解各种矛盾和冲突。

长期以来，无论是传统的组织与管理理论，还是新兴的人力资源和人力资本理论，大多比较重视如何调动人的积极性和创造性的研究，比较重视如何处理好个人利益与集体利益的关系的研究，但由于对主体功能结构的认识缺乏深入的、具体的、全面的和系统的把握，特别是不善于界定经营者和管理者的区别和联系，不善于区分和利用股东会、董事会、管委会和职代会的不同功能和作用，不善于区分和把握投资者、经营者、管理者和生产者分离与合一的含义和条件，因而，对个体利益和集体利益的关系的研究在实践中也仅局限于原则性、抽象性的把握，难以转换到可对象化的和可操作性的具体层面上。主体动力的对偶性和层级性概念的提出，四大主体动力的共性与个性的揭示，主体动力系统最优法则的概括，为我们在企业经营管理实践中，如何处理好四大主体动力之间的相互关系，如何处理好个体动力和团体动力之间的相互关系提供了许多重要的思路和方法。

总之，享受企业人生，并不是空洞华丽的口号，在进取人假设的理论体系中，它不仅具有现代管理学层面上的丰富内涵，更具有系统动力学层面上的生动结构，不仅具有经营管理上的思想价值，更具有发展运营上的操作意义。

二、主体化运营管理的技术和方法

在科学管理理论诞生后的100多年的时间里，国内外学界、商界以人为中心，在组织管理领域，研究探索、总结概括出一系列科学而实用的新思想、新工具、新方法。例如：需求层次管理、强化管理、杠杆管理、价值管理（VBM）、时间管理、抽屉式管理、走动式管理、一分钟管理、员工帮助计划、企业教练、潜能开发、职务轮换、情商管理、健康管理、习惯管理、形象管理等人员管理方法；工作定额管理、工作分析、能本管理、双因素激励理论、期望理论、目标管理、KPI（关键业绩指标）管理、KSF（关键成功因子）管理、岗位责任制、基础值管理、零缺陷管理、OEC管理、现场管理、弹性工作制、360度考核、平衡计分法等作业管理方法；敏感性训练、组织变革、团队组建与管理、海豚式管理、参与式管理、交互式管理、忠诚管理、宽容性管理、柔性管理、员工满意度调查、组织文化、职业生涯规划、员工持股计划、学习型组织、内部创业等团队管理方法；人际关系管理、双因素模式、管理方格法、团体力学、比较管理、系统管理、权变管理、分权管理、扁平化管理、数字模式管理、二八法则、有效管理、Z型组织、知识管理等一般管理方法。这些丰富而多彩的管理工具和管理方法，在以科学管理理论、行为科学理论、组织管理理论、系统管理理论、管理科学理论等为基本脉络的管理理论发展过程中，不断创生、嬗变与升华，很多都已上升为主流管理思想和管理方法，得到著名大公司和众多中小企业的广泛应用，在增强企业员工的自主性、能动性和创造性，提升企业经营管理的效率和水平上，在不同环节、不同领域发挥了积极的和重要的作用。

在这里，进取人假设以享受企业人生为主题，融个体动力和团体动力的激发与引导为一体，立意于项目示范和关键认知，将重点选析职业生涯规划、员工持股计划、学习型组织和内部创业四种最具深刻思想内涵、广泛应用价值、较强互补性和生命力的企业主体化运营管理的技术和方法。

1. 职业生涯规划（Career Planning）

职业生涯规划是由帕森斯最早（1908 年）提出，从美国最为普及的职业指导思想演化而来的。随着人本主义思潮的兴起，职业指导逐步走过了一个由简单的协助人择业到全面协助个人发展的演变过程，名称也由最初的职业指导变为职业生涯规划。

职业生涯规划，可分为内职业生涯规划和外职业生涯规划。内职业生涯规划是个人对职业追求的一种主观愿望，希望得到的职业工作类型和内容及所期望的职业发展计划，其决定因素是个人的能力、兴趣、气质、价值观以及家庭义务、休闲需求等；外职业生涯规划是由接受教育开始，经工作直至退休的整个职业和职位经历，其决定因素是组织的发展目标、所需职位岗位以及市场所能提供的工作机会。按时间的长短，职业生涯规划又可分为人生规划、长期规划、中期规划和短期规划四种类型。人生规划一般 40 年左右，基本是整个职业生涯的发展方向和目标；长期规划一般 5~10 年，着眼于较长远的职业目标或职位目标；中期规划一般是 2~5 年的目标和任务；短期规划则是 2 年以内，主要确定近期学习与工作的目标和任务。

职业生涯规划以个人发展为着眼点，将自我职业与企业、与社会融于一体，既考虑个人发展才能的机会和道路，又兼顾企业和社会的需要与利益，有利于实现个人自我形象和职业角色形象的统一、个人利益和团体利益的统一、个人成长和企业共同发展的统一，因而，是自觉自主地享受企业人生的重要起点，也是人的主体性功能及其人性化管理的内在要求。

2. 员工持股计划（Employee Stock Ownership Plans，ESOP）

作为一种企业产权激励方式和长期绩效奖励计划，员工持股计划肇端于 20 世纪 20 年代美国的联合包裹服务公司推行的雇员所有制，主要特点是员工持有本企业股票，以劳动者和所有者双重身份参与企业的生产、经营和管理。

员工持股股份一般可以通过四种方式形成：一是员工现金认购企业股份；二是员工通过员工持股专项贷款资金认购本企业股份；三是企业将历年累积的公益金或红利转为员工股份划转给员工；四是奖励红股、无偿分配形成员工持股。

员工持股计划往往根据员工的不同地位和作用采取不同的方式。例如：高管的股权激励方案，即将公司高管及技术核心人员直接登记在股东名册，通过工商变更登记，享受原始股东权利；中层管理人员的期权激励，即在一定期限内，按事先约定的价格给予中层管理人员购买一定数量的企业股份的权利；员工的虚拟股票激励，面向公司所有员工，只要员工满足公司的一定条件，就可给予虚拟股票或分红股，但不一定拥有实际公司股权。实践中，员工持股计划一般是委托员工持股会管理运作，员工持股会作为社团法人代表持股员工进入董事会参与表决和分红。

员工持股计划，作为企业所有者与员工分享企业所有权和未来收益权的一种制度安排，有利于完善公司治理结构，增强员工的劳动积极性以及企业的凝聚力。员工持股计划不仅使员工有按劳分配获取劳动报酬的权利，还使员工获得资本增值带来的利益；不仅可以扩大企业资金来源，还有利于增加员工收入；不仅有利于增强员工的主人公意识、留住骨干人才，还能有效解决投资主体单一或缺位带来的监督弱化、内部人控制等问题。所以，员工持股计划，通过突出的利益分享和参与管理两大机制，构筑了个人利益与企业利益内在统一的新型企业人生样态，是在稳定化和长期化意义上享受企业人生的一种机制性保障。

3. 学习型组织（Learning Organization）

美国麻省理工学院教授彼得·圣吉在其所著的《第五项修炼——学习型组织的艺术与实务》（1990）中提供了一套使传统企业转变成学习型企业的方法。这一概念一经问世，立即引起企业界的热烈反响并被大力推崇，甚至被誉为“面向21世纪的管理圣经”。

学习型组织有九大特征：①组织由多样化的创造性个体组成；②组织成员拥有一个共同的愿景；③不断学习和交流；④重视学习成果的转化；⑤扁平式组织和小型团队；⑥授权和自主式管理；⑦实践性和协作性；⑧员工家庭与事业平衡；⑨领导者的角色是设计师、仆人和教师。

建立学习型组织的技术和途径，可以概括为五项修炼或五大要素，即：建立共同愿景，改善心智模式，团队学习，系统思考，自我超越。创建学习型企业是一个长期而艰苦的过程，必须结合企业实际，不断探索，以期建立具有自身特色的学习型组织，防止形式主义。

学习型组织的思想精髓是构造一种具有持续创新能力、能不断创造未来的组织形态，形成“学习—交流—改进—建立竞争优势”的良性循环，实现高于个人绩效的综合绩效，实现组织在个人、团队及企业三个层次上的有机融合、共同成长和长远发展，因而，学习型组织是员工在获取精神食粮和创新环境方面享受企业人生的重要途径。

4. 内部创业（Internal Venture/Internal New Venture）

内部创业是由一些有创业意向的员工通过组织授权、资源保证和政策支持，承担企业内部某些业务内容或工作项目，并与企业分享成果和共担风险的一种内部创业活动。20 世纪 80 年代初，内部创业逐渐成为美国一些大企业在激烈的国际竞争中保持竞争力、实现持续快速成长的有效创新方式。

内部创业的有效实施有赖于有利于创业行动的一系列理念和机制的建立，基本要点是：①创业行动应当符合企业的发展战略和经营策略；②创业家必须有创意，并能提出具体可行的方案；③创业家必须是一位好的领导人，能够吸引所需要的专业人才组成创业团队；④对创意的有效性要组织专家结合企业内外资源状况进行评价；⑤要有具有影响力的高层支持者，随时调配资源并帮助排除内部阻力；⑥给予创业团队充分的行动与决策自主权；⑦容忍创业者犯错；⑧采用红利分配与股份持有的双重奖励制度；⑨创业员工和企业共同承担创业风险。

处理好创业初始，特别是创业成功后新老企业或母子企业之间的关系，一开始就需要一个长期的谋划和设计，通过控股、参股、股权收购、战略合作、供应链管理等方式构建一种活跃而稳定的共赢机制。

据统计，相比于外部创业 20% 的成功率，内部创业的成功率可达到 80%。内部创业不仅可以满足精英员工在更高层次上的创业欲望和成就感，发掘有创业潜力的人才，留住优秀人才，最大限度地激发人的自主性、能动性和创造性，最充分地体现人的全面发展，而且能扩大市场领域，节约投资成本，改善内部分配机制，激发内部活力，是一种促进员工和企业合作双赢的经营管理制度，因而是鼓励员工享受企业人生的高级形态，也是促使人的进取本性最充分体现的方式。

第二节　运营体运营与管理的愿景和方法

聚势运营原理内在地孕育和呼唤着企业运营体运营与管理的愿景和方法。而以聚势运营的四维二元本性结构为根基，能够最充分地体现企业的效率、效益和效能三大目标体系内在要求的理想追求，就是构筑核心能力的愿景和方法。

一、增强核心能力：企业能力和企业竞合力

谈到核心能力，国内许多学者及其专题著述都把它与核心竞争力视为或译为同一概念，这种认知不仅有意无意中模糊了核心能力与核心竞争力之间的区别及其不对称性关系，而且无意中忽略了核心能力与非核心能力在形成核心竞争力和

核心合作力上都可能具有的双重性地位和作用，特别是在一味推崇核心能力在外部竞争中的重要地位和作用的同时，忽视了核心能力在外部合作中也具有的重要地位和作用，以及在企业本体性运营与成长中的更为重要的地位和作用。

1. 企业能力和企业竞合力

核心能力与核心竞争力之间，实际上不是一种简单的线性关系，更不是同一概念关系，而是一种跨边界、跨领域的交互性衍生关系，一种由内部资源空间走向外部市场空间、与非核心能力和核心合作力发生交互作用的非线性博弈演变关系。在这里拟区分企业能力和企业竞合力两大空间，简单地给出企业能力与企业竞合力关系图示（见图 8-1）。

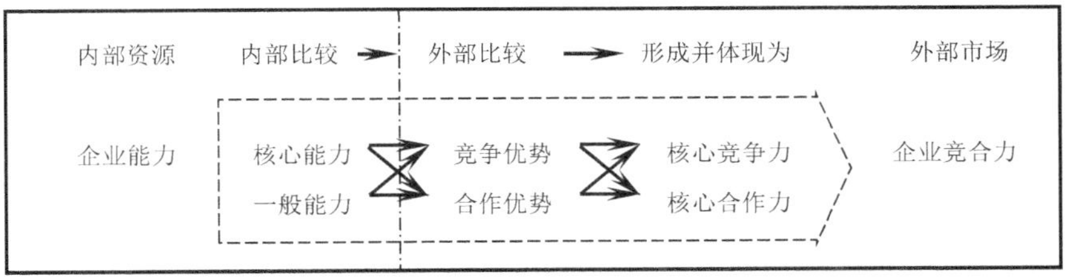

图 8-1　企业能力与企业竞合力关系

图 8-1 主要显示了三个层次的递进化概念关系：①核心能力首先是与非核心能力相比较而言的一组企业内部资源性概念，核心能力意味着它在企业内部各种能力的比较中是居于最重要的关键性、主导性地位的一种能力；②核心能力的外部表现，即在企业外部市场中的地位和作用，不仅局限在能否构成竞争优势上，而且体现在能否构成合作优势上；③竞争优势和合作优势的结合，可以在更广阔的领域构成更高层次的核心竞争力或更高层次的核心合作力。例如，竞合性的战略联盟可以形成更强大的核心竞争力，以抵御更强大的竞争对手，同时也可以形成更强大的核心合作力，以构筑更强大的合作联盟。

就过程和机制而言，核心能力会在较大的概率上构成企业的竞争优势或合作优势，进而转化为企业的核心竞争力或核心合作力，但这种内部比较中的核心能力在外部市场中是否一定具有竞争优势或合作优势，最终成为核心竞争力或核心合作力，实际上还取决于行业间，特别是相关企业间不同竞争优势资源和合作优势资源在竞合空间中的综合比较。企业的某种核心能力，如某种在企业利润中占据优势地位的核心产品，在外部比较或外部较量中，很有可能会遭遇其他企业具有更高水平的、更具竞争优势的同类产品，因而难以体现出核心竞争力或核心合作力。与此同时，企业的某种非核心能力，如某种非自主品牌产品的市场营销能力，在同行业中独占鳌头，具有雄踞市场的能力，反而会成为企业的竞争利器或合作平台，进而转化为核心竞争力或核心合作力。

所以，核心竞争力在其形成过程和形成机制上较核心能力更为复杂，这正是核心竞争力较核心能力更难以简单地被识别和把握的原因所在。就是说，核心能力理论不应该被理解为一种狭义的单纯的竞争优势理论，而应当被视为一种广义的复合的竞合战略理论。如果把核心能力、核心优势和核心竞争力三个不同阶段、不同领域的概念混淆在一起或形成单向性的联系，不仅在无形中掩埋了核心能力在企业本体运营与成长中的首要地位和作用，也在无形中掩盖了核心能力在形成外部合作优势和核心合作力上的重要地位和作用，同时，还湮灭了非核心能力在外部竞合空间中可能发挥的重要地位和作用。

2. 核心能力的内涵和本质

对核心能力，比较公认的看法是由美国学者普拉哈拉德和英国学者哈默尔（Prahalad 和 Hamel）于 1990 年首次提出的。他们在权威杂志《哈佛商业评论》发表的《公司核心能力》一文中提出，“核心能力是组织中的积累性学识，特别是协调不同生产技能和整合多种技术流的学识”，并认为“企业的核心能力是企业持续竞争优势之源”。这种观点得到了国内外学术界和实业界较为广泛的认同。例如，麦肯锡咨询公司的学者就进一步强化了核心能力以知识形式存在企业各能力中的看法，认为核心竞争力是群体或团队中根深蒂固的、互相弥补的一系列技能和知识的组合，借助该能力，能够按世界一流水平实施一项到多项核心流程（科文，2001）。但是，在具体揭示核心能力的内涵、本质、要素、结构、载体、特性、功能和作用等一系列基本问题的时候，国内外学术界众说纷纭、莫衷一是。

国外有基于资源观、技术观、组织观、文化观、知识观、流程观等角度的观点和概括，由此形成了不同的定义和流派（魏江，1999；刘光岭，2004）；国内一些学者还从整合观、网络观、协调观、组合观、知识载体观、文化观、元件/构架观、平台观、资源观、专利技术能力创新观等方面对国外学者的观点进行了归纳和概括（陈劲、王毅等，1999；胡峰，2003；王璐，2005；夏湘远，2010）。与此相应，国内专家学者对核心能力概念的界定同样有众多不同的见解和表述：有的从基础、能力及战略结果或技能、资产和运作机制三个逻辑层面的视角来概括（吴敬琏等，1998；吴敬琏，1999）；有的从产品、服务、管理、营销四大战略创新的视角来阐释（陈清泰，1999）；有的从本质概括的视角来揭示，如强调核心能力是企业特有的知识和资源，或是以知识、技术为基础的综合能力和企业特定的知识体系（魏江，1999；陈洪明，2004），有的从多元组合的视角来定义，如认为核心能力是资源、知识、能力、信息和价值的集合体（管益忻，2000；范宪，2006）；还有的从内外关系的视角来阐释，如认为核心能力是企业在公平的竞争的市场环境下，在充分把握客户价值的基础上，以质量和成本为核心，在企业文化、组织能力、制度体系和创新能力的支撑下，展现出来的快速反应能力、优质的服务和营销能力（童利忠等，2006）。总体来看，直到现在国内外还没有对核心能力形成一个被普遍接受的定义。

3. 核心能力的结构和分类

有的学者把核心能力粗略地分为两大类，如：元件能力和构建能力（汉德森、考克伯恩，1994），洞察预见能力和前线执行能力（普拉哈拉德、哈默尔，1994；科因，1997；科文，2001），运行能力和制度能力（福克纳、鲍曼，1995），技术专长和组织能力（库姆斯，1993），技术能力和管理能力（王璐，2005），或硬核心能力和软核心能力（王信东，2001）。有的分为三大类，如：市场进入能力、诚实关系能力和功能关系能力（哈默尔，1994），或市场/界面能力、基础结构能力和技术能力（加伦，1995），或组织学习能力、协作能力以及技术创新能力（宋春红、苏敬勤，1999），或核心市场能力、核心技术能力和核心管理能力（郭岚、任改玲，2005）。有的还把核心能力分为四类，例如：知识技能、技术体系、管理体系、观念与行为规范（仝允桓、戴浩，1995），或文化核心能力、知识核心能力、组织核心能力、战略执行能力四维模型（田超，2003），或技巧和知识基、技术系统、管理系统和价值观系统四个维度（伦哈德-巴顿，2000）。还有的更系统地概括了战略管理能力、核心制造能力、核心技术能力、核心营销能力、组织/界面管理能力等五维度的层次结构，以及研发能力、创新能力、技术转化能力、组织协调能力、应变能力等五方面的构成要素（陈洪明，2004）。总的来看，由于内涵界定的不确定性和观察角度的多样化，学术界关于核心能力结构的揭示更是异彩纷呈，其分类组合几乎涉及学习、知识、技能、观念、文化、人才、协作、组织、战略、整合、关系、创新、应变、制度、价值观、凝聚力等非常广泛的综合要素，以及技术、研发、生产、管理、市场、营销等基本性的职能要素。

4. 核心能力的载体和特性

有的学者从企业组织的角度来考察，认为核心能力的载体表现为组织资本和社会资本（鲍·埃里克森、杰斯帕·米克尔森，1998）；有的从物质实体的角度来考察，认为载体是核心产品，核心产品既是核心能力的物质体现，也是核心能力的市场体现（陈洪明，2004），或者认为广义的载体既包括它所赖以开展生产经营活动的物质实体，如技术专利、人力资源、生产设备、品牌，又包括它所生产出来的物质实体，如核心新产品、核心服务等（夏湘远，2010）；有的则从知识本质的角度考察，认为它存在于企业的人、组织、环境、资产/设备、技术、管理体制等不同的载体中（魏江，1999；吴雪梅，2007）。至于与内涵、本质、结构、载体密切相关的“特性说”，更是五花八门。国外早期，有的学者概括其为用户价值、独特性和延展性（普拉哈拉德、哈默尔，1990），有的概括为制度化关联、专有性、提供价值、持久性（伦纳德，1992；巴尔托阿，1994），有的表述为差异性的来源、超越单一业务和模仿困难（普拉哈拉德，1993），有的则简单概括为独一无二（汉德森、考克伯恩，1994）或创新性（帕特尔、帕维特，1997）。国内专家学者除了采用国外观点外，还有了更多的概括和表述：有的认为核心能力具有不可模仿、不能流动、不可分解和不可移植四个特点（张维迎，2002）；有的则从技术经济性、渐进性、动态性、非均衡性、整体性、持久性和衍生性，或知识性、价值性、异质性、延展性、不完全可模仿性、不可交易性、系统性等七个方面进行了不同的概括（陈洪明，2004；张平淡，2007）；除了相同相近的特性分析外，有的表述还分别提炼了抽象性、不折旧、机会成本难以估量、辐射性、模糊性、路径依赖性、领先性、非均衡性等不同的特性或特征（翟刚，2000；史东明，2002；王璐，2005；吴雪梅，2007；王启业，2007；程锋，2010）。

应当说，核心能力理论作为战略管理理论在20世纪90年代，在国内外得到了广泛的关注和探讨，也得到了极大的丰富和发展。但众说纷纭、莫衷一是的观点和见解，不免让人感到困惑。

如何才能更清晰地认识和把握核心能力？关键是在思维方法上必须区分企业内部和企业外部两个不同性质和不同意义的空间：一方面，要把核心能力置于一种更具原始意义的企业内部成长空间，进行本体性的认识和把握，这是基础，是必要前提，是核心能力最基本的价值体现；另一方面，又要把核心能力置于一种更具现代特质的企业外部竞合空间，进行动态性的认识和把握，这是延伸，是必然联系，是核心能力内部价值的外部体现。长期以来，诸如知识和技能的组合之类的概念表述，所谓资源性、知识性、技术性、组织性、整合性和非均衡性之类的特性概括，主要是用以描述核心能力在内部成长空间中的某些本质特性和结构特性，其最大的缺憾是缺乏核心能力在内部成长中重要作用的研究；而诸如可持续的竞争优势之类的概念表述，所谓异质性、专有性、延展性、难以模仿性、不可交易性、用户价值性之类的特性概括，主要是用以描述核心能力在外部竞争空间中的某些本质特性、结构特性和作用特性，其最大的缺憾是缺乏对核心能力在外部合作中重要作用的研究。可见，借助这种二元递阶空间的剥离与辨析，也许我们才能更准确深刻地把握核心能力以及核心竞争力的本质、结构和特性，才能科学有效地构筑起核心能力的内部价值与外部价值之间的有机联系和内在统一。

5. 核心能力与聚势体

从企业本体运营与成长的空间来考察，聚势运营原理的构建，实际上已经为我们深入系统地认识和把握核心能力的概念，打开了一扇敞亮的天窗，或提供了一种全新的范式。核心能力，说到底是一种能量结构的范畴，其本质就是企业能量结构中居于最高位势或统领地位的一种"聚势体"系统，其载体或体现就是投资、技术、营销、体制、管理和文化等六大元动力或运营体动力，其结构和特性就是六大元动力在聚势层级上的非均衡组合，其地位和作用就是具有不同程度地凝聚、全息、整合、带动和支配企业整个运营与成长系统的聚势性功能。就是说，核心能力就其本质而言，必然内化着人的因素或人的进取性：人的知识和技能，人的自觉性、自主性、能动性和创造性，人的智力的高能性和可持续性，人对相应生产要素的组织性、维系性、整合性和支配性。简言之，内化着一种自组织功能和役使功能。因而，它蕴含着聚势运营的四维本性结构，凝结着资本性与人本性的统一、多体性与整体性的统一、强劲性与稳定性的统一、外源性和内生性的统一；蕴含着聚势运营的六种行为机制，承载着诱发激活、同化整合、极化带动、分化生长、转型升级、融合创生的综合作用；蕴含着聚势运营的三大政策杠杆，融合着役量、役质、役局的综合运用。所以，从聚势运营原理的观点来考察，核心能力就是聚势体动力的集中体现，核心能力作用的发挥就是聚势运营系统核心功能作用的发挥，因而，核心能力也是聚势运营原理的精髓和落脚点。

二、本体化运营管理的技术和方法

如何才能有效培育和提升企业的核心能力？为此应当选择怎样的路径和方法呢？在这一领域，国内的专家学者十多年（2002—2013 年）来，探讨的颇为热烈，也颇具建树。例如：有的强调了产品经营和资本运营两大路径（田超，2003），有的提出了资源、资源的组合和激励机制三个方面的考虑（贾明江，2002），有的则归纳了技术创新、内部整合、企业购并和战略联盟四种主要途径（赵勇，2002），还有的从资源、技术、组织、文化、学习等五项能力因素分析的层面提出了相应的对策（刘光岭，2004），或认为应该注意确立正确的能力培育方向、实施技术创新、吸收外部知识、构建有效的管理系统、培育优秀的企业文化等五个方面的因素（韩新伟，2013）。其实，从更具操作性的层面来说，不同时期国内外还盛行许多与之相关的新思想、新工具、新方法。例如，战略控制、战略框架、管理信息系统（MIS）、企业资源计划（ERP）、业务重组、流程再造（BPR）、管理层收购、价值链管理（VCM）、人单合一（海尔制）、学习型组织、知识型企业等综合性的工具和方法；又如，波士顿矩阵法（市场增长率和市场占有率矩阵）、7S 模型（结构、制度、风格、员工、技能、战略、共同价值观）、品牌营销、整合营销、文化营销、网络营销、数据库营销、电子商务、财务重整、现金流管理、ABC 分类法、价值工程（VE）、全面质量管理（TQM）、标准化管理、质量认证、精益生产方式（LP）、柔性制造系统（FMS）等专业性的工具和方法。这些异彩纷呈的管理思想、管理工具和管理方法，在培育和打造企业核心能力和核心竞争力，提高企业运营管理效率、效益和效能方面，都发挥了积极的、重要的或关键性的作用。

在这里，聚势运营原理以增强核心能力为主题，融独立动力和统合动力的发挥与运用为一体，立意于项目示范和关键认知，将着重选析价值链管理、全面质量管理、企业资源计划和知识管理四种最具深刻思想内涵、广泛应用价值、较强互补性和生命力的企业本体化运营管理的技术和方法。

1. 价值链管理（Value Chain Management）

价值链概念作为一种帮助企业进行战略分析的方法，最早是由哈佛商学院的迈克尔·波特于 1985 年在其所著的《竞争优势》中提出来的。追求企业的最大效益而不是企业规模，是价值链管理发展的新特点。

价值链管理的对象，既包括企业内部价值链，也包括竞争对手价值链和买方价值链。其本质是以客户需求为导向，全面优化业务流程，在各个环节实施全面的计划、协调、监督和控制，使企业的供、产、销形成一条以物料链、信息链、资金链为基础的价值链和增值链。

价值链管理的主要任务或改进方向可以归纳为四个方面：①流程重组，设计符合价值链管理的业务流程；②组织再造，构筑适应价值链管理的组织体系；③信息集成，建立贯穿于价值链全程的数据库管理；④规范制度，制定与价值链管理相配套的制度体系。

成功的价值链管理需要满足三个相辅相成的基本条件：①最高决策者强有力的理解、支持和促进；②价值链各成员之间的沟通与协调、分享与合作；③全面的信息技术战略与持续性投资。

价值链管理是分析和鉴别企业核心能力的基础环节，意在帮助企业建立一套与市场竞争相适应的数字化管理模式，降低组织和经营成本，实现效益增值，培育企业的核心能力和核心竞争力。

2. 全面质量管理（Total Quality Management，TQM ）

全面质量管理于 20 世纪 60 年代产生于美国，后来在西欧与日本逐渐得到推广与发展。全面质量管理以产品质量为核心，以工作质量和全员参与为基础，致力实现顾客满意和本组织所有成员以及社会受益，进而达到长期成功的管理目的。

全面质量管理有三个核心特征：全面的管理、全过程的管理和全员参与的管理。基础结构是系统的规划管理、完善的技术方法和有效的人际关系的有机统一。最基本的工作程序是 PDCA 循环，也称戴明循环，即计划—执行—检查—处理（Plan—Do—Check—Act）。所强调的主要观点：①用户第一，并将用户的概念扩充到企业内部，即下道工序就是上道工序的用户，不将问题留给用户；②预防为主，在设计、加工、辅助等整个过程中，以工作质量为重点，变管结果为管不良因素，消除质量隐患；③定量化的数据分析，以获得质量控制的最佳效果，同时，质量与效益并重，质量保证的水平和预防深度有一个合理的经济界限；④持续不断的改进，以确保企业获取对手难以模仿的竞争优势。

在工具和方法上，全面质量管理以质量管理小组活动（QC）为基础，既有检查表、分层法、因果图、管制图、柏拉图、散布图、直方图等七大传统方法的运用，又有关系图法、系统图法、矩阵图法、网络图法、矩阵数据分析法、KJ 法、PDPC 法等七大新方法的后续推广。

作为企业经营管理科学化的重要内容，全面质量管理在提高产品质量、改善产品设计、降低质量成本、减少责任事故、加速生产流程、改进产品售后服务、提高市场接受程度、获取竞争优势和最大利润等方面，发挥着稳固而有效的功能和作用。因而，全面质量管理是构筑企业核心能力之本，是提升企业核心能力之中的核心，不应成为盛行一时的热点，而应成为持之以恒的主题。

3. 企业资源计划（Enterprise Resource Planning，ERP）

企业资源计划作为一整套企业管理系统体系标准概念，是由美国加纳特公司在 20 世纪 90 年代初首先提出来的，是以优化业务流程为核心的一种科学管理思想的计算机和智能化实现。

企业资源计划主要是通过具有一定功能性的应用软件，将企业的采购、生产、成本、质量、库存、销售、运输、设备、财务、研发、工资、人事等所有资源整合到一个信息管理平台上，把企业的物流、人流、资金流、信息流统一起来，以实现企业信息数据标准化、系统运行集成化、资源组合最佳化、业务流程合理化、绩效监控动态化和管理改善持续化。其最大特点，是把原来的只管企业内部资源的制造资源计划拓展为围绕市场需求而建立的企业内外部资源计划系统，体现了对整个生产制造和供应链资源进行全面管理的经营思想。

企业资源计划通用的功能模块主要包括：①生产计划管理模块；②敏捷制造和同步工程模块；③质量和设备管理模块；④财务会计管理模块；⑤供销存全流通管理模块；⑥客户关系和呼叫中心模块；⑦人力资源管理模块。

企业资源计划成功实施的基本条件包括：①高级管理层的支持和推动；②一

支既懂管理又精通软件的实施组织和咨询队伍；③从建模、测试、试运行到正式投入运行的项目推进方案；④监督、评估、反馈、调整和改进的持续性计划；⑤基础数据的真实性、准确性和及时性；⑥宣传动员工作和员工技能基础的培训。

企业资源计划以事先计划和事先控制为保障，通过系统来平衡各部门的价值标准，并把供应商和客户融入企业生产业务流程，以求最大限度地合理调配和准确利用企业资源，节省时间，提高效率，增强企业核心能力，实现企业利润和经济效益的最大化。

企业资源计划运营管理的专业性、技术性、连锁性很强，是一项投资大且实施、运行和维护都很复杂的系统工程，实践中也有许多失败的和半途而废的案例，因而，给领导素质、决策观念、专业队伍、管理模式、组织结构、工作方式等企业的多个环节和领域带来极大的挑战。

4. 知识管理（Knowledge Management，KM）

知识管理是知识经济和网络经济时代的一种全新的管理思潮与方法。1986年，瑞典的斯威比（Karl E. Sveiby）博士出版的《知识型企业》一书成为知识管理理论的思想源泉；次年，他和英国知识管理专家汤姆·劳埃德合著出版的《知识型企业的管理》成为一整套知识型企业管理理论和实用方法的开山之作；1990年，斯威比出版的《知识管理》一书成为世界上第一部知识管理的主题著作。

知识管理是对包括显性知识和隐性知识在内的各种知识资源，进行系统化的开发、整理、交流和利用的过程。显性知识指能以文字、符号、图形等方式表达的能够看得见的知识，如研究报告、标准规范、程序文档、书籍文献和数据资料等；隐性知识则指未以文字、符号、图形等方式表达的难以看得见的知识，如存于人的大脑中或隐含在业务实践中还没有被发现的认识、理解、预见、经验、规律和技能等。

知识管理的本质是对以人为中心的智慧资产或无形资产的管理，其核心功能是将隐性知识显性化，以便于实现知识共享。其基本特征可以概括为以下几点：①在内容上，是对事实和经验知识、规则和原理知识、产品和业务知识、市场和客户知识、环境和情报知识的专业化管理；②在层次上，是对核心知识、关键知识、相关知识和一般知识的等级化管理；③在流程上，是对知识的获取与创造、识别与整合、积累与存储、学习与更新、共享与应用的循环化管理；④在技术上，是对专家库和知识库、文档库和情报库、知识信息搜索与发布、在线学习与交流、门户与社区地图，以及硬件设备和应用软件的网络化管理。

知识管理成功的关键有赖于几个方面的策略：①知识管理与经营战略的结合，关键是要以实现组织战略目标为前提；②高层领导的全力支持，关键是要建立知识主管（CKO）和加大对知识管理的资金投入；③全部员工的积极参与，关键是要建立知识转化与共享的激励措施；④扁平化柔性化的组织架构，关键是创造有利于知识管理的组织文化；⑤易于使用的知识管理软件，关键是要建立一种知识管理评估系统。

知识管理是企业较高发展阶段的一种高层次、高水平管理行动，可能失败的因素很多，因而，需要从观念、资金、技术、人才、组织和管理等方面做扎扎实实的工作，不能一时冲动，更不能做表面文章。

知识管理不同于信息管理，它是通过知识共享、运用集体智慧提高应变能力和创新能力，获得更多的竞争优势和商业利益，是增强企业核心能力的重要途径，其作用和价值体现在多个层面：①提高组织智商，促进组织创新；②塑造企业文化，提高员工素质；③保护知识资产，避免人才流失；④减少重复劳动，提高业务效率；⑤提高管理和决策效果；⑥改进产品和服务质量。

第三节　超循环体运营与管理的愿景和方法

超循环竞合理论内在地孕育和呼唤着企业超循环体运营与管理的愿景和方法。而以超循环竞合的三维二元本性结构为根基，能够最充分地体现企业的适应性、增益性和突破性三大目标体系内在要求的理想追求，就是营造卓越发展空间的愿景和方法。

一、营造卓越发展空间：环境内化和减量化过程

何谓卓越发展空间？简言之，就是在超循环竞合系统中，建构最有利于企业运营与发展的一种外在格局和境界、一种外部动力和条件，基本标志是企业在超循环竞合中实现了适应性、增益性、突破性三大目标。适应性，主要强调的是企业在市场、经济、政治、文化、社会和自然等外部经营环境与变化中所表现出的可预见性、可预警性、可规划性、可运作性、可管理性、可控性、可调整性、可恢复性、应变性和和谐性；增益性，主要强调的是企业在与利益相关者、与政治经济和社会自然环境相互作用的过程中所表现出来的对接性、镶嵌性和契合性、非零和博弈性、风险防范性、资源保障性、社会促进性和贡献性、互利性和共赢性；突破性，主要强调的是企业在竞争与合作方面、在市场开发和销售收入方面、在资源开发和产业协同方面、在公共关系和商业信誉方面、在区域和全球经济的融入方面所表现出来的某种开拓性、创新性、引领性、进步性、升级性、跨越性和成长性。

如何营造卓越发展空间？如何实现企业外部化运营的适应性、增益性和突破性？超循环竞合理论实际上已经给了我们答案或启示，这就是要对超循环竞合的三维本性结构、四种行为机制、三大政策杠杆，及其四大超循环体动力系统有一种全面而系统的认识、把握和运用。其中：就适应性的形成而言，特别有赖于企业能够全面而系统地把握和运用竞争分享、合作互惠、公关协同、学习响应四种相辅相成的行为机制，以及借力、借势、借机三大相辅相成的政策杠杆；就增益性的形成而言，特别有赖于企业能够全面而系统地开发和利用产业竞合体动力、区域竞合体动力、社会竞合体动力、自然竞合体动力四大相辅相成的超循环体动力；就突破性的形成而言，特别有赖于企业能够全面而系统地认知和体现互动性与旋升性、逐利性与增值性、扩张性与演进性三组相辅相成的本性结构。概言之，营造卓越发展空间的过程，就是超循环竞合理论的认知和实践过程，就是四大超循环体动力，包括互动动力和联动动力得到充分体现和有效运用的过程。

超循环竞合的认知和实践，为什么能够为企业营造出一种卓越的外部发展空间？其奥秘就在于它实际上是一种“环境内化”的运营与管理过程，超循环竞合的内涵与本质、结构与功能，决定了它能够把外部环境从一种与自身对立的、难以驾驭的异己力量，转变为与自身融合的、易于协同的友好力量，而这一转变突出体现在外部空间三个“减量化”过程的实现。

（1）环境不确定性的减量化。企业外部市场、经济、政治和社会环境是不断发展和变化的动态过程，存在有利的和不利的各种因素和条件，特别是存在许多风险和不测，进而常会使企业自身举步维艰或进退维谷、丧失机遇或误入歧途，而通过超循环竞合的运营实践，特别是对四大超循环体动力系统的开发和运用，企业可以全面而深入地把握不同领域动态环境的基本结构、基本功能、基本规律和基本趋势，有效实现企业与不同层次竞合体、不同层次循环体的有效对接与镶嵌，形成较长周期的命运共同体，从而减少孤立与自闭状态下与外部环境的各种摩擦、冲突和风险，获得趋利避害、顺势而为的共同利益。

（2）信息不对称的减量化。企业对利益相关者信息的掌握、对社会经济环境信息的掌握，特别是对特定领域、特定时间、特定地点信息的掌握，总是有限的和有限制的，进而常会使企业自身在市场竞争和社会联系中处于信息不对称的不利地位，导致错误选择和逆向选择（阿克洛夫，1970），而通过超循环竞合的运营实践，特别是对超循环竞合四种行为机制的运用，企业可以增加对利益相关者信息、对经济社会相关环境信息的掌握，进而减少因信息不对称导致的差距和误判，转变在信息博弈中所处的失衡地位或不利地位，获取信息成本投入的潜在收益。

（3）边界漂移性的减量化。企业职能边界、规模边界、运营边界的形成，是一个相互交织、相互约束，又相辅相成、相互推动的复杂过程，是企业主体与环境客体相互博弈、相互作用的动态过程，进而常会使企业自身陷入三种边界在扩大化与缩小化之间漂移不定的窘迫局面，或不能够自觉、自主决策的被动局面，而通过超循环竞合的运营实践，特别是对超循环竞合三维本性结构的把握，企业可以对自身的经济责任和社会责任、专业化扩张和多元化扩张、保守化经营与开放化经营有一种清醒的认识和把握，进而减少企业边界定位与决策的盲目性、被动性、不确定性和错误性，获取三种边界整合与优化的边际效益。

可见，营造卓越发展空间，是超循环竞合的一种理想境界，也是超循环竞合的一种实践过程，是两者的有机统一。

二、外体化运营与管理的技术和方法

长期以来，特别是随着20世纪中后期服务经济、信息经济、知识经济、网络经济时代的发展，国内外学术界和实业界在企业外部环境分析与外部运营管理领域，探索研究和总结概括了一系列科学而实用的新思想、新工具、新方法。例如，五力分析模型、基本竞争战略、行业竞争结构分析模型、钻石理论模型、多点竞争战略、竞争态势矩阵、竞争战略三角模型、竞争优势因果关系模式、竞争资源四层次模型、竞争对手分析工具、企业竞争力九力分析模型、核心竞争力分析模型、核心竞争力识别工具、可持续竞争的优势、集群竞争法等竞争分析工具；又如，STP战略、新7S原则、战略控制、战略框架、战略联盟、战略五要素分析法、3C战略三角模型、战略实施模型、战略钟模型、战略地位与行动评价矩阵、战略地图、战略选择矩阵、公司层战略框架、战略群模型、综合战略理论、定量战略计划矩阵、大战略矩阵、行业内战略集团分析、行业内的战略群体分析矩阵、SWOT分析、PEST分析、无边界管理、知识管理等战略管理工具；再如，商业计划、BOT模式、风险投资（VC）、私募股权投资（PE）、借壳上市、购并（MA）、管理层收购、杠杆收购、项目管理、供应链管理（SCM）、第三方物流、危机管理、信用管理、客户关系管理（CRM）、顾客满意战略（CS）、虚拟企业、战略联盟、平台战略、1P理论（第三方买单）等运营管理工具；再如，4P营销组合（产品、价格、渠道、促销）、4C营销组合（需求和期望、费用、方便性、沟通）、4V营销组合（差异化、功能化、附加价值化、共鸣）、服务利润链、长尾理论、电子商务、网络营销、关系营销、品牌营销、服务营销、深度营销、整合营销、文化营销、绿色营销、大数据营销、B2C（企业对顾客）、B2B（企业对企业）、C2C（顾客对顾客）、O2O（线上对线下）等营销管理工具。这些丰富生动、各具特色的运营管理技术和方法的有效运用，对于增强企业外部运营的适应性、增益性和突破性，对于营造卓越企业发展空间都不同程度地发挥着深远的和重要的作用。

在这里，超循环竞合理论以营造卓越发展空间为主题，融互动动力与联动动力的开发和利用为一体，立意于项目示范和关键认知，将着重选析 SWOT 分析、基本竞争战略、战略联盟、客户关系管理等四种最具深刻思想内涵、广泛应用价值、较强互补性和生命力的企业体外化运营管理的技术和方法。

1. SWOT 分析（Strength，Weakness，Opportunity，Threat）

SWOT 分析又称态势分析法和道斯矩阵，20 世纪 80 年代初由美国旧金山大学管理学教授韦里克提出，是在综合了竞争理论和价值链理论、资源理论和能力理论的基础上，形成的一种结构化的平衡系统分析体系。

SWOT 分析的思想和方法，是将与企业密切相关的各种优势（strengths）、劣势（weaknesses）、机会（opportunities）、威胁（threats），通过调查列举出来，按照轻重缓急或影响程度，用矩阵形式进行排列，把各种因素相互匹配地组合起来加以系统分析，从中得出一系列相应的结论。在内容和结构上的最大特点，是公司战略与公司内部条件和外部条件有机结合。其中：优势，是公司在执行策略、完成计划和达到目标时可以利用的能力、资源及技能等有利因素；劣势，是公司资源和能力方面的缺少或缺陷等不利因素；机会，是对公司决策和行动富有吸引力的领域，并在这一领域，公司拥有竞争优势；威胁，是环境中不利的发展趋势对竞争地位所形成的挑战。

SWOT 矩阵有四种组合：优势—机会（SO）组合，劣势—机会（WO）组合，优势—威胁（ST）组合，劣势—威胁（WT）组合，相应形成四种不同的战略模式。

SWOT 分析的重点环节，是分析环境因素，构造 SWOT 矩阵，列出公司关键，制定行动计划；其目的在于发挥优势因素，克服劣势因素，利用机会因素，化解威胁因素，为营造卓越发展空间提供综合性和基础性认知。

SWOT 分析直观，使用简单，其最大贡献，就在于用系统的思想将似乎彼此独立的各种内外因素进行综合分析，从中得出一系列相应的结论，这种结论有利于领导者和管理者做出较正确的决策和规划，使得企业战略计划的制定更加科学和全面。

2. 基本竞争战略（Generic Competitive Strategies）

被誉为“竞争战略之父”的美国哈佛大学商学研究院著名教授迈克尔·波特，于 1980 年在其出版的《竞争战略》一书中提出了著名的五种竞争力量和三种竞争战略，又称五力分析模型和通用竞争战略。

根据波特的观点，一个行业中的竞争存在五种基本竞争力量，即供应商的议价能力、购买者的议价能力、现存竞争者的力量、新竞争者的威胁、替代品的威胁，五种力量的不同组合变化，最终决定行业盈利能力的变化。

波特在五力分析的基础上提出了三种基本竞争战略。第一，总成本领先战略，又称低成本战略，要求企业必须建立高效、规模化的生产设施，全力以赴地降低成本，严格控制生产成本、管理费用及研发、服务、推销、广告等方面的成本费用，确保总成本低于竞争对手。第二，差异化战略，使企业的产品、质量、服务或形象与竞争对手有明显差别，有一些在全产业范围内具有独特性的竞争优势。第三，专一化战略，又称集中化战略或目标聚焦战略，即主攻某个特定的用户群体、某种细分的产品线或某个区域市场，具体可分为产品线集中化战略、顾客集中化战略、地区集中化战略、低占有率集中化战略等。

波特认为，企业需要从这三种战略中选择一种，作为主导战略，向三种通用竞争战略靠拢，构筑进攻或防守的长期行为。每一种战略的成功实施都需要组织结构的适应和支持。例如，总成本领先战略要求组织结构具有集权化、专业化和规范化的特征，差异化战略要求许多职能的分权化以及有限的规范化，成本领先和差异化融合战略则要求更加重视生产过程的控制并设计出一种能够满足相应要求的组织结构。

总之，企业要根据自身状况来确定相应的竞争战略和组织策略，找到改善企业的经营和管理、提高核心竞争能力和营造卓越发展空间的正确途径，从而使企业能够积极生存并获得长远和健康发展。

3. 战略联盟（Strategic Alliance）

战略联盟的概念最早由美国 DEC 公司总裁简•霍普兰德（J. Hopland）和管理学家罗杰•奈格尔（R. Nigel）提出，20 世纪 80 年代以来，在全球经济一体化、竞争多样化的发展趋势下，企业间战略联盟的数量激增，战略联盟成为企业实现资源共享、优势互补、快速成长的重要战略，特别是成为进入新兴国际市场的常用方式。

战略联盟是两个或两个以上的经济实体为了实现特定的战略目标，以股权或非股权形式开展的长期联合与合作协议，国际战略联盟则是利用来自两个或多个国家自立组织的资源和治理结构所形成的跨国界合作协议。形式主要有以下几种：①品牌联盟，即通过特许协议，以另一企业的品牌来销售本企业的产品；②供求联盟，即供求双方通过签订供销协议，建立长期稳定的供销关系；③研究开发联盟，即集结联盟各方的资金、人才等资源，为了某种新产品或新技术签订一个研发协议；④销售联盟，即当某些地区市场壁垒森严，或企业自身销售能力不足，企业可与当地厂商或其他厂商合作，进入该地区市场或共享已有的销售渠道；⑤资本联盟，合作各方为加强相互联系而相互持股，特别是当投资目标成本和风险都很高时，和众多企业结成资本联盟，共同分摊成本和分担风险。

战略联盟具有软约束或硬约束有机结合的网络组织特点，灵活机动。其成功的关键在于：选择互补性的合适对象，建立相互信任的和谐人际关系，明确联盟运作的方向和策略，建立联盟结构与管理制度，订立应对变化乃至终止联盟的计划。

战略联盟的建立，有利于从增强经营规模、扩大市场份额、防止过度竞争和共同应对更强大对手的方面，赢得企业卓越发展空间；也有利于实现战略多样性，迅速获取新技术，进入区域或国际市场，提升企业核心竞争力和国际竞争力。

4. 客户关系管理（Customer Relationship Management，CRM）

20 世纪 80 年代初，客户关系管理伴随着集中式数据处理技术首先在美国萌生和发展，到 20 世纪 90 年代末期，互联网应用日益普及，计算机电信集成技术、数据仓库、商业智能等客户信息处理技术得到了长足发展，高德纳咨询公司（Gartner Group Inc）在 ERP 概念的基础上首先提出了 CRM 概念，此后，CRM 市场迅速流行，一直处于一种爆炸性增长的状态。

客户关系管理既是一种管理理念和商业运营模式，又是一种软件和信息集成处理系统，是一种以客户为中心，以客户关系一对一理论为基础，利用信息技术及互联网技术，协调企业与顾客间的交互关系，向客户提供个性化、创新型服务的过程。其核心思想是客户关怀和客户价值管理，视客户为企业的一项重要资产，基本目标是吸引新客户、保留老客户以及将已有客户转为忠实客户。

客户关系管理，在内容上，主要包括销售管理、市场营销管理、客户服务系统、呼叫中心和电子商务等五大模块；在手段上，主要包括对顾客的需求和定制，价值和发展，以及顾客的满意度、保留率、赢取率、获利率的识别方法和提升方法。

根据客户类型，CRM 可以分为 B2B 和 B2C，前者管理的是企业客户，提供产品销售和服务，后者管理的是个人客户，提供个人及家庭消费。根据部署环境，CRM 还可采用本地 CRM 和云端 CRM，前者一般适用于规模大、结构复杂并拥有足够资源来支撑的大型企业，后者一般适用于中小企业。

客户关系管理系统的成功实施需要高层领导的支持，且全员参与。基本步骤有：确立业务计划；评估销售和服务过程；明确管理、销售和服务需求；选择供应商及软件；建立和培训 CRM 员工队伍；使用、维护、评估和改进。

客户关系管理系统的实施，实际上是从内部和外部两个领域营造企业的卓越发展空间：既有利于优化业务流程，合理利用资源，为生产研发、内部管理、财务金融提供决策和技术支持；也有利于推动企业文化变革，提高企业的快速响应能力和应变能力；还有利于改善客户服务，提升客户满意度，提高营销效率和销售收入。

第四节　再组织运营与管理的愿景和方法

以Y动力为基础和对象的递阶变革之“慧”内在地孕育和呼唤着企业再组织运营与管理的愿景和方法。而以进取人假设、聚势运营原理、超循环竞合理论为理论基础，能够最充分地体现企业主体、运营体、超循环体三组目标体系综合要求的最高理想追求，就是走上强势永续之路的愿景和方法。

一、走上强势永续之路：经营周期和发展周期

谈到强势永续，人们不免要联想到长期以来在学界和商界影响广泛而深刻的企业生命周期理论。该理论系统形成的标志，被认为是美国学者伊查克·爱迪思（Dr. Ichak Adizes）博士于1989年发表的《企业生命周期》一书。麦迪思认为，组织就像所有的生物体一样具有由生到死、由盛到衰的生命周期。他把企业生命周期分为三个阶段十个时期：成长阶段，包括孕育期、婴儿期、学步期；再生和成熟阶段，包括青春期、盛年期、稳定期；老化阶段，包括贵族期、官僚化早期、官僚化晚期、死亡期。他描述了不同阶段的行为特征，提出了预测、分析及诊断企业文化的工具（PAEI 和 CAPI），以及改变企业文化的爱迪思诊疗法，强调灵活性和可控性决定了企业在生命周期中所处的位置。我国著名经济学家陈佳贵在《中国工业经济丛刊》1988年第2期上发表了《关于企业生命周期的探讨》一文，并在1995年进一步将企业生命周期划分为“孕育期、求生存期、高速发展期、成熟期、衰退期和蜕变期”六个阶段，与以往企业生命周期研究的重要的不同点是，在企业衰退期后加入了蜕变期，标志性地提出了由衰退到蜕变的企业再生理论或企业蜕变理论。美国学者高哈特和凯利1995年在相应的企业蜕变理论中，还将企业视为“生物法人”，把企业生命周期视为企业蜕变，提出了“重建规划、重建组织、重振活力、重启新生”的十二对染色体基因构造。几十年来，国内外许多学者依据企业规模、组织结构、经营战略、销售额、产品和技术等不同因素，对企业生命周期进行了不同的划分和研究，例如：邱吉尔和刘易斯（1983）基于企业规模和管理两个维度的特征描述，构造了“创业、生存、发展、起飞和成熟”五阶段成长模型；厄威克·G. 弗莱姆兹教授（1998）按照增长过程将企业生命周期划分为“新建企业、扩张、专业化、巩固、多元化、一体化、衰落和复兴”八个阶段；李业（2000）将企业销售额作为企业生命周期纵

坐标，将企业生命周期依次分为孕育期、初生期、成长期、成熟期和衰退期五个阶段。当然，在有关企业生命周期的研究中，也出现了许多现代企业发展运营的演变色彩，例如，理查德·L.达夫特（1999）在总结拉芮·E.格利纳、罗伯特·E.奎恩和克姆·卡麦尔森等人的理论基础上，提出企业发展要经历“创业、集体化、规范化、精细化”四个主要阶段；丽莎·弗里德曼和赫尔曼·基尔（2000）提出了一个组织生命模型，将组织发展过程分为“探索、系统化、风险、整合”四个阶段；周三多和邹统钎（2002）按照企业经营战略将企业成长历程总结为“专业化、多元化和归核化”三个阶段；韩福荣等（2002）提出了基于“灵活性、可控性和企业规模”的三维生命周期模型。总的来看，企业生命周期理论，仿生学地研究企业生命特征和成长规律，其目的和落脚点都是如何突破企业生命极限，使企业长盛不衰。

一方面认为企业都会由生到死、由盛到衰，另一方面又企望企业都能够长生不老、起死回生，这似乎是企业生命周期理论面临的一种尴尬和悖论。的确，企业作为经济生命体，有其特有的新陈代谢、自复制、遗传和变异过程，以及由此带来的生死盛衰的某种生命周期的变化，但企业的这种生命周期的变化并不总是或并不一定是表现为一种由生到死的衰竭性变化，而是现实地或更多地表现为一种周而复始的起伏性变化，包括由衰退到蜕变的再生性变化，因为企业毕竟不是单个的生命体，也不是单纯的生物体，而是一种社会经济组织，一种开放型的智慧组织，一种由众多的、不同类型的、不断变换的人与各种不同的、不同种类的、不断更替的生产资料通过内部管理和外部市场有机结合的生产经营组织，其生命周期和生命特征，其新陈代谢、自复制、遗传和变异过程，更本质性地是与企业周而复始的产品生产和再生产过程相联系，即与短程的供产销过程、长程的投资和积累过程、微观的产品周期、中观的产业周期、宏观的经济周期甚至政治周期相联系，更本质地表现出一种高潮与低谷、扩张与收缩、渐变与突变、量变与质变等平衡与涨落形态的经营周期和经营特征，以及相应的成长性和成熟性的发展周期和发展特征。根据超成长系统理论，这种经营周期和发展周期，更深刻的是与三大动力系统及其递阶变革系统内在的涨落性作用以及其与企业功能特性系统的结构性变化相联系，更多地表现为企业在人性化、经济化、社会化三大价值属性方面的非周期性变化，在成长性和成熟性两种发展形态方面的准周期性变化，在自组织、积累转换、新陈代谢三大生命过程方面的异周期性变化。企业的生死存亡，在实证学或统计学上或是一种大概率事件，在经营学或管理学上也具有重要的警示作用和决策意义，但严格来说，企业由生到死的现象并不具有周而复始的周期性，现实中，国内外大多数企业寿命很短，也很难起死回生，其原因有更多和很大程度的人为性、经营性、管理性，而并不是现代企业或开放型企业生命运动的内在规律和必然趋势。

实际上，超成长系统的发现，不仅打破了企业都有一种由生到死的有限生命的魔咒，揭示了现代企业能够强势永续的基因和秩序，而且深刻诠释了现代企业生死有命的因缘际遇，这就是Y动力和递阶变革之“慧”的作用在有限性和无限性上的辩证关系。一方面，Y动力系统的开放性基因，Y动力行为系统、形态系统和作用系统的耦合性基因，Y动力系统自组织和再组织的演进性基因，决定了Y动力和递阶变革之“慧”在推动现代企业快速和可持续发展上的作用和能量是无限的，决定了现代企业具有掌握自身命运、掌握自身可持续发展的主动权的前提和基础，可以长盛不衰、基业长青，也可以转危为安、起死回生；另一方面，Y动力系统和递阶变革之“慧”，毕竟是以人为核心的人为系统和人机系统，而人的理念、人的意识、人的意志、人的个性、人的知识、人的经验、人的能力、人的智慧、人的禀赋，都从主观上影响着和决定着Y动力和递阶变革之“慧”形成与发挥的效能，尤其是企业高管的心智，如果不是一种开放型、学习型和进化型的，如果不能超越自我、本我和他我，挣脱自身水平的羁绊，就很难形成或构造一种Y动力和递阶变革之“慧”的基因和机制，就很难有效防治进取异化、聚势失衡、竞合扭曲及其各类衰竭性、黏滞性和迷失性等动力疾患，在这种情况下，Y动力和递阶变革之“慧”的作用就是有限的，企业就难以逃脱必然王国的枷锁，难以逃脱生死相依的生命周期和个体命运。

二、再组织运营与管理的技术和方法

如同主体、运营体、超循环体的运营与管理，无不依赖于各种技术、工具和方法的运用一样，再组织运营与管理同样要研究和吸纳企业创新或企业变革领域的各种成功经验和有效方法，例如，战略变革、理念变革、文化创新、制度创新、目标创新、组织变革、层级结构创新、责权重组、部门一体化、业务转型、流程再造、合作创新、分布式创新、开放式创新、改良式创新、爆破式创新、计划式创新、技术变革、产品创新、财务重整、资产重组、市场创新、环境创新，等等。当然，主体、运营体、超循环体运营与管理中的许多技术方和法，从递阶变革的意义上来运营，实际上就赋予了企业再组织的属性。在这里，递阶变革之“慧”以走上强势永续之路为主题，融功能变革、基因变革和组态变革为一体，立意于项目示范和关键认知，将着重选析资产重组、业务转型、战略变革、组织变革四种最具深刻思想内涵、广泛应用价值、较强互补性和生命力的企业再组织运营管理的技术和方法。

1. 资产重组（Reorganization）

资本主义从原始积累阶段发展到自由竞争阶段，再由自由竞争阶段发展到垄断阶段的过程中，以兼并和收购（简称并购）为主的资产重组扮演着十分重要的角色，并随着资本集中的需求和经济全球化的需要，卷起了一个又一个浪潮。中国企业的资产重组出现于20世纪80年代中期，引发于国有企业体制改革，并在90年代后，随着经济增长方式转变、经济结构调整、企业战略性重组以及证券市场的发展逐步兴盛起来。

资产重组，是在公司内部和公司之间对包括有形资产和无形资产在内的资产和负债进行重新组合、调整和配置的过程，本质上是对法人代表的财产权、投资人的所有权以及债权人的债权之间的关系进行调整。

资产重组的主要形式包括：资产收购，资产置换，资产出售，租赁或资产托管，资产受赠，以及减少债务本金，债务转为资本，降低利率，免去应付未付利息等。在国外，资产重组主要是兼并、收购或公司重组，是涉及公司的扩张、收缩、公司控制、所有权结构变更的一个狭义概念；在中国，资产重组的内容远远超越了资产的范畴，涉及兼并、收购、托管、资产置换、借壳、买壳等各类资本运营活动，甚至成为企业资源重新配置或所有公司重大非经营性变化行为的总称。中国证券市场约定俗成地把公司资产重组分为兼并收购、股权转让、资产剥离、资产置换、债务重组等五大类，此外，还有投资参股、实物配股、增发股份、公司分拆、国有股回购、破产重组、出售变现、债务证券化、并壳让壳、借壳上市、集团内剥离上市、托管、租赁、管理层收购（MBO）、公司制改组、股份合作制、国有全资或独资公司转为控股或参股公司、中外合资经营、行政划拨等十几种形式。

资产重组在操作上可从不同的角度进行分类和把握。按范围可分为体内重组和体外重组。体内重组限定在企业内部或所属集团内部，主要有改制上市、借壳上市、主业转换、资产分割等类型；体外重组指企业内部资产与外部资产相结合或者是有企业外的其他公司参与，主要有收购兼并、债权转股权等形式。按发起人可分为主动式重组和被动式重组。主动式重组是企业出于战略目标或其他目的主动进行的，主要有收购兼并、资产置换、联合分立等形式；被动式重组是企业为了摆脱困境或根本无法左右重组进程而被动进行的，主要有权益转让、资产剥离、债务重组、破产等形式。按目标可分为扩张型重组和收缩型重组。收购公司、收购股份、购买资产、合资经营是扩张型重组，而股权置换、资产置换、股权与资产置换、公司分拆、资产剥离和出售是紧缩型重组。

资产重组以优化资产结构、提升资本效益和竞争优势为目的，具有改善资产质量、追求规模经济效益、获取范围经济利益、扩大融资渠道、减缓资金压力、节约交易费用、谋求市场优势等多方面的动因和作用，是产业升级转换和走向强势永续之路的重要途径和方式。资产重组作为企业经营的一种战略性变革，必然涉及企业组织机构、人员配置、管理体制、管理方式以及企业文化的一系列重组整合，因而，是一项深刻的、复杂的、需要统筹规划与实施的系统工程。

2. 业务转型（Business Transformation）

20 世纪 80 年代以来，随着环境的不断变化，为谋求持续成长，企业变革实践相继经历了从以变小为特征的经营重组，到以变快为特征的流程再造，再到以变特为特征的业务转型的演变过程，而新技术革命、经济全球化、消费者需求不断升级和个性化日益突出、环境保护意识加强，是推动 20 世纪 90 年代中后期企业业务转型浪潮形成的重要力量。

业务转型是企业核心经营业务构成及其经营方向和成长路径发生根本性变化的一种战略转型。一般来说，新核心业务的进入，主要是通过内部培育、组成联盟、购并或置换等路径实现；旧核心业务的退出，主要是通过收缩、剥离等路径实现。具体类型有：①扩张式转型，即只有新业务领域的进入，而没有旧业务的退出行为，新业务局部取代现存某核心业务；②脱胎换骨式转型，不仅有新业务领域的进入行为，也有现存业务的退出行为，且往往是跨行业和跨产业转型，新业务完全取代现存业务的主导地位；③中度转型，是新建核心业务局部性取代现存核心业务的地位，实现对经营业务链的优化重构；④高度转型，即企业退出大部分原有核心业务，并把资源转移到新核心业务。

企业核心业务在很大程度上决定着企业的组织结构、管理模式、资源投入和企业文化，因此，企业核心能力的更新是推动企业实施业务转型的主要因素。对于核心能力处于利润区之内的企业，一般应采取如下策略：第一，准确定位，尽可能缩小核心业务范围，把资源集中发展其最强大的核心业务，争取做到该领域第一；第二，不断挖掘核心能力业务的潜力，提升主业领域的盈利能力；第三，加大战略投资力度，保持科技创新领先地位，提升主业领域的竞争优势。对于核心能力处于利润区之外的企业，可有三种不同的选择：保持并强化核心能力业务，同时进入利润区业务；专注并强化核心业务，同时对价值链进行整合，实现核心业务与利润区的统一；调整核心能力，实现核心业务再定位。

业务转型目的在于促进企业跃上新的成长平台，实现资源优化配置和经营效率的最大化，实现企业的强势永续甚至跨越式发展。但业务转型涉及企业基因变革和组元变革的多层面、多环节、多领域，特别是会波及企业各利益主体利益的再分配等敏感地带，因而是一项复杂和高风险的系统工程，不可能一蹴而就，对于该不该转、朝哪里转、什么时候转、怎么样转，都需要根据企业的能力、资源、文化等现实条件，就成长性、获利性、可进入性、可退出性、相关性、动力性和博弈性，做出系统分析和科学决策，采取适当的策略和方法。

3. 战略变革（Strategic change）

美国著名管理学家钱德勒（Alfred D. Chandler）在其《战略与结构》（1962）一书中，首次对战略及其与组织和环境的关系进行了开拓性的分析和阐述，而战略变革理论最早是由美国战略学家鲁梅尔特（Rumelt R.）在其《战略、结构与绩效》（1974）一书中提出来的。20 世纪 80 年代以来，随着战略管理重要性的提升，学界对战略变革理论的研究日渐高涨，商界对战略变革实践的探索也日益深入。

战略变革，一般来说，是对过去选择的、目前正在实施的战略方向或路线的修正或改变，是以现实为基础，以未来为主导，为应对内外环境、获得可持续竞争优势所做出的新决策和新规划。主要任务是：调整企业理念、企业使命、经营目标和行为准则；重新定位企业产品范围、市场范围及其客户价值体系；重新设计组织结构。

根据广度和深度的不同，战略变革的方式可分为渐进式和革命式。渐进式变革是一系列持续、稳步前进的变化过程，影响企业体系的某些部分；革命式变革是一种全面性的变化过程，使企业整个体系发生改变。

根据起点和发起人的不同，战略变革可以分为自上而下与自下而上。自上而下的过程是由高层管理者发起并策划的，基层管理者是战略变革方案的执行者；自下而上的过程是组织个体成员或小团体的自主性行为，员工充分参与具体的变革活动中。

战略变革实行的关键，有赖于高层管理者选定一个代理人来掌控变革，赢得关键管理部门人员的支持，并按照新的规则工作，排除心理、文化和私人障碍，建立新的工作关系。主要步骤包括：树立企业危机意识；建立领导联盟；明确战略变革方向使命；建立开放式信息沟通系统；授权员工参与战略创新；创造并评价短期成效；巩固并深化创新成果；将创新根植于企业文化。

综观 20 世纪发达国家企业经营和管理的发展史，其成功的关键：50 年代是生产，60 年代是经营，70 年代在财务，80 年代后则在战略。战略变革是企业竞争取胜的关键，是企业在新环境、新时期获得新发展的一种全局性、长远性选择，也是企业走向强势永续之路的基本保障。

4. 组织变革（Organizational Change）

传统的企业组织结构在 20 世纪 80 年代，受到企业外部环境条件和内部成长因素变化的影响，面临很多挑战，例如，国家经济增长方式和增长速度的变化、产业结构调整和转型升级、信息技术和互联网等新技术的发展、市场竞争与战略合作格局的变化，都会外在地促使企业在组织结构上做出适应性的调整和改变，而企业自身的规模扩张、产品结构的调整、人才结构的变化和人员素质的提高、推行技术改造和引进先进设备、实行计算机数智化管理等，也都会内在地促进企业对组织结构做相应性的调整和改变。

组织变革涉及机构设置、权利结构、协调机制、工作职务设计、成员合作方式、跨企业联系等多层次、多环节的调整和革新。但通常有三种方式：①改良式，即在原有组织结构的基础上修修补补，改进完善，变动较小，优点是阻力较小，易于实施，缺点是头痛医头，脚痛医脚，带有权宜之计；②激进式，往往涉及公司组织结构和人员的重大调整，以致出现根本性的改变，且变革期限较短，一般会给公司带来非常大的冲击，并遭遇较大的阻力，适用于比较极端的情况，如公司经营状况严重恶化等；③计划式，即通过系统研究，制定出理想的改革方案，并有步骤、有计划地实施。这种方式适合组织长期发展的要求，可以同人员培训、管理方法的改进同步进行，员工有较长时间的思想准备，阻力较小。

组织变革是一个动态变化且充满风险和挑战的过程，常常会在个人、团队和组织三个层面面临不同的阻力，遇到各种反对和抵制。因此，可以制定一些应对策略。①教育和沟通：作好调查，做好宣传，与员工分享信息，广泛地听取员工意见；②参与和投入：设立群体目标，让员工参与到组织变革的决策中去，承担工作责任，支持工作的进程；③培训与用人：大力推行相应的人才培训计划，大胆起用具有开拓创新精神的人才；④采取优惠政策：妥善安排被精简、被调整人员的工作生活和出路，努力平衡各方关系；⑤采取强硬措施：必要的时候可显示变革的果敢和意志；⑥减缓变革速度：因势利导，步步为营，循序渐进。

组织变革的必要性主要源于组织结构与企业战略之间随着内外条件的变化可能出现的各种矛盾，如计划前导性和组织滞后性、新技术应用与传统组织结构、新的思想观念和组织惯性，以及大目标与小利益之间的矛盾等。因而，组织变革意义，在于提高企业与外部环境的协同性、与技术更新换代的适应性、与战略变革的一致性，进而提高企业的组织效能和竞争能力，实现企业的永续发展和跨越式发展。

参考书目

[1] 亨利 • 艾伯斯. 现代管理原理［M］. 杨文士，译. 北京：商务印书馆，1980.

[2] 弗里蒙特 • E. 卡斯特，詹姆斯 • E. 罗森茨维克. 组织与管理——系统方法与权变方法［M］. 李柱流，等，译. 北京：中国社会科学出版社，1985.

[3] 斯蒂芬 • 罗宾斯，玛丽 • 库尔特. 管理学［M］. 13 版. 刘刚，等，译. 北京：中国人民大学出版社，2017.

[4] 兰杰 • 古拉蒂，安东尼 • J. 梅奥，尼汀 • 诺里亚. 管理学［M］. 2 版. 杨斌，等，译 . 北京：机械工业出版社，2018.

[5] 周三多，陈传明，贾良定. 管理学［M］. 6 版. 上海：复旦大学出版社，2015.

[6] 赵涛，齐二石. 管理学［M］. 北京：清华大学出版社，2013.

[7] 赵丽芬，刘小元. 管理理论与实务［M］. 3 版. 北京：清华大学出版社，2017.

[8] 魏江，邬爱其，等. 战略管理［M］. 北京：机械工业出版社，2020.

[9] 杰伊 • B. 巴尼，威廉 • S. 赫斯特里，李新春，等. 战略管理［M］. 5 版. 北京：机械工业出版社，2017.

[10] 涂扬举. 智慧企业概论［M］. 北京：科学出版社，2021.

[11] 秦志华. 企业管理［M］. 2 版. 大连：东北财经大学出版社，2015.

[12] 尹秀艳. 企业经营管理［M］. 北京：机械工业出版社，2012.

[13] 范体军. 运营管理［M］. 北京：化学工业出版社，2008.

[14] 姜杰. 管理思想史［M］. 北京大学出版社，2014.

[15] 罗锐韧. 哈佛管理全集［M］. 北京：企业管理出版社，1998.

[16] 陈春花. 经营的本质［M］. 北京：机械工业出版社，2013.

[17] 张大亮，王希希. 企业经营定位［M］. 北京：机械工业出版社，2009.

[18] 赵玉娟，袁换欣. 企业微观经济哲学［M］. 北京：中国社会科学出版社，2012.

[19] 路志川. 超成长系统——企业强势永续的奥秘［M］. 北京：经济管理出版社，2015.

[20] 伊迪丝 • 彭罗斯. 企业成长理论［M］. 赵晓，译. 上海：上海三联书店 / 上海人民出版社，2007.

[21] 王春和，等. 中国民营企业可持续发展研究［M］. 北京：中国经济出版社，2007.
[22] 保罗·萨缪尔森，威廉·诺德豪斯. 经济学［M］. 19 版. 萧琛，等，译. 北京：商务印书馆，2013.
[23] 刘森林. 发展哲学引论［M］. 广州：广东人民出版社，2000.
[24] 吴杰. 系统哲学基本原理［M］. 北京：人民出版社，2014.
[25] 邹珊刚，等. 系统科学［M］. 上海：上海人民出版社，1987.
[26] 苗东升. 系统科学精要［M］. 北京：中国人民大学出版社，2010.
[27] 吴彤. 复杂性的科学哲学探究［M］. 呼和浩特：内蒙古人民出版社，2008.
[28] 托马斯·库恩. 科学革命的结构［M］. 金吾伦，胡新和，译. 北京：北京大学出版社，2003
[29] 伊·拉卡托斯. 科学研究纲领方法论［M］. 兰征，译. 上海：上海译文出版社，1999.
[30] 钟永光，等. 系统动力学［M］. 北京：科学出版社，2009.
[31] 李旭. 社会系统动力学［M］. 上海：复旦大学出版社，2011.
[32] 吴彤. 自组织方法论研究［M］. 北京：清华大学出版社，2001.
[33] 沈小峰. 混沌初开：自组织理论的哲学探索［M］. 北京师范大学出版社，2008.
[34] 埃里克·詹奇. 自组织的宇宙观［M］. 曾国屏，等，译. 北京：中国社会科学出版社，1992.
[35] 张彦，林德宏. 系统自组织概论［M］. 南京大学出版社，1990.
[36] 沈小峰，胡岗，姜璐. 耗散结构论［M］. 上海人民出版社，1987.
[37] 勒内·托姆. 突变论：思想和应用［M］. 周仲良，译. 上海：上海译文出版社，1989
[38] M. 艾根，P. 舒斯特尔. 超循环论［M］. 曾国屏，沈小峰，译. 上海：上海译文出版社，1990.
[39] 欧小威. 全息经济学［M］. 北京：东方出版社，1993.
[40] 黄欣荣. 复杂性科学的方法论研究［M］. 2 版. 重庆：重庆大学出版社，2012.
[41] 杨国新. 能量与宇宙万物［M］. 北京：中央广播电视大学出版社，2012.
[42] 李玉海. 能量学与哲学［M］. 太原：陕西科学技术出版社，2005.
[43] 徐福均. 生物学［M］. 北京：人民卫生出版社，1965.
[44] 周永红，丁春帮. 普通生物学［M］. 北京：高等教育出版社，2007.
[45] 戈峰. 现代生态学［M］. 2 版. 北京：科学出版社，2022.
[46] 罗纳德·H. 科斯. 企业的性质（1937）［M］. 盛洪，陈郁，译. 上海三联书店，1994.
[47] 罗纳德·H. 科斯. 企业、市场与法律［M］. 盛洪，陈郁，译. 上海：格致出版社等，2014.

[48] 刘汉民. 企业理论、公司治理与制度分析 [M]. 上海：上海人民出版社，2007.
[49] 胡乐明，刘刚. 新制度经济学 [M]. 北京：中国经济出版社，2009.
[50] 杨瑞龙. 企业理论：现代观点 [M]. 北京：中国人民大学出版社，2005.
[51] 罗恩·阿什肯纳斯，戴维·尤里奇，托德·吉克，等. 无边界组织 [M]. 姜文波，等，译. 北京：机械工业出版社，2016.
[52] 宋林飞. 现代社会学 [M]. 上海人民出版社，1987.
[53] 袁贵仁. 人的哲学 [M]. 北京：工人出版社，1988.
[54] 张德. 组织行为学 [M]. 北京：高等教育出版社，2004.
[55] 鲁开垠，汪大海，等. 核心竞争力 [M]. 北京：经济日报出版社，2001.
[56] 晓光，宁川. 新管理：现代经理人不可不知的管理新知识 [M]. 北京：中国纺织出版社，2004.
[57] 文征. 高效管理的 100 种实用工具 [M]. 北京：中国致公出版社，2005.
[58] 迈克尔·D. 伯顿. 大话管理 100 年 [M]. 文岗，译. 北京：中国经济出版社，2003.
[59] 胡伟. 企业发展模式：协同进化的观点 [M]. 北京：经济管理出版社，2011.
[60] 芮明杰，等. 现代公司资产运营 [M]. 济南：山东人民出版社，1999.
[61] 孙黎. 公司并购与产权交易 [M]. 北京：中华工商联合出版社，1995.
[62] MBA 核心课程编译组. 财务总监 [M]. 北京：九州出版社，2002.
[63] 周妮，等. 企业业务流程设计与再造 [M]. 北京：中国纺织出版社，2005.
[64] 郭斌. 基于核心能力的企业竞争优势理论 [M]. 北京：科学出版社，2003.
[65] 张平淡. 核心能力创新企业价值 [M]. 北京：中国经济出版社，2007.
[66] 赵金鹏，中国机械工业教育协会. 公共关系原理及实务 [M]. 北京：机械工业出版社，2001.
[67] 胡守钧. 社会共生论 [M]. 2 版. 上海：复旦大学出版社，2012.
[68] 席酉民. 企业外部环境分析 [M]. 北京：高等教育出版社，2001.
[69] 崔功豪，魏清泉，陈宗兴. 区域分析与规划 [M]. 北京：高等教育出版社，1999.
[70] 李思强. 共生构建说论纲 [M]. 北京：中国社会科学出版社，2004.
[71] 刘静波. 产业竞合——合作博弈、网络平台与制度条件 [M]. 上海：上海财经大学出版社，2010.
[72] 李良贤. 基于共生理论的中小企业竞合成长研究 [M]. 北京：经济管理出版社，2011.
[73] 许芳. 企业共生论——和谐社会理念下的企业生态机理及生态战略研究 [M]. 北京：中国财政经济出版社，2006.
[74] 于海澜. 企业架构——价值网络时代企业成功的运营模式 [M]. 北京：东方出版社，

2009.
[75] 陈志标. 宏观经济学［M］. 上海：上海人民出版社，1989.
[76] 王慎之. 中观经济学［M］. 上海：上海 人民出版社，1988.
[77] 聂华林，王水莲. 区域系统分析［M］. 北京：中国社会科学出版社，2009.
[78] 邓红兵. 区域经济学［M］. 北京：科学出版社，2010.
[79] 陈明哲. 动态竞争［M］. 苏国贤，审订. 林豪杰，等，译. 北京：北京大学出版社，2009.
[80] 唐晓华，王伟光. 现代产业经济学导论［M］. 北京：经济管理出版社，2011.
[81] 胡潇. 文化现象学［M］. 长沙：湖南出版社，1991.
[82] 许苏民. 文化哲学［M］. 上海：上海人民出版社，1990.
[83] 赵文明，等. 公司方法［M］. 北京：九州出版社，2002.
[84] 迈克尔・波特. 竞争战略［M］. 陈小悦，译. 北京：华夏出版社，1997.
[85] 迈克尔・波特. 竞争优势［M］. 陈小悦，译. 北京：华夏出版社，1997.
[86] 拜瑞・J. 内勒巴夫，亚当・M. 布兰登勃格. 合作竞争［M］. 王煜昆，王煜全，译. 合肥：安徽人民出版社，2000.
[87] 乔尔・布利克，戴维・厄恩斯特. 协作型竞争［M］. 林燕，等，译. 北京：中国大百科全书出版社，1998.
[88] 詹姆斯・弗・穆尔. 竞争的衰亡——商业生态系统时代的领导与战略［M］. 北京：北京出版社，1999.
[89] 周伟. 对“企业生命周期理论”的回顾和思考［J］. 当代经济管理，2008（09）：36-39.
[90] 秦书生. 自组织的复杂性特征分析［J］. 系统科学学报，2006（1）：19-22.
[91] 赵梦昭，陈佳. 论耗散结构、协同学、超循环论的哲学意义［J］. 湖南大学社会科学学报，1992（2）：100-104.
[92] 徐玖平，罗久里. 拓展非平衡系统自组织理论的研究进展［J］. 世界科技研究与发展，1999（4）：52-56.
[93] 董春雨. 试析序参量与役使原理的整体方法论意义［J］. 系统科学学报，2011，19（5）：17-21.
[94] 李柏洲，李海超 . 企业发展与企业动力的相互关系［J］. 政策与管理，2002（12）.
[95] 杨勇. 近代中国企业发展中的动力系统分析［J］. 求索，2006（8）：219-222.
[96] 王利. 论现代企业发展的动力因素［J］. 郑州航空工业管理学院学报，2005（1）：47-49.
[97] 郭咸纲. 企业多级动力机制分析［J］. 江海学刊，1998（2）：18-23.
[98] 项保华. 企业运行动力分析模式研究［J］. 系统工程理论方法应用，1993（03）：9-1+77.

[99] 唐卫东，庞小峰. DNA 的动力学特性及其空间组态［J］. 华东师范大学学报（自然科学版），1991（3）：57-64.

[100] 田雨贵. 物质的结构、性质与能量最低原理［J］. 雁北师范学院学报，2002（5）：86-88.

[101] 张执侯. L—抗坏血酸的左旋和右旋问题［J］. 中国药学杂志，1954（11）：477-478.

[102] 刘广平，陈立文，孙晨. 组织变革能力研究述评［J］. 工业技术经济，2013，43（12）：147-154.

[103] 唐钰成. 非平衡与非线性——科学发展观的系统范式［J］. 系统科学学报，2007（2）：60-62.

[104] 吴中超，刘雅妮. 国外企业可持续成长理论流派述评[J]重庆工商大学学报（社会科学版），2011，28（5）：50-58.

[105] 尚会永. 企业成长的理论分析框架比较［J］. 当代经济研究 2011（5）：24-29.

[106] 程丽霞，孟繁颖. 企业成长理论的渊源与发展［J］. 江汉论坛 2006（2）：53-56.

[107] 商晨阳. 企业成长理论研究综述［J］. 经济论坛，2012（2）：166-169.

[108] 汤文仙，李攀峰. 基于三个维度的企业成长理论研究［J］. 软科学，2005（1）：17-20+33.

[109] 孟繁颖. 企业成长研究：一个理论综述［J］. 国有经济评论，2009，1（1）：141-156.

[110] 张之梅. 中外企业成长理论研究述评［J］. 山东经济，2010，26（1）：60-66.

[111] 郑勤朴. 非主流企业发展理论解析［J］. 环渤海经济瞭望，2010（10）：62-64.

[112] 余菁. 新中国 70 年企业制度的演变历程与发展取向［J］. 经济体制改革，2019（6）：5-11.

[113] 马浩. 战略管理学 50 年：发展脉络与主导范式［J］. 外国经济与管理，2017，39（7）：15-32.

[114] 董晓芳. 我国民营企业的可持续发展及其动力机制构建［J］. 经济问题，2013（12）：73-75.

[115] 余桂玲. 国外企业发展理论探索［J］. 经济界，2009（4）：47-50.

[116] 李海舰，李燕. 企业组织形态演进研究——从工业经济时代到智能经济时代［J］. 经济管理，2019，41（10）：22-36.

[117] 李海舰，原磊. 论无边界企业［J］. 中国工业经济，2005（4）：94-102.

[118] 何元斌. 企业可持续发展的三层次六维度分析框架研究［J］. 经济问题探索，2009（6）：83-89.

[119] 徐忠爱. 从组织理论到契约经济学：文献综述［J］. 产业经济评论，2009，8（4）：102-116.

[120] 苏颖珊. 新经济条件下企业边界的分析：价值链整合视角［J］. 商业经济研究，2020（2）：114-117.

[121] 曾楚宏，朱仁宏. 基于战略视角的企业边界研究前沿探析［J］. 外国经济与管理，2013，35（7）：2-11.

[122] 曹建海，郭文. 互联网对企业边界的影响机制［J］. 经济与管理研究，2017，38（12）：109-116.

[123] 张立志，丁冬冬. 企业边界理论述评［J］. 商业经济，2014（5）：27-28+38.

[124] 孟华，朱其中. 基于不同理论视角的企业边界研究综述［J］. 经济论坛，2019（9）：128-139.

[125] 余中东. 企业边界的动态化与模糊化演进研究［J］. 中外企业家，2014（19）：58-59.

[126] 陈晓丹. 企业生命周期理论发展及判断方法研究［J］. 中国市场，2010（45）：59-60.

[127] 李晓翔. 无边界企业的构成要素与成长路径研究［J］. 中国工业经济，2016（6）：144-160.

[128] 史闻东，李家鸿. 企业边界、企业扩展与企业成长的比较分析——对企业成长理论的重新解读［J］. 经济管理，2007（18）：9-14.

[129] 徐忠爱. 非主流企业边界决定理论文献评述［J］. 内蒙古社会科学（汉文版），2006（1）：82-87.

[130] 金伯富. 机会利益：一个新的理论视角［J］. 中国社会科学，2000（2）：66-73+206.

[131] 孙新波. 基于东西方协同共在视角的人性素假设的建构及解析（上）［J］. 清华管理评论，2018（10）：38-42+44-46.

[132] 刘彩红. 人性、人的本质与人的本性探析[J]. 内蒙古农业大学学报（社会科学版），2008（4）：274-276+292.

[133] 牛雪筠，苗建中，殷桂芳. 人本性管理与激励管理的比较分析［J］. 中国软科学，1999（9）：120-123.

[134] 李东云，范火盈. 西方管理思想主要人性假设的回顾与评述［J］. 中国管理信息化，2014，17（21）：55-56.

[135] 张笑夷. 理性与非理性在管理中的疏离与融合——现代管理思想演进的哲学解读［J］. 哈尔滨学院学报，2007（1）：6-9.

[136] 杨国荣. 理性与非理性——以人性能力为视域［J］. 学术月刊，2007（11）：44-52.

[137] 孙英. 论人生目的［J］. 浙江社会科学，2002（4）：112-116.

[138] 彭光灿. 关于人性假设与管理理论发展关系之思考［J］. 学术论坛，2013，36（3）：23-28.

[139] 陶锌其. 人性假设的动态比较［J］. 云南财经大学学报，2007（S1）：132-135.

[140] 王守安. 企业发展要素论 [J]. 社会科学战线，2001（2）：39-46.

[141] 徐斌，李燕芳. 生产要素理论的主要学派与最新发展[J] 北京交通大学学报（社会科学版），2006（3）：20-24.

[142] 李松柏. 发挥比较优势 培育企业核心竞争力 [J]. WTO 经济导刊，2006（8）：66-67.

[143] 蔡敏敏. 企业竞争优势与核心竞争力比较研究 [J]. 市场周刊 • 财经论坛，2004（4）：15-16.

[144] 杨震宁，赵红. 中国企业的开放式创新：制度环境、“竞合”关系与创新绩效[J] 管理世界，2020，36（2）：139-160+224.

[145] 侯立军，顾立人. 基于竞合的企业战略定位 [J]. 南京财经大学学报，2009（2）：64-67+92.

[146] 张威，刘妍伶. 基于生态演化观点的企业竞合分析模式 [J]. 研究与发展管理，2007（2）：1-6+13.

[147] 赵志运. 基于资源整合的企业竞合战略构建模式研究 [J]. 企业经济 2007（1）：65-67.

[148] 刘衡，王龙伟，李垣. 竞合理论研究前沿探析 [J] 外国经济与管理，2009，31（9）：1-8+52.

[149] 王瑞. 网络经济下的企业竞合关系的演变 [J]. 黑龙江对外经贸，2007（3）：99-101.

[150] 沈小峰，曾国屏. 超循环论的哲学问题 [J]. 中国社会科学，1989（4）：185-194.

[151] 李建华 . 超循环：一个完整的自组织原理 [J]. 系统辩证学学报，1995（1）：82-87.

[152] 晏文胜，陈述. 企业生命周期与超循环理论探析 [J]. 现代管理科学，2004（12）：57-58.

[153] 李晓明. 企业外部环境理论研究综述 [J]. 江苏商论，2010（5）：131-133.

[154] 马光荣，等. 中国的企业经营环境：差异、变迁与影响 [J]. 管理世界，2015（12）：58-67.

[155] 于文超，梁平汉. 不确定性、营商环境与民营企业经营活力 [J]. 中国工业经济，2019（11）：136-154.

[156] 潘松挺，姚春序. 基于复杂系统理论的企业网络组织演化分析 [J]. 企业经济，2011，30（3）：13-15.

[157] 李烨，陈劲. 透析西方企业变革主题的演变 [J]. 贵州大学学报（社会科学版），2008（6）：43-48.

[158] 俞东慧，黄丽华，方针. 企业变革管理模型框架及其实证研究[J] 系统工程理论方法应用，2004（02）：106-111.

[159] 王宝强. 浅谈企业变革管理与创新 [J]. 管理观察，2013（17）：22-24.

[160] 孟范祥，张文杰，杨春河 . 西方企业组织变革理论综述 [J]. 北京交通大学学报（社会科学版），2008（2）：89-92.